XIAOXUE ZUOWEN JIAOXUE LUN

吴立岗　著

小学作文教学论

广西教育出版社
南宁

图书在版编目（CIP）数据

小学作文教学论 / 吴立岗著. —南宁：广西教育出版社，2017.6（2024.1 重印）
ISBN 978-7-5435-8236-1

Ⅰ.①小…　Ⅱ.①吴…　Ⅲ.①作文课—教学研究—小学　Ⅳ.①G623.242

中国版本图书馆 CIP 数据核字（2017）第 010158 号

责任编辑：张星华
责任校对：谢桂清　刘汉明
版式设计：鲍　翰
封面设计：梁伟琪
责任技编：蒋　媛

出 版 人：石立民
出版发行：广西教育出版社
地　　址：广西南宁市鲤湾路 8 号　邮政编码：530022
电　　话：0771-5865797
本社网址：http://www.gxeph.com
电子信箱：gxeph@vip.163.com
印　　刷：广西桂川民族印刷有限公司
开　　本：787mm×1092mm　1/16
印　　张：31.25
字　　数：650 千字
版　　次：2017 年 6 月第 1 版
印　　次：2024 年 1 月第 4 次印刷
书　　号：ISBN 978-7-5435-8236-1
定　　价：68.00 元

再版前言

拙著初版至今已有23年了，虽几经重印，印数也不小，仍然供不应求。承广西教育出版社石立民总编的关心，这次我将原著修订，并加入近年发表的有关作文教学的论文重新出版，以满足广大小学语文教师的需要。

新中国成立后共颁布过9部语文教学大纲和语文课程标准。其中，1956年大纲和1963年大纲都以传授“双基”（基础知识和基本技能）为自己的核心概念，比较强调作文要“言之有序”。“文革”结束后，1978年颁布的大纲既传承中国的传统经验，又迎合世界教学论发展的潮流，以“新双基”（即知识技能和智力能力）为核心概念，一方面它继续强调作文要“言之有序”，另一方面又提出了作文要“言之有物”的明确要求，即作文教学既要培养学生用词造句、布局谋篇的能力，又要培养学生观察事物和分析事物的能力。1993年初版的《小学作文教学论》，正是反映我和我的同事们1978年后的十余年间进行作文教学改革的理论认识和实验探索。

2001年7月《全日制义务教育语文课程标准（实验稿）》颁布，这标志着新中国成立后第8次，也是规模最大的一次语文课程改革正式启动。与以往的教学大纲相比，课程标准对习作教学提出了全新的要求，即提倡自由表达，提倡想象作文，提倡表达个人的独特感受，以培养学生的作文兴趣，加强作文与生活的联系，激发学生的创新意识。我认为，这些要求体现为：在作文命题上，提倡学生自主拟题，少写命题作文；在作文材料来源上，除了要求写纪实作文外，还要求将想象作文列入教学计划，鼓励学生写想象中的事物；在作文体裁上，要求不拘形式，淡化文体；在作文指导上，无论是立意、构思、用词、造句都要求开阔思路，自由表达，发展求异思维能力；在作文评价上，要求鼓励有创意的表达，并让学生通过自己改和互改取长补短，促进合作和相互了解，养成独立思考的习惯。

根据上述要求，新课程标准提出的分学段要求为：低年级学生要乐于习作；中年级学生要不拘形式地习作；高年级学生要富有个性地习作。虽然新课程标准明确要求学生作文“能具体明确、文从字顺地表达自己的意思”，也强调“言之有物”和“言之有序”，但它更加强调“言之有情”和“发展个性”。可以说，“表达真情实感”的要求渗透在这个标准的字里行间。

总的来说，在第8次语文课程改革中，小学作文教学改革的思想十分活跃，方法层出不穷。由于提倡自由作文，作文兴趣的培养得到了关注，作文与生活的联系也得到了强调。现在小学生的作文，思想较以前活跃，情感流露较以前真实，表达方式也较以前多样。但是仍然存在内容表达不具体、不明确，作文不符合文体规范和错字病句较多的问题，这是因为教师对学生作文的指导较以前减弱，观察和思维的训练也较以前减弱，学生的文体训练和语言文字训练也较以前减弱。

新中国成立已经66年了，我国小学作文教学从强调“言之有序”，到强调“言之有物”，再到强调“言之有情”，虽然在某些历史时期也取得过喜人的教改成绩，但作为语文课程中的重点科目，左一步，右一步，左右摇摆，步履维艰，至今未能走出效率低下的困境。我认为造成这种局面的第一个原因是受片面追求升学率的影响，一味引导学生“背范文”，“重仿写”，“掌握套题技巧”，而不去提升学生的作文素养，特别是忽视让学生通过观察和阅读，去陶冶情感，启迪思维，丰富和积累作文的素材和语言。第二个原因是我们尚未掌握作文教学的深层次理论，也缺乏对问题进行多角度的系统分析，实现“组合质变”效果的思维方法。有鉴于此，我将原著加上近年发表的一些重要文章重新出版，目的是想进一步阐明小学作文教学的下述关键问题。

第一，要深入研究作文教学的基础理论，尤其是著名心理学家维果茨基创立的活动心理学理论。根据这个理论，语文不是一般的工具，而是社会交际的工具。首先，发展小学生语言的交际功能是作文教学的首要任务，也是激发学生作文兴趣的重要保证。但是小学生语言交际功能的发展是有年龄特点的，它取决于小学生每个学段的生活（即主导活动）的特点。只有根据语言交际功能发展的年龄特点来确定作文教学的内容，学生才能表达真情实感。其次，语言是交际和概括的统一，而思维则是概括的手段。只有掌握各个学段学生思维发展的年龄特点，才能确定各个学段科学的作文训练形式。再次，在作文过程中还应该让小学生掌握表情达意的语言手段和表达方式，包括审题、取材、选材、立意、布局，包括用词、造句、构段、谋篇，也包括运用记叙、描写、议论、说明等多种方式。因此作文教学既要从阅读教学中获取营养，做到以读带写，也要选好习作例文，做到以写促读。

综上所述，我认为小学作文教学具有五个要素：生活、兴趣、思维、阅读、语言手段。它们的关系是：生活是作文的源泉，兴趣是作文的动力，思维是作文的关键，阅读是作文的基础，表达是作文的重点。只有把握小学生语言交际功能和思维发展的年龄特点，把握作文教学五个要素相互依存的规律，我们才能确定科学的小学作文训练序列、有效的教学策略和教学结构，以及科学的评价体系。

第二，要研究科学的可供操作的作文教学序列。小学作文教学到底要不要序？有人认为“你放手，他就飞”，只要把作文兴趣激发起来，学生无论写什么怎样写都会提高作文水平；如果有固定的训练序列，会扼杀作文的积极性。我认为这话只说对了一半。教师“放手”是学生作文水平“起飞”的“必要条件”，但不是“充分必要条件”。作文“起飞”的“必要条件”很多，除了动机激发外，还有思维训练、作文能力培养、语言积累、阅读吸收等，这些条件加在一起才构成“充分必要条件”。因此要迅速提高小学生作文水平，必须充分考虑各种因素，努力构建一个科学而又可供操作的作文训练序列。万事万物皆有序，作文训练岂能无序！

纵观新中国成立后小学生作文教学顺序的确定，往往是单线思维的结果，即或者按照语言文字知识技能训练程序，或者按照思维能力训练程序，或者按照内容积蓄和情感陶冶的训练程序，因此往往左摇右摆，顾此失彼。其实小学作文训练是个复杂的大系统，其中起决定作用的主系统，是学生语言交际功能发展的系统。此外，这个大系统还包括语言文字知识技能训练、思维能力训练、情感能力训练和思想内容积蓄等四个副系统。因此，我们必须运用系统方法，一是研究主系统与副系统的相互关系，二是研究各个系统内部的纵向结构，三是要研究各个系统相互间形成的横向结构。

只有将这五个系统有机地结合起来，才能形成作文训练体系的“最佳结构”。那么，怎样确定各个学段作文训练的重点？我认为小学生语言交际功能是相互联系、不可分割的，但是可以根据各个学段学生不同的主导活动将它们分解出来，并在作文教学中采用“直线式”的顺序训练。即一、二年级发展语言的想象和自我表现功能，三、四年级发展语言的观察和自我表现功能，五、六年级发展语言的个别影响和自我教育功能。为了激发小学生进行社会交际的动机，小学各个学段都必须从篇章训练着手，教会学生完整地表情达意。但是在篇章训练过程中，可按“直线式”顺序，有重点地进行语言文字知识技能训练，即一、二年级进行用词造句和组织句群的训练，三、四年级进行片段（“段”的基本结构）和最简单的篇章训练，五、六年级进行多种形式的篇章训练。由于作文过程中，思维活动是一个统一的整体，它的多种形式不可机械分割，因此思维训练以“螺旋式”顺序为宜。但是可以根据思维发展的“敏感期”在各个学段有所侧重，例如一、二年级重点发展想象能力，三、四年级重点发展观察能力，五、六年级重点发展抽象概念思维能力。同时在各个年级都要注意培养创造性思维能力。思想内容的积蓄也以“螺旋式”顺序为宜，即类似的知识内容和思想情感内容可在各个年级反复出现，并逐步扩大范围和加深程度。但是在各个年级可以有所侧重。例如一、二年级重点了解大自然变化的初步知识，学习人类的一些最基本的美德，三、四年级重点学习日常生活各种局部的知识，注意观察学校的学科生活、班级生活、课外生活和社会生活，五、六年级则重点阅读革命英雄传记和优秀的文艺小说，学习按照社会主义核心价值观来处理人际关系。

第三，要深入研究有效的作文策略。掌握了小学作文教学的基础理论和主要规律，构建了科学的小学作文教学训练序列，接着就必须有效地实施作文教学。根据作文教学的目的、任务和当前存在的各种弊端，在按一定序列进行作文教学时，特别要注意贯彻这样一些策略，即正确处理个性的智力因素和非智力因素的关系，把充分激发学生作文动机作为作文教学的突破口；理解书面语言和口头语言的重大差别，让作文训练提前起步；明确一般发展和特殊发展的关系，用心理能力的培养促进语言能力的发展；努力加强课外阅读，让作文有一个“广阔的智力背景”；发挥教和学两个方面的积极性，提倡合作教学。

除了要研究小学作文教学的整体策略，还要根据这些策略制订各个学段的具体策略。例如中年级需要进行“素描”训练，即以观察实物作为途径，以片段和简短的篇章作为形式，将描写和叙述结合起来反映周围生活的作文训练。其目的在于帮助儿童认识周围世界，激发作文兴趣，培养观察和思维能力以及语言表达基本功。素描课的指导如何进行？可以说是“教无定法而有定规”。一堂素描课大体上可以包括下述步骤：（1）讲清要求；（2）观察实物或者师生的演示；

（3）讨论观察所得，进行重点指导；（4）复习范文，借鉴范文；（5）帮助学生理清思路，列出提纲；（6）口头作文；（7）书面写作。但是这些步骤不是缺一不可的，也没有固定不变的程式。一堂素描课的结构合理不合理，一是要看它是否既发挥教师的指导作用，又发挥学生的主动性。二是要看它是否符合下述教学策略：（1）仔细观察，认真描摹，将所观察事物或人物的造型正确勾勒出来。（2）认识事物第一，构思文章第二。即教师首先要指导学生观察、理解和感受素描的客体，其次才是指导他们构思文章，绝不能本末倒置。（3）要求明确、同中求异。即引导学生用不同方法观察同一个对象，从不同角度去思考同一个过程，从不同侧面对同一个内容展开想象和联想，用不同的个性化语言描绘同一个现象。（4）从扶到放，循序渐进。即让学生从集体观察过渡到独立观察，从接受作文前的指导过渡到接受作文后的指导。

最后，殷切希望小学语文界的同行对我的著作批评指正。

吴立岗

二〇一五年六月写于上海市梓树园寓所

前　言

两年前，应广西教育出版社副总编李人凡先生的要求，我将近年发表在《教育研究》及各地教育杂志上有关小学作文教学的学术文章编辑整理，出版了约20万字的《吴立岗作文教学研究文集》一书。我大学时代的导师杜殿坤教授为拙著撰写了序言，并在序言的最后要求我“在不久的将来能够写出一部用马克思列宁主义理论指导的、符合我国国情的小学语文学科教学论的专著来”。去年，我担任了上海市高教局重点学科“教学论”建设的学术带头人，并承担了市高教局重点科研项目“中小学作文教学改革的理论与实验”，两者都要求我迅速写出一本小学作文教学论来。虽然自感理论造诣不高，对小学情况的了解也很肤浅，但是师命难违，重点学科建设和科研任务也不容懈怠，于是在繁忙的工作之余勤奋地写作，熬了半年的夜，终于编写出这本《小学作文教学论》。

这本书有什么特点呢？我认为有三个：一是把作文教学从以升学为中心的应试教育，转到以提高素质为核心的国民基础教育的轨道上来；二是把语言心理学、发展心理学、教育心理学，特别是活动心理学的研究成果运用于作文教学，使作文教学有一个比较坚实的心理学基础；三是努力地将文献法、实验法、调查法、经验总结法等教育科研方法，运用于作文教学的科学研究，使作文教学论这门应用科学建立在实践的基础之上。

近年来，我考虑得较多的一个问题，是如何运用活动心理学原理改造小学作文教学。毫无疑问，作文教学的主要任务是培养学生的语言文字表达能力。但是迄今为止，我国作文教学的理论研究和教学法研究都有两个重大缺陷：一是离开了人类的交际活动去研究作文教学，使作文教学变成脱离社会需要的教学；二是离开了儿童在各年龄阶段的主导活动和心理特点去研究作文教学，使作文教学变成脱离儿童身心发展需要的教学。众所周知，所谓能力，乃是顺利地完成某种活动所必需的内在条件的综合，是影响活动效果的基本因素。能力同活动是紧紧联系在一起的，语言文字表达的能力同语言文字表达的活动也是紧紧联系在一起的。语文学科不是一般的工具学科，而是社会交际工具学科；作文教学要求培养学生的是用语言文字进行交际活动的能力。那么什么是交际活动呢？有人认为，交际活动就是个人之间的相互影响活动，例如写信、打报告、写总结、写发言稿、写说明书等。这种理解太狭窄了。著名心理学家维果茨基认为，交际活动是人类所特有的解决社会联系任务的活动。这种社会联系，既包括个人之间的接触，也包括个人与社会意识的相互影响；既包括人们在实践活动中的合作，也包括思想价值的交流。语言是交际的工具，它贯穿在一切交际活动之中。具体地说，运用语言可以进行概括信息、传递信息、表达自己真情实感、对别人施加影响、自我教育以及创造新经验等活动。这些不同的语言活动，也就是语言的不同功能。语言的功能决定语言的手段（形式）。在小学要教儿童掌握哪些作文的知识技能，并不取决于语言文字知识本身的逻辑体系，而是取决于学生从事哪一类语言活动，发展哪一种语言的功能。

那么，在小学阶段，如何发展儿童的语言功能呢？每一种语言功能都服务于某一种交际活动；在小学的不同年级，由于占主导地位的交际活动（简称主导活动）不同，各种语言功能的发展也有先有后。例如，在一、二年级，学生的主导活动是读、写、算入门和游戏活动，应该相应地发展学生语言的概括信息和自我表现的功能。在三、四年级，学生的主导活动是比较系统的学习活动，应该进一步发展学生语言的概括信息功能。而到五、六年级，学生的主导活动是人际联系活动，则应该相应地发展他们语言个别影响和自我教育功能。因此，在小学各个年级教学生哪些作文知识技能，让学生写什么内容，进行什么形式的作文训练，首先必须根据各个年级学生不同的主导活动，根据他们语言功能发展的不同需要。此外，还要根据他们心理发展的年龄特点。例如，小学低年级儿童产生意义（包括思想、意向、情感、需要等）的主要心理结构是想象，中年级儿童产生意义的主要心理结构是观察，那么在低年级应主要让学生写童话体作文，在中年级应主要让学生写观察作文（素描作文）。而到高年级，儿童的抽象概念思维开始成为思维的主要形式，他们的自我意识也迅速增强，这时必须教会他们写各种实用作文，包括比较复杂的记叙文、应用文、读书笔记，以及简短的说明文和议论文。

我上述的理论构想和实践探索可以概括成一句话：以儿童语言交际功能发展的年龄特点为主线，构建小学作文教学的整个体系。

为了使我的研究成果能被广大小学语文教师和语文教研员理解、接受和运用，本书还用很多篇幅介绍了我和我的研究伙伴撰写的小学各年级的作文实验教学设计。

本书第五章二年级童话体作文实验教学设计，由语文特级教师周品仙以及夏庆莲、单纫秋、周龙光、李文娉、蒋秀珍、张蓓、陈奇、汪诗悦等老师执笔或执教，由上海教育出版社谈鸿声先生审订。第八章实用作文实验教学设计，由朱贤龙、漆罗英组织，支克文、戴伟芳、顾尉玉、车月芳、解国霞、赵建芳、卢曦等老师执笔。这些先生为本书出版付出了辛勤的劳动，在此谨对他们表示由衷的感谢。

这些年来，杭州大学朱作仁教授，中央教科所张田若副研究员，著名的特级教师袁瑢、李吉林、丁有宽，上海师大教科所原所长、现任中央教科所教育实验中心主任的恽昭世副研究员，上海师大谢淑贞副教授以及上海市实验学校副校长周琼等，都对我的研究给予热情的鼓励和具体的帮助。此外，上海、江苏、浙江、广东、山东、河南、辽宁、黑龙江的许多学校，如上海市实验学校、上海市江湾中心小学、宝山小学、虹口区第三中心小学、上海市实验小学、上海师大附小、浦明师范附小、威海路第三小学、向阳小学、聚奎街小学，金华市将军路小学，苏州市吴江第二实验小学，广州市沙面小学、怡园小学、民航子弟学校，杭州市安吉路小学、长寿桥小学，宜兴市实验小学、城北小学、荆溪小学，丹阳市云阳第一中心小学、第二中心小学、东门小学、丹阳师范附小等学校，以及贾志敏、林佩燕、殷国芳、朱逸兰、杨莲莉、吴杏贞、张毓芳、张清森、吴少山、梁旭金、王叔颐、康美英、何竹筠、陆云、蒋敞、张文伯、程骏、汤其虎、吴红华、潘幼清、胡良等老师，都根据我的理论构想开展了各种实验，并向我提供了宝贵的经验。在此，一并致以诚挚的谢意。

我的研究还不成熟，在理论和实践方面都难免有错误和不妥之处，恳请广大读者批评、指正。

吴立岗

1992年8月于上海师大

目 录

第一编 小学作文教学的基本原理

第二编　小学作文实验教学设计

第三编　小学作文教学改革论文

第一编　小学作文教学的基本原理

第一章 提高学生素质是小学作文教学的根本出发点

一、以升学为中心的应试教育和以提高素质为核心的国民基础教育

小学教育是整个教育的基础，是提高民族素质的奠基工作。小学教育必须坚持贯彻国家的教育方针，遵循儿童身心发展的规律，使他们受到比较全面的基础教育，得到充分、主动和多样化的发展，为新一代的思想品德、科学文化、身体心理和劳动技能等素质的全面提高奠定基础。当前，我国小学教育改革应着力于把以升学为中心的应试教育，转到以提高素质为核心的国民基础教育的轨道上来。实现这个“转轨”，是由以经济建设为中心的需要和小学教育的现状所决定的。

（一）教育工作面临的形势

在今后一段历史时期，我国教育工作面临着严峻的形势和艰巨的任务。从国际环境看，我们正面临着国际新技术革命的挑战；从国内看，教育事业要为国家的现代化建设提供必要的人才和智力资源。

众所周知，在人类历史上已经发生过几次技术革命。目前正在经历的这次技术革命称为“新技术革命”，不但因为它是正在发生的，而且因为它有着与过去几次技术革命

不同的新特点：过去的技术革命突出地体现在“硬技术”，即工具、设备、机器、控制等“物质生产力”方面；而这次技术革命更多地体现在“软技术”，即知识、信息、程序等“精神生产力”方面。过去的技术革命主要是以新技术的采用、大工业的发展取代人手劳动，是人手的延伸、人手的解放；而这次技术革命，以计算机为中心的自动化正在取代部分人脑工作，是人脑的延伸、人脑的解放。

新技术革命是以越来越多的人的智力和物化在产品和劳动中的知识为基础的，其实质在于充分利用最先进的科学技术知识，使之及时地转化为生产力，因此它与教育有着紧密的联系。新技术的运用固然要求教育培养出一批科技精英，但是它更要求教育提高占人口绝大多数的劳动者的素质。国外的经济史学家预测，在20世纪的时候，经济要发展，国家要富强，需要仰赖四个因素：自然资源、资金、技术和人力。可是在21世纪，其中前两项因素的重要性将大大降低，第三项因素呈反转方式发展，第四项因素则成为主要的竞争武器。首先，自然资源不再是国家竞争力的决定因素。随着工业生产技术的全面成熟，交通运输容量和成本都发生根本性的升华，各国对本国自然资源的依赖性大大减少，像没有铁矿石的日本、韩国，以及铁矿石不多的中国，都能变成钢铁出口国，成为世界工厂。其次，资金对国家的影响也降低。在过去，国家的富有是一个很大的优势，这表示它可以拥有较多的设备，有较高的生产力，工人的工资也较高。但随着世界资本市场的发展，就算你是一个不发达国家的企业家，也可以利用这个资本市场在本国建一座工厂，这座工厂和富有的发达国家的任何一座资金密集的工厂，具有同样的水平。在未来，先天的富有或资金充裕，将不再是个优势。呈反转方向发展的因素是技术。过去人们认为，推出新产品的投资回报率远大于改善旧产品的生产过程所得的回收，因为发明一种产品，可以独占市场一阵子，定较高的价格，赚较多的钱。如果花钱改善产品的生产过程，竞争对手会跟着降低产品售价，你很难从中获取好的投资回报。可是到了20世纪90年代，精密技术的发展突飞猛进，“技术反转”将成为新的形态。举例来说，录像机、传真机是美国人发明的，激光唱盘是荷兰人发明的，但谁是这些产品生产、销售、利润三方面的龙头老大？是日本人。就算你先发明新产品，但如果我把新产品制造技术弄到手，并运用精密技术降低成本，照样可以拿走你的市场。这就是技术反转。以前发明新产品是重要的，但是现在重要的是擅长改良生产过程。“技术反转”的因素会改变最后一个因素。当竞争的重心在于发明新产品时，需要教育、培养在总人口排名前25%的优秀人才和极少数科技精英，因为这些人才是有能力发明新产品的人。但是当竞争的重心转移到改善生产过程时，胜负的关键就取决于在总人口排名后50%的那些人力是否受过较优秀的教育与训练，掌握较先进的科学技术，在各方面具有较高的素质。因为这些人是直接参加生产过程的人。在 21 世纪，将有高科技产品与低科技产品，但不管哪一种，都是用高科技的技术制造出来的。这将迫使每一名劳动者进行前所未有的自我充实，具有更高的工作能力。因此，劳动者的素质将是 21 世纪最关键的战略性武器。

（二）小学教育存在的弊端

党的十一届三中全会以来，我国的小学教育事业得到了迅速的恢复和发展。但是由于各种因素的影响，特别是劳动人事制度、社会上传统的教育观念的影响，以升学为中心的应试教育模式在小学中还有相当大的市场，带来了“三偏”（偏重智育、偏重考试科目、偏重分数）和“一重”（学生学业负担过重）的弊端。

1. 偏重智育，忽视全面发展

学校只重视书本知识的传授和强迫性的训练，忽视把德育放在首位。德育工作的薄弱表现在：缺乏坚定的信念，在一些不利因素面前，往往表现出无能为力；德育工作没有成为每个教职员工的神圣职责之一，没有形成纵横交错的网络，并渗透到各门学科中去；德育工作的要求还停留在学生不犯错误，不捅娄子，相安无事的低水平上，以“五爱”为中心的思想道德教育没有落到实处；方法简单化、成人化，形式主义的成分较多，效果较差；对德育工作的研究、改进、考核，不如像抓智育那样经常、扎实。对体育、美育、劳动技术教育也相当忽视，造成学生体质下降，患病率高，以及只会动脑，不会动手，不会应用。

2. 偏重考试科目，忽视非考试科目

在小学所有学科中，升中学的考试科目语文、数学、外语成了娇贵的“王子”和“公主”。作为基础学科，这几门的分量可以重些，这是十分必要的。现行的教育计划也规定了这几门学科所应占的课时比例。但是在不少小学，这几门课的课时已经超出了规定，挤占了其他学科的课时，占用了绝大部分的课余时间，其出发点也不完全是让学生打好基础，更多的成分是为了应付考试。在有些学校甚至连“两课”“两操”和每天一小时的体育活动等基本要求也达不到。

3. 偏重分数，忽视应用

在以升学为中心的目标下，升学率是评估学校教学的唯一标准，分数是衡量学生学习的唯一标准。学生学习语文、外语是为了考分，而不是着眼于交际运用和文明表达；学习数学和自然常识也是为了考分，而不是为了在社会和自然界中实际计算和发现问题、解决问题；学习政治、史地也还是为了考分，而不是为了指导行动，了解中国和世界。考分高的是“优秀生”，考分低的是“差等生”。这种评价标准，容易造成对高分学生的偏爱以至溺爱，对低分学生的冷落甚至歧视，使学生形成或者妄自尊大、目空一切，或者妄自菲薄、自觉低人一等的畸形发展的心理。

4. 学生负担过重，摧残身体健康

在学校中，一切为了考分带来了题海的泛滥，无穷无尽的作业与测验，压得学生喘不过气来，使他们失去了童年的天真与欢乐，体质下降，近视率上升，身体受到了摧残。因此，“救救孩子！”“还给孩子欢乐的童年！”已成了小学师生和全社会的共同呼声。

二、新一代公民素质的全面发展

（一）“素质”的广义教育学概念

1.“素质”的狭义解释和广义解释

教育领域中广泛使用的“素质”一词，是一个特定的概念，专指人的素质。它原来是一个心理学概念。林传鼎教授等主编的《心理学词典》（江西科技出版社 1987 年版）中说：“素质通常指人生来具有的某些解剖生理特点，特别是神经系统、脑、感觉器官和运动器官的解剖生理特点。它是能力形成和发展的自然前提。”这里所说的素质是人的自然遗传素质，是狭义的素质。

“素质教育”中的“素质”，不是狭义的心理学概念，而是广义的教育学概念。它既具有先天遗传性，又具有后天习得性；既是人的后天发展的条件和基础，又是人后天发展的结果；既是稳定的，又是可变的；既指个体的素质，又指群体的素质。概括地说，素质是以学生的先天禀赋为基础，在环境和教育影响下形成和发展起来的，相对稳定的身心组织的结构及其质量。

2. 素质的结构

作为人的先天禀赋与后天活动的“合金”的素质，有着丰富的内涵。

对于它的组成部分众说纷纭，例如“二分法”（身心素质），“三分法”（德智体），“四分法”（德智体美），“五分法”（德智体美劳），等等。江苏省教育科学研究所的同志根据人的素质形成的基本规律，把一个健全儿童的素质分解成三个层面，即生理层面、心理层面和社会文化层面。生理层面就是人的自然生理素质，它是在先天遗传性和后天习得性的基础上表现出来的，人体形态结构和生理机能的相对稳定的结合的状况和特征。心理层面就是人的心理素质，主要由注意力、观察力、记忆力、思维力、想象力等智力因素和情感、意志、性格等非智力因素构成。社会文化层面就是人的社会文化素质，包括科学素质、道德素质和审美素质。这三个层面既由低到高逐层累加，又相互渗透，融为一体。其中，生理层面是基础，是人的素质的载体。社会文化层面是人的素质的主要内容，标志着人的素质方向、性质和发展水平；心理层面则是人的社会实践活动和肉体组织的生命活动交互作用的中介。人类外在的科学精神、道德规范、审美经验，经过主体内化在心理层面最后积淀于人的身心组织之中，形成了人的素质。[①]上海中小学课程教材改革委员会认为中小学是基础教育，而素质教育是基础教育的核心。根据社会主义两个文明建设对人才的需要，中小学应该培养德、智、体、美、劳和谐发展的又有个性特长的人才。这种人才的素质应该是全面的。素质的含义包括知识、能力、智力、情感、修养等方面。因此中小学不能再根据传统的、狭隘的打基础只抓学生双基（基础知识、基本技能）的观念，而应该同时培养学生的思想品德素质、科学文化素质、身体心理素质和劳动技能素质。这就是说，中小学素质教育中的“素质”主要包含四个方面的内容。[②]

（二）充分开发儿童身心发展的潜能

小学教育要提高学生的素质，首先必须着眼于充分开发儿童身心发展的潜能。所谓身心发展的潜能，是指人的身心结构中蕴藏着的，由人类亿万年来生命演化和社会发展而形成的极为丰富的肉体和精神力量。它既是自然进化的产物，也是文化历史的产物。马克思把它称为人自身中沉睡着的自然力量。

人的身心潜能是十分巨大的。根据现代生理科学的研究：人脑有 1.5 亿个脑神经细胞，可以储藏 50 亿本书的知识量。人类至今只利用了这一潜能的极小部分。苏联生物科学博士叶弗列莫夫在《可预见到的科学未来》一文中说：“如果我们能使我们的大脑即使它的一半潜力发挥作用，那么，假如要让我们学会 40 来种语言，‘从头到尾’背熟《苏联大百科全书》，学会几十类学校的课程，都将不会感到有任何困难。”

人的右脑潜能亟待开发。大量的脑科学研究表明，人脑是一个结构极其复杂、功能高度完善的物质。大脑两个半球在结构上几乎相同，在功能上却高度专门化。左半球是处理语言，进行逻辑思维、集中思维、分析思维的中枢。右半球是处理

① 江苏省教育委员会．小学素质教育（内部发行）：44–51.

② 上海中小学课程教材改革委员会办公室．上海中小学课程教材改革［M］．上海：上海教育出版社，1990：49.

表象，进行具体形象思维、发散思维、直觉思维的中枢。近10年来各国对创造性思维的研究，发现许多较高级的认识功能如直觉思维能力、对空间的认识能力以及对复杂关系的理解能力都集中在大脑右半球，因而对右脑的作用有了新的认识。但是目前小学教育工作中，仍是以发展左脑的功能为主，致使学生左脑用得多，右脑用得少，大脑两半球得不到和谐的发展和合理的运用。由于右半球经常负担不足，它的潜能未得到有效的利用，这对培养既善于分析思维又善于直觉思维，既善于集中思维又善于发散思维，既善于抽象思维又善于具体形象思维的人是很不利的。

人的智能发展是不平衡的，存在着最佳期。苏联心理学家B.潘菲尔特说："人的智能的发展有自己特定的时刻表。它经历播种期、孕伏发展期、知识的收获期，最后达到智慧期。"教师的高度教育机智就表现为掌握儿童智能发展的"时刻表"，施加一切教育影响去发展那些处在最佳形成期的心理结构。首先考察一下儿童的脑重。2.5岁到3岁儿童的脑重已达成人脑重的2/3，而6岁儿童的脑重已接近成人的脑重，具备了被开发智力的物质基础。其次考察一下智力发展的速率，以17岁测量的智力为标准，从胎儿期到4岁，个体发展了其成熟智力的50%。从4岁到8岁，发展了另外的30%。而8岁到17岁，发展余下的20%。这种不同的增速，说明儿童期是智力发展速度加快的时期，早期开发智力可以对儿童发展起重大的影响。

根据上述分析，小学教育工作要提高教育的信心，努力改革课程、教材和教学方法，按照社会对儿童的身心素质的要求，及时地、充分地开发儿童的身心潜能，唤醒他们身心中沉睡着的力量，解放他们的大脑和心理能力。

（三）全面提高儿童素质和充分发展个性

小学教育的首要目标是全面提高学生的素质，这是具体贯彻让学生在德、智、体、美、劳各方面全面发展的教育方针。如前所述，小学生的素质不能只是科学文化素质，还应该包括思想品德素质、身体心理素质和劳动技能素质。小学首先要强调培养学生的思想品德素质，让他们从小学习做人的道理和基本行为规范，养成明辨大是大非和抵制腐朽思想的能力，养成热爱集体、热爱家乡、热爱祖国的思想感情。科学文化素质不仅指掌握各学科的基本知识和基本技能，也包括掌握知识在社会上、实践中应用的能力。身体心理素质不仅要求身体健壮，还要求心理素质好，有较完善的智力和一定的创造能力，有坚强的意志和毅力，有能与人合作共处的精神。劳动技能素质过去都不重视，这个情况亟待改变。小学教育是打基础的教育，必须也让学生掌握最基本的劳动技能。这样做是为了改变在人与环境的关系上只强调适应环境，不强调改造环境，不注重对自然界的理解和改造的传统教育思想；改变毕业生只懂书本，不懂实际，只会动口，不会动手的状况，以适应应用当代新技术、新工艺的需要。

在注重全面提高学生素质的同时，小学教育也要注意使学生的个性得到健康发展。这里说的个性，是教育学和心理学的范畴，主要指个人的性格、兴趣、爱好、特长等方面。过去很长一个时期，由于教育以升学为中心，因此学校过分强调“共性”“全优”，用固定的框框去要求每一个学生，而忽视了人的发展的不可避免的不平衡性，忽视了学生个性爱好的发展。虽然也讲因材施教，但往往局限在抓“两头”，即培养尖子与补缺补差，而忽视对全体学生中不同个性爱好的学生的因材施教。其实，马克思主义是尊重人的个性发展的，《共产党宣言》就提出“每个人的自由发展是一切人自由发展的条件”。应该说，由于禀赋和环境条件的不同，人们的性格、兴趣、爱好、特长是千差万别的。如果要求面面俱到甚至“全优”，那就会埋没、扼杀人才。因此小学教育要“允许落后，鼓励冒尖”，就是允许学生在某些方面只达到基本要求而落后于他人，鼓励他在另一方面超过他人甚至冒尖。这样做，虽然在人才个体的发展上会有不平衡，但从人才的群体来说，从整个民族的素质来说，却能够达到更高的水平。

在重视学生的个性时也要发挥教育的导向作用，引导个性健康发展。这就是说一要注意个性发展的广域性，即个性要向较广泛的方面发展，不能太狭窄；二要注意个性发展的制约性，即个性发展要受到社会需求的制约，要服从社会的需要；三要注意个性发展的目的性，即个性发展的目的是服务于社会主义事业，要为祖国为人民服务。

三、作文教学是素质教育的重要阵地

在小学要实施素质教育，关键在于转变教育思想，同时还必须构建相应的教育目标体系、课程体系、教材体系、教学方法体系和评估体系。各科教学是学校教育工作的主要形式，今后必须按照素质教育的要求进行重大的改革。

小学作文教学是小学语文教学的重要部分，也必须以提高学生素质、发展学生个性作为根本出发点。

（一）小学作文教学的性质和任务

小学作文的性质是以学习语言文字运用为主，同时提高思想觉悟、发展智力技能、扩大知识视野、陶冶审美感情的综合训练。小学作文教学的核心任务是培养学生运用连贯的语言文字的能力，同时要结合恰当地完成思想品德教育、发展认识能力、提高审美能力和培养健康个性的任务。因此，小学作文教学对提高学生各方面的素质有重要意义。

1. 作文能力是小学生科学文化素质和劳动技能素质的重要组成部分

小学生的作文不同于作家的文艺创作，也不同于科学家写学术论文和专著。它是一种习作，是学习用词造句和谋篇布局的基本功，初步掌握运用连贯的书面语言的能力，目的是进行日常的交际。叶圣陶先生说："关于作文，我想大概先得想想学生为什么要学作文。回答似乎并不难，当然是人在生活中、在工作中随时需要作文，所以要学作文。在从前并不是人人需要，在今后却人人需要。写封信，打个报告，写个总结，起个发言稿，写一份说明书，写一篇研究论文，诸如此类，不是各行各业的人经常要做的事吗？因此要求学生学好作文，在中学阶段打下坚实的基础。至于作诗作小说，并不是人人所需要，学生有兴趣去试作。当然绝对不宜禁止，但是这并非作文教学的目标。"叶圣陶先生的这段话虽然是针对中学作文教学讲的，对小学作文教学也完全适用。要学会用书面语言进行日常交际，就必须掌握各种实用文体，包括记叙、说明、议论、应用等文体。但是写记叙文是学习各类文体的基础，也符合小学生的思维特点，因此小学以学写记叙文为主。当然也要会写常用的应用文（包括读书笔记）。如果条件许可，也要让小学生初步掌握说明和议论的写作方法。

小学生学写作文不仅能掌握日常交际的本领，也有利于学习各门功课。毛泽东说："读书是学习，使用也是学习，而且是更重要的学习。"小学生通过写作文的实践，可以更好地理解各科教材编写的思路，把握它们的要点，领会它们用词选句的含义。另一方面，把作文训练同各科学习结合起来的做法有利于将这些知识巩固、加深、改造和系统化。例如上完美术课后，让学生结合本课的内容来书面分析一位著名画家的油画，那么学生就能更好地理解课上所学到的知识（如生活写实画和风景画的特点、色彩、光线、透视和画面结构的知识），也陶冶了审美情感。上完语文阅读课或自然常识课后，让学生针对课上学到的历史、地理和自然科学知识写一点"问题讨论"（读书笔记），那么学生不仅可将这些知识融会贯通，而且可以学习用辩证唯物主义方法分析问题。

小学生学写作文对他们今后的发展也十分有利。就像一个木匠要有几把得心应手的斧、锯、刨才能顺利地工作一样，学生要顺利地学习，也应该掌握锐利的学习“工具”。这个“工具”是什么呢？苏联著名的教育家苏霍姆林斯基说：“它装有五把‘刀’，即五种能力：读、写、算、观察（周围世界的现象）、表达（自己所见、所做、所想和所观察而得到的思想）。”“这五种最重要的能力合起来，就构成一个总的能力，即会不会学习。”由此可见，苏霍姆林斯基非常重视作文能力培养。众所周知，他所领导的帕夫雷什学校是一所十分出色的农村学校。他的语文教学的最大特点，就在于他把提高学生的语文水平作为智育的基础而列入各科教学大纲，使之成为全体教师共同的奋斗目标。经过通盘考虑，他认为中小学生必须在读写训练和认识事物方面扎扎实实地掌握 12 种能力，而其中就有 3 种能力属于“作文能力”的范畴，即“会表达关于自己所见、所观察、所做、所想的事情的思想”，“能听教师的讲解并能同时把教师讲述的内容简要地记录下来”，“会写作文，即能把自己在周围所看到、观察到的事物叙述清楚”。

综上所述，小学生学写作文可以掌握概括、传递信息的本领和日常交际的本领，这些本领可以终身受用，因而成为小学生科学文化素质和劳动技能素质的重要组成部分。

2. 写作文是小学生提高思想品德素质的重要途径

写作文的过程，不仅是提高语言文字能力的过程，也必然是接受思想品德教育的过程。教师一方面要加强作文与生活的联系，有计划地组织学生开展各种有益的活动，接触实际，指导学生观察和分析周围事物，以丰富学生作文的内容。另一方面，要选好作文的题目。所谓“有意义”的题目，可以是直接反映改革开放政策和坚持四项基本原则的题目，例如记叙本地区在改革开放中涌现出来的新人新事，描写在救灾抢险斗争中共产党员和解放军战士的高大形象；也可以是反映日常生活中“真”“善”“美”的题目，例如说明一个科学原理，议论一种社会现象，记叙一位乐于助人的普通人，描写大自然中的一处美景。写这些有意义的内容具有巨大的力量，它有助于学生关心社会、关心集体和关心他人，培养集体主义、爱国主义和革命英雄主义精神。养成追求真理、效法美德和正直无私的品格，陶冶高尚的审美情感。

小学生不是生活在真空中，并且他们的思想也尚未成熟，积极健康的思想和消极错误的思想都会在他们的作文中反映出来。因此教师在设计各类作文训练时，应尽可能多地向学生提供独立思考的机会。实践证明，学生独立思考的程度越大，他们在作文中越能敞开自己的内心世界，越能表达自己的真情实感。这样教师了解和教育他们的机会也就越多。

综上所述，写作文既可以使小学生受到生动活泼的思想教育，抒发健康向上的思想感情，又可以使小学生及时地了解并克服错误的思想和消极的感情，它是提高小学生思想品德素质的重要途径。

3. 写作文也是小学生提高心理素质的重要途径

小学生写作，不仅能掌握新的概括经验的方法，而且能使自己的各种心理过程过渡到比较高级的功能水平——自觉性和随意性的水平。它能帮助小学生自觉地进行具体形象思维和抽象逻辑思维。小学生以学记叙文为主，而记叙文的写作过程是一个复杂的心理活动过程。俗话说“巧妇难为无米之炊”。搜集材料是写作的第一步。所谓搜集材料，主要是通过观察和想象获得与作文有关的感情表象和典型形象，并且积累各种与知觉形象结合的常用词语。有了材料，学生就可以概括文章的中心思想，整理材料和安排文章的结构。完成这些程序，主要是依靠分析、综合、比较、抽象和概括等抽象逻辑思维活动。但是抽象的概括要从生动丰富的感性材料中孕育起来，它的每一步骤都必须有鲜明的表象作为感情支柱。经过充分的构思，接着就要选择适当的表现手法和词句来描绘各种典型形象（人物形象、景物形象或事物形象），表现文章的中心思想。在这个阶段，形象思维再度活跃起来，并且上升到更加高级的阶段。从心理学角度看，小学生写记叙文的过程，就是由形象思维转化为抽象思维，再由抽象思维转化为形象思维的辩证过程；感觉、理解和表现典型形象，是记叙文写作过程中形象思维和抽象思维互相转化的“转轴”。实践证明，如果指导得法，写记叙文可以有力地促进小学生具体形象思维能力和抽象逻辑思维能力和谐发展。

写作文也为小学生开展创造性想象活动提供了广阔的空间。所谓创造性想象，就是不依据现成的描述或图示，而根据一定的目的、任务，在头脑中独立地创造出新形象的心理过程。它是创造性思维的重要组成部分。小学生写记叙文，无论是叙事、记人、状物，必须包含着创造性想象活动。例如要形象地描绘某些细节，需要运用比喻、拟人和夸张的手法；要生动地刻画某个人物，需要对他的心理活动做某些合理推测；要深刻地揭示某一事物的象征意义，需要开展丰富的联想。创造性想象是作文过程中一种创造性的形象思维活动。如果说通过观察形成典型形象是提炼和表现中心思想的基础，那么，开展创造性想象活动就可以深化和深入表现这个中心思想。

许多心理学实验证明，写作文还能够培养学生的交往动机和成就动机，培养他们顽强、坚毅的意志和坦诚、进取的性格。总之，不仅在认知领域，而且在个性的各个领域，写作文都是提高小学生心理素质的重要途径。

（二）亟待改革的作文教学

小学作文教学是小学语文教学的重要组成部分，也是素质教育的重要阵地。近年来我国各地的作文教改十分活跃，取得了可喜的成绩。但从总体上看，由于各种原因，特别是受以升学为中心的应试教育支配，作文教学中仍然存在不少弊端，阻碍学生素质的提高和个性的发展。

1. 阻碍学生思想品德素质提高的表现

目前小学作文教学阻碍学生思想品德素质提高的表现有两个方面。

一是允许学生说假话，由于受“一切为了升学”的思想影响，不少教师只要求学生把文章写得漂漂亮亮，不问学生写的是不是真人真事，也不管文章是学生自己写的还是抄别人的。有这样一个例子。

有一次一位女教师对全班学生说：

“昨天是元宵节，市里举办了灯会。今天的作文题目就是‘元宵灯会’。”

“我没有去看灯会怎么办？”一个女孩问，“因为昨天我生病了。”

“你说谎。”女教师回答，“你平时最爱玩，不会不去看灯的。再说，我市有好几次升初中的作文考题是写景，你现在不练更等何时？”

“夜幕降临，花灯亮了，喜悦如同繁星一样洒遍人间，市内的大街小巷洋溢着一片节日的欢乐。我看着人们摩肩接踵地拥向灯市，融进了浩瀚的灯海……”

这个姑娘写了上面这样一篇作文，但内容都是凭空杜撰的。

“你不是没有去观灯吗？为什么尽说谎话？”家长问她。

“我哪里说谎啊，我只不过是写作文罢了。要知道这不是说实话，而是写文章。”

看，由于作文训练只要求掌握写作技巧，强求一律，而不提倡实事求是的文风，结果学生们产生一种错觉：作文内容可以杜撰。有的学生干脆说：“作文就是吹牛。”

二是鼓励学生说套话。有一些教师倒是要求学生写真人真事，而且强调必须写思想感受，但是脱离学生实际，让他们用自己的嘴巴说大人的话。造成有相当一部分学生写出来的文章成人腔比较严重，缺乏儿童特有的情趣。这种文章，内容空洞，语言干瘪，叫人一看就觉得有假。

比如，有一名同学在《我的好伙伴》一文中写了这么一段话：我拎起足球时，发现我们的小队长顾军又在为别人做好事了。我感动极了，热泪盈眶，拿着足球的手颤动起来。我走上前去，握住顾军的手，说：“顾军，你是当代的小雷锋，我一定要向你学习！”

显然，这里写的不是孩子的心里话。

以上两种表现尽管形式不同，但实质是一样的：让学生说假话、说空话、说套话，不让他们吐露真情实感。目的也是一样的：让学生在升学考试中拿个好分数。这些做法严重阻碍了学生思想品德素质的提高。

2. 阻碍学生科学文化素质提高的表现

目前小学作文教学阻碍学生科学文化素质提高的表现有下述几个方面。

一是作文起步太迟。按传统的教学大纲规定，小学一、二年级进行看图说话、写话，观察事物说话、写话等训练；到三年级开始命题作文，即按照某个题目的要求运用连贯的语言来表达一层比较完整的意思。人们不禁要问：这样安排是否科学？在三年级写文章训练之前是否一定要经过二年级一年的写话训练？回答是否定的。理由是这样安排要延误写文章训练的时机。现在有不少人认为说出来是口头语言，写下来就是书面语言，说得好就一定写得好。这种理解是很片面的。当然，口头语言是书面语言的必要条件，从说到写是作文训练的一条规律。无论从语言发展的顺序看，还是从学龄初期儿童内部语言发展的特点看，在一、二年级进行说话和写话训练，都将有助于学生写好作文。但是必要条件不等于充分必要条件，说得好未必一定写得好。书面语言和口头语言无论在功能上还是在结构上，都存在本质的差别，必须进行专门的训练。我们既要克服“重写轻说”的倾向，也要克服“用写话代替作文”的倾向。已经进行的对小学二年级下学期学生的诊断性实验表明，小学低年级学生的书面语言和口头语言在各项重要参数上无重大差异。这说明现在二年级的写话训练仅仅是记录口头语言的训练，并不是真正的书面语言训练。如果用二年级一年的时间进行写话训练，势必延误作文训练的时机。1958 年以来我国的各种语文教学实验证明，二年级特别是二年级下学期的学生，无论从识字量、写字技能看，还是从阅读量看，都已经具备写命题作文的条件，并且能够写好简单的命题作文（即属于篇章范畴的片段作文）。

二是训练序列不明。应该说，目前使用的小学语文统编教材是新中国成立后最好的一套教材。它的特点是以阅读训练作为主线，将教材分为四类课文（讲读课文、半独立阅读课文、独立阅读课文、习作例文）。它把阅读分解成若干个重点训练项目，使教学既有重点，又适当反复，呈现“螺旋式”的前进。这样的编排能充分发展学生的智力和培养他们的独立阅读能力，顺应了时代发展潮流。但是这套教材所编排的习作例文，同阅读课文的关系不够密切，训练的“序”不够清楚，练习的数量又比较少。因此现在有不少教师要求另编一套作文教材，以弥补统编教材的不足。

现在的统编教材和多数地方教材，都是将阅读教材和作文教材编在一起的综合型教材，意在加强读写结合。大家知道阅读是“吸收”，作文是“表达”，学用必须一致，读写必须结合。但这只是问题的一个方面。问题的另一方面是阅读能力和作文能力的形成都有自己的客观规律。同阅读一样，作文也要分若干个训练项目，由易到难，从简到繁，依次进行训练。而且任何一种能力都必须经过反复实践才能形成，作文的每一个单项训练也必须“一次多篇”，“多次反复”。大家都承认，现在我国小学生作文的通病是内容空洞、语言干瘪。原因何在？原因就在于目前多数教材片面强调阅读是基础，要求学生“读什么，写什么”，用阅读训练的序列代替作文训练的序列。例如第一篇读《周总理的睡衣》，要求学生学习动作描写；第二篇读《三味书屋》，要求学生学习房间陈设描写；第三篇读《群鸟学艺》，要求学生学习人物对话描写。按照这个顺序教学，每一类描写都是蜻蜓点水，浅尝辄止，学生既不能掌握各类描写的智力技能和写作技巧，也不可能积累相应的词汇。

三是文体训练单一。如前所述，写记叙文是学习各类文体的基础，也符合小学生的思维特点，因此小学应以学写记叙文为主。但是由于目前各地小学升初中的语文考题中，都有写一篇 500 字的记叙文，在这根升学“指挥棒”的指挥下，不少教师从三年级到六年级只让学生写记叙文，把学写记叙文“为主”变成“唯一”学写记叙文。教学大纲明明规定小学生“也要会写常用的应用文”，可是不少教师只把它当作额外的任务，少教或者不教，以致不少学生到小学毕业时还不会写黑板报稿，不会记读书笔记，甚至连一张留言条也写不像样。

文体训练单一，不仅表现为忽视应用文的教学，也表现为忽视其他各类实用文体（诸如说明文和议论文）的启蒙教学。大家知道，到小学高年级（五、六年级），学生的抽象逻辑思维能力的发展开始进入最佳期，他们的人际交往能力也有长足的发展。这时候只会写简短的记叙文对他们日常交际来说已经不够用了，还应该教会他们写简单的说明文和议论文。

近年来，我国在小学高年级加强实用文体训练的呼声渐高，相应的教学实验也如雨后春笋般发展起来。其实这个问题在一些发达国家（如美国、德国、日本等）早已得到解决。1969 年，苏联教育部制订了新颖的中年级（4~8 年级）作文教学体系。该体系的特点是以培养一般写作能力为主线，三种文体（记叙、描写、议论）齐头并进训练。该体系认为写作能力包括审题、表现中心思想、搜集材料、整理材料、修改文章、语言表达和安排文章体裁等 7 种能力，它们是作文的“双基”，同智力活动在写作过程中辩证统一。在这 7 种能力中，前 6 种是一般的写作能力，而第 7 种则是特殊的写作能力。相对安排文体的能力来说，前 6 种能力是层次更高、覆盖面更大的作文学科能力。它们必须在各个年级有重点地、一个一个地加以培养。该体系认为，按照“第一，记叙文；第二，描写文（包括说明文）；第三，议论文”的顺序教学太机械了，因为各类体裁的文章都有难有易。决定难易的因素不是文体本身。作文题目的深浅固然是一个因素，更重要的是各类作文对一般写作能力（如审题、表现中心思想、搜集材料和整理材料）提出的要求。因此该体系决定以需要什么基本写作能力为标准，把三种文体中同样难度的类型放在同一年级教学，也就是说安排上不搞“单打一”，而是齐头并进。例如四年级是重点培养审题和表现中心思想的能力。根据这个重点，在记叙文方面应教会学生记叙生活中某一件事（如写《我成长中的一件小事》）。这一类是最简单的记叙文，不需要专门搜集材料和整理材料，学生只要将自己十分熟悉的事情按时间先后顺序写清楚就行。写描写文，则应描写单个物体（如《我的钢笔》）和小动物（如《我家的小花猫》）。这类文章富有生活情趣，学生爱写，而且内容为学生熟悉，不需要特地搜集材料。写议论文，应该学会议论包含在作文题目中的问题。例如写《某同学的这一举动正确吗》，讲“正确”或“不正确”，这是论点；分析“为什么”，这就是论据。关于道德行为的准则学生们天天都在思考，因此论据不用特地搜集。由此可见，有了“基本写作能力”这把衡量难度的尺子，在同一年级中三种文体的训练就可以齐头并进地安排了。苏联的这个作文教学新路子，很值得我国参考和借鉴。

3. 阻碍学生身心发展的表现

目前小学作文教学阻碍学生的身心发展表现为下述几个方面。

一是搞“题海战术”。当前小学生普遍对作文不感兴趣，但是为了应付考试和升学，教师和家长不得不让他们身陷“题海”，加班加点地写作文。例如有些小学要求高年级学生课外“每天写一篇小作文，每周写一篇大作文”，而家长还要布置“补充作业”，造成学生身心负担很重，感到苦不堪言。

有一个小学生写了一篇作文叫《睡不着了》，很有典型性。它列举事实，控诉了繁重的作业（包括作文），压得儿童喘不过气来，充分表达了儿童渴求欢乐童年的心声。

作文内容如下：

睡不着了

瓦蓝瓦蓝的夜空缀着无数颗亮晶晶的小星星。“当当当……”时钟已经连续敲了九下。我躺在床上，望着星空，我睡不着，我默默地想着：如果能像小星星那样自由，该多好啊！

明天是星期天，有的同学和爸爸妈妈出门走亲戚，有的同学出去玩了……但我只能在家里做作业，繁重的作业压得我喘不过气来：学校里的作业，家里布置的作业，还有爸爸从外面拿来的卷子，等等。我这人快变成机器人了！数学做好了，写作文；作文写好了，读外语；外语读好了，做趣味数学。唉，这一项项作业就像一个个需要我加工的零件一样，太多了。

我仍想着：一个星期共七天，除了五天上学读书，连两天的休息日也不给吗？就连我们自己的节日，学校放假，我也被妈妈丢进了作业的海洋。我整天的生活就是作业！作业！！作业！！！

我望着星空，还是睡不着。我多愿这个夜过得慢一点啊！

二是搞机械训练。首先是命题脱离学生实际，显得十分机械。大家知道，作文的过程也是发展学生健康向上的社会性情感的过程。"文贵以真"。只有让学生用自己的手写自己的事，吐露真情实感，他们才能发展自己的理智感、道德感和审美感，追求"真""善""美"。可是我们有些教师心中只有升学考题，没有学生的生活。例如作文的升学考题经常是写"一件事"，教师就反复地让学生写《我做了一件好事》。不少学生写不出来，只好凭空编造所谓"五子登科"的故事，即帮助邻居带孩子、生炉子、拎篮子，帮助过路人推车子，上交拣来的皮夹子等。而且每次都写同样的内容。其实小学生在日常生活中做好事不多，做坏事更少，做错事倒有许多。如果教师将作文题目改成《我做错了一件事》，学生就可以吐露自己的真情实感，写出生动有趣的文章来。

其次是作文指导的方法十分机械。大家知道，发展语言和发展思维相结合，既是阅读教学的中心环节，也是作文训练的中心环节。可是不少教师忘记了这一点，他们指导学生作文，习惯用两种方法。第一种方法是机械地模仿范文。例如教过课文《猫头鹰》，就要学生按照描写猫头鹰身体各部位的顺序来描写小白兔。第二种方法是"根据现成提纲作文"。即教师根据作文题目自己列出提纲，或者经过集体讨论列出提纲，然后让学生写文章。这样，先写什么，后写什么都有了框框。更有甚者，把作文要用的词语全都抄给学生。这两种方法只能使学生写出千篇一律、千人一面的作文，它们严重地压抑了学生思维和个性的发展。用这两种方法写作文，可能看起来是相当"严谨"而"有条理"的，但是这种"严谨"和"条理"是教师预先安排的，不是学生自己的东西。要使学生把作文写好，必须抓住根本的东西，就是发展学生的观察能力、思维能力和创造能力，发展他们感受事物的能力，发展他们的个性。观察和阅读是小学生作文的两大支柱。在进行作文指导时，首先要学生通过观察作文对象产生个人的感受。古人说："情动而辞发。"当学生确实有感受要倾吐并且欲罢不能的时候，教师就可以因势利导，让学生从感受最深的地方出发开展思维活动，进行命题立意、选材组材、谋篇布局的工作。这样学生就能写出内容生动、富有感情和个性的好文章。其次要指导学生科学地模仿范文。要告诉学生模仿有两种，一是"形似"，二是"神似"。机械地搬用范文的写作技巧和好词好句是"形似"，而创造性地借鉴范文作者观察事物的方法和处理材料的思路是"神似"。模仿范文应该从"形似"到"神似"，最终目的是在模仿基础上独创。

综上所述，目前我国的小学作文教学必须大胆改革，克服各种弊端，促进小学生素质的全面提高。具体地说，必须完成下述各项任务。

（1）转变教育思想，正确地确定小学作文教学的任务。即不把应付升学考试作为作文教学的出发点、着眼点、着力点和最后归宿，而把提高素质作为作文教学的出发点和着眼点，面向全体学生，努力完成它的主要任务——培养语言文字的运用能力，同时要结合着恰当地完成思想品德教育、发展认识能力、提高审美能力和培养健康个性的任务。

（2）根据马克思主义个性心理学原理和系统论的方法，来科学地确定小学作文训练的序列。即不是脱离学生的实际生活，为迎合升学考试需要而搞单一的语言文字技巧训练，而是根据学生所从事的活动和心理发展特点，认真分析作文训练这个大系统中语言文字训练、心理能力培养、语言功能发展以及知识经验积累等子系统，找出其中起主导作用的系统，科学地确定主系统和副系统、纵向发展与横向联系、主体直进与循环渐进、单项训练与综合训练的关系。

（3）根据现代心理学和教学论的研究成果，合理地制定小学作文教学的策略。即不是根据升学考试的要求对学生进行枯燥无味的机械训练，而是创设师生间合作教学的氛围，从激发学生动机入手，实现听、说、读、写的和谐发展以及语言能力和心理能力的同步发展。

（4）根据小学作文教学的任务、序列及策略，运用实验法、调查法、经验总结法等各种科学研究方法，大胆地改革现行的小学作文教材体系，科学地制订小学低、中、高年级的教学目标、训练内容、训练形式以及训练方法。

第二章　构建科学的小学作文训练序列

要使小学作文教学在完成其主要任务——学习运用语言文字能力的同时，全面地提高学生素质，关键在于构建一个科学的作文训练序列。1980 年 7 月下旬，全国小学语文教学研究会在大连市成立，语文界老前辈叶圣陶先生在书面发言中指出：“现在大家都说学生的语文程度不够，推究起来，原因是多方面的。而语文教学还没有形成一个周密的体系，恐怕是多种原因中相当重要的一个。”他希望研究会以此为课题，“花它两三年的工夫，给小学语文教学初步建立起一个较为周密的体系来”。从那次会议后，全国各地小学语文界的同志积极响应叶圣陶先生的倡导，进行了不少的实验和探索，使小学语文教学出现了新的局面。但是从总体上看，大家对阅读教学的研究比较多，而对作文教学的研究就比较薄弱。迄今为止，还不能说我国的小学作文训练已经“初步建立起一个较为周密的体系”。

如何才能建立比较科学的小学作文训练序列？一是要正确实行古今中外法。古今中外法是毛泽东同志提倡的符合马列主义原则的科学研究方法。远在 30 年代延安整风期间他就提倡研究革命理论，研究历史，研究现状；新中国成立后又提倡古为今用，洋为中用。这些精神都是一致的，对研究小学作文教学是完全适用的。我们一方面要反对搞历史虚无主义，反对一概排外，认真继承和借鉴中国古代和外国现代的作文教学理论和经验；另一方面也要明确，无论“古”的和“外”的东西多么好，继承借鉴多么必要，都应以“今”“中”为主，并且不能替代我们自己的创造。

二是要运用系统方法。大家知道，几百年来近代科学的发展，主要在分化中前进，传统的分析方法是主要的方法论工具，它发挥了很大的作用，建立了不少的功绩。但是，这种传统的方法也容易造成客观整体和联系的人为割裂。列宁说过：“要真正地认识事物，就必须把握、研究它的一切方面、一切联系和‘中介’。我们决不会完全地做到这点，但是全面性的要求可以使我们防止错误和防止僵化。”到20世纪下半叶，现代科学技术已经形成一个严密完整的体系，人们在宏观世界和微观世界取得的巨大的进展，使各种事物、现象过程的本质联系逐渐显现出来。于是在科学研究中出现了系统方法。系统方法要求把整体各部分相互联系的研究放在首位，它充分体现了马列主义的唯物辩证法思想。要拟定比较科学的小学作文训练的序列，也必须运用系统方法。一方面，要研究作文能力结构各个组成部分自身的系统，另一方面，又要研究这些组成部分相互之间所构成的系统。只有找到各个组成部分的内在联系，形成相互关联、相互作用的整体，才能形成最佳的作文训练结构，达到“组合变质”的效果。

一、古今中外的作文训练序列

（一）我国传统作文教学中“先放后收”训练序列

我国传统的语文教学有许多宝贵的经验可供我们现时借鉴，例如先“放”后“收”的作文训练序列至今仍不失其实用价值。

我国古代蒙学正式写作（开笔）较迟，大多采取先“放”后“收”的训练程序，即第一步是“放”，鼓励学生驰骋想象，放胆作文，不受约束；第二步是“收”，即到一定阶段，学生作文已经有了基础，就要求他们学习精炼严谨的作文方法。

宋代谢枋得曾根据先“放”后“收”的作文指导原理，编过一本《文章轨范》。这部书共有两部分，前半部分是“放胆文”，后半部分是“小心文”。在“放胆文”的引言中，他写道：

“凡学文，初要胆大，终要小心——由粗入细，由俗入雅，由繁入简，由豪荡入纯粹。此集皆粗枝大叶之文……初学熟之，开广其胸襟，发舒其志气，但见文之易，不见文之难，必能放言高论，笔端不窘束矣。”

清代王筠也曾以驯马为例，说明儿童习作先“放”后“收”的过程。他说：“作文必须放，放之如野马，踶跳跑嗥，不受羁绊，久之必自厌而收束矣。此时加以衔辔，必俯首乐从。”

古人没有具体说明儿童应该在什么年龄写“放胆文”，怎样写“放胆文”，又到什么年龄、什么程度该写“小心文”，如何写“小心文”。但是他们所提出的先“放”后“收”习作程序，却比较科学地揭示了儿童学习作文的一般规律。初学者由于不会作文，难免有畏惧情绪。这时如果鼓励他们尽情去想，放胆去写，直抒胸臆，畅所欲言，他们自然打消原来的畏难心理，逐步提高习作的兴趣与信心。这阶段文章的文字形式可能较粗俗，内容却会比较充实丰富。如果在这个基础上再因势利导地教给儿童严谨的习作方法，他们就会从必然王国走向自由王国，逐步进入作文的门径，掌握作文的规律。

除了提出先“放”后“收”的作文训练程序外，传统的语文教学还注意对学生作文训练中“脱换”期的引导。大家知道，学生作文的水平不可能呈直线上升，而是经过一定的转折、变化，呈螺旋式上升的趋势。传统教学已经看到这种现象，清代王筠称这种转折为“脱换”期。他认为，学生作文得经过几次“脱换”期，才能有大的长进。正处于“脱换”期的习作，往往显得平淡无奇，甚至退步，但这正是进步中的必然现象。王筠认为能否加强对学生作文“脱换”期的引导，是学生作文成败的关键，也是区别良师与钝师的重要标志。正确的态度应该是“涵养诱掖，待其自化”。这样“文境必大进”，而那些钝师往往“督责之”，使学生在“脱换”时受到摧折，这是十分可惜的。传统教学的这一见解对我们也富有启发性。

（二）老解放区“读写结合”作文训练序列

从 1927 年党在井冈山开辟第一个革命根据地起，到 1949 年全国解放的 23 年里，老解放区的教育经历了三个发展时期，即土地革命时期、抗日战争和解放战争时期，这也就是人民教育事业的创办、发展和壮大的时期。由于历史条件的不同，各个时期的教育都有不同的特点，但都显示出党的教育事业的兴旺发达，创造了许多宝贵的经验。

在作文教学方面，老解放区所编的各种小学语文课本基本上都是按照“读写结合”的思路来确定作文训练程序的。在土地革命时期苏区的小学称为列宁小学，学制为 5 年，分前后两期，前期 3 年为初级，后期 2 年为高级。列宁小学的国语教材，内容与革命斗争和生产劳动实际联系十分紧密。例如中央教育人民委员部编的《国语教科书》第一册第 43 课：

“爸爸报名当红军，弟弟跑来说：‘我的爸爸呱呱叫，大家都来欢迎了！’妈妈笑着说：‘好了，我们是红军家属了。’”

在作文训练方面，一是考虑读什么，写什么，读写结合；二是考虑读和写的内容要符合儿童的年龄特点，讲究科学性；三是初步学会各种体裁的文章，讲究实用性。这些思想渗透在列宁小学各个年级的国语教学要求中。以二年级为例：课文方面，以教能独立的句子构成的短文为主，文体应是描写体和对话体，适于儿童口语的；写字方面，教写教材中笔画简单的字，进而利用环境写教室中的标语禁令，或儿童自找材料写；作文方面，先学单句听写或填充，一问一答做记录，再学物品的描写和简单动作的描写。

二年级：课文方面，利用环境或制造环境来丰富文字语句，在文体上仍以描写为主，说明次之，空间描写和时间描写并重，增学各种补足句构成的短文，篇幅文字稍加长；作文方面，主要用直观法描写自然物或人工物，让学生描写自己的生活及观察到的社会活动与动物活动。

四、五年级：课文仍包含政治和自然常识，增加议论和批评的成分，作文要教授初步的议论文的作法，使学生毕业时能写最浅易的文章，尤其是应用文（如书信、路条和议论短文）。

但到底是搞“读写结合”还是搞“读写分开”，在老解放区意见是不统一的。例如 1946 年 3 月 17 日陕甘宁边区教育厅厅长晁哲夫在冀南教育会议上，发表了题为《国文教学必须改造》的讲话（发表在《冀南教育》上，《新教育》第 2 卷第 2 期曾予转载），指出“一直到今天，国文的教学法仍是旧的，基本上并未冲出形式主义的圈子”之后，认为国文教学法必须改造。从哪里改造呢？“最重要的：一是讲读要与写作分开；二是在应用时才研究如何写，在写作时再研究文章的体裁。”接着就讲读与写作的关系问题做了阐述，认为“过去讲读是服务于写作的，就是说学校里国文科目的目的，就仅仅是为了写作……这种关系是不正常的，也是不应该的，正是八股教学方法的重要因素”。因此他认为，新的正确的认识应该是：“讲读和写作是国文教学的两大独立任务，应当严格地分别清楚。”其次，谈到体裁和应用的问题，他认为“旧的教学法是在讲读中教学文章作法，这是错误的，往往搅乱了对内容的理解，因词而害义。应该怎么样呢？我认为学习体裁和作法要在作文（应用）时学，根据要写的内容，决定是诗、论说、报告、社论或是小说，就是说：在应用时学习应用文的写作，在作文时研究作文体裁”。

晁哲夫同志的这些观点和意见随即在语文教育界引起了强烈的反响，在教师中展开了热烈的讨论，有的学校和教师还就此进行了教法的实验，并将结果写成文章。但从讨论情况来看，多数同志认为从语文规律来说，阅读与写作应一致起来。真正能够读得通，也就应当能够写得通；真正能够读得好，也就应当能够写得好。但是实际情况不尽如此，其原因就在于没有掌握语文规律。因此，以语文规律的研究和实践作为教学活动的中心，这是改进教学方法，提高教学质量的必经之途。①

（三）近年来我国小学作文训练序列探索

新中国成立后，我们国家根据各个时期的政治态势以及对小学语文科教学目的的认识，分别在1950年、1956年、1960年、1963年、1966年、1978年、1987年编写过统一的小学语文教材。应该说，1978年和1987年编写的小学语文统编教材，是新中国成立后比较好的两套教材。它们的特点是以阅读训练作为主线，将教材分为四类课文（讲读课文、半独立阅读课文、独立阅读课文、习作例文）。它们把阅读分解成若干个重点训练项目，使教学既有重点，又适当反复，呈现“螺旋式”的前进。这样的编排能充分发展学生的智力和培养他们的阅读能力，符合为实现“四个现代化”培养建设人才的需要。但是这两套教材所编排的习作例文，同阅读课文的关系不很密切，训练的要求比较笼统，序列不够清楚，练习的数量又比较少。因此，从1978年起，全国各地小学作文教学的研究开始活跃起来。大家都把作文教学的规律和作文训练的序列作为主要研究课题，纷纷编出各自的作文教材来弥补统编教材的不足，已经出现百花齐放、争奇斗艳的局面。

这个研究表现为两种趋势。第一种趋势是将小学语文教学大纲提出的作文要求具体化，变成序列训练的计划。例如有人认为小学五年制的作文教学的程序可以分三个阶段：

（1）作文起步阶段，包括一、二年级，以说完整的话，看图说话，看图写话为主；

（2）作文过渡阶段，在三年级，让学生进行片段训练，能写一段话，叙述一件事；

（3）作文综合阶段，包括四、五年级，综合进行记叙文训练，同时注意从模仿向独立写作提高。

第二种趋势是根据小学生作文能力形成的客观规律，也尽量考虑小学语文教学大纲的要求，编拟相对独立的作文训练序列。在这方面通过研究和实验已经自

① 郭绳武.读写结合的国文教学的一个实验（节录）[J].边区中等教育资料，8–9.

成体系，并对全国产生较大影响的作文教学流派主要有下述五个。

1. 作文分步训练

1978 年，中央教育科学研究所张田若同志率先总结了新中国成立后小学作文教学的传统经验，著文《作文训练三步走》。他把小学作文训练概括为“三步”：第一步，口语训练（一年级）；第二步，写话训练（二年级）；第三步，作文训练（三至六年级）。可是山东省烟台市的李昌斌、马兆铭等同志认为，这“第三步”训练横跨三、四、五、六四个年级，阶段性不明确，也体现不出三年级训练的特殊性。三年级是由一、二年级说话、写话训练向高年级作文过渡的年级。以段的训练为主，应单独作为一个训练阶段，可以叫作“片段训练”（或叫“过渡训练”）。这样，“三步走”就成为“四步走”了。①

烟台市的同志认为发展思维和发展语言相结合，既是小学阅读教学的中心环节，也是小学作文训练的中心环节。按其过程来说，可分四步走，即说话训练、写话训练、片段训练、篇章训练，这就是作文训练的阶段。各个阶段有各不相同的发展思维和发展语言的具体任务。例如一、二年级，学生思维的发展还处于感性认识阶段，通过看图和观察，培养学生捕捉事物现象的能力。这个阶段的语言发展，重点是说一句完整的话或几句连贯的话，切不可提出过高的要求。到了三年级，学生思维的发展就进入从感性认识到理性认识的过渡阶段，着重培养学生的分析联想能力；而语言方面的训练则以段的训练为重点。四、五、六年级，学生的思维发展进入理性认识阶段，着重培养发现事物本质和特点的能力；而语言训练则以篇章结构为重点。发展思维和发展语言相结合，按其渠道来说，主要有三条：观察、阅读、写作。观察侧重于发展思维，做到“言之有物”，阅读侧重于发展语言，做到“言之有序”；作文是二者的综合运用，“有物”和“有序”的有机结合。这样，他们对于小学作文训练序列的设想可概括成“一个中心两条线”。一个中心是：发展思维与发展语言相结合。两条线是：一条纵线——“四步走”；一条横线——观察、阅读、作文三结合。这两线围绕一个中心，穿插结合，交织成网，形成一个作文训练“流程图”（见下页表）②。根据上述设想，从 1979 年起烟台市的同志在全市 15 个县、区进行大面积的实验，既订出了各个年级的作文训练计划，编写了教材，又进行了理论总结，取得了显著的成效。

① 李昌斌，马兆铭 . 小学作文四步训练［M］. 济南：山东教育出版社，1982：3–4.
② 李昌斌，马兆铭 . 小学作文四步训练［M］. 济南：山东教育出版社，1982：6.

年　级	发展思维	发展语言
一、二年级	直观感知阶段	说话写话阶段
三年级	分析联想阶段	学写片段阶段
四、五年级	发掘本质阶段	命题作文阶段

杭州大学朱作仁和李卫民同志的“小学作文程序训练”实验，也属于作文分步训练的实验。他们根据小学生的年龄特征及小学语文教学大纲的作文要求，确定了各年级的训练重点。一、二年级重点训练把语句写通顺，三年级重点训练把事情写具体，四、五年级重点训练审题、立意和谋篇。他们的实验在浙江省以及国内部分地区具有一定的影响。

2. 作文素描训练

上海市的吴立岗、贾志敏等同志认为，小学作文“四步训练”相对“三步训练”来说是个进步。可是通过三年级的片段训练，立刻让四年级学生独立地写命题作文，值得商榷。因为四年级开始进行简短记叙文的篇章训练，而要学生掌握简短记叙文的基本结构，把文章写得条理清楚，中心明确，还必须由老师“扶着”走一段路。也就是说，四年级（至少上学期）也应该单独作为一个训练阶段，可取名为“半独立的篇章训练”。因此，比较科学地说，小学作文应该分成五步训练，即一年级，口语训练；二年级，写话训练；三年级，片段训练；四年级；半独立的篇章训练；五、六年级，独立的命题作文训练。其中三、四年级是两个十分重要的阶段，具有承上启下的作用，不可等闲视之。

经过调查，上海的老师发现三、四年级学生作文的主要毛病是内容空洞、言之无物。原因何在呢？一是学生不会观察，不会想象，即形象思维能力十分薄弱；二是他们的生活知识和常用词汇十分贫乏。据此，他们借鉴美术教学的经验而创造了一种适用于三、四年级的作文教学形式——素描。所谓素描训练，乃是以观察实物作为途径，以片段和简单的篇章作为形式，将描写和叙述结合起来（即运用“白描”手法）反映周围生活的记叙文训练。素描训练具有以下优点：[①]

第一，素描的内容可以由简到繁地进行设计。三年级搞片段素描，可以帮助学生掌握片段的各种基本结构以及相应的写作技能。四年级搞叙事素描，又可以使学生掌握简短记叙文的要素（时间、地点、人物、情节）和基本结构（起因—发展—高潮—结局），学会正确地确定和表现中心思想。因此，素描可以为高年级进行独立的命题作文训练打下扎实的基础。

① 吴立岗．小学作文素描教学［M］．杭州：浙江教育出版社，1984：4–5.

第二，素描以静物、动物、自然景物、房间陈设以及师生日常生活片段的演示作为内容，可以帮助儿童逐步积累生活知识和常用词语。这些内容又反映儿童丰富多彩的生活和奋发向上的精神面貌，把它们引进课堂，可以创设诱人的情境，使儿童有话想说，有情想抒，并且受到思想教育。因此，素描不仅帮助儿童解决文字表达的问题，同时也帮助他们认识世界和提高思想觉悟。

第三，观察作文的形式很多（如参观访问记、观察日记等），而素描可以在教室或校园内进行，简单易行，便于教学。而且它的内容比较单一，易于逐步发展儿童的观察、想象、抽象思维和语言表达等能力。

第四，素描可以当堂作文，当堂评讲，既使学生受到独立写作、独立修改的训练，又可减轻师生的负担。因此它有助于全面贯彻党的教育方针，使小学生的德、智、体几方面都得到发展。

从 1979 年起素描教学先在上海市部分学校试验，后来很快推广到浙江、江苏、广东、黑龙江，现在全国各地有不少学校采用素描方法进行作文训练。

1984 年，吴立岗又在素描教学的基础上，提出运用系统方法研究并拟定比较科学的小学作文教学体系。他认为，一方面要研究作文能力结构的各个组成部分——语言文字知识技能、智力活动和感想内容等各自的训练体系；另一方面，又要研究这几个训练体系相互之间的关系，以便将几条线索综合成一条，确定小学作文训练总的序列和作文能力的最佳结构，以下是他构想的系统序列图（小学中、高年级）。①

小学中、高年级作文训练顺序示意图

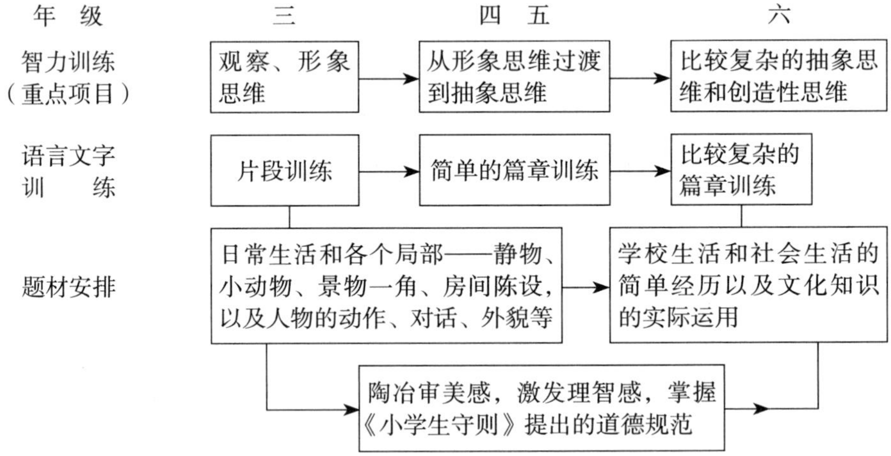

① 吴立岗 . 运用系统方法研究小学作文训练序列的探索［M］// 沙衍孙，王磊 . 小学作文教学新探 . 济南：山东教育出版社，1985：22.

3. 作文分格训练

1980年下半年，东北农垦总局语文教育学会组织力量，在常青的“写作分格教学法”基础上编写了《中小学作文分格训练》并进行相应的试验。[①] 东北农垦总局的同志认为事物都是复杂的整体，都是按一定规律逐步形成的。事物既然逐步形成，也可以逐步分解。例如篮球训练，先练传球、带球、投篮，后练进行防守的战略战术。同样作文教学也可以先进行分格训练，后进行综合训练。作文分格训练是为命题作文综合练习准备好“预制件”。

分格训练所谓的“格”，指单一的基本训练单位，相当于“单项训练”。具体地说，从说话、写话、片段训练到篇章训练，从写人记事到写景状物，从审题立意、选材组材到开头结尾，从培养观察能力到发展语言、思维能力，把众多的作文难点分解成一个一个具体训练的“格”。“格”可以用公式表示，例如在对话训练中，动作格中有这样的公式：“人＋动作＋话”；“人＋话＋动作＋表情”。“格”也可以用图表表示，例如：

格　名	说　明	例　句
颜色白描	只写出各种物体颜色，不加形容修饰	碧绿的湖水，映着蓝天白云，更显得清。
形色合写	既写颜色，又写形状	中央是一盏红五角星大灯，放出灿烂的光芒。
动色合写	既写颜色，又写动作	小草偷偷从土地里钻出来，嫩嫩的，绿绿的，惹人喜爱。
声色合写	既写颜色，又写声音	那一阵风过了，只见乱树背后“扑”的一声，跳出一只吊睛白额大虫来。

东北农垦总局的同志根据《小学语文教学大纲》对作文教学的要求，结合教材和学生的实际，编写了各年级的作文分格训练教材，其中《语言表达分格训练》上册，供一年级使用；《语言表达分格训练》下册，供二年级使用；《记叙文基本技能分格训练》供三年级使用；《观察描写分格训练》，供四年级使用；《记叙文综合训练》，供五年级使用。五册教材，包括325个格。

分格训练，先从学习、辨析六个“零件”开始，即“声音”（包括人类语言在内的客观世界的各种音响）、“动作”（指人或动物的动作）、“形态”（指事物的各种形态）、“味道”（除了自然味，还有生活、工作中的社会味）、“颜色”（除自然界各种颜色外，还有感情色彩）和“情感”（指人的喜、怒、哀、乐）。进而逐

① 朱作仁. 小学语文教学法原理［M］. 上海：华东师范大学出版社，1988：507–508.

步掌握五大格——写人格、记叙格、景物格、章法格、形式格。训练进程可按基本格→叠加格（例如：人+动作，人+外貌+动作+话语）→强调格（即突出叠加格中某一基本格）→综合格（即人+事或人+动作+话语+思想等）的次序，由简到繁，由浅入深。由于作文训练“分格”进行，课堂教学程序也有相应的变动，一般教学步骤为:（1）讲解。讲解格的定义、特点、公式、格例和注意事项。（2）议读。议读与本格有关的范文、词语，以议为主。（3）练习。内容包括看课内素描安排的景物或活动，看课外写生安排的某物或活动，再按作业要求进行半独立或独立写作，可在当堂完成。（4）讲评。师生共同讲评草稿，扣格讲评，以符合本格要求为准。（5）布置作业。

4. 先放后收的作文训练

北京景山学校刘曼华等同志认为，集中识字促进小学生作文提早起步。近年来，该校的同志着重研究了集中识字教学中对所学汉字的灵活认读、灵活运用问题，加强了阅读训练，使二年级学生识2200~2400个汉字，掌握6000个常用词语，读完一、二年级共180篇课文和大量的课外读物。此外，还通过抄书、造句、听写句子与段落、看图写话、写片段、写日记等练习，使绝大多数二年级下半学期的学生，能在教师辅导下写出三四百字的短文。这样，就为三年级学生的作文打好了基础。

那么从三年级起作文训练该如何进行？景山学校的同志并不主张从局部到整体的分步训练或者分格训练，而是主张“先放后收”，从整体到局部进行训练。①他们认为三年级是作文的启蒙阶段。在这个阶段，一是要培养学生作文的兴趣，调动学生作文的积极性，解决一个“作文难”的问题。二是要充分发展学生连贯语言的能力，让他们把文章写“开”，把笔头写“顺”。三是要引导学生写真情实感，不抄袭，不假编，不瞎套，不硬挤，一开步就把路子走正。因此，应该运用“放胆文”的形式进行训练，即让学生放开胆子去写自己丰富多彩的生活，表达自己的真情实感。三年级是鼓励学生把文章写开，解决“写什么”的问题；到四、五年级就要教会他们对文章“剪裁”，解决“怎样写”的问题。具体地说，四年级是掌握规律，严格作文训练的阶段，应教会学生如何写人、记事、状物。五年级是运用规律，提高作文水平的阶段，应使学生写出夹叙、夹议、夹抒情的富有儿童情趣的作文。

如何完成各个年级的作文训练任务呢？必须读写结合。景山学校编写的语文

① 刘曼华．读写结合，促进作文启蒙［J］．小学语文教改通讯．1985（4）：25-31.

课本，包括讲读课文、阅读材料、辅助材料和学生习作四种教材，有课前预习、课后作业、单元练习和作文四种练习。这四种教材和四种练习组成了一个严密的读写训练体系。以三年级课本为例，每学期的讲读教材有 80%（32 篇）是名家名篇。熟读背诵这些教材，不仅使学生掌握语言文字的知识，而且使他们形成正确的语感。课本中还选编了不少与讲读教材有密切联系的阅读教材，以及短小精悍、内容接近儿童生活的辅助教材。读这两种教材，可以帮助学生把知识转化为能力。至于课本中为数不少的（每学期 16 篇）学生作文，都是三年级学生学了名家名篇后，吸取了文章营养，并结合自己的生活写出来的。这些习作使学生看到，如何把讲读中学到的知识技能灵活地运用到自己的作文中来，从而在读、写结合上给广大学生做了示范。由此可见，景山学校认为“读”是基础，“读”带动“写”；“写”是灵活运用，既巩固“读”，又进一步促进“读”。“读”和“写”的结合，实质上是“学”和“用”的结合，是“吸收”和“表达”的结合。目前各省都有一些学校使用景山学校的教材进行读写训练。

从 1958 年以来，辽宁省锦州市教育学院和黑山北关实验学校，坚持开展以集中识字为特征和基础的小学语文教改实验，他们拟定了“五年制小学作文‘三步分段’训练”方案。[①] 其中“第三步书面作文训练”也是从放到收的训练，其训练重点是：

第一段 放胆练笔，启蒙开篇（三上）

第二段 分项训练，系统提高（三下 ~ 四下）

第三段 综合训练，全面达标（五年级）

这个训练方案已被辽宁省和我国北方不少地区采用。

5. 读写综合的训练

如果说以上四个作文教学流派都主张小学语文学科分设“阅读”和“作文”两类课，那么广东省特级教师丁有宽则主张把读和写紧密结合，取消通常的作文课。他经过长期的教学试验，总结出一套富有成效、独具特色的语文教学方法，其特点是把作文知识和训练结合到讲读课文的过程中进行。他按照写好一篇记叙文的要求，总结出七条读写对应规律，教给学生从读学写的方法。“读写对应”的具体做法是：（1）从读学解题，作文结合练审题和拟题；（2）从读学归纳中心，作文结合练怎样表现中心；（3）从读学分段、概括段意，作文结合练拟写作提纲；（4）从读学区分文章主次，作文结合练怎样安排详略；（5）从读学捕捉中心段，

① 朱作仁 . 小学语文教学法原理［M］. 上海：华东师范大学出版社，1988：503.

作文结合练怎样突出中心；（6）从读学品评词句，作文结合练遣词造句；（7）从读学作者怎样观察事物，作文结合练观察方法。这样，既抓读，又抓写，读中学写，以写促读，读写结合，突出重点，有效地提高了学生的读写能力。

丁有宽还根据对部编小学 10 册语文课本中记叙文的阅读和分析，侧重于文章思路和表达（描述），初步归纳出小学记叙文 44 个基本功（也称为“四十四法”），把它们作为阅读的钥匙，作为作文的借鉴。[①] 这四十四法是：叙事四法（按事件经过叙事，按时间顺序叙事，按地点转移叙事，按事件经过结合时间顺序、地点转移交错叙事）；状物五法（写一个场面，写一个景物，写一群建筑，写一个自然环境，写一个动物）；写人八法（外貌描写，语言描写，行动描写，心理活动描写，人物综合描写，用一事表人，用几事表人，用几方面品质表人）；开头五法（以交代时、地、人、事四要素开头，开门见山开头，提出问题开头，描写引入开头，抒发感情开头）；结尾五法（事情结果结尾，点明主题结尾，展示未来结尾，抒发感情结尾，描写结尾）；构段七法（先概括后具体或先具体后概括，先总述后分述或先分述后总述，先点后面或先面后点，先记后抒或先抒后记，夹叙夹议，连续式或递进式，对比写法）；写句群九法（连续结构，递进结构，因果结构，转折结构，并列结构，主从结构，点面结构，总分结构，概括与具体结构）；造句一法（写一句时、地、人、事四要素俱全的话）。教学时，丁有宽从学好整篇文章着眼，指导学生逐一模仿。学写这四十四个记叙文的“零部件”，练好基本功。从 1983 年起，丁有宽提出了“读写结合五步训练”的设计，并付诸实践，力求大面积提高农村小学生的读写能力。

第一步（一年级）：侧重练好一句四要素（时、地、人、事）完整的话。

第二步（二年级）：侧重练好九种句群。

第三步（三年级）：侧重练好七种构段法。

第四步（四年级）：侧重练好篇章。第一学期要求学生通过有中心、有条理、有重点地记叙一件简单的事表现一个人；第二学期要求学生能抓住特点记叙一件较复杂的事表现一个人和用几件简单的事表现一个人或一个集体，结合进行开头五法、结尾五法、状物五法和写人八法的单项片段训练。

第五步（五年级）：侧重综合提高，进行自学自得、自作自改的训练。

丁有宽的经验受到全国广大农村小学教师的热烈欢迎，并对港、澳地区产生一定的影响。

---

① 丁有宽．小学语文读写结合法［M］．广州：广东教育出版社，1985：47–49.

上面介绍了五种对全国各地产生较大影响的作文教学体系。此外，江苏南通的李吉林，北京的王有声，湖北的张开勤，广西的马祚文，湖南的佘同生，南京的袁浩，陕西的查振坤，天津的陈文彰，上海的高宗达和徐家良等同志，他们的研究成果对各地也有不小的影响。

总起来看，新中国成立以后特别是近年来我国对小学作文训练序列的各种探索，具有以下三个特点：一是继承和发展我国传统作文教学的成功经验（例如先放后收的训练和读写结合的训练）；二是注意吸收现代心理学和教学论的研究成果，将发展语言同发展思维（包括形象思维和抽象思维）结合起来（例如作文分步训练和作文素描训练）；三是开始运用系统方法分析问题，既博采众长，又创造自己的特色，并且注意把训练计划细目化，实现训练项目的操作化。

（四）近年来国外小学作文训练序列探索

近年来国外对小学作文训练序列的研究十分活跃。有些学者主张写作教学必须走工程化的道路。所谓写作工程，是指应用写作的原理和规律，使写作者的写作能力按照定向要求达到了不断提高的目的所采用的训练技术体系。写作工程具有四个特点：应用性、整体性、综合性、标准化；力求克服传统写作训练的随意性、重复性和盲目性。另一些学者反对写作走工程化的道路，因为写作的主体是人，不是器械，写作训练不能太机械。他们主张写作教学应该走“农业化”的道路，即教师应该像园丁，为写作准备好适当的“阳光”“土壤”“空气”“水分”，引导学生逐步提高写作水平。但是他们也不否认农业操作要符合客观规律，写作训练也要有一定的顺序。虽然学者们的观点很不相同，但大家都努力地从宏观角度剖析写作的全过程，探索作文的规律和作文训练科学化的序列。

作文训练的序列，指的是培养学生作文能力全过程的科学安排。从系统论看来，作文训练本身是个大系统，包含着语言文字训练、心理能力训练以及知识经验积蓄等子系统。当今国内外的学者在确定具体训练序列时，往往从上述众多的子系统中确定一个作为主线，将其贯穿于训练的全过程。由于研究的角度不同，所确定的主线也不同。当前国外具有较大影响的小学作文训练的序列是下述四种。

1. 心理能力型

有些学者承认语文学科是工具学科，应该发展学生的语言能力。但是他们认为一般心理能力（包括智力、情感和意志活动的能力）是发展语言能力的心理学前提。因此主张“两条腿走路”，即既发展语言能力，又发展一般心理能力，而关键是发展一般心理能力。根据强调的侧重点不同，心理能力型又可以分为智力型和个性型两种。

智力型的作文训练强调以“发展智力”作为训练的主线。在国外，“智力型”序列设计的最著名代表是苏联教育家苏霍姆林斯基。他说传统的作文教学存在语言脱离思维的重大弊病，“学生日复一日，年复一年地重复着别人的思想，却没有表达自己的思想”。他们所写的，“是一些硬挤出来的、笨拙的、背诵下来的句子和词组，它们的意思连儿童本人也是模糊不清的”。因此，他主张一开始不让学生写记忆性的命题作文，而是写观察作文，进行“实物写生”。他认为，学生观察实物易于产生鲜明的表象，产生写作的激情，也有助于独立地思考事物之间千丝万缕的相互联系。并且在观察中，每个学生总是用自己的眼光来看待事物之间的成百上千种联系的，所以各人的思想不会雷同。他们的语言表达必定“带有深刻的个性”，“具有自己的独创性”。简言之，观察作文能够使学生产生“鲜明的思想”“活生生的语言”“创造精神”，而此三者，正是语文教学的“三根支柱”。

苏霍姆林斯基曾在著作中公开推荐他所设计的巴甫雷什中学一至十年级的233个作文题。其中数量最多的是观察作文题（共有116篇，占50%）。它们又分成两类，一类是艺术性的描写文，例如《学校附近的花》《晚霞》《树林里的冬日》等。描写大自然的美景，可以最有效地进行审美教育。另一类是科学性的描写文，例如《燕子筑巢》《小麦是怎样抽穗的》《蚂蚁的生活》等。写这一类文章，目的在于培养学生抽象思维的兴趣和能力，同时使他们获得有关大自然变化规律的科学基础知识。在作文题目中，读书笔记的数量占第二位（共98篇，占42%）。它们又分成两类，一类是对课文中人物形象的分析和评价，另一类是对课文中的格言或有代表性的言语开展议论。把读书笔记列为作文的重要内容，可以使学生借以进行爱国主义和思想品德的自我教育，并且发展想象和创造性思维的能力。从观察作文入手，递次发展学生的形象思维、抽象思维和创造性思维的能力，正是苏霍姆林斯基作文设计的精髓所在。

个性型是另一种心理能力型。个性型的作文训练序列强调以“发展个性”作为训练的主线。其最著名的代表是苏联心理学家赞科夫。现在有不少人认为赞科夫是智力型的代表，其实是误解。赞科夫所提出的各项教学原则，虽然注重包括观察、思维和实际操作能力在内的智力的发展，但是决不忽视包括情感和意志在内的个性的全面发展。他说：“就我们对待教学法的观点来说，其最大特点是克服了片面的唯智主义以及与之密切联系的形式主义，这种片面的唯智主义和形式主义乃是传统教学法的典型特征。”赞科夫认为作文教学的一个重要目的，在于“使学生的个人特点及完整的个性得以充分发展”。因此，他反对用复述和列提纲的传统方法进行写作指导。他主张教师出题目后，放手让学生去写，谁爱写什么就写什么，能写几句就写几句。学生没有框框，“自由创作”，有充分的余地来表达自己的真情实感。

有人认为赞科夫的作文教学法是放任自流，不能提高学生写作水平。赞科夫说，按照传统方法写作文，可能看起来是相当“严谨”而“有条理”的，但是这种“严谨”和“条理”都是教师预先安排的，不是学生自己的东西。他认为任何一种现成的篇章都无法容纳生动活泼的思想，相反会限制这些思想的自然表达。只有在根据个人的特点对现实生活全面而深刻地认识之后，学生才能把所感知的现象的各个方面有机地结合起来，在头脑中形成认识和感受的系统性，写出来的东西才会有条理。

2. 写作能力型

有些学者认为在中小学作文训练中光强调传授知识技能，或者光强调培养心理能力，都是片面的。作文训练的主线应该培养独立的写作能力。所谓独立写作能力，就是作文的知识技能和心理活动（首先是智力活动）在作文过程中的辩证统一。这些能力既可以根据作文的全过程逐一地分解出来，又可以分阶段、有重点地逐一地加以培养。

目前在俄罗斯最具有权威性的、被教学大纲承认的中小学作文教学体系，就是一种“写作能力型”的训练体系。这个体系是教学法专家拉德任斯卡雅经过长期试验后创立的。

拉德任斯卡雅通过分析写作过程的智力活动，研究各种教学法著作，以及调查学生作文各种典型的缺点，认为最基本的写作能力共有七种：（1）审题能力；（2）表现中心思想的能力；（3）搜集材料的能力；（4）系统地整理材料的能力；（5）修改文章的能力；（6）语言表达的能力；（7）选择文章体裁的能力。这七种能力中，前六种属于一般写作能力，而安排文章体裁的能力则是特殊的写作能力。这些能力的培养根据“先一般后特殊”的原则分成两个阶段。第一阶段是四、五年级。这是学生打好基础的关键时期，应该重点培养一般写作能力。其中四年级重点培养审题和表现中心思想的能力，五年级重点培养搜集材料和整理材料的能力。第二阶段是六、七、八三个年级，应该重点培养用各种体裁来写作的能力。七种写作能力中有两种不单独安排训练：一是语言表达能力，它可以通过文学课和语法课的教学逐步形成；二是修改文章的能力，它应该通过作文教学的各个阶段逐步形成。

那么怎样处理培养一般写作能力与文体训练的关系呢？拉德任斯卡雅认为，

按照“第一，记叙文；第二，描写文；第三，议论文”的顺序教学太机械了，因为各种体裁的文章都有难有易，决定难易因素绝不是文体本身。作文题目的深浅固然是一个因素，更重要的是各类作文对一般写作能力（如审题、表现中心思想、搜集材料和整理材料）所提出的要求。她认为，可以用对一般写作能力的要求作为标准，将各种文体中同样难度的类型放在同一年级教学，也就是说安排上不搞“单打一”，而是齐头并进。这样安排不仅有利于学生的学习，而且有利于发展他们的个性特点。因为有的学生擅长于抽象逻辑思维，有的擅长于具体形象思维，多种文体同时教学，他们就能各得其所。

3. 语言交际功能型

美国和苏联的一些学者认为，中小学作文训练应该着重培养独立作文的能力，但是决定作文能力结构的不应该是写作的过程（如审题、立意、选材、组材、谋篇、布局等），而应该是语言交际功能发展的年龄特点。他们认为语文学科不是一般的工具学科，而是交际工具学科；语文学科的本质特点是它的社会交际工具性。

这些学者认为语言的交际功能分为处理信息功能和调节活动功能两大类。具体地说，又可分成概括和传递信息、自我表现、根据不同对象施加影响、自我教育、创造新信息等功能。这些交际功能是相互联系的整体，不可分割。但是在小学生个体成长的过程中这些功能的发展是有先有后的，因此可以分阶段地、有重点地加以培养。

苏联教育心理学家达维多夫和语言心理学家玛尔柯娃是“语言交际功能型”序列设计的代表。他们认为少年期是语言发展的最佳年龄期，应该循序渐进地培养语言的各种功能。因此，他们反对传统语文教学把“阅读”“语法”“作文”相互割裂的做法，主张以培养语言交际功能作为主线，把“语法”“作文”“阅读”的内容有机地组织在一起，建立一门综合性的语文课程——“语言表达理论”课。十分明显，这样组织教材是以学习语法理论和阅读作为基础，以作文作为中心的。

根据达维多夫和玛尔柯娃设计的4~8年级的实验教学大纲，四年级应着重教学构造“句子复合整体”（即“片段”的能力，以发展语言传递信息的功能。特别要教会学生掌握“片段”的基本思路结构。五年级应着重教会表达主观态度（中心思想）的能力，以发展语言的表现自我的功能。例如，应让学生掌握下述语言手段：（1）丰富多变的语调（怀疑、惊讶、讽刺、自信等）；（2）表示强调的词序颠倒；（3）表示语气强度和语气延续的重复；（4）各类表态词和表态句，如语气词、感叹词、插入语和插入句；（5）各种修辞格，如倒装句、设问句、反问句、夸张、比喻等；（6）根据表达的意图划分段落（小节）；（7）潜台词；等等。到了六、七年级，应着重教学根据不同对象施加影响的交际功能。例如，应让学生掌握反映日常生活的口语体裁、正规的应用文体、政论性文体、科学性文体，掌握描写、记叙、议论、说明等表现手法。特别要教会学生演讲，使他们在演讲时能抓住中心议题，善于站在听众的角度思考问题，注意语言的连贯性。

4. 科际联系型

有些学者认为，传授知识技能，发展心理能力，培养写作能力，这些都只是作文训练的形式方面，而决定作文训练的序列的，首先应该是作文内容，必须根据内容和形式相统一的观点看问题。他们认为从教学法角度看，作文的过程是运用语言文字对思想内容进行整理、加工的过程。通过语言文字的综合训练，一方面可使学生掌握审题、立意、谋篇、布局、用词、造句的写作能力；另一方面，可使学生掌握观察、想象、分析、比较、抽象、概括等认知能力。但由于作文是中小学生对自己所见、所闻、所思、所感的表达，因此不能光注意它的表现形式，也要重视它的思想内容，也就是说，必须站在教学论的高度分析问题。从教学论的角度看，作文训练还具有两方面的作用：第一，它必然要运用学过的各种科学知识，可将这些知识巩固、加深、改造和系统化，并促使儿童进一步猎取自然界和社会生活的知识；第二，通过自我情绪体验，作文可以陶冶儿童的审美感情，激发他们的求知欲，培养他们热爱祖国，热爱科学以及忠诚、正直等思想品德。总之，作文不仅是培养学生语言表达能力的工具，而且应该成为加深理解各学科的教学内容，发展学生创造能力的手段。

苏联教学论专家斯卡特金和聂恰耶娃是“科际联系型”序列设计的代表。为了加强作文训练与各科教学的联系，充分发挥它对整个小学教学的作用，这两位专家在实验教学中把小学阶段的作文分为以下三类：

第一类是具体形象的记叙文，包括童话故事、想象性的描写以及对真人真事的片段记叙。写这类文章可以激励小学生插上想象的翅膀在空中翱翔，充分发挥他们的天赋和才能，发展他们的个性和创造精神。这就为他们学习其他课程准备了良好的心理条件。此外，写这类文章在性质上同文学创作很相似，可为日后学习各种文学作品奠定基础。

第二类是看图作文和听音乐作文。传统作文训练也进行看图作文，但它是孤立地放在语文课上进行的。而实验教学则把它同美术教学联系在一起，要求学生利用美术课上学到的知识（如生活写实画和风景画的特点，色彩、光线、透视和画面结构的知识）来分析图画。向学生提供的也不是单线条的简单图画，而是著名画家的油画或水粉画。这样学生不仅巩固了所学到的美术知识，陶冶了审美情趣，也学会了用恰当的术语来表现图画的艺术构思和思想含义。听音乐作文放在音乐课上或课后进行。要求学生利用所学到的音响、节奏和旋律的知识来分析乐曲，使他们既能充分感受音乐的美，培养形象思维能力，又能充分发展自己的语言表达能力。

第三类是读书笔记。小学生在阅读课和自然常识课上可以学到丰富的历史、地理以及自然科学的知识。让他们用“问题讨论”的形式写一点读书笔记，不仅可将这些知识融会贯通，而且可学习用辩证唯物主义方法分析问题，增强热爱科学和热爱祖国的感情。如自然常识课教完《松鼠》后，可让学生写写《松鼠能在水中生活吗》，借此帮助他们理解生物界和非生物界的关系，懂得生活环境和食物对动物外形特点的制约性，也可以帮助他们初步掌握搜集材料、分析比较、论证和做结论等写作能力。实际上差不多每一堂自然课或阅读课都可提出一些有趣的题目供学生讨论，写作的源泉是无限丰富的。

近年来国外对小学作文训练序列的研究，也呈现出“百家争鸣”的繁荣景象，以上介绍的，仅仅是较具典型性的四个流派。从介绍可以看出，跻身于研究行列的，不仅有语文教学法专家，还有教育心理学、语言心理学和教学论的专家，他们都根据本学科领域的最新研究成果，从不同的角度来探索作文教学科学化的问题。他们的研究启示我们要确立科学的小学作文训练序列，一是要运用系统方法的整体性原理进行研究，二是要把经验总结同自然实验结合起来，把作文教学法变成一门实验科学。当然，无论是研究的方法还是具体的成果，上面所介绍的任何一种小学作文训练序列，都不可能是完美的模式，我们不能机械地照搬。认真借鉴这些作文训练序列的理论和实验，同时坚定地走自己的路，探索符合我国国情的作文教学体系，这是摆在广大小学语文教师和教育科研工作者面前的重任。

二、以儿童语言交际功能为主线构建作文训练序列

纵观国内外小学作文训练序列发展的历史，可以看出两种趋向。第一种是同阅读训练序列一样，作文训练序列在语文学科中已经相对独立。多数学者认为阅读与作文虽然有内在联系，但是作文训练有其本身的规律，不能依附于阅读训练。要探索建立既与阅读有密切联系，又保持相对独立的科学的作文训练序列。第二种趋向是吸收心理学和现代教学论的研究成果后，作文教学的理论框架有较大突破。现在国内外都有学者认识到小学作文教学必须有三个基点：社会的需要、作

文知识技能的逻辑体系和学生心理能力的发展规律。在三个“基点”上不能走极端，必须以提高学生素质作为“着眼点”而取得平衡，必须以分析学生的活动作为“着手点”来探索科学的作文训练序列。分析学生的活动是小学作文教学研究的关键所在，因为社会的需要规定了小学生活动的内容；而作为主体，小学生是在活动中掌握作文的知识技能和发展多种心理能力的。活动是小学生学习作文的源泉和动力。

（一）活动心理学原理

大家知道，在马克思主义学说中，活动是辩证唯物主义和历史唯物主义的基本概念，是人所持有的社会积极性水平，是人与社会存在的基本方式。在20世纪60年代，苏联著名心理学家列昂捷夫根据活动与意识相统一的原则创立了活动心理学理论，将心理学建立在马克思主义的哲学基础上。这一理论的基本观点是：（1）活动总指向一定的对象。对象有两种，一为制约着活动而独立存在的客观事物，一为调节活动的客观事物的心理映象。（2）需要乃是具体活动的内部条件，亦是活动的调节者。活动总是由需要推动，人通过活动可改变客观以满足自身的需要。在人的活动中包含主体与客体的对立统一。（3）心理映象之产生，系主客体相互作用的结果。离开完整的活动系统，便无法了解人的心理反应。（4）活动可分为外部与内部两种。从发生来说，外部活动是原动的，内部活动来源于外部活动，且是外部活动内化的结果，并通过外部活动而外化。两种活动具有共同结构，通过内化与外化，彼此可以相互过渡。

语言是一种心理现象。如何用活动心理学的原理来分析和指导小学生的语言学习呢？试从下述几方面说明。

1. 语言的形式由语言的功能（语言的活动）所决定

语言作为社会交际的工具具有多种功能。每一种功能都有相应的语言的手段；语言功能的改变，必然导致语言结构（形式）发生变化。著名的苏联心理学家维果茨基曾经对书面语言、口头语言和内部语言进行比较。他说这三种语言形式（句子结构）是不同的。书面语言最完备，最准确，它的主语和谓语是充分展开的；口头语言可能只有谓语；而内部语言则只有谓语。因此，在这三种语言中，谓语的作用依次递增。这是为什么呢？维果茨基说，这种结构的变化源自于三种语言具有不同的功能。书面语言的形式，是供处在不同情境中的人进行交际用的。口头语言之所以可以压缩，是因为交谈者往往处在同一情境中，彼此对谈话的主语是清楚的。而内部语言则发生在人们自己的头脑之中，它的主语是不言而喻的。

2. 语言功能的发展由每个年龄阶段的主导活动所决定

活动心理学认为，在每个年龄阶段，心理的发展由这个阶段的主导活动所决定。从一个年龄阶段向另一个年龄阶段过渡，也是因为主导活动的改变造成的。新的主导活动出现后，就会产生新的心理形成物，即新的个性和心理活动的结构。这些新的心理形成物，就是划分儿童心理发展年龄期的标准。

上述原理也适用于孩子们的语言发展。众所周知，交际活动是人类所特有的解决社会联系任务的活动。这种社会联系，既包括个人之间的接触，也包括个人与社会意识的相互影响；既包括人们在实践活动中的合作，也包括思想价值的交流。语言是交际的工具，它贯穿在一切交际活动之中。因此在每个年龄阶段，不管哪一种活动处于主导地位，它本质上都是交际活动，这种交际活动决定着语言的功能和形式。

如同其他心理现象一样，孩子们语言的发展也可以划分阶段。因为主导活动改变了，语言的功能和形式也会随着改变，这样就产生出语言方面的新的形成物。根据这种新的形成物，可以从质上把语言发展的不同阶段区别开来。例如在婴儿期（出生至一岁），与成年人直接进行情绪交流，是婴儿主要的交际活动。维果茨基说："比较复杂和丰富的社会接触，导致婴儿很早就发展'联系手段'。十分明显，在出生后的第三个星期，他们对人们的声音就顺利地形成只有一个含义的专门反应（前社会反应）。到第二个月，出现了完全具有社会意义的反应。微笑，牙牙学语，手势和各种姿势，在婴儿出生后的几个月内都同样充当了社会联系的工具。"在婴儿出生后十个月，语言指示物名的功能（即用词来称呼物体）和信号功能（即用词来代替直观印象）出现了，他们会用模糊不清的音节来咬词。到了先学前期（一至三岁），孩子们渴望了解周围世界，主导活动演变成摆弄实物的活动。为了在这种活动中调节同成年人的关系，语言的概括功能形成了，即词不再成为某一个具体对象的属性，而是成为某一类对象的符号。适应概括的需要，孩子们逐步掌握词的音节和语音成分、词组、句子以及对话（情境）语言等手段。同样的道理，在学龄前期、学龄初期、学龄中期、学龄晚期（即青年早期）、青年晚期和成年期等不同年龄阶段，由于交际活动的类型不断演变，语言的功能和实现这些功能的手段（形式）也不断发展。苏联语言心理学家玛尔柯娃曾根据苏联的情况对儿童一般发展的年龄期和语言发展的年龄期做了详细的对照。（见下页表）

儿童一般发展年龄期和语言发展年龄期的对照表

年龄	交际活动类型	年龄	语言活动的类型（功能）	语言手段（形式）
出生 ~1 岁（婴儿期）	具有社会意义的情绪交流	出生 ~1 岁	具有社会意义的情绪方面的联系	咿咿呀呀，牙牙学语
		近 1 岁	用词称呼对象	用模糊的音节咬词
1~3 岁（先学前期）	摆弄实物的活动	近 2 岁	概括（掌握和交流对象的意义）	词的音节和语音成分、词组、句子、对话（情境）语言
3~7 岁（学龄前期）	游戏活动		社会性的联系（调节和根据不同对象施加影响）	独白语言（有上下文的语言）
		4~5 岁	自我调节（事先能设计好某些行为）	内部语言
		5~6 岁		词的语音成分成为认识对象（在阅读教学的条件下）
7~10 岁（学龄初期）	学习活动	7~8 岁	概括（掌握和深入理解对象的意义）；调节和根据不同对象施加影响；自我表现	形式（语音成分、词汇、语法结构）成为认识的对象；书面语言
10~15 岁（学龄中期）	人际联系	12~13 岁	远景性的自我调节，自我调节和根据不同对象施加影响；概括	语言的功能性体裁；语言的个人风格
15~17 岁（学龄晚期、青年早期）	职业教育活动	16~17 岁	远景性的自我调节，概括（能从对象中提炼新的意义）	口头语言和书面语言的熟练技能
17~60 岁（青年晚期和成年期）	职业社会活动		有选择地掌握对象的意义并对它们进行创造性的改造；记录个人的经验	口头语言和书面语言的熟练技能

了解孩子们语言发展的年龄特点是语文教学的重要基础，它不仅能使教师检查当前各个年级的教学安排是否合理，而且能使教师了解孩子们在语言发展上还有哪些潜力可挖，从而拟定更加科学的作文训练序列。

3. 小学阶段（6~12 岁）是语言发展的最佳年龄期

小学阶段的年龄包括整个儿童期（6~10 岁）和少年期（10~15 岁）的早期。在学龄前期（3~6 岁）幼儿的主导活动是游戏。首先，为了进行游戏，他们需要和伙伴及成年人交往，逐步形成语言的调节活动的功能。进入小学后，虽然游戏仍然是儿童的重要活动，但是学习活动逐渐成为他们的主导活动。列昂捷夫曾经指出："教学是组织得最有系统的交际形式。"在教学过程中，师生之间的交际取决于学生如何理解教师的语言，他们能否用语言来概括自己所学到的知识。这样，在教师指导下学习系统的知识，就促使语言的概括功能迅速发展。而当今流行的发展性教学，引导学生独立地去"发现"和研究各门学科的理论知识，对发展语言的概括功能创造了更为有利的条件。其次，儿童在与老师和同学们的交往中需要认真地表达自己的思想感情，因此语言的自我表现功能也迅速发展。到了小学高年级（五、六年级），学生进入少年期。这时他们除了学习书本知识外，还积极参加各种课外和校外活动，参加少先队活动和社会公益劳动。他们的交际越出了家庭和学校的范围，人际联系逐渐成为他们的主导活动。这样就促使语言的调节功能和根据不同对象施加影响的功能得到发展。再次，由于进行比较系统的思想品德教育，学生们掌握了社会主义的道德规范和行为准则，他们的自我意识迅速增强，在与同龄伙伴相处时，他们能够确定自己的立场，并且自觉地意识到这种立场。这样，他们语言的自我调节功能就有了新的发展：这种自我调节远远超出直接经验的范围，学生们所掌握的社会价值的体系已经变成自我调节的稳定而深刻的动机。由上述可见，相对其他年龄期而言，小学阶段（包括儿童期和少年早期）是培养各种语言功能的黄金时代，作文教学的改革应该以这个年龄段为重点。

4. 在小学阶段可以循序渐进地培养语言的各种功能

追踪研究学生们语言交际功能的形成过程可以清楚地看到，从总的不可分割的社会联系功能中，逐步地发展和分化出许多具体的功能，形成不同种类的语言活动。其中每一种语言功能都服务于某一种交际活动，并且具有相应的语言手段（形式）。

到了成年期，语言的各种功能逐步臻于完善。我们可以把成年人的语言功能（语言活动）大致上划分成两大类：处理信息的功能和调节活动的功能（见下页表）。当然这种分类只能是理论上的，因为在现实生活中，语言的各种功能是相互联系、不可分割的。

应该让学生掌握语言的一切交际功能，这样可以使他们理解语言作为交际的

语言交际功能的结构

- 交际功能
  - 处理信息的方面
    - 语言活动的类型⟶　　交际活动的具体类型
    - ①掌握社会所公认的各种意义　⟶教学中的认识活动
    - ②交流意义　⟶交流信息的活动
    - ③提炼新的意义　⟶创造活动
    - ④自我表现
    - （把“意义”和“目的”区别开来）　⟶各类交际活动
  - 调节活动的方面
    - ①自我调节（事先设计好某些行为）和远景性的自我调节，自我教育⟶自学和自我教育活动
    - ②调节和根据不同的对象施加影响的功能⟶各类交际活动
    - ③交流情感的功能（语言的实际功能）⟶各类交际活动

工具具有十分广泛的效用。但是语言教学（包括作文训练）如何进行呢？能不能一下子就让学生掌握语言的全部功能？不行。必须按照一定的原则将这些功能重新分类，然后制订教学计划，让学生有重点地、一个一个地去掌握。

这里必须根据维果茨基学派的观点，将交际的内容分解成“意义”和“目的”两个方面。所谓“意义”，就是报告客观世界个别方面的某些实际情况，既包括人们早已知道的内容，也包括新的信息。所谓“目的”，就是说话者对所报告的信息表示个人的情感和评价。尽管在现实的交际活动中，“意义”总是同“目的”联系在一起，因为任何一次信息的传递总是包含着传递者的主观评价，但是区别这两个概念，可以循序渐进地培养语言的各种功能。例如，教学的程序可以大致上安排如下：

（1）学会通过想象、观察和思维来反映客观世界的某些意义，交流这些意义，熟悉相应的语言手段，如句子的成分和类型，句子联系方式，段（句群）的类型和结构，自然段和换行等。

（2）学会自我表现，即意识到自己的语言表达中存在着“目的”，它代表自己的立场、观点和情感，必须表达出来。同时要熟悉相应的语言手段，如褒义词和贬义词、简单的修辞格、各类表态词和表态句，根据表达的意图划分段落（小节）等等。

（3）学会调节与别人的交际活动，能够根据不同的对象施加影响，即在交际

的过程中能确定自己的表达目的，同时根据对方的兴趣、文化水平和心理状态判定对方表达的目的，对其进行说服。同时要熟悉相应的语言手段，如记叙、描写、说明、议论等表现手法。

（4）学会自我调节和自我教育，即学会通过交际，将社会所公认的价值标准（意义）同自己的观点（目的）以及别人的观点（目的）进行比较，从而形成自己的道德观念。同时要熟悉相应的语言手段。

（5）学会提炼新的意义（从事创造性活动），即根据自己具有个性的“目的”，去重新研究社会所公认的各种意义，并把它们纳入新的体系。

根据活动心理学的原理，小学阶段作文教学的主要任务就是依据儿童的年龄特点，循序渐进地发展他们的各种语言功能，并让他们形成相应的作文知识和能力。上面已经初步勾勒了小学阶段作文训练的程序。但是必须看到，小学生语言交际功能发展的年龄特点仅仅是小学作文训练序列的主系统（主线），要周密地拟订这个训练序列，还必须确定它的各个副系统，考虑主系统与副系统、纵向发展与横向联系、主体直进与循环渐进的关系。

（二）系统训练

上面已经详细地分析了小学作文训练的主系统——语言功能发展的系统，即说明小学生每个年龄阶段的主导活动是什么，以及在这些活动中语言应完成哪些社会联系的任务。除此之外，小学作文训练这个复杂的系统还包含其他的各种子系统。其一是语言文字知识技能训练的系统，它说明为发展各种语言能力应相应地掌握哪些字、词、句、段、篇和文章体裁的知识技能；其二是一般心理能力，首先是思维能力的训练系统，它说明为发展各种语言功能应如何根据学生的一般发展来确定相应的训练形式；其三是思想内容积蓄的系统，它说明为发展各种语言功能，应如何根据各阶段的主导活动确定相应的作文内容。因此必须运用系统方法，一方面研究上述各个子系统内部的纵向结构，另一方面又要研究各个子系统相互间形成的横向结构。

1. 对语言文字知识技能训练系统的分析

如上所述，处于儿童期（6~10 岁）小学生的主导活动是学习活动。其中一、二年级（6~8 岁）小学生的主导活动是读、写、算入门和游戏活动。要发展他们概括信息和交流信息的语言功能，必须让他们掌握用词造句的基本功，这个要求同现行小学语文教学的要求是完全一致的。传统的语文教学强调作文训练主要培养运用语言文字的能力，似乎对字、词、句、段、篇的基本功很重视，但事实上对字、词、句、段、篇的知识结构研究得还很不够。例如按照要求，一年级要加强词语和造句训练，但究竟应该让学生掌握哪些实词（主要是名词、动词和形容词）？由于缺乏研究，大家心中无数。二年级要加强句子训练。句子训练要求：第一，句子必须通顺，即句子成分的指代明确、句子结构完整、句子中词语搭配得当；第二，句子和句子之间语气必须连贯。为了达到这些要求，学生最低限度应该掌握多少种单句的句型？掌握多少种句群的结构？由于缺乏研究，大家心中也没有准数。现在有老师认为二年级必须掌握九种句群结构，即连续结构、递进结构、因果结构、转折结构、并列结构、主从结构、点面结构、总分结构、概括与具体结构，这对如何进行句子训练有很大启发。

三、四年级（8~10岁）小学生的主导活动是比较系统的学习。在这个阶段要发展他们概括信息和交流信息的语言功能，必须教会他们构段和谋篇的基本功，这同现行小学语文教学的要求也是一致的。这里所说的“段”，是介乎“句群”和“篇”之间的表现形式。它既不是指以前空两格形式表示的自然段（也称小节），也不是指结构完整的篇章，它是指能反映某一层独立意思的句群联合体。在形式上可以是一个自然段，也可以是几个自然段，相当于日常讲的“层次”或者“片段”。那么这种“段”的训练究竟包含哪些内容呢？对这个问题研究得也不够。现在有的老师把“段”的基本结构概括成下述七种形式：

（1）补充式。其任务是把一个意思写具体写形象。基本形式有：“总起+分叙”“分叙+总结”“总起+分叙+总结”“全分叙”。

（2）连贯式。其任务是有条理地叙述一件事情或者一件事情中的某个过程。

（3）衬托式。其任务是用艰难的情境来衬托人物的态度。基本形式有“叙述困难为主，叙述态度为辅”和“叙述困难为辅，叙述态度为主”。

（4）呼应式。其任务是使人物的所见所闻同相应的所感所为互相呼应。

（5）交叉式。其任务是交替表达人物双方的对话和活动。

（6）概括式。其任务是概括地交代几个内容。

（7）比较式。其任务是对两个或者两个以上事物进行比较。基本形式有“正反比较”和“递进比较”。

当然，这样的分类是否严密，是否科学，是可以充分展开讨论的。但是探索“段”的基本结构对三年级的片段训练，无疑具有重大的帮助。

从四年级开始要进行“谋篇”的训练。什么叫作“谋篇”呢？小学生以学写记叙文为主，记叙文包括叙事、写人和状物，而“谋篇”的基本功在于完整地记好一件事。以叙事而言，只有记好一件事，才能记好一天、一次活动或者几件事；

以写人而言，先要学会从一件事写人，才能学会从几件事写人；状物也是如此，它往往以写清楚一件事的来龙去脉为基础。因此，四年级应该着重进行简短记叙文(即记“一件事”)的篇章训练。一件事情，就其发展过程来说，不外乎“起因”“发展”“高潮”“结局”这样几个阶段。写起文章来，往往在“起因”之前，还要做一些必要的交代，或者“追溯”既往，或者说明有关的时间、地点、人物，这可以称作文章的“开头”或者“引子”。这些实际上就是记一件事的篇章训练的基本结构，必须让学生牢固地掌握。

在一至四年级，儿童们在向别人报告自己所获得的信息的过程中，必然会同时表示自己的情感和评价，即发展语言的自我表现功能。因此，也必须教会他们表达自己观点和情感的一些语言手段，如褒义词和贬义词的用法，简单的修辞格（比喻、夸张、排比、设问、反问、倒装等），根据表达意图划分段落（小节），等等。

到了五、六年级，学生进入少年期，人际联系逐渐成为他们的主导活动。为了发展他们语言的调节功能和根据不同对象施加影响的功能，必须教会他们学会比较复杂的记叙文（例如从几件事写人）和较熟练地写书信、书评、会议记录和讲演稿等应用文。同时应让他们初步学会应用下述表达方式：

（1）抒情。即对所描写的对象抒发、表露自己的感情，包括直抒胸臆，直接用语言表现的直接抒情方法和在叙事、描写中注入感情，借助其他事物抒发感情的间接抒情方法。

（2）说明。即对事物的形状、性质、功用、成因等的解说，包括分类说明、事例说明、描写说明、比喻说明等方法。

（3）议论。即摆事实，讲道理，对某一事物或问题进行评论，表明自己的观点和态度。它包括论点、论据和论证三个要素，有立论和驳论两种表达形式。

学生进入少年期后，由于受到比较系统的思想品德教育，他们的自我意识迅速增强。为了发展他们语言的自我教育功能，必须让他们熟练掌握读书笔记的下述两种写法：

（1）编提纲。即把读过的书或文章的主要内容经过分析、概括以后，用简明扼要的话分几点列出。

（2）写心得体会。即把阅读后的收获或感想写下来。写时要注意联系自己的思想实际，也可适当引用原文。

2. 对思维能力训练系统的分析

人的语言交际功能的形成与思维能力的发展是紧密联系不可分割的。苏联心理学家维果茨基说：“语言活动是交际和概括的统一。”他认为，有意识地表现思想和体验的交际，必然要求一定的手段系统，即把所表达的内容列入已知的现象群。这就是说，交际需要概括。而人的思维可以实现这种概括。“人所固有的高级心理交往形式有可能存在，只是由于人可以通过思维概括地反映客观现实。”[①]因此，小学作文训练如何循序地发展学生的各种语言功能，必须充分考虑学生思维能力发展的年龄特点。

瑞士著名心理学家皮亚杰认为儿童智力的发展是分阶段的。在连续发展的每一阶段都有主要行为模式作为标志；前一阶段是后一阶段的基础和准备；发展的阶段不呈阶梯式，而具有一定程度的交叉重叠；发展阶段与年龄有联系但不由年龄所决定，它可提前或推后，但先后的次序固定不变。皮亚杰把智慧的发展划分成下述四个阶段：(1）感知运动阶段（从出生到二岁），相当于婴儿期，是智慧的萌芽期。(2）前运算阶段（二至六七岁），相当于学前期，出现语言功能、直觉思维和表象思维。(3）具体运算阶段（六七岁至十一二岁），相当于小学阶段。由外部的动作、直觉思维向内部的初步的逻辑思维过渡，儿童获得了各种守恒观念（如物质、重量、长度、面积等的守恒），并能理解二维空间及其补偿关系。(4）形式运算阶段（十一二岁至十四五岁），相当于初中阶段。形成了认知结构的整体或组合系统，能考虑假设的可能性与现实性，进行抽象思维“使形式从内容分离”。

根据皮亚杰的分析，小学生智慧的发展处于具体运算阶段，即儿童自上小学开始，就逐步从以具体形象思维为主要形式，过渡到以抽象概念思维为主要形式。

小学低年级（一、二年级）学生思维的特点是：(1）具体形象性；(2）进行初步抽象概括的可能性。也就是说，儿童此时的思维主要是依赖事物的具体形象或表象以及它们的彼此关系来进行，并不主要依靠对事物的内化本质或关系的理解，凭借概念、判断和推理来进行。

既然低年级儿童思维的主要特点是具体形象性，那么他们主要是依靠哪一种心理过程来开展形象思维活动的？有人认为是观察。当然，观察是产生形象和表象的源泉。但是低年级儿童观察的目的性、持续性、细致性和概括性都比较差，因此仅依靠观察某一个事物，他们的形象思维活动不可能十分活跃。现在有许多心理学家认为，小学低年级儿童产生意义（包括思想、意向、情感、需要等）的主要心理结构是想象。所谓想象，就是在已有的知识经验的基础上，在头脑中对记忆表象进行加工改造而建立新形象的心理过程。如观看天上的云朵，把它想象

① 维果茨基. 心理学研究文选［M］. 莫斯科：教育学出版社，1956：51.

为山石河流、花草树木、虫鱼鸟兽、老人小孩等。低年级的儿童正是借助于想象和幻想来理解他们生活在其中的世界，研究和解释这个世界。用神话的方式来观察和解释世界是他们固有的特点。因此，低年级要发展儿童概括信息、交流信息和自我表现的语言功能，最佳的作文训练形式既不是复述，也不是观察作文，而是创造型的想象作文。

在低年级主要进行创造型的想象作文，不仅根据儿童思维发展的一般规律，而且也根据儿童学写作文的特殊心理规律。大家知道，小学生作文能力的种类很多，但是归纳起来主要是两种：产生文章思想内容的能力和表达文章思想内容的能力。前者又包括选题、审题、产生材料、选择材料和安排文章结构等具体能力。后者又包括选词、造句、保证语言表达前后一致和句子间语气连贯等具体能力。实践证明，复现型的训练方法有利于培养表达文章思想内容的能力，不利于培养产生文章思想内容的能力。但是后一种能力却是学生写好作文的关键所在。产生文章思想内容能力的心理机制是什么？是有意地重现表象的活动，包括在头脑中有目的地产生丰富的表象，确定表象之间的逻辑关系和积极地变换表象的结构。

作文教学中的复述训练很难培养学生有意重现表象的能力。著名心理学家皮亚杰曾经做过一个实验：让学龄前的儿童再现一篇童话故事。尽管这个童话的情节十分简单，但被试者都不能正确而充分地将它的内容复述出来。其主要原因是学龄前儿童尚未掌握童话内容的内部结构，因而不可能在复述时重新构拟这个童话。毫无疑问，任何一篇文章都由许多成分组成，这些成分之间存在着因果、时间、对比、条件等各种联系。这些联系组成了文章的内部结构。要想正确而充分地复述一篇文章，必须根据它的内部结构重新组合它的各种成分，而这样做的关键是具有丰富的表象活动。实践证明，在小学低年级仅仅进行复述和仿写的作文训练，儿童很难形成有意重现表象的能力，很难通过表象活动去把握文章内部的结构。

在小学低年级，观察作文也不能充分地培养儿童有意地重现表象的能力。毫无疑问，观察作文也是丰富学生表象活动的手段，是用文字再现表象的形式。但是这一类作文只是保证学生复现与他们有直接联系的周围生活，因而不可能使学生非常充分地展开表象的活动，也不可能将产生表象和重现表象这两种能力区分开来单独培养。

大量的教学实践和实验证明，创造型的想象作文（童话体作文）既是作文能力的整体化训练，也是有意重现表象的训练。只有这种训练，才能激励学生在头脑中产生尽可能多的日常生活的表象，并引导他们对这些表象进行比较、选择、抽象和排列，有效地培养他们变换表象的能力。

小学中年级（三、四年级）学生的思维特点是：具体形象思维和抽象概念思维趋向平衡。即一方面，学生的思维仍然带有明显的具体形象性；另一方面，他们使用概念、判断和推理的抽象思维形式得到一定的发展。

在中年级，学生观察能力的发展是他们具体形象思维和抽象概念思维均衡发展的重要标志。观察是一种有意的知觉，是知觉的特殊形态，但不限于知觉，常同思维相结合，对观察对象同时进行分析、综合、抽象、概括、判断和推理等。善于正确、全面、深入地感知事物特点的能力叫作观察力。中年级学生观察的目的性、持续性、细致性和概括性都有较大的增长。我国心理学家丁祖荫等在 1964 年曾根据儿童观察图画的发展水平来研究儿童观察力的发展。[①] 他们实验的结果确定儿童图画认识能力的发展可分为四个阶段:（1）认识“个别对象”阶段;（2）认识“空间联系”阶段；（3）认识“因果联系”阶段；（4）认识“对象总体”阶段。学前儿童大部分属于第一、第二阶段，小学低年级儿童大部分属于第二、第三阶段，小学中年级儿童大部分属于第三阶段，小学高年级儿童大部分属于第四阶段。第三、第四阶段已经超出图画感知的水平，达到了思维的水平。因此，在中年级应主要采用观察作文的形式来发展儿童概括信息、交流信息和自我表现的语言功能。

在中年级让学生写观察作文，不仅是顺应儿童心理发展的一般规律，也是小学作文教学的客观需要。首先，小学作文教学的主要任务是发展儿童语言的社会交际功能，即一方面让儿童学会用文字概括和交流他们所见所闻的有意义的信息，另一方面让儿童用文字把所思所想表达出来。小学作文教学的主要任务不是教会儿童“虚构”，而是教会他们表达真人真事和真情实感。当然，在低年级教会儿童“虚构”，写创造型的想象作文，是完全必要的。这样可以根据儿童喜欢想象的天性把胆子写大，把思路写活，把笔头写顺，同时发展他们有意重现表象的心理能力。但是当儿童已经初步具备在头脑中产生表象和安排表象结构的心理机制，当儿童的观察能力已经发展到一定的水平，则必须根据作文教学的性质、任务，教会他们通过观察去准确地摄取周围世界各种真实的形象，并用文字把由这些形象产生的表象和真实感情准确地表达出来。其次，中年级的作文教学要求学生用文字概括和交流周围世界比较复杂的信息，即掌握“构段”和“谋篇”的基本思路。前面已经说过，“构段”有各种方法，写简短记叙文也必须掌握各种要素和环节。而让学生写观察作文，他们就能比较顺利地掌握“构段”和“谋篇”的基

① 丁祖荫，潘洁．儿童图画认识能力的发展［J］．心理学报，1964（2）.

本功。因为语言的条理性是观察的周密性和思维的逻辑性的具体体现。通过有目的的、有顺序的、精确的观察，学生可以把握客观事物时间先后的关系、空间位置的关系以及局部和整体的关系，并且边观察边思考，由表及里，由浅入深地把握客观事物的本质。

小学高年级（五、六年级）学生思维的特点是：抽象概念思维开始成为思维的主要形式。所谓抽象概念思维就是使用概念，通过判断、推理的思维形式达到对事物本质特征和联系的认识过程。对小学生掌握概念的发展特点可用许多方法研究，词汇调查就是一种。所谓词汇调查，就是记录并分析学生使用的词汇。学生运用语言的能力与他们叙述概念定义及事物关系的能力是密切相关的。一般发现学龄前（6 岁以前）的儿童使用词汇多是具体概念的词，到了小学中年级（8 岁以后），就较多地说较抽象的词汇（如“过错”等），及至小学高年级（10 岁以后）则能应用抽象水平更高的词汇（如“热诚”“犯罪”等）。

对小学生判断、推理能力的发展特点也可以用许多方法研究。心理学家李丹等在 1963 年曾以直言三段论第一、二、三格为内容研究小学一、三、五年级儿童（年龄分别为 7~8 岁、9~10 岁、11~12 岁）演绎推理的发展特点。[①] 研究者将小学生的演绎推理从低级到高级概括成四种类型：（1）完全非逻辑的自由联想型；（2）重复前提型；（3）实际理由型；（4）命题演绎型。所谓命题演绎型，即儿童能够根据两个已知前提进行演绎从而得出正确的结论。当反问儿童结论怎样得出，他们都能引证命题中的理由而不是拿已具备的现成知识来作证。从实验结果可以看出，命题演绎型随年龄而增加，在小学低年级（7~8 岁）初步表现出命题演绎的可能性，在中年级（9~10 岁）还不十分稳定，而到高年级（11~12 岁）已基本具有命题演绎思维的特点。因此研究者认为，小学高年级是抽象思维开始形成并占优势的时期。李丹等在 1985 年又对儿童运用假言演绎推理形式的发展规律进行探索。他们根据儿童所熟悉的事物编制一些假言推理的测题。其中充分条件（即“如果 p 则 q”类测题）和必要条件（即“只有 p 才 q”类测题）各 10 条，施测于近 500 名儿童少年。结果表明，假言演绎推理能力在小学三年级到初中三年级之间随着年龄增长而增长，少年期有一个飞跃阶段，即在小学六年级到初中一年级之间出现加速现象，可以把它看作是假言命题运算认知结构的建立阶段。[②]

大家知道，到了小学高年级，学生开始进入少年期。这时人际联系逐渐成为他们的主导活动，同时他们的自我意识也迅速增强。为了发展他们根据不同对象

① 李丹 . 儿童演绎推理的特点［J］. 华东师范大学学报，1964（1）.
② 李丹 . 儿童演绎推理特点再探——假言推理［J］. 心理科学通讯，1985（1）.

施加影响和自我教育的语言功能，必须教会他们写各种实用作文，包括写比较复杂的记叙文、各种应用文和读书笔记，初步学会运用抒情、说明、议论等表达方式。要学会写各种实用作文，需要具有一定的抽象概念思维能力。例如要掌握说明手法，能对事物的形状、性质、功用、成因等进行解释，就必须具有本质抽象水平的概括能力。要掌握议论手法，能运用逻辑推理来说明道理，揭示事物之间的因果联系，就必须具有一定水平的演绎推理、归纳推理和类比推理的能力。但是以上列举的各种心理学研究证明，正是到小学高年级，学生的抽象概念思维开始成为思维的主要形式，这就为他们进行各种实用作文的训练提供了充分的保证。

3. 对思想内容积蓄系统的分析

小学生的语言实现某一种功能，除了要依靠一定的语言文字手段和依托一定的思维活动形式，还必须具有一定的思想内容。刘勰在《文心雕龙》里说："文附质也""质待文也"。"文"就是语言文字知识及其运用于表达的形式和技巧;"质"就是内容，包括知识、经验、思想和感情。在这里，刘勰说出了"文"和"质"相辅相成、对立统一的辩证关系。学生头脑中的知识、经验、思想和感情是字、词、句、篇知识技能的"生长点"，也是思维活动的"沃土"。如果不注意充实学生的科学知识和生活领域的知识，不去提高他们的觉悟和丰富他们的感情，那么他们头脑里空空洞洞，作文训练只能变成"依葫芦画瓢"的机械训练。

小学低年级（一、二年级）的学生主要从事读、写、算入门的活动和游戏活动，也从事一定的劳动活动和人际交往活动。通过这些活动，学生应对周围世界有个初步的、综合性的认识，掌握最简单的学习工具和做人的基本道理。因此，要发展他们概括、交流信息和自我表现的语言功能，不能仅仅让他们坐在教室里复述教科书和看图作文。而应该让他们有充分的时间去听广播，看电视，阅读儿童报刊、童话故事和浅显的科普作品，参加各种自我服务劳动、兴趣小组活动和游戏活动，以便让他们尽可能多地了解人类社会和自然界变化的一般知识，初步形成一些基本的道德品质，如热爱父母、刻苦学习、勤于劳动、勇敢诚实、乐于助人、办事公正、知错必改等。在这个阶段，写童话体作文最能激励学生积蓄思想内容。所谓童话体作文，就是通过丰富的想象，运用拟人、夸张等手法，塑造假想和象征的形象反映生活的作文练习。在童话体作文中主人公一般都是儿童喜闻乐见的各种动物、玩具和文具。儿童将这些动物、玩具和文具人格化，用自己的知识和经验去描绘它们的所作所为，用夸张的手法去展开故事的情节，以充分表现自己的价值观念和思想感情。例如金华市有个二年级小朋友刘君，他根据老师提供的两个词语"老虎"和"钢笔"，写了这样一篇童话体作文：

老虎和钢笔

一天，大森林中的老虎大王叫狐狸大臣出去，看有没有新鲜的玩艺儿，如果有一定要弄到手。

狐狸领了命，就到处寻找。找来找去找不到什么新鲜玩艺。狐狸想回去，又怕老虎怪罪，那可是要吃不完兜着走的！这时他想，让我走出森林，到人类居住的地方去瞧瞧吧！

狐狸来到居住在森林边的一户人家，从窗户跳了进去，发现桌子上有一支钢笔，这可以算是新玩艺了。他抓起钢笔就跑，一口气跑到了虎王面前，气喘吁吁地说："大……大王，新玩……玩艺，找到了！"虎王接过钢笔翻来覆去地看，看不出个究竟来。心想这是个什么东西，有什么用呢？狐狸看出虎王的心思，连忙说："大王，这个叫钢笔，这边可以打开，是用来……""住嘴！我知道！"虎王打断了狐狸的话。他可不愿让大臣们说自己见识少！虎王拔下笔帽，看见尖尖的钢笔头，想了想说："这不是牙签吗？"说着，放进嘴巴，剔起牙缝来，呸！随着叫声，蓝墨水染满了虎王的整个嘴巴。虎王往镜子里一照，气极了，把钢笔狠狠地扔在了地上。

虎王至今还是不会使用钢笔，这怪谁呢？

这篇作文情节引人入胜，结论发人深省。作者将老虎和狐狸人格化，并根据已经掌握的这两种动物习性去虚构故事情节，其目的是根据自己的价值观念既批评虎王的骄横、愚蠢和死要面子，又批评狐狸的刁滑和善于奉承。多写这类童话体作文对儿童的思想是个大解放，因为他们可以综合运用写实和虚构的手法，无拘无束地表现自己的所见所闻和所思所感。这种作文训练反过来将促进儿童海绵吸水般地吸取各种知识和经验，迅速地确定自己的道德准则和价值观念。

小学中年级（三、四年级）的学生主要从事比较系统的读、写、算学习活动，也从事一定的人际交往、劳动和社会实践活动。通过这些活动，学生应该从不同的侧面、不同的角度对世界有比较深入的认识，掌握基本的学习工具和遵守《小学生守则》所规定的道德规范。

从中年级开始，小学生的作文主要写真人真事，表现他们的周围生活。因此要发展他们概括、交流信息和自我表现的语言功能，就要求充实学生的科学知识和生活知识，充实他们的常用词汇。没有这些知识和词汇，学生写出来的文章不是内容空洞，就是词不达意。例如，有一所小学校园里长着罗汉松、棕榈树、木榉树、夹竹桃等十五六种树。可是该校一个四年级班级，有 60% 的学生只能说出梧桐树和松树两种树名。这个班学生的辨色能力也很差，能辨认 12 种以上色彩的学生只占 30%，而有 30% 的学生连 7 种基本颜色也识不全。如果让这个班的学生写《校园里的秋天》，怎么行？如果硬写，只能写一些套话，如："秋天到了，天气凉了，校园里的花草树木都披上了金黄色的秋装，梧桐树上的叶子一片一片地落在地上……" 内容空洞，千篇一律。

根据已有经验，要充实学生的科学知识、生活知识及常用词汇，有两条途径：一是加强作文训练与各科教学的联系，指导学生认真积累在阅读自然常识、音乐、体育、美术等科目中学到的基本知识和专有名词；二是进行专门设计的素描训练。大家知道，按照美术教学的经验，要画好人物画，首先要通过"素描"来训练造型基础。不学会"素描"，画起人物来往往五官不端正，身体站不稳。同样的道理，作文中要把完整的人物和事件写好，第一步就应该让学生学会独立地观察和描写周围世界的各个局部，包括静物、动物、自然景物、房间陈设、人物的外貌、动作、对话等等。这样，可以使学生懂得人有哪些常见的动作和表情，春、夏、秋、冬如何变化，风、雨、雷、电是什么状态，房间的结构和陈设如何表达，各种家畜的生活习性怎样，等等。只有对周围生活的各个局部具有丰富的认识，并掌握与此有关的词汇，学生才能顺利地叙述周围生活，从中表达自己的真情实感。

在中年级，作文训练也是思想政治教育的有力手段。在安排作文题材时，除了要考虑逐步加深学生对周围生活的认识，还要考虑逐步加强学生的自我情绪的体验，以陶冶他们审美的感情，激发他们旺盛的求知欲，提高他们热爱家乡、热爱人民、热爱祖国、热爱社会主义和热爱共产党等方面的思想觉悟。例如，上海市有些小学结合本市重大的建设，让学生写建筑物素描《雄伟的南浦大桥》，写动作素描《太浦河工地一瞥》，写叙事素描《杨浦大桥建设中的一件小事》。也有些学校结合日常的思想品德教育，让学生写与遵守《小学生守则》有关的题材。如写叙事素描《吃零食的坏习惯》《知错就改，讲究礼貌》《乱抛纸屑不是小事》《写字要有个好姿势》等。

小学高年级（五、六年级）的学生继续从事系统学习的活动，也从事一定的社会公益劳动和社会实践活动，但他们的主导活动已逐渐变成人际联系的活动。通过这些活动，学生要更加深入地认识周围世界，熟练地掌握基本的学习工具，同时要初步学会用社会主义的思想和道德准则来处理人际关系。根据主导活动的特点，这一阶段应该发展学生根据不同对象施加影响的语言功能，因此必须帮助学生逐渐积累进行人际交往的经验，例如如何向对方介绍情况，如何向对方提出要求，如何根据对方的特点进行说服，如何发动大家参加一项活动，等等。

根据已有的经验，要帮助学生积累进行人际交往的经验，有两条途径。一是教师经常根据形势确定一些带综合性的教学主题，让学生自己组织主题活动，在活动中主动积累人际交往经验，学写各类实用性的作文（包括记叙文、应用文、简短的说明文和议论文）。例如上海市威海路第三小学在1990年曾开展过“迎接亚洲运动会”的主题教学活动。该校首先让学生自己搜集有关我国各省（自治区）市、亚洲各国人文地理以及历届亚运会的举办国、参赛国、奖牌得主等资料，掌握做资料卡片和将资料归纳整理成文的方法。接着，让学生在课上从不同的角度用不同的方法介绍自己搜集的资料。例如，有的运用说明方法介绍中国和亚洲的人文地理和体育发展情况，有的用描写方法介绍亚洲各国运动员打破世界纪录时的动人场面，有的用议论方法分析、推断这一届亚运会上哪个国家能获得金牌总数第一。最后，又让学生按照班级组织“迎亚运小运动会”，由学生自己讨论比赛的时间、场地和程序，自己谋划、组织、落实运动会的具体事项。运动会结束后还以“记一次精彩的运动会”为题，让每个学生写一篇记叙文。根据这所小学的经验，这种教学主题的内容可以分成两大类，一类相对稳定，即今后可在同年级中重复进行的主题，如“继承传统”“爱学校”“绿化校园”“热爱家乡”等。另一类是随机确定的，如“迎亚运”“迎接世界环境保护日”等。

第二个途径是根据具体情况随机确定单项的人际交往活动，让学生写作文。例如，请求别人做一件事（如《爸爸，别再抽烟了》），请求别人原谅一件事（如《老师，请你原谅我》），请求别人买一样东西（如《妈妈，请你给我买一台小录音机》），请求别人接受自己的意见（如《××，请听听我的心里话》），请求别人回答自己一个问题（如《你说我该怎么办》），等等。上海市宝山小学朱贤龙老师曾以“向××借××”为题让学生即兴会话和作文。在课上，这位教师先出示两本学生十分喜爱的童话故事书，并宣布打算把这两本书借给班上某一位同学，条件是这位同学能提出足够的理由，语言要有说服力。一时间学生情绪高涨，争先恐后地提出各种理由向老师借书，如“读童话书可以发展自己的想象力”，“在学校图书馆里借不到适合高年级学生阅读的童话书”，“李明同学生病住在医院里，将这两本书借给他读，他就不会感到寂寞”，等等。但是都未能借到书。唯独有一个同学的话打动了教师，她的理由是：后天将代表学校去区里参加编童话故事比赛，打算在赛前再读几本好的童话书，以便打开思路，在比赛时为学校争光。她终于借到了童话书。接着，教师向学生指出借物是一种社会交际实践，并要大家思考：借物应注意什么？怎样组织恰当的话语？进而要求每个学生各自设计一个借物的交际情境，与同桌交替充当物主和借物人进行即兴会话。在这基础上，教师又指定两对学生当范例，让他们当众演示交际过程并由大家评议。最后，教师又以“向××借××”为题让每个学生写一篇记叙文，要求交代时间、地点、人物、借物的缘由和过程，具体描写借物时人物的对话、心理活动、神态、动作，做到语言有感染力，情节发展合情合理。实践证明在高年级经常进行这一类单项交际训练，学生就能逐步积累人际交往的经验，并掌握相应的语言手段。

在高年级，除了要帮助学生逐步积累根据社会主义的思想准则来处理人际关系的经验，还必须指导学生在课外多读各种优秀书籍，撰写读书笔记，以发展语言的自我教育功能。苏联教育家苏霍姆林斯基十分重视阅读的思想教育意义。他认为阅读是“丰富精神世界的源泉”，不能仅仅归纳为掌握阅读能力，应该把掌握阅读能力作为一个开端，使学生学会“借助书本观察和认识世界和自我”，“攀登上智育、德育和美育的顶峰”。因此，他十分坚决地把读书笔记列为作文的重要内容，使学生借以进行爱国主义、道德和审美方面的自我教育，阐发个人的志趣和理想，并且发展想象和创造性思维的能力。他曾亲自为自己所领导的巴甫雷什中学1~10年级拟定233个作文题，其中读书笔记一共98篇，占总数的42%。他把读书笔记分成两类。一类是对书中人物形象进行分析和评价。例如《杜布罗夫斯基身上什么东西最吸引我》（普希金的小说《杜布罗夫斯基》读书笔记）、《在我们今天还有变色龙式的人物吗》（契诃夫短篇小说《变色龙》读书笔记）。另一类是对书中的格言或谚语展开议论。例如“个人即使伟大，毕竟还是微弱的”（高尔基语）、“诚实比一切都更接近于伟大”（维克多·雨果语）、“任何一个不做事的公民都是贼”（让·雅克·卢梭语）。苏霍姆林斯基的上述想法和做法，很值得我国小学高年级的作文教学借鉴。

4. 构建科学的小学作文训练序列

大家知道，小学的作文训练体系是一个十分复杂的系统。以上我们分别研究了这个体系的各个组成部分——语言的交际功能、语言文字知识技能、思维训练和思想内容各自的训练体系。现在必须运用系统方法来确定这四个训练体系相互之间的关系，以便将四条线综合成一个完整的小学作文训练序列。

现在有不少学者认为，语言文字知识技能训练应该是小学作文训练的主系统，理由是作文是语言文字训练，抓住语言文字知识技能的训练，就是抓住了作文训练中矛盾的特殊性。这种看法是片面的。作文固然是语言文字的训练，应该抓住这个矛盾的特殊性。但是对“语言文字训练”这个概念要具体分析，它包括目的和手段、内容和形式。目的决定手段，内容决定形式，这是马克思主义哲学的基本原理。所谓语言的交际功能，是指语言在实现人的交际目的中所起的作用，它属于语言文字训练目的和内容的范畴。而语言文字知识技能，则属于语言文字训练手段和形式的范畴。传统的小学作文教学法认为，由于书面语言的结构十分复杂，必须先将它分解成用词、造句、构段、谋篇、审题、立意、选材、组材等个别技能，然后逐一地加以训练，才能培养学生写完整文章的能力。这种分解训练的做法有严重的缺陷，这就是不让学生明确掌握书面语言的交际目的。之所以产生这个缺陷，是因为这种做法将书面语言的个别成分从它的整体结构中“分割”出来，变成自身有价值的东西加以训练，而忽略了实际上在推动和支配文章产生过程的动机问题。

由上述分析可以知道，小学作文训练体系的主系统，应该是小学生语言交际功能发展的系统。但是这个主系统一点也离不开其他三个子系统，因为语言要实现任何一种功能，都必须依靠一定的语言文字知识技能，依托一定的思维活动形式，还必须具有一定的思想内容。只有将这四个系统有机地结合起来，才能形成作文训练体系的“最佳结构”。

下面，具体地表述小学各个阶段作文训练的重点、形式和要求。

（1）大家知道，小学生语言交际的各种功能是相互联系、不可分割的。但是可以根据小学各个阶段学生不同的主导活动将它们分解出来，并在作文教学中采用“直线式”的顺序训练，即一、二年级发展语言的想象和自我表现功能，三、四年级发展语言的观察和自我表现功能，五、六年级发展语言的个别影响和自我教育功能。为了激发小学生进行社会交际的动机，小学各个阶段的作文教学都必须从篇章训练着手，教会学生完整地表情达意。但是在篇章训练过程中，可按“直线式”顺序，有重点地进行语言文字知识技能训练，即一、二年级进行用词、造句和组织句群的训练，三、四年级进行片段（即“段”的基本结构）和最简单的篇章训练，五、六年级进行多种形式的篇章训练。由于作文过程中，思维活动是一个统一的整体，它的各种形式不可机械分割，因此思维训练以采取“螺旋式”的顺序为宜。但是在各个年级可以有所侧重，例如一、二年级重点发展想象能力，三、四年级重点发展观察能力，五、六年级重点发展抽象概念思维能力。同时在各个年级都要注意培养创造思维能力。思想内容的积累也以“螺旋式”顺序为宜，即类似的知识内容和思想内容在各个年级反复出现，并逐步扩大范围和加深程度。但是在各个年级可以有所侧重，例如一、二年级重点了解大自然变化的初步知识，学习人类的一些最基本的美德，三、四年级重点学习日常生活各个局部的知识，注意观察学校生活和社会生活，五、六年级则重点阅读革命英雄人物传记和优秀的文艺小说，学习按照社会主义的思想和道德准则来处理人际关系。

（2）根据各个年级的训练重点，一、二年级宜以说写童话体作文为主，辅之以看图和观察实物说话、写话和写最简单的应用文，主要培养通过想象产生作文材料的能力和用词造句的能力。三、四年级宜以观察作文为主，以命题作文和一般应用文为辅。三年级的观察作文宜采取“片段素描”的方法，四年级的观察作文宜采取“叙事素描”的方法。三、四年级的作文训练主要培养通过观察搜集材料、命题、表现中心、组织片段和写简短记叙文的能力。五、六年级宜以各类简单的实用作文为主，以读书笔记为辅，主要培养根据交际需要灵活运用各种表达方式（如记叙、说明、议论、抒情、应用）的初步能力。

经过上述分析，根据语言交际功能发展的年龄特点而确定的小学作文训练序列就比较清楚了。这个序列包括小学阶段作文单项训练的重点以及它们的结合点。（见下表）

根据语言交际功能发展的年龄特点确定作文序列的简要说明

年级	主导活动	语言交际功能的发展	作文训练的主要形式	思维训练重点	作文能力培养
一、二	读、写、算入门和游戏活动	想象和自我表现功能	童话体作文	想象能力	通过想象产生材料和用词造句的能力
三、四	比较系统的学习活动	观察和自我表现功能	素描作文	观察能力	通过观察产生材料、命题、表现中心、组织片段和写简短记叙文的能力
五、六	人际关系活动	个别影响和自我教育功能	实用作文和读书笔记	抽象概念思维能力	灵活运用记叙说明、议论、抒情、应用等表达方式

（3）小学作文训练的分年级要求可这样表述。

一年级：通过听故事、看图和观察实物，重点进行说童话体作文的训练。同时进行写话训练，也要学习写请假条。通过训练，着重发展学生在头脑中产生表象和确定表象间关系的能力，也要使学生能说、写一段意思完整的话。说话要做到口齿清楚、声音响亮和态度自然；写话要做到语句比较完整。

二年级：通过听故事、看图和观察实物等，重点进行写童话体作文的训练，继续进行说话和写话的训练，也要学习写留言条和简短的日记。通过训练要继续发展学生的想象能力，使他们能较熟练地在头脑中产生表象，确定表象间的关系和积极地变换表象的结构，也要注意发展学生有顺序的观察能力。同时应使学生能说、写出一段话到一件简单的事。说话要做到口齿清楚，声音响亮，富有感情；写作文做到内容比较具体，条理比较清楚，语句连贯通顺。

三年级：重点进行片段训练，也要学会写日记和通知。通过上、下学期两次循环，对静物、小动物、房间陈设、大自然一角、人物的外貌、动作、对话等分单元进行“片段素描”，着重发展学生有顺序的、精确的观察能力。继续发展学生大胆、合理的想象能力。同时帮助学生掌握最常见的“段”的结构形式和写作技能，积累日常生活各个局部的知识和词汇，使他们能写出思想健康、内容具体、条理比较清楚、语句比较通顺的几段话。

四年级：从片段训练过渡到记一件事的篇的训练，也要学会写一般书信。要让学生以“叙事素描”和命题作文为形式，记叙自己学习生活和社会生活的简单经历。在继续发展学生具体形象思维能力的同时，注意发展他们抓住中心、突出重点的抽象概念思维能力。帮助他们掌握记叙文的结构特点和综合描写的技能，使他们能写出思想健康、内容具体、语句通顺、中心比较明确、条理比较清楚的简短记叙文。

五、六年级：从记一件事的篇的训练过渡到记几件事的篇的训练，也要学会记简单的读书笔记和会议记录，初步学会运用抒情、说明和议论的表达方式。让学生以命题作文和自由命题作文为形式，比较熟练地反映自己的所见所闻，表达自己的所思所感。要教会学生根据具体情况确定每一次交际的目的，并围绕中心（目的）选材和组材，继续发展学生的抽象概括思维能力。同时引导学生深入观察生活，开阔视野，学会“以小见大”，逐步发展创造性思维能力。到小学毕业时，要能写出思想健康、中心明确、内容具体、条理清楚、语句通顺的简单的记叙文和实用文，也能写常用的应用文。

第三章　制订有效的小学作文教学策略

明确了小学作文教学的战略任务和具体目标，构建了科学的小学作文训练序列，接着就必须有效地实施作文教学。根据作文教学的目的、任务和当前存在的各种弊端，在按一定序列进行作文教学时，特别要注意贯彻这样一些策略，即正确处理个性的智力因素和非智力因素的关系，把充分激发学生作文动机作为作文教学的第一环；理解书面语言和口头语言的重大差别，让作文训练提前起步；明确一般发展和特殊发展的关系，用心理能力的培养来促进语言能力的发展；让作文有一个广阔的“智力背景”，大力加强课外阅读;发挥教和学两方面的积极性,提倡合作教学。

一、充分激发学生的作文动机

当前小学作文教学中，学生不了解作文的社会效用，对作文不感兴趣，是作文教学质量长期不能提高的关键。因此，要提高作文教学的质量，首要的问题是激发学生的作文动机。

（一）激发社会性动机

众所周知，动机是行动的直接动力，是激励人去行动以达到一定目的的内在原因，是个体发动并维持其行动的一种心理状态。动机对人的行为、活动有着极为重要的意义，它决定个体活动的自觉性、积极性、倾向性和选择性。

动机水平的高低和强弱决定着个体活动的质量、水平和效果。

一般地说，动机来源于需要。需要的层次越高，个性活动的自觉性和积极性也就越高。人的需要是多种多样的，可以按照需要的起源分为生理的需要与社会性的需要，也可以按对象的不同而分为物质的需要和精神的需要。关于需要的分类问题，目前心理学界说法不一。其中影响较大的是美国心理学家马斯洛的“需要层次说”。1954 年，马斯洛概括出七种水平的需要，按其重要性，从低级到高级排列成下面七个层次:(1）生理的需要。如对粮食、水分、性、睡眠等的需要。(2）安全的需要。如对各种安全（包括生命、财产、职业、生理等方面的安全）或免于恐惧等的需要。(3）相属关系和爱的需要。如对与他人交往、爱别人和接受别人的爱、成立家庭、归属等的需要。(4）尊重的需要。如对自重、为他人所尊重、得到赞许等的需要。(5）认知的需要。如对认识、理解、说明等的需要。(6）美的需要。如对顺序、对称等的需要。(7）自我实现的需要。如对寻求自我满足、成就、发展最优潜能等的需要。(见下图）

马斯洛的需要层次图式

马斯洛认为，在人的发展中，这七种需要是按次序逐级上升的系列，而生理的需要是最基础的需要。只有首先满足生理的需要，才能去发展安全需要及其他更高一级的需要。而要形成高一级的需要，必须先适当满足比其低一级的需要。前六级水平的需要相继得到了满足，自我实现的趋势才能达到顶点。实际上，人的需要是多方面的，在不同情况下各人的需要也各有其特点和结构，难以划一。而且，人们还有一种满足理想的需要，这种高尚的需要是马斯洛所没提及的。但是马斯洛的“需要层次说”仍可供大家在作文教学中借鉴。

现在在小学作文教学中，教师们往往从课本或教学参考书上找些现成的题目让学生写人、记事和状物，并不说明作文的实际效用，结果学生只能为分数而写作。这样做，他们需要的层次是低的，即可能是躲避教师和家长指责的安全需要，可能是追求教师奖励一朵小红花或进行一次全班表扬的尊重需要，甚至可能是要求家长物质奖励的生理需要。而要使学生产生强有力的作文动机，就必须激发他们较高层次的社会性的需要，如交往的需要、认知的需要、审美的需要和取得成就的需要。目前国内不少成功的作文教改，都是首先在这方面下功夫的。例如上海师资培训中心徐家良以及蔡幽凤、徐鹄等老师“强化口语，注重实用”的探索，就是以激发学生交往的需要为突破口，试图建立“以用为目的”的作文教学体系。叶圣陶先生早就强调语言的交际功能，提倡“实际作文”“实用作文”。他说：“我谓实际作文，皆有所为而发，如作书信，草报告，写总结，乃至因事陈其所见，对敌斥其谬妄，言各有的，辞不徒作。……而作文为社会生活中不可缺少之技能，非语文教师强加于学生之作业……”“所谓善写，非为饰美，务切实用，工作所需，生活所需，咸能畅达，斯为善矣。”因此“以用为目的”的教学，强调每次作文训练一定要同明确的目的、动机相联系，把作文训练的实用价值放在首位，同时，以作文的实际效用，确定评价作文内容与语言、结构等表达形式的成绩标准，以此带动作文训练各个环节的改革。为了达到“以用为目的”，徐家良等设计作文教材强调多元性、灵活性、真实性和意识性。他们把作文内容的开拓放在第一位，既引导学生从自己生活的天地中开拓写作内容（包括个人生活、班级学校生活、家庭社会生活）；又积极组织学生参加各种有关的活动（包括能表现个性的群体活动，有统一要求的个体活动，以学校为主要场所的大、中、小型活动的综合），从中取得写作素材。

又如上海师专张平南老师的小学课外作文辅助试验，也是以激发学生认知需要和审美需要为突破口的。这项试验从中年级开始，内容有“生活作文”“智能作文”“文学作文”三个方面。“生活作文”，就是以“每天写一二句见闻”的形式引导学生留心观察和仔细思考家庭、学校和社会生活中的各种事情。“智能作文”，是以游戏形式在学生课外兴趣小组里开展，其目的是通过生动活泼的思维训练，提高学生的作文兴趣。“文学作文”，是让学生阅读文学作品（诗、童话、寓言）培养审美感情，积累作文素材，然后将读转化为写。即读寓言——写故事，读童话——写童话，读诗——写文，使学生阅读、作文、思维、情感同步发展。

（二）“从动机走向目的”的心理学规律

传统的小学语文教学规定，小学低年级应以句子训练作为重点，中年级应以段落训练作为重点，高年级则应以篇章训练作为重点，这是完全正确的。但是不少教师不懂得应通过激发学生作文动机去达到这些训练目的，因而在低年级单纯地进行句子要素和句子类型训练，在中年级单纯地进行段型的训练，结果学生感到索然无味，甚至产生厌恶作文的心理。

根据苏联著名心理学家阿·尼·列昂捷夫创立的活动心理学理论，动机和目的是既有区别又有联系的两个概念。动机是“为了什么”，是回答原因的问题；而目的则是“达到什么”，是回答结果的问题。列昂捷夫的理论有三个基本概念：“活动”“动作”和“操作”。所谓活动不是指任何一种过程，而是指这样的过程：它所指向的东西（对象）始终就是激励主体从事这一项活动的东西（即活动的动机），“活动的对象是活动的真正的动机”，“活动的概念必须同动机的概念相联系”，“没有动机的活动是不存在的”。[①]

动作是活动的基本组成部分。“我们把服从关于应达成结果的观念的那种过程，即服从自觉目的的过程，叫作动作。”“正如动机的概念是与活动的概念关联着的那样，目的的概念是与动作这一概念关联着的。”列昂捷夫认为，动机和目的是经常不相符的。例如，人的活动是由食物所激励的，食物就是这一活动的动机。但是，为了满足对食物的需要，人必须完成一些不是直接指向取得食物的动作。例如，这个人的目的是制造捕猎工具；不论他后来自己使用他所制造的工具，或是他转给别人并取得一部分共同捕获物——在这两种情况下，激励他进行活动的东西和他的动作所指向的东西彼此是不相符合的。因此列昂捷夫指出：“实现活动的那些动作是由动机的激励而指向目的的。”[②]动作包括两个方面，一是意向方面（应当达到的目的），二是操作方面（即什么方法可以达到目的）。所谓操作，就是实现动作的方式。“动作与目的关联，操作与条件关联。”[③]

根据列昂捷夫的活动心理学理论，要把小学作文训练变成一项真正的由动机支配的活动，就必须让学生从低年级起就写成篇的文章。大家知道，学生进行语言表达，其动机是根据一定的需要进行社会交际，包括概括信息、传递信息、自我表现、对别人施加影响和自我教育等。虽然词、句子、句群和篇章都是语言表达的单位，但是能够完整地体现语言的社会交际功能的，不是词、句、句群，而是成篇的文章。因此要充分激发学生的作文动机，在小学低、中年级必须变句子训练和段落训练为篇章训练。

① 阿·尼·列昂捷夫．活动·意识·个性［M］．上海：上海译文出版社，1980：68–69.
② 阿·尼·列昂捷夫．活动·意识·个性［M］．上海：上海译文出版社，1980：68–69.
③ 阿·尼·列昂捷夫．活动·意识·个性［M］．上海：上海译文出版社，1980：72.

学生写成篇文章的活动，又包含两个基本动作——产生文章思想内容的动作和表达文章思想内容的动作。每个动作，又包含着一系列的操作，如前者包含审题、立意、选材、组材等操作，后者包含谋篇、布局、用词、造句等操作。当教师让儿童学写完整的文章时，作文活动中的各种操作都被激励起来，自发地进行着。但是其中有些操作立即遇到了困难，甚至停止进行。例如，低年级的儿童写不通顺句子，或者不会使用标点符号，中年级的儿童不会根据内容组织适当的句群。即使是这样，这些操作仍然保持着动作的水平，即它们是由动机的激励而指向目的的。由于儿童具有强烈的动机去学习这些操作，所以当他们经过多次写文章的实践和教师的帮助，就能用比传统教学快得多的速度去学会这些操作。必须指出，让小学低、中年级学生写成篇的文章，并没有改变小学语文教学对低、中年级的要求。低、中年级的篇章训练，是指让学生用文字完整地表达自己的所见所闻和真情实感，并不要求他们掌握系统的篇章结构知识，这和高年级的篇章训练是不同的。这样做，是遵循“从动机走向目的”这个心理学的规律，采取“从整体到局部”“从内容到形式”的作文训练方法。具体地说，首先必须鼓励低、中年级学生写“放胆文”，让他们把文章写开，把思路写活，把笔头写顺，产生强烈的作文兴趣。而到作文评讲时分别以句子训练和段落训练为重点，让学生体会到写完整、通顺、前后连贯的句子和段落分明、条理清楚的文章，能增强表达效果，十分必要。

由上述可见，确定小学作文训练形式，有两种截然不同的方法。传统的方法是从局部着手进行训练的方法，这是先指出目的，然后再在动机上去证实这个目的方面的行动。科学的方法则是从整体着手进行训练，即要先形成动机，然后由动机的激励而指向动作的目的。列昂捷夫十分赞赏这种改变活动结构使儿童产生动机和兴趣的做法。他说：“要使某种东西使人感兴趣，就是要：（1）使一定的动机发生积极作用，或重新形成一定的动机；（2）把相应的目的变为探求未知的动机。换句话说，要激起兴趣，用不着先指出目的，然后再在动机上去证实这个目的方面的行动。而相反，要形成动机，以后使有可能在这种或那种物体内容中找出目的（通常是中间的与‘间接的’目的）。”①

不仅作文训练的形式要符合“从动机走向目的”的心理学规律，安排作文训练的步骤也要符合这一规律。传统的作文训练课一般这样组织：教师先宣布作文题目，并板书作文要求。例如“记一件偶然发生的事”，写作要求是：（1）题材

① 阿·尼·列昂捷夫．活动·意识·个性［M］．上海：上海译文出版社，1980：227.

必须紧扣“偶然”这个关键词，中心思想要具体明确；(2）写清楚时间、地点、人物和事情的起因、经过、结果；(3）内容具体；(4）句子要通顺，不写错别字。然后让学生逐条议论作文要求，并说一些诸如“要认真观察周围生活”“要下苦功学习语言”等大道理教育学生端正作文态度，接着就让学生书面习作。这种教学过程不符合学生作文的心理规律，无法激发他们作文的兴趣，只能使他们对作文望而生畏。科学的训练过程应该是教师先通过生动的谈话或创设有趣的情境，来激发学生认识、交往或自我实现等高层次的表达需要，然后因势利导地和学生一起确定作文题目和要求，让他们充满情趣地进行写作。例如上海市虹口区第三中心小学的林佩燕老师，为了让学生写好“记一件偶然发生的事”，事先设计了一个生动有趣的教学情境。这个情境是这样的：上课后，林老师让全班同学默读课文，教室里没有一丝声音。突然，从小金的课桌里传出“咪呜”“咪呜”几声猫叫，教室里顿时骚动起来。同学们先是窃窃私语，接着讲话声、嘲笑声、不满的责问声充满了教室。小金局促地站了起来，支支吾吾，欲言又止。经过林老师耐心的启发，小金终于说明了情况：邻居张奶奶家最近发现了老鼠，好多东西被咬坏了，老人家正为这件事犯愁。于是这天一清早，他到同学家讨了一只小猫，想送给张奶奶捕鼠。了解了事情真相，同学们对小金的举动既有肯定又有批评，做了实事求是的分析，并建议他把小猫寄放到教师办公室去。小金心服口服，一场风波平息了。由于安排得十分巧妙，全班同学都不知不觉进入了“角色”，充当了“演员”。“演出”结束后，林老师因势利导地启发大家：“刚才我们默读了课本中的‘读写例话’《事物和环境》。现在我要求你们记叙生活中的一件事，你们想记什么事呢？”绝大多数同学不约而同地回答：“我们想记刚才在教室里发生的那件事。”接着林老师又和大家一起讨论事情的起因、发展、高潮和结局，要求大家以“记一件偶然发生的事”为题作文，并从不同的角度确定中心人物和中心思想。学生们兴味盎然，多数人不到30分钟就完成了习作任务。请看一位同学写的文章。

记一件偶然发生的事

语文课上，同学们都在认真地默读课文。教室里真安静啊，耳边只听到窗外呼呼的风声。“咪呜”，突然从哪个角落里隐隐约约传来一声猫叫。“咪呜”，又是一声；“咪呜”，又来了……

听到几声猫叫，小汤屁股坐不住了。他东张西望，寻找声音的来源。其他同学也都瞪大了眼睛,四处搜寻。“咪呜”,“哪来的猫叫声？”“咪呜”,“谁带猫来？”只见小金用双手使劲捂在一个东西上，神色慌张。小汤看见了，大喝一声：“是金 × 玩猫！”“站起来！”“出去！”同学们纷纷嚷了起来。这时小金用双手紧紧捏住猫，好像要把它勒死似的。

“小金啊，这是怎么一回事？”林老师的眉头拧成了一个疙瘩。

“嗯，我把猫带来了。”小金一边回答，一边用眼睛瞪着那只猫，仿佛那只猫已经成了他的冤家。

“你得把原因说说清楚。”老师严肃地说。

“我的邻居张奶奶家闹了鼠灾，好多东西被咬坏了。今天一早，我向同学要了一只猫，想送给张奶奶‘抗灾’。”

“那也不应该把猫带进教室啊！”林老师批评说。

“应该把猫寄放在老师那里！”小汤还是那么凶，一点也不原谅小金。

“我错了，下课就把猫送到教师办公室去。”小金恳切地说。

“知错就改，这很好。今天这件事，你的思想动机是好的，但是做好事也要周密考虑好才行。”老师紧锁的双眉舒展开了。于是教室里又恢复了宁静，同学们都全神贯注地阅读着课文。

二、尽早实现说话训练向书面作文的转化

（一）口头语言和书面语言的差别

现今的小学为发展书面语言制订了“从说到写”的策略。这个策略是正确的，因为从语言的发展顺序来说，口头语言的发展走在书面语言的前面，说是写的先导和基础。一个人在将思想写出之前，必须先在头脑中将思想组织成有条理的连贯的内部语言。可是，小学低年级学生内部语言的发展不够完善，所以在思想写出之前必须用外部的口头语言来代替内部语言发挥作用，即将内部语言“外化”为口头语言，借助口头语言来控制和调节自己的思想。现在有一个突出的倾向，是不少老师不理解口头语言和书面语言存在重大差别。他们认为说出来的是口头语言，写下来的就是书面语言，说得好就一定写得好。由于把书面语言仅仅看成是口头语言的记录，所以既推迟了开始书面语言训练的时间，又不能给这种训练以科学的组织。

书面语言和口头语言无论在功能上还是在结构上，都存在本质的差别。人的书面语言是在交谈对象不在场的条件下产生的，因此它是独白语言，只能用语言

手段来表达信息的内容，并且运用视觉符号；口头语言是在交谈双方在场的情况下、直接交际的情境中产生的，因此，它是对话语言，可以用非语言手段来表达信息的部分内容，并且运用听觉符号。苏联心理学家维果茨基对口头语言和书面语言的差别做了最深刻的研究。他说："从产生语言功能的心理本质来看，书面语言是完全不同于口头语言的另一种过程。书面语言是语言的代数学，是有意的、自觉的语言活动中最困难、最复杂的形式。"

小学生是如何掌握书面语言的？在识字教学的阶段，他们的书面语言只能是他们的口头语言的翻版。用维果茨基的话说，在这个时期书面的符号只是"第二顺序的符号"，即它们所代表的并不是思想和意义的本身，而是表达思想和意义的词的声音。儿童们发现，"不仅可以画物体，而且可以画语言"。一年级儿童的书面表达具有口头语言的各种特征是毫不足怪的，因为它是转述和描摹口头语言，是记录口头语言的方法。随着写字和阅读过程的自动化，书面语言从"第二顺序的符号"变为"第一顺序的符号"。像口头语言一样，在判断所有事物时，书面语言已经成为直接的符号体系。换言之，随着写字和阅读技巧的形成，书面语言逐渐地从口头语言中解脱出来，开始具备它所具有的各种比较特殊的品质。

根据许多语言心理学家的研究，能诊断小学生书面语言和口头语言差别的，主要有下述四个参数。

1. 情境性

这是口头语言的特殊品质，指处在同一情境中的交谈双方，他们语言表达的个别成分被省略。情境性具体表现为口头语言中有两类情境成分：一类是非语言手段，包括动作、声调、脸部表情等；另一类是代用成分，包括第三人称代词、指示代词、副词、连接词等。无论哪一类情境成分，它们的共同特点是根据表达的上下文无法解释，而只能根据说话人所处的具体情境才能理解。情境成分进入书面语言，就表现为根据文章上下文无法解释的省略和代用成分。可以用"情境率"来表示"情境性"这个参数的值，即情境成分的数量／省略和代用成分的总数。不言而喻，口头语言的情境率会大大高于书面语言的情境率。

2. 词语的多样性

这个参数的值是语言表达中不重复的词的数量／语言表达中词的总数。美国学者米勒（A.G.Miller）在心理语言学的著作中把这个参数值叫作"不重复词的取样率"，并缩写成 TTR（Type Token Ratio）。法国学者费雷斯（O.Fraisse）等后来都运用这个参数对书面语言和口头语言做比较研究。他们的结论是书面语言中词语的丰富程度明显超过口头语言。学者们认为，为了比较两种语言的 TTR，应选定词数相同的，并且不少于 150 个词的片段或者文章作为样本。

3. 对客观事物质量特征的反映

大家知道，客观事物形式多样，内容丰富，主体不可能把它的各个方面都详尽无遗地反映出来。主体如何反映它，取决于一系列的因素，其中最主要的是动机和语言活动的条件。对话者直接参与交际的情境，往往使说话者感到没有必要描写他说话对象的各种特征。可是在书面表达的时候，写作者必须详细描写对象的各种特征，否则，这个对象对读者来说，就是一个没有个性的、空洞无物的概念。可用“鉴定率”来表示这个参数的值，即反映客观事物本质特征的词语数 / 语言表达中词的总数。

4. 对客观事物积极面的反映

可以用“积极率”来表示这个参数的值，即语言表达中动词的总数 / 语言表达中词的总数。各国学者经过研究都确定书面语言的积极率要比口头语言高。

从上述分析可以看出，真正的书面语言是上下文一致（即情境成分很少）、词语丰富、能很好地反映客观事物质量特征和积极面的语言，它同口头语言有明显的差别。可是现在小学低年级的作文教学，能不能使儿童掌握书面语言呢？苏联学者曾经在小学二年级下学期中，对一部分儿童进行了一项诊断书面语言和口头语言差别的实验。实验的结果是两种语言情境率的平均值，都是 0.12。书面语言 TTR 的平均值是 0.54，而口头语言则是 0.55。书面语言的鉴定率略高于口头语言（分别为 0.015 和 0.012），然而经过统计处理它们无显著差异。书面语言和口头语言积极率的平均值，都是 0.25。学者们认为，到二年级下学期，绝大多数学生的写字和阅读已经自动化，已具备独立作文的基础。因此，他们书面语言和口头语言如此相似的现象，只能看作是他们书面语言的发展被耽搁了。造成这种现象的主要原因，在于把小学生的书面表达降低为口头表达的记录，没有为他们创造发展书面语言所必需的特殊条件，也没有安排符合这些条件的训练顺序。

虽然我国的学者还没有进行过类似的诊断性实验，但是经验表明，我国小学生书面语言的情况同苏联的很类似。例如，三年级学生作文中的情境率也很高。要他们写一篇《参观动物园》，往往会写出这样的句子：“这个人瞅一瞅熊猫是不是在那里？”“这个人”是指谁？“那里”是什么地方？读者根据文章的上下文无法理解。当然这两个词的含义作者心里是清楚的，可是他不明白书面表达与口头表达功能不同，误认为读者同他一样清楚。应该说，目前我国小学二年级的写话训练并不是真正的作文训练。从二年级起必须进行属于作文篇章训练范畴的片段训练，并且让它同句子训练有机地结合起来。二年级能不能进行作文起步训练？能。理由是：（1）从1958年以来，我国的“集中识字”“分散识字”“注音识字”“部件识字”“循环识字”以及“多种形式识字”等试验都取得显著的成效。根据现行的各种小学语文课本，二年级学生一般可识字1500~1700个，而用集中识字的课本可识字2200~2400个。有关资料表明，识字1500个，覆盖率即可达到95%。识了这么些字，写字又初步实现自动化，学生便可借助字典和采用汉字夹拼音的方法进行作文的初步训练。（2）二年级学生一般都读完了100多篇课文和大量的课外读物，这就从阅读方面为片段作文打下初步基础。（3）各种识字教学试验都在提前作文方面创造了成功的经验。例如，黑龙江省拜泉县育英小学的“注音识字，提前读写”实验班，在第二学年内共写命题作文36次，人均用字量为14590字。加上看图作文、课内素描以及小练笔等，共计用字量平均21280字，而且这些作文一般能做到上下文一致，具有中心，内容具体，层次清楚，错别字率也仅在0.9%。当然，提前作文仅仅为小学生掌握书面语言创造了前提条件，要使他们掌握真正的书面语言，还必须制订周密的计划，对他们进行“一步一个脚印”的严格训练，使他们的书面语言具备上述四个方面的品质。

（二）为书面作文提前起步创造条件

1. 科学地组织说话训练

前面已经说过，说不是写的充分必要条件；到了该让儿童写文章的时候，仍然只抓说话和写话的训练，就会延误书面语言发展的时机。但是说仍然是写的必要条件，说不好就必然写不好；“从说到写”“先说后写”的策略是完全正确的。为了小学低年级儿童日后能顺利地进行写文章的训练，必须对他们的说话训练进行科学的组织。

（1）要把发展连贯的语言放在第一位，把修饰和整理语言放在第二位。

小学教育要求学生掌握的书面语言不是简单的句子和句群，而是以篇章形式出现的连贯语言。因此，口头语言的训练也必须把发展连贯的语言放在第一位。苏联著名教育家赞科夫曾再三强调说话训练的自然性和日常生活性，反对过早地动用语法和修辞来限制学生口语的发展。[①] 杭州大学教授朱作仁也指出，在说话训练上首先要集中让儿童说连贯的、有条理的、合逻辑的话，即训练他们的语流、语脉和语理，不能只注意他们语言的完整性。[②]

要发展儿童连贯的口头语言，必须让儿童在极其自然的、无拘无束的环境中，

① 吴立岗．苏联教育家改革语文教学的理论和实验［M］．上海：上海教育出版社，1988：8.
② 朱作仁．朱作仁语文教学研究文集［M］．南宁：广西人民出版社，1988：448.

谈论日常生活中他们感兴趣的东西。众所周知，口语的发展首先来自动机。苏联心理学家维果茨基说过："在说每一句话、进行每一次谈话之前，都是先产生语言的动机——我为什么要说话，这一活动的激情的诱因和需要的源泉是什么。口头语言的情境每一分钟都在创造着语言、谈话、对白的每一个新的转折的动机。"正是学生在日常生活中毫无拘束地表达自己思想的动机，促使语言符合其本来的使命——交际，才能最有效地促进着语言的发展。

让学生无拘无束地说话，不仅可以发展他们连贯的语言，而且可以丰富他们的词语。学生掌握的词语可以分成积极词语和消极词语两种。消极词语就是能懂得然而还没有使用的词语，积极词语是已经在使用的词语。积极词语通常少于消极词语，因为他们说话时只使用到自己能懂的词语的一部分。但是，多说多用，消极词语就会不断地转化为积极词语。

当然，光要求学生说得流利是不够的，还应该帮助他们把话说完整，并且注意词语的修饰，也就是要指导他们学习语法和修辞。但是，这是第二位的任务。现在教学中的情况是：学生的口语训练太简单，常常是一问一答式的训练。例如，老师问学生："老师手里拿的是什么？"一个学生答："是童话故事书，这类书我最喜欢看，因此买了许多本。"老师说："说错了，我只要求你们说一个简单的完整句。重新说！"于是学生说："老师手里拿的是一本书。"这种强调语法的简单训练会打击学生说话的积极性。学生的口语常常不是那么规范，但也不必要求他们说的每个句子都是完整句。指导他们口语的发展，不应当和教语法修辞一样要求过于严格。正像苏联著名的语言学家任金指出的那样：口头语言就其本质来说是连续不断的语流，其中的停顿、间歇，只能受意思、谈话的方向性来决定。"如果设想学生在日常快速的语言中，换成一个音节一个音节地讲话，那是不合情理的。这种转换之不合情理……正像用唱歌来代替说话一样，虽然学生也学习唱歌。"因此，口头语言的自然性和生活性并不妨碍教师对学生的语言的发展进行指导。但是，教师的这项工作就其质的方面来说，是与语法教学有所不同的。教师对语言发展过程进行指导的方面之一，就在于恰当地选择材料和说话的情境，以便促使学生的语言沿着自己的发展阶段不断进步。

（2）创设各种说话的情境。

教学实验证明，创设下述几种说话的情境，可以比较有效地发展学生连贯的口头语言的表达能力。

①让学生先行动后表达，完全自由地交谈自己的所见所闻。例如在进行野外参观以后，让一年级学生自由交谈自己看到的东西。有的学生说："我发现第

一朵野花的时候，就从树丛里钻了过去。树林到处都是树，树枝和树枝交缠在一起，我花很大力气，也无法把它们分开……”另一位学生说：“树林里有许多许多各种各样的花儿和树木。我认识的树有白杨树、松树、柏树和香樟树，其他树我说不出名字。”如果谁的话里有不确切的地方，学生们就会争先恐后地举手纠正。教师只有在必要时才出来帮助。又例如在一年级开设“谈天说地课”，让学生把自己听到的、谈过的或者亲自做过的事情都说出来。有的学生将一只甲鱼带上讲台，详细地介绍自己喂养它的过程。另一位学生绘形绘色地讲述了地球人遇到外星人的各种趣闻。老师排定次序，让每个学生都讲5分钟，机会均等。“谈天说地”课不仅有效地发展了学生连贯的口语能力，而且可以开阔他们的眼界，丰富他们的知识，培养他们对科技的兴趣。

②选择各种图画，让学生自由地做口头描述。例如有的教师在一年级的前半学期，让学生观察一幅情节很简单的图画：《未来的海员》。画面上是一个男孩在海边做一个玩具帆船，一个女孩在旁边观察他的工作。因为这是第一次看图说话，教师就通过提问题和插话来帮助学生观察细节。这幅图画是静态，利于学生最初的学习。到了下半学期，学生已经积累起看图说话的经验，教师就挑选一幅表现动态的图画：《喂鸡》。画面上反映出许多急剧的动作，需要学生观察力十分敏锐，能迅速地、机智地用语言表达出画家所表现的东西。

③给学生讲有趣的童话故事，让学生自由地复述。前面已经说过，低年级儿童产生意义的主要心理结构是想象，通过幻想来认识世界和解释世界是他们的天性。因此要发展他们连贯的口头语言能力，主要的方式是让他们听童话和说童话。当然，供他们复述的童话必须情节生动，富有知识性和趣味性。例如有位教师先给一年级学生讲童话：《月亮姑娘做衣裳》，再要求每个学生画出四种样子的月亮：像眉毛的月亮，像镰刀的月亮，像船儿的月亮，像圆盘的月亮，然后让学生根据图画自由地进行复述。这个童话内容如下：

月亮姑娘做衣裳

夜晚，月亮姑娘出来了，细细的，弯弯的，好像小姑娘的眉毛。凉风吹得她有点冷，她就撕了一块云彩裹在身上。

月亮姑娘想：我还是找一位裁缝做衣裳吧。裁缝师傅给她量了尺寸，让她五天以后来取。过了五天，月亮姑娘长胖了一点儿，好像弯弯的镰刀，她来取衣裳了，衣裳做得真漂亮，可惜太小了，穿在身上连扣子也扣不上。

裁缝师傅决定给她重做一件，重新量了尺寸，让她再过五天来取。五天又过去了，月亮姑娘又长胖了一点，弯弯的像只小船。她来取衣裳，衣裳做得更漂亮了，可惜月亮姑娘连套也套不上。

裁缝师傅涨红了脸，说："我只好重做了。"又是五天过去了，月亮姑娘来取衣裳，裁缝师傅看到月亮姑娘变得圆圆的，像只圆盘那样，吃了一惊："啊，你又长胖了！"

原来，月亮姑娘每天都在变化，所以她到现在还穿不上合身的衣裳。你看，白天太阳公公出来了，她不好意思出来，只是在晚上才悄悄露面。

2. 以音代字，提前写作

如前所述，只要创设各种说话的情境，小学低年级的儿童就能够畅所欲言，迅速地发展连贯的口头语言表达能力。但是他们识字不多，能不能把口头表达变成书面作文呢？能。关键是解放思想，大胆地让学生采用以音代字（汉字夹拼音）的办法。

大家知道，汉字是表意文字，与语音明显脱节，难学难念。它的数量又多，让儿童在短时间内难以突破识字关。根据1975~1976年国家出版局的一次汉字使用频率的调查统计，汉字中最常用的字为560个，其累计百分比（即这些字出现的总数占调查总字数2162万字的百分比）为80.02%；再加上常用字807个，共为1367个，累计百分比为95.03%；再加上次常用字1033个，共为2400个，其累计百分比为99%。由此可知，即使在最理想的安排下，上学一年，识900个字，读、写100个字的文章就会有10多个字不会读，不会写。上学两年，识2100个字，读、写100个字的文章也会有2个左右不会读，不会写。如果以音代字，就解决了识字不多无法读写文章的难题，促进了学生口头语言向书面语言的转化，提早并加速了读写训练，也有助于学生智力的开发。

以音代字的先决条件是学生必须熟练地掌握汉语拼音这个工具。黑龙江省"注音识字，提前读写"的小学语文教学改革实验，让一年级学生就写小文章（其中有看图写话、课内外素描、命题作文等）。有个一年级实验班，每个学生在一年内平均写32篇文章，每人平均累计字数为6800字。这个实验表明，如果学生在一年级上学期能够熟练地运用汉语拼音进行拼读和拼写，不受汉字的限制，他们就可以用拼音或拼音夹汉字的方式练习写作。例如有个学生刚入学一个半月就写了一篇叙事简洁的日记：

10月6日 xīng qī 四

今天，我 hé 妈妈 qù 上 shāng chǎng mǎi xié，yī wèi shòu huò yúan ā yí jiē dài 我们，妈妈 tiāo 了 jǐ shuāng xié，dōu yǒu 毛 bìng。我 shuō："dōu 下 bān 了，nín bié tiāo la。" shòu huò yúan ā yī shuō："méi guān xì。" tā yòu ná jǐ shuāng xié ràng 妈妈 tiāo,zhè yàng dē shòu huò yuán ā yī zhēn 好。（原文没有标点，标点是后加的。）

随着识字量的增加，到一年级上学期期末，学生就大多用汉字夹拼音写文章了；一年级下学期期中以后，拼音在作文中出现的数量越来越少；到期末，一些成绩好的学生的作文中，就只有个别的拼音了。请看有个学生在期末时写的作文：

小　狗

我家小狗利利下了一窝小狗，一共七个：有黑的、有黄的，还有花的，可好玩了。它们的眼睛九天才睁开。它们十五天就能跑到外面去玩了。有时它们走不动了，狗妈妈就用嘴 diāo 它们回去。

小狗吃奶的时候才有意思呢，它们都挤到一堆，互相抢着吃。小狗抢不到就 wāng wāng 的叫，我很喜欢它们。小狗逐渐长大了，都给人了，我很 shāng 心。狗妈妈呢，却不知道 shāng 心。

3. 突出词和句的训练，让学生掌握规范的书面语言

让二年级儿童写书面作文，可以分成两个阶段：第一阶段让学生畅想和构思作文的思想内容，第二阶段让学生对作文内容进行文字表达和修改。在作文的第一阶段，当学生头脑中刚想出一些作文内容时，千万不要让他们急于去评价这些内容，而要鼓励他们继续思考，继续遐想，并把想到的全部内容都讲出来或者写下来。如果一个学生刚刚就所想到的内容讲了几句，教师就命令他去评论这几句话有没有语法错误和逻辑错误，那么他就会惊恐不安，头脑中创造性想象的活动就会立刻中断。可是到了作文第二阶段，教师就要让学生充分地讨论和修改语言文字，让他们掌握比较规范的书面语言。

什么是比较规范的书面语言？前面已经说过，书面语言和口头语言有重大差别，能诊断两者差别的，主要是这样四个参数：情境性、词语的多样性、对客观

事物质量特征的反映、对客观事物积极面的反映。因此在二年级学生进行书面作文起步训练的时候，应该使他们的书面语言在下述三个可供量化的指标上取得较高的数值。

（1）词语的多样性。在书面语言中，实词（主要是动词和形容词）和虚词都明显地比口头语言丰富，可以用“词语的不重复率”来测定书面作文词语的多样性，即文章中不重复的词的数量 / 文章中词的总数。

（2）上下文的一致性。由于二年级学生的书面语言带有明显的口头语言的痕迹，因此其中包含着一定数量的情境成分。前面说过，所谓情境成分就是根据表达的上下文无法解释，而只能根据说话人所处的具体情境才能理解的语言成分。在口头语言中情境成分有两类：一类是非语言手段，包括动作、声调、脸部表情等；另一类是代用成分，包括第三人称代词、指示代词、副词、连接词等。在书面语言中相应的情境成分，则是根据文章上下文无法解释的省略和代用成分。测定“上下文一致性”数值的方法如下：

第一，找出文章中所有的省略和代用成分。

第二，确定文章中属于情境成分的省略和代用成分。

第三，组成对比关系：省略和代用成分总数—情境成分数 / 省略和代用成分的总数。

（3）句子的连贯性。大家知道，在一篇文章中句子与句子之间总有一些联系手段，例如连词、连接词语、同义词、代词、副词、词语重复、标点符号等。这些联系手段不但把句子彼此连接起来，而且使它们组成意义和结构都相对完整的整体。因此，所谓句子的连贯性，就是在句子和句子之间具有保证它们成为统一整体的联系手段。

测定“句子的连贯性”数值的方法如下：

第一，找出一篇文章中相邻句子之间的全部衔接点。

第二，确定每两个相邻句子之间的联系手段是否恰当。具体地说，先确定这两个句子之间在客观上存在什么意义联系，再找出学生实际上运用了什么联系手段，最后判断这种联系手段运用是否得当。

第三，组成对比关系：已经建立恰当联系的句子衔接点的数量 / 文章中句子衔接点的总数。

因此，对二年级学生作文的文字修改不必面面俱到。除了错别字、词语搭配不当和句子成分残缺等明显的语病应让学生纠正外，主要应引导他们达到上述三个方面的要求。例如有个学生写了一篇童话《森林又安静了》，原文如下，句子有“____”的地方是应该让他修改的词句。

森林又安静了

今天，天气多好啊！森林里的小伙伴都到大草地上来玩，有小狗、小猫、小鹿、小刺猬、小兔……它们玩得多快活呀！①有一只老虎出现在它们面前。老虎恶狠狠地说：“你们这些小家伙，这是我的地方。②快走，快走。”小兔和小猫说：“老虎你不要再称霸了，你要是称霸，我们就告诉大象伯伯去。”老虎说：“大象算什么，我是森林之王。”小松鼠说：“咱们告诉大象伯伯去。”小猴子说：“对，对，③告诉大象伯伯去。”“我谁都不怕！”老虎说，“④你们告诉大象去好了，反正我是森林之王。”

小兔它们真的告诉大象伯伯去了。

大象说：“⑤小动物们，你们找我有什么事？”

小动物们说：“⑥它在欺侮我们。还，还说您的坏话呢。”大象说：“带我去看看。”⑦小动物们把大象带到⑧那里。大象把鼻子一甩说：“老虎你听着，你要再欺侮小伙伴，我就对你不客气。”老虎说：“那我们就比比看，谁本事大。”⑨大象伯伯也不用鼻子甩，就用腿轻轻一踢，把老虎踢得很远很远。

小动物们⑩快活得说：“好，好，好。”

森林又变得平静起来。

①这一句和前一句不是并列关系，而是转折关系，应改成“忽然老虎出现在它们面前”。

②既然老虎是用恶狠狠的语气说话，那么“快走，快走”最好改成“快滚，快滚”。

③前面已经出现了两个“告诉”，这句可改成“去找大象伯伯。”

④前面已经出现了好几个“告诉”，这句可改成“你们去找大象告状好了”。

⑤文章中共出现四个“小动物们”，用词太单调。这里可根据大象伯伯慈祥的性格，改成“小朋友们”。

⑥“它”是谁？大象不明白，应该改成“老虎”。

⑦为避免用词重复，“小动物们”可改成“大家”。

⑧“那里”是什么地方？读者不明白，应改成“大草地上”或者“老虎面前”。

⑨这个复句一共有三个分句。第一句和第二句不是承接关系，而是并列关系；第二句第三句却是承接关系。因此这个复句应改成“大象伯伯不用鼻子甩，只用

脚轻轻一踢，就把老虎踢得很远很远”。

⑩根据小动物们的心情,“说”应改成“大声欢呼”。“快活”一词前面已用过，这里可改成“高兴”。整个句子可改为“小动物们高兴得大声欢呼”。

三、用心理能力的培养来促进语言能力的发展

毫无疑问，作文教学具有很强的工具性，应该发展学生连贯的语言能力。但是一般心理能力（包括智力、情感和意志活动的能力）是发展语言能力的心理学前提，因此必须“两条腿走路”，即既发展语言能力，又发展一般心理能力，而关键是发展一般心理能力。必须用心理能力的培养来促进语言能力的发展。

（一）激发情感和情绪是作文训练的突破口

1949年以来，我国小学作文教学的发展大致上经过从强调“言之有序”，到强调“言之有物”，再到强调“言之有情”的过程。“十年动乱”以前很长一段时间和“十年动乱”之后一段较短时间内，作文教学强调“言之有序”，要求学生在文章的结构和词语上下功夫，而不去注意学生有没有丰富的生活，所以往往产生这样一种局面：学生无话可说，却要硬写；硬写不出，教师就启发，包括提供提纲,提供词语。这种“启发”实际上就是给学生“口授”,是“你照着我的意思写”。到了80年代初期，在世界性教改浪潮和新教学理论的影响下，我国小学语文界的教师开始认识到，语言的条理性来源于观察的顺序性和思维的逻辑性，因此作文教学开始强调“言之有物”，强调“从观察入门”和“从内容入手”，强调发展学生的观察能力、想象能力和抽象逻辑思维能力。经过10年努力，我国的小学作文教学质量有了明显的提高。但是大家也发现了一些问题，例如不少学生仍然对作文不感兴趣,不少孩子的文章是“小孩子说大人话”,缺乏“童心”和“童趣”，也不能反映每个人的个性特点。90年代初期，我国教育界提出必须培养学生非智力因素的问题，小语界的同志又进一步认识到培养个性的非智力因素（包括动机、情感、兴趣、意志、性格等），既是教育的目标，又是培养个性智力因素（包括注意、记忆、观察、想象、思维等能力）的动力和手段；认识到学生思维的逻辑性来源于意识的系统性，即认识与感受的统一，作文要“言之有物”，首先必须“言之有情”。因此作文教学又开始强调激发学生的作文动机，激发他们的情感和情绪，让他们写动情文。

情感和情绪是人的心理动力体系的重要内容，是动机的组成部分。它们是人

对客观事物的态度的体验。人对客观事物的态度与该事物是否符合人的需要密切相关。当客观事物符合人的需要时，人就表现肯定的态度，产生满意、愉快、赞赏、尊敬等内心体验；反之，就表现否定态度，产生憎恨、不满、忧虑、愤怒、恐惧、羞耻等内心体验。但情感与情绪也有区别。情绪是与生理的需要、与较低级的心理过程（感觉、知觉）相联系的内心体验；而情感则是与人的社会性需要、与人的意识紧密联系的内心体验。人的高级情感可分为：（1）道德感。这是关于人的言论、行动、思想或意图是否符合人的道德需要而产生的情感，例如责任感、荣誉感、正义感、自豪感、自尊感、主人翁感，等等。（2）理智感。这是在认识客观事物的过程中所产生的情感体验，是一种与人的认识需要、认识兴趣、求知欲的满足及真理的追求相联系的情感形态。学生的理智感主要表现为对所学课程的兴趣、爱好和好奇心，并能体验到一种获得知识的乐趣。（3）美感。这是人们对审美对象进行审美后所得到的一种愉悦的体验。

古人说："情动而辞发。"小学生的情感和情绪，既是他们作文的内驱力，也往往就是他们作文的中心思想所在。因此教师要创造条件，从激发情感和情绪入手进行作文训练。

1. 根据小学生情感发展的特点命题，让学生"以情写文"

小学生的情感有一个逐步发展的过程。从情感引起的动因来看，与学习、同伴、教师有关的社会性情感越来越占主要地位；从情感的表现方式来看，比较外露，内容激动，但不易保持，也不够深沉；从情感反映的内容看，变得越来越丰富，越来越深刻，出现了与学习兴趣、学习成败相联系的理智感，从班级集体进而扩展到学校集体的荣誉感、友谊感和责任感等，与美育相联系的审美感也有一定的发展。

为了促使学生以情写文，教师应该根据小学生情感发展的特点和他们的日常生活，出一些具有较强情绪色彩而又有话可说的作文题目。例如：

（1）表示激动的：《当国旗升起的时候》《我戴上了红领巾》《第一次见到南浦大桥》《啊，太湖》。

（2）表示敬慕的：《敬爱的老师》《雷锋叔叔回来了》《慈祥的奶奶》《给守卫在南疆的解放军叔叔的一封信》。

（3）表示兴趣的：《有趣的动物园》《蚂蚁是怎样搬家的》《查字典比赛》《雪花的形状》《神奇的日出》。

（4）表示欢乐的：《元宵节观灯》《夏令营的篝火》《数数咱们的新楼房》《和科学家见面》。

（5）表示留恋的：《我爱家乡的 ××》《野炊》《我的故乡》《春游佘山》。

（6）表示怀念的：《我有一个远方的朋友》《记一位慈母般的老师》《读〈志愿军英雄传〉》《一次难忘的比赛》。

（7）表示焦虑的：《爸爸，别抽烟了》《妈妈是个麻将迷》《受伤的小树》《爱吃零食的独生女》。

（8）表示紧张的:《我第一次上台演讲》《第一次游泳》《数学考卷发下来以后》《老大爷晕倒在马路上之后》。

（9）表示压抑的：《说说我的心里话》《星期天的苦恼》《老师错怪了我》《我真想玩玩》。

（10）表示内疚的:《妈妈，请你原谅我》《和同学吵架后》《我不该撒谎》《我不该乘车逃票》。

（11）表示幻想的：《我理想中的教学大楼》《假如我是市长》《我乘飞船上月球》《动物运动会》《给科学家的一封信》《我盼望有这样一位老师》。

（12）表示犹豫的：《这个意见我该不该提》《这点钱怎么花》《星期天我该做什么》《我该不该去说清事情的真相》。

（13）表示欣赏的:《月季花又开了》《晚霞》《春天的第一朵花》《美丽的蟹爪菊》《秋天的落叶》。

（14）表示憎恨的:《一个倒爷》《阴暗的一角》《他为什么坐牢》《讨厌的苍蝇》。

2. 根据“认识感受第一，谋篇布局第二”的原则进行作文指导

刘勰在《文心雕龙》里说：“文附质也。”“文”就是语言文字知识及其运用于表达的形式和技巧；“质”，就是内容，包括思想和情感。“文附质也”，语言文字的表达形式是必须“附丽”或扎根于特定的思想和情感内容之上的。可是有些教师在作文指导时往往急于求成。例如写观察作文，他们在学生观察实物或者师生的演示后，立刻就让学生参照范文的写法给文章谋篇布局，列出提纲。试问：学生对所观察的内容生吞活剥，囫囵吞枣，怎么能写出自己的思想和情感来？因此，教师要把力气首先用在指导学生观察、理解和感受写作的客体上，其次才是指导他们构思文章，决不能本末倒置。

写观察作文，要使学生比较充分地认识和感受观察的对象，可以采取两种指导方法：一种是从全面观察到重点观察，另一种是从重点观察到全面观察。

（1）从全面观察到重点观察。即先指导学生按一定的顺序（如时间顺序、方位顺序等）进行观察，从整体上理解观察的对象，然后引导学生充分地感受和体验观察的内容，大胆地进行各种联想，并运用自己的语言描绘对象的主要特征。

请看一位老师是怎样指导学生写人物动作素描《小歌手》的。

师：同学们，今天我们上素描课，内容是观察、描写一位女同学唱歌，题目就叫《小歌手》吧！（板书：《小歌手》）今天的课分三步进行。

第一步：请小歌手 ××× 同学给大家唱一首歌。她唱歌时，大家要好好地观察她的动作、表情和神态。

第二步：大家谈谈自己的观察所得和感受，要畅所欲言。然后列个提纲，把文章写出来。

第三步：对作文进行集体讲评，充分肯定成绩，也指出不足之处，然后自己修改。

同学们！今天我们教室里特别安静，一点儿声音也没有。下面请 ××× 同学为大家唱一支歌好吗？

生：好！（一片掌声）

（一位女同学很大方地走上讲台，沉思片刻后说："我给大家唱一首歌，歌名叫《我是一颗蒲公英的种子》。"接着她就放声歌唱起来……）

师：唱得好！唱得好！（同学们报以热烈的掌声）大家都观察清楚了吗？

生：（齐答）：观察清楚了。

师：好，下面大家就来说说看，刚才你们是怎样观察的。×××，你说。

生：我先观察教室里的气氛，再观察小歌手走上台去的动作和表情。

师：唔！ ×× 你说。

生：我先观察小歌手走上台去的时候，她那大大方方的动作、神态，再观察她唱歌时的动作和表情。

师：嗯，这中间还应该观察什么？

生：还应该观察她考虑问题时的神态。

师：对啦！

生：我还观察小歌手唱好歌后，是怎样满意地走下台来的。

师：好的。刚才大家谈了自己怎样观察，观察到了什么。下面我们想一想，怎样把观察的顺序有条理地说一下？谁来说？

生：我想先观察教室里的气氛，观察小歌手怎样思考：当时她的眼神和表情怎么样。接着着重观察她唱歌时的神态和动作。然后观察她走下台时的情况。

师：很好。我们观察她走上台来唱歌的情况，就叫它"唱歌前"（板书：唱歌前）。再观察她站在讲台前是怎样唱歌的，这叫作"唱歌时"（板书：唱歌时）。然后观察她唱好歌，高高兴兴走下台去的情景，就叫它"唱歌后"（板书：唱歌后）。为了帮助大家写好这一篇作文，下面请小歌手 ××× 再给大家表演一次。（掌声）这一次请大家按照上面讲的顺序，抓住重点，更加仔细地观察。开始！

（小歌手重新走上台去，演唱《我是一颗蒲公英的种子》。演唱完时，全班同学热烈鼓掌。）

师：好，下面请大家说一说：哪些地方我观察得最仔细，感受最深刻。

生：小歌手走上台后，她的眼睛不停地眨着，好像在想："唱一首什么歌呢？"

生：唱歌前，小歌手把头微微地仰起，歪着脑袋，眨巴着大眼睛，好像在思考：我应该唱什么歌。

生：我观察得最仔细的是她向老师看了一眼，把头一点，这好像说："老师，我已经准备好了，可以开始了吗？"

生：老师向她点一点头，好像说："小歌手，放胆唱吧，你一定会成功的！"

师：很好，连老师的动作都看得很仔细。

生：她迈着轻快的步子，像一只矫健的小山鹰那样走上台去，给大家唱歌。

师：好的。下面我们再说说她刚才唱歌时的情景。

生：她唱歌时，眼睛望着远方，好像看见在一块碧绿的草地上长满了许多蒲公英。

师：好的。她唱歌时还有哪些动作、表情、神态？

生：她的嘴张得圆圆的，歌声非常圆润。

生：她的歌声婉转动听，动作非常优美。

师：好。她的哪些动作优美？

生：小歌手在唱歌时，眼睛望着前方，她唱呀，唱呀，不时把小手伸向前方，好像在欢送蒲公英似的。

生：她的眼睛望着蓝天，一会儿东，一会儿西，小手指着前方，歌声传向远方，好像告诉人们，在那美丽的天边，有许许多多蒲公英的种子，张着小伞，飘呀飘呀奔向远方……

师：好！还有吗？

生：她把手慢慢地抬起，伸向前方，伸向蓝天，好像把我也引向了蓝天：我也变成了一颗蒲公英种子，跟小伙伴们一起，带着小伞，在蔚蓝色的天空里，飘呀，飘呀，飘过高山，飘过森林……

师：很好！×××，你说。

生：她唱完歌以后，望了同学们一眼，又望了老师一眼，看见大家都朝自己微笑，心里多高兴啊！

生：她唱完歌以后，老师向她点点头，似乎说："你唱得很好，可以下去了。"（笑

声）

师：好。现在我们可以按照前面拟定的观察顺序，把自己看得最仔细、感受最深刻的内容整理一下，列个提纲，写成文章。要特别注意把小歌手演唱时主要的动作和表情写清楚。

……

（2）从重点观察到全面观察。即从激发学生的情感入手，先引导他们观察自己感受最深的那些内容和特征，并充分地展开想象，然后再指导他们有顺序地观察对象的全貌，完整地描述整个对象。

例如，有一位老师这样进行景物素描的指导。

师：秋天来了，校园里开着各式各样的花。（出示一束校园里的花。那鲜艳夺目的色彩，一下子吸引了所有的小朋友。）你们看，有火红的爆竹红，有淡紫的恋蝶花，有金黄的万寿菊，还有雪白的玉莲花。五彩缤纷，美丽极了。小朋友，校园里的花，你爱哪些花？你最爱什么花？

生：我喜欢翠菊、爆竹红、恋蝶花和美人蕉。

生：我喜欢鸡冠花，还喜欢万寿菊，更喜欢千日红。

生：在这许多花里，我最喜欢美人蕉。

师：这些花都很美，小朋友很喜欢。刚才有小朋友讲最喜欢美人蕉。你们看（出示美人蕉），这是美人蕉的花，这是美人蕉的叶子。你为什么喜欢美人蕉呢？小朋友说说看，你站在美人蕉前，是怎样观察的？你觉得美人蕉哪些地方吸引人？

生：美人蕉的颜色好看。

生：美人蕉的名字好听。

生：美人蕉的色彩鲜艳。

生：美人蕉的花瓣又红又大。

师：花瓣美在哪里？有点像什么？（启发学生展开想象）

生：我觉得美人蕉的花瓣像小姑娘头上的蝴蝶结。

生：我觉得美人蕉的花瓣像红绸子做成的。

生：美人蕉像害羞的小姑娘涨红了脸蛋，不好意思地低下了头。

生：如果把叶子去掉，美人蕉就像个小巧玲珑的火把。

生：他说错了，形容火把不用“小巧玲珑”。应该说“像一支燃烧的火把”。

师：美人蕉就花儿美吗？还有什么美呀？

生：还有它那含苞欲放的花骨朵儿美。

生：我觉得早上它的叶子很美，一颗颗露珠像闪闪发光的珍珠。

师：现在请小朋友说说看，美人蕉长得那么高，花儿在上面，叶子在下面，你们观察的时候从哪儿看到哪儿？

生：我是从上一直看到下。

师：（板书：上——下）对的，一般是从上看到下。现在小朋友按照这个顺序说说看，美人蕉怎样美？（要求连贯地说一段话）

生：我站在美人蕉前，美人蕉像小姑娘头上的蝴蝶结……（思考）一阵微风吹来，美人蕉摇摆了几下，好像正在对着我微笑哩。

生："一阵微风吹来"我给它改成"一阵秋风吹来"。

生：我站在美人蕉下，远看——

师：站在美人蕉下，就不是"远看"。

生：（纠正，继续）我很喜欢美人蕉，远看它像一个害羞的小姑娘，脸涨得通红，它的叶子很像绿色的碧玉盘。

生：我接下去说，这样讲它就更美丽了：清晨，美人蕉叶子上有一串串透明的露珠，闪闪发光，好像是给这个小姑娘戴上了美丽的项链。

师：很有想象力。但是叶子上的露珠只能说"一颗颗"，不能说"一串串"。

（观察美人蕉完毕，老师又按照同样的方法指导学生观察鸡冠花。）

……

（二）培养智力技能是作文训练的保证

苏联著名心理学家维果茨基说过："语言活动是交际和概括的统一。""人所固有的高级心理交往形式有可能存在，只是由于人可以通过思维概括地反映客观现实。"因此要进行作文训练，发展学生的语言交际能力，首先必须培养学生以思维为核心的各种智力技能。

1. 小学低年级要通过创造性的想象活动培养学生重现表象的技能

前面已经说过，低年级儿童思维的主要特点是具体形象性。他们开展形象思维活动的主要心理过程是想象。借助于想象和幻想来理解他们生活在其中的世界，研究和解释这个世界，是他们的天性。喜爱想象不仅是低年级儿童心理发展的一般规律，也是他们学写作文的需要。大家知道，小学生作文能力包括产生文章思想内容的能力和表达文章思想内容的能力，而产生文章思想内容的能力是写好文章的关键所在。这种能力的心理机制是什么？是有意地重现表象的活动。因此开展想象能够最有效地发展小学生作文的心理机制。

想象可以分成再造性想象和创造性想象。有关的语言心理学实验已经证明：能够迅速发展小学生有意地重现表象的技能的，不是再造性想象，而是创造性想象；开展创造性想象活动的最佳作文训练形式是童话体作文。

在小学低年级，通过童话体作文培养重现表象的技能，包括下述三个方面的任务：

（1）培养想象的流畅性。即能畅通无阻、灵敏迅速地进行想象，能在短时间内产生较多的表象。

（2）培养想象的变通性。即想象时能随机应变，触类旁通，不受消极定势的桎梏，不仅能迅速确定表象之间的逻辑关系，而且能积极变换表象的结构。

（3）培养想象的独创性。即善于从表象之间发现新的关系，能够从中敏感、流畅地提出具有和别人不一样的，符合事物情理的答案来。

如何完成上述三个任务呢？这里想用意大利著名文学家和教育家詹尼·罗达里的一个课例来说明。有一次，罗达里用“搭桥”的方法让学生构思童话体作文，即让两位学生在黑板的正面、反面各写上一个词，要求全班学生将这两个词联系起来构思一个童话故事。谁知道一个学生在黑板正面写了一个“狗”，另一个学生在黑板反面写了个“衣柜”。衣柜是人的家具，它与狗怎么能联系在一起呢？学生们哭笑不得。罗达里首先通过提问让学生对“狗”和“衣柜”产生丰富的想象：“狗是怎样一种动物？它有什么特点？”“衣柜有什么用处？”接着他又让学生在“狗”和“衣柜”之间加上连词或动词，得到不同的词组：“带衣柜的狗”“狗的衣柜”“狗在衣柜上”“狗在衣柜里”等。他要求学生任选一个词组作为题目作文，并且从新的角度去想象狗的习性、爱好与衣柜的用途，将两者联系起来构思故事情节。结果学生们趣味盎然地开展想象，差不多每一个人都按照自己所选的题目构思出一个与众不同的故事来。例如：

（1）带着衣柜的狗：有个学生说，一条狗随身带着个衣柜在街上踽踽独行。衣柜是它的小屋，里面并没有什么特别。它走到哪儿都带着衣柜，像是蜗牛总是背负着重重的壳。

（2）狗的衣柜：学生们对狗的衣柜的构思足以使建筑师、工艺设计师和室内装潢技师耳目一新。如有的学生说，狗的衣柜里有衣服、兜嘴、皮带、保暖鞋、缀着绒球的围巾、玩具等，另外还放着一本城市指向，以便狗为其主人外出取牛奶、拿报纸和买香烟。

（3）衣柜中的狗：这是个可以作多方面联想的题目。例如有个学生写了《医生与狗》的故事：一天，一个名叫波利费莫的医生回到家中，当他打开衣柜，准备拿一套睡衣时，突然发现柜中有一条狗。它正快活地摇着尾巴，懒懒地搔搔爪子，一副满足的神情。无论医生怎么请求，它就是不出来，也不吃任何东西。医生无奈便不管它，走到浴室想洗个澡。不想刚拧开淋浴器，他又在墙角的小柜里发现了一条狗。接着他又检查了碗柜、洗碗机和冰箱，结果里面都有狗。冰箱里的那条狗差不多快冻僵了。更有趣的是，当医生拉开写字桌抽屉时，又发现了一只十分讨人喜爱的小哈巴狗正蜷缩在里面。事情到了这种地步，波利费莫完全可以把电梯工找来把这些“不速之客”轰出去。但医生没这么做，对狗的偏爱使他做了另一种选择。他去肉铺买来 10 千克肉条喂狗。从那以后，他天天如此，从不间断。周围的人都觉得这事蹊跷，肉铺老板更是起了疑心。闲话、谣言纷纷向波利费莫医生袭来：医生家里是不是窝藏着几个刺探原子弹秘密的奸细？他每天买这么多肉干什么，是不是想干什么坏事？找医生看病的人也越来越少。有人向警察报了案，于是局长亲自带人搜查了医生的家，事情这才真相大白。原来医生遭受到猜测与责难完全是因为他对狗的袒护与偏爱。

应该指出，创造性想象是人类高级的心理活动。小学低年级学生的创造性想象，水平是很低的，只是刚刚萌芽。然而，这种萌芽，无论是对他们将来成长为具有创造精神的社会的建设者和接班人，还是对形成作文所需要的重现表象的技能，都是十分重要的，应该积极地培养。在我国，从 80 年代开始，已经有不少学校，在运用童话体作文形成学生重视想象的技能方面，进行了有效的实验探索。例如湖南湘西土家族苗族自治州凤凰县箭道坪小学、上海市青浦县朱家角小学、上海市宝山区江湾中心小学、上海市实验学校、浙江金华市将军路小学等学校，童话体作文课所用的，都是自编教材。如上海市江湾中心小学二年级的作文教材包括 18 次训练内容，共有 10 种课型，即（1）根据故事开头说写童话；（2）模仿已有故事的结构说写童话；（3）根据多幅或单幅图编写童话；（4）童话续编；（5）童话新编；（6）归纳情节提纲编写童话；（7）用“架桥法”编写童话；（8）听音响编写童话；（9）观察某一个生活现象编写童话；（10）命题编写童话。这些训练逐步发展学生的创造性想象能力和重现表象的技能，并运用图画、故事、音响、谜语、梦境等儿童喜闻乐见的写作素材，极大地激发了学生的作文动机。例如第七次训练是“听音响编童话”，要求学生联系自己的生活经验，根据三种音响——狂风声、狗吠声和飞机声编拟一个童话故事。在作文指导课上学生们兴趣盎然，畅所欲言，有个学生当堂就完成了这样一篇习作：

小熊饭店

小熊是饭店的总经理。有一天，乌云密布，刮起呼呼的狂风。一会儿，刷刷刷地下起了大雨，闪电越来越亮，雷声越来越响。突然一声巨响，闪电把熊经理饭店里的冰箱打坏了。小熊急得浑身是汗,它想,冰箱坏了,里面的食品就要坏了,等于损失了好多钱，我要破产了，那可怎么办？它又想：对，我的好朋友小狗很聪明,我可以请它来帮忙出主意。它马上打了一个电话给小狗,小狗立即赶到饭店,打开冰箱一看，摇摇头说:“真的不行了！”它思考了一下，接着说:“我有办法！”于是，小狗打了一个电话给老牛村长说：“老牛村长，您能不能派一名全村最好的厨师来小熊饭店帮忙烧菜呀？”老牛村长说:“当然可以。”小狗高兴得“汪！汪！汪！”叫起来，说：“那就太谢谢您了！”不一会儿，全村最好的熊猫厨师来了，小狗请它把冰箱里所有生的鸡鸭鱼肉烧成美味佳肴。顾客们听到消息,纷纷来店。羊大婶、马大爷、象公公、仙鹤阿姨、小鹿弟弟……都来品尝名厨师做的菜，顾客们都满意地吃上了一顿美餐。这一次小熊经理赚了很多钱，它用一部分钱把冰箱修好了，又去买了两张飞机票陪小狗兜风，表示谢意。随着“隆隆”的轰鸣声，飞机把它们送上了高高的蓝天。

2. 小学中年级要通过观察活动培养学生形成典型表象的技能

中年级学生思维的特点是从具体形象思维向抽象概念思维过渡，即一方面，学生思维仍然带有明显的具体形象性；另一方面，他们使用概念、判断和推理的抽象思维形式得到一定的发展。学生的观察能力迅速发展,表现为观察的目的性、持续性、细致性和概括性有较大的增长，能通过观察比较正确、全面、深入地感知事物的特点。观察力的发展也是学生具体形象思维和抽象概念思维取得均衡发展的重要标志。如果说低年级是学生想象能力发展的最佳时期，那么中年级就是学生观察能力发展的最佳时期。

在中年级，学生必须从写童话作文转向写观察作文。作文过程的智力训练，也必须从形成重现表象的技能转变为形成典型表象的技能。这样做不仅是顺应学生心理发展的规律，也是为了完成小学作文教学的任务所使然。大家知道，小学作文教学的主要任务不是教会学生“虚构”,而是教会他们用语言表达自己的所见、所闻、所思、所感。当然，在低年级教会学生写创造型的童话体作文是完全必要的，这样可以充分激发他们的作文动机，使他们初步形成重现表象和安排表象结构的作文心理机制。但是当学生的观察能力已经发展到一定的水平时，则必须教会他们通过观察作文去写真人真事，进行写实性记叙文的初步训练。

小学生作文（主要是记叙文）能力的心理机制，是在头脑中将鲜明的表象同准确、生动的语言紧密地结合起来。低年级的童话体作文训练使学生初步形成这种心理机制，但中年级的写实性记叙文训练则要求发展这种心理机制，即使学生具有形成典型表象的技能。所谓典型表象，就是那些最能够反映事物本质特点的知觉形象。它们一旦在头脑中形成，文章的中心思想就可以从中概括出来。另一方面，也只有用语言生动地描述这些典型表象，文章才能"让事实说话"，以形感人，以情动人。可以说，感觉、理解和表现典型表象，是记叙文写作过程中形象思维和抽象思维相互转化的"转轴"，必须十分重视这方面的训练。

实践证明，中年级观察作文的最佳形式是素描训练。所谓素描训练，乃是以观察实物作为途径，以片段和简短的篇章作为形式，将描写和叙述结合起来（即运用"白描"手法）反映周围生活的记叙文训练。当然，除素描外，观察日记和参观访问记也是观察作文的形式，它们都有助于学生积累鲜明的感性表象。但是观察日记往往各写各的，对象太分散，教师不易指导；写参观访问记又因为对象复杂，干扰因素多，学生不容易仔细观察。而素描训练则在课堂里进行，可以设计演示的内容，使观察的对象集中明确，动静易于控制，这对学生形成典型表象很有帮助。

在小学中年级，通过素描训练培养学生形成典型表象的技能，包括下述三个方面的任务：

（1）让学生获得丰富而鲜明的感性表象。

众所周知，观察是获取感性表象的唯一渠道。就作文来说，观察的对象可以是实物，也可以是图画。素描主要以实物作为对象。实物具有形状、颜色、声音、气味、软硬度等属性，这些属性能同时作用于学生的各种感觉器官；它们是活生生的东西，比图画更生动，更具体，能在学生头脑中留下鲜明而牢固的表象。具备了丰富而鲜明的感性表象，词语训练也就具有坚实的基础。学生在小学读五六年书，学了 3000 多个汉字，近万个常用词语。其中绝大多数词语他们能读、能写、能默，有时还能凑合着造句。可是能真正运用的词语，却为数很少。例如学生从语文课本中学过不少辨色的词语，可是实际的辨色能力很差。某小学有个四年级班级，能辨认 12 种以上色彩的学生只占 30%，而有 8% 的学生连 7 种基本颜色也识不全。后来进行自然景物素描，教师把班上学生带到校园里去观赏秋景。面对绚丽多彩的自然景色，学生一边观察，一边学词，只用了半个小时，就识记了"蔚蓝""碧绿""火红""金黄"等近 20 种颜色。事后检测，有 90% 的学生能够在文章中准确地表达景物的各种色彩，而有 70% 的学生，能正确无误地说出 12 种以上的颜色。由此可见，感性表象是词语的内核，词语则是感性表象的外壳。经过对实物的素描训练，学生们就能够在头脑中把词语和感性表象联结起来，进行生动的形象思维。

（2）帮助学生从五光十色的感性表象中“筛选”出典型的表象。

进行素描训练，由于观察的对象比较集中，观察的时间比较充裕，教师可以从容地进行指导。首先教师必须教会学生掌握最基本的观察方法（主次顺序法、方位顺序法、分析综合法等），使他们对所观察的对象或过程形成完整而丰富的感性表象。其次，教师必须指导学生进行重点观察，帮助他们从五光十色的感情表象中将典型表象“筛选”出来。例如，进行人物素描，应集中观察人物的动作、神态和语言，以理解人物的内心世界；进行叙事素描，应集中观察事情“发展”和“高潮”部分的典型变化，以理解蕴含在事情中的思想意义；进行状物素描，则应集中观察静物、景物和建筑物具有典型意义的特征，以体会这些事物本身具有的美的价值。再次，教师还应该引导学生运用准确、鲜明、生动的文字去“强化”各种典型表象。例如著名的特级教师李吉林有一次带领学生到校园内观察蔬菜丰收的景象。她发现儿童对白菜、丝瓜和扁豆的印象最深刻，就引导学生做四项练习：①用数量词和叠词来说明蔬菜的丰收。例如，描写扁豆的豆荚结得多，可以用“一串”“一串串”“一串又一串”“一大串”“成串”等。②加上形容词，描写蔬菜的颜色和形态，并组成完整的句子。例如，可以这样描述大白菜：“眼前是一片绿油油的菜地，一行行大白菜又嫩又绿，真惹人喜爱。”③变换句子成分的位置，以突出蔬菜丰收的特征。例如，把描述大白菜的句子改成“眼前是菜地，绿油油的一片，又嫩又绿的白菜一行行，看了真惹人爱。”④在句子中再加上比喻成分，把蔬菜写得更加具体形象。例如“丝瓜棚上开着一朵朵小黄花，真像一个个金黄色的小喇叭”，“那细嫩的小丝瓜躲在叶子底下，好像害羞的小姑娘”。这样的指导，把发展形象思维同语言文字训练有机地结合在一起，可以收到相得益彰的效果。

（3）让学生通过想象生动地表现典型表象。

素描虽然是纪实性的记叙文训练，但无论是叙事、写人和状物，要生动地表现典型表象，一点也离不开想象。例如要形象地描绘某些细节，需要运用比喻、拟人或夸张的手法；要生动地刻画某个人物，需要对他的心理活动作某些合理的推测；要深刻地揭示某一事物的象征意义，需要展开丰富的联想。如果说通过观察形成典型表象，这是提炼和表现文章中心思想的基础，那么通过想象生动地表现典型表象，就可以深化和深入地表现这个中心思想。

写童话体作文和写素描作文都需要进行创造性想象，而且这种想象必须具有一定的逻辑性。但是两者又有不同。前者可以虚构故事情节，可将动、植物和非生物拟人化，具有极大的自由度；后者不能虚构情节，只能依据观察的对象合理地进行，自由度较小。

通过想象表现典型表象的本领不是一蹴而就的，它需要教师创造条件逐步培养。开始，可以在设计素描的内容时，故意在重要的情节中安排一些可供想象的成分，激励学生迈出想象的第一步。例如有位教师要求学生当堂描写自己“正在批阅考卷”。她故意凝神看一份考卷，轻轻地叹了口气，鼓励学生展开各种联想。结果，有的学生认为这叹气表示了老师十分惋惜的心情：“唉，真可惜！差一分就是满分！”有的认为这是赞叹：“啊，陈 × 真棒，又是一个一百分！”还有的认为这是感叹：“语文基础很差的王 ×，这次居然也能考到 90 分，真是‘功夫不负有心人’啊！”经过几次类似的训练，学生就可以初步养成对重要的情节进行大胆、合理想象的习惯。接着，可以在安排各类素描训练的计划时，都专门列入一项“想象性的描写”，以培养学生想象的逻辑性和独创性。例如，在人物外貌素描中，让学生写《15 年后的 × × × 同学》；在人物对话素描中让学生写《宇宙里有人吗》；在房间陈设素描中，让学生写《我理想中的教学大楼》，等等。

3. 小学高年级要通过思维训练培养学生归纳推理和演绎推理的技能

高年级学生思维的特点是：抽象概念思维开始成为思维的主要形式。所谓抽象概念思维，就是使用概念、通过判断、推理等思维形式，达到对事物本质特征和联系的认识过程。此外，学生到高年级开始进入少年期，这时人际联系成为他们的主导活动，他们的自我意识迅速增强。

与学生的智力发展和个性发展相适应，高年级的作文训练应该从写观察作文转向写实用性的命题作文和自由命题作文，包括写中心明确的记叙文，写简单的议论文和说明文，写各种应用文和读书笔记。写各类实用文必须依靠具体形象思维和抽象概念思维的协同活动，但其主要心理机制是归纳推理和演绎推理的技能。归纳是“从特殊到一般”的认识过程，而演绎则是“从一般到特殊”的认识过程，两者相互补充，相互联系。掌握了这两种智力技能，写记叙文就能够正确地概括中心思想和生动地表现中心思想；写说明文就能够抓住事物的本质特点，并分别从形状、结构、功用、成因等方面进行解释；写议论文就能够做到论点明确，论据充分，论证正确。

如何培养学生归纳推理和演绎推理的技能？可以从下述两个方面进行。

（1）通过记叙文训练初步培养学生归纳推理和演绎推理技能。

小学高年级的记叙文训练，主要是写命题作文。写命题作文要经过审题、搜集材料、确定和表现中心思想、整理材料、用词造句、修改文章等过程，这些写作过程都需要学生运用归纳推理和演绎推理。教师可以根据教学的需要，分阶段地进行写作过程的专题训练，培养学生归纳和演绎的技能。

下面介绍一位教师的“确定和表现中心思想”的两节专题课。

第一教时上课后，教师先在黑板上写了一个作文题目《我的学校一日》，请大家分析题目要求。学生发言很踊跃，有的说：“这个题目要求写一天的事，不能只写一个上午或者一个晚上。”有的说:“它要求写学校生活,不能写家庭生活。”也有人说：“主要应该写自己的经历和思想活动。”

然后教师朗读两篇《我的学校一日》习作，要求大家仔细听，并且说一说自己喜欢哪一篇，为什么。

两篇习作的内容如下（事先将习作油印发给学生）：

我的学校一日（一）

清晨，我走进学校，先把大衣挂在衣架上，又换上鞋子，就去看总课表。

晓得第一节课在哪里上以后，我不慌不忙地跨上了楼梯。在二楼走廊里遇到了几个好朋友，我们跑啊，尽情地讲着笑话，真是高兴。

上课铃响了。我们班级第一节上自然常识课。时间过得真快，课一下子就结束了，于是大家都到室外做课间操。每一次课间休息我们都要到走廊上去，值日生不允许我们留在教室里。

第二节是数学课，女教师给我们讲解了新的教材。在大休息的时候我向小卖部奔去。买东西要排队，不过还算好，我终于买到了美味的油炸包子。

第三节和第四节课是语文课。最后一节上体育，我就到运动房去换衣服，同学们你推我挤，熙熙攘攘，可是教师一进来，大家立刻鸦雀无声了。

正课全部结束后，我赶紧上操场参加分组活动——打篮球。比赛结果我们的球队输掉了。

我们脱下了运动衣，穿上自己的衣服，就各自回家去了。

我的一个学习日就这样结束了。

我的学校一日（二）

清晨校园内几乎空无一人，教学大楼静悄悄的。我迅速跨上二楼，向窗口走去。我们中队种植的鲜花今天轮到我浇水。

五分钟以后班级热闹起来。一会儿，上课铃响了。

语文教师走进教室。他的课讲得很有趣，大家纹丝不动地坐着，听得津津有味。第一节课后我们做课间操，领操的是一位六年级的女学生，她不时用俏皮话去讽刺那些偷懒的同学。

接着又上了四节课，其中有我最喜欢的课——自然常识课。今天的自然常识课上，我学会了判断方向的本事。现在我可以一个人出去旅行，不会迷失方向。在其他课上我也学到不少新知识。

课全部结束了，该上哪儿去？想做的事情真多！我想到生物角去，但是突然想起我和另一位同学为二年级（2）班做的书架还未完成，于是飞快地向小工场跑去。小工场的空气中散发着松香和刨花令人愉快的香味，就连刨子今天也特别听话。不一会儿我们就把整个书架做好了。走出工场时大家感到很劳累，但是对劳动成果却十分满意。

今天我没有虚度自己的学习日！

学生的意见没有分歧：都喜欢第二篇作文。他们说第一篇作文“对学习生活写得太少”，“这个女孩子老是在写穿衣服和换衣服”，“它好像一篇流水账”，“作者没有告诉大家这一天她过得愉快不愉快，只讲她买到了油炸包子”，“作者对一切事物都毫无感情，连自己的球队输了也不讲什么”。大家感到第二篇文章之所以比较好，是因为它明确地表达了一个思想：作者热爱自己的学校和班级，她有自己所喜爱的学科，她感到学校生活令人神往。

接着教师讲解。他说写作文前首先要立意，即要分析作文的全部材料，将自己的各种感受归纳成一个集中而明确的中心思想。两个女同学写的是同一个题目，但是第一个只会罗列现象，不会归纳，别人不知道她想表达什么思想。第二个能够事先归纳出中心思想，表明自己没有虚度任何一个学习日。因此，她没有写所有的课，只写了她所喜爱的课，而且写得较详细；也没有笼统地谈课外活动，只是集中讲了如何爱好小木工场。我们读了她的文章，可以相信她的学习生活很幸福，每一个学习日都能使她的知识更加充实。这一对比清楚地证明：写作文首先必须归纳中心思想，否则就不能表情达意。中心思想是作文的核心和灵魂，作文中每一个材料都要服从它，每一句话都要表现它。

不仅要训练学生运用归纳推理来确定中心思想，而且要训练他们运用演绎推理来表现中心思想，即教会他们根据中心思想选择材料和遣词造句。后者就是第二教时的任务。

第二教时上课后，教师先板书作文题目《我们的校园》，并要求学生们谈自己对校园的印象。课堂里活跃起来，大家议论纷纷。一部分学生说自己的校园很舒适，他们一有空就去做各种游戏。另一部分学生却说校园并不可爱：它既不漂亮，设备又不全。由于对校园的感情不同，学生们为文章归纳出两种不同的中心思想：①我最喜欢在自己的校园中做游戏；②我们应该自己动手，把校园修整得更加舒适。

接着，教师让两部分学生各自选择材料来证明自己的想法是正确的。学生们兴致勃勃地议论起来。确定第一个中心思想的学生提供了这样一些材料：校园里长着苹果树和白杨树，花坛很漂亮，缠绕在墙生的牵牛花婀娜多姿；还有一个排球场，在那里总能遇上好多孩子，同他们可以痛痛快快地玩一阵。确定第二个中心思想的孩子则提供了相反的材料：校园同马路相通，汽车开来开去，影响孩子们做游戏；花坛里花儿太少；没有田径运动场，连捉迷藏也不能玩；角落里还有一座堆放垃圾的板棚。

通过讨论，大家明白了这样一个道理：中心思想确定之后，必须运用有关材料来说明它，但是不能把知道的全写上，必须有所选择。例如，确定第一个中心思想，就必须选择校园里一切美好的东西（如花坛、果树、绿茵等）；确定第二个中心思想，就要多写一些缺点（如虽有花坛但花儿太少，没有田径运动场等）。

（2）通过简单的议论、说明等实用文体训练进一步培养学生归纳推理和演绎推理的技能。

前面说过，到了小学高年级，学生开始进入少年期。这时人际联系逐渐成为他们的主导活动，除了抽象概念思维开始成为思维的主要形式外，他们的自我意识也迅速增强。为了发展他们根据不同对象施加影响和自我教育的语言功能，除了要让学生继续学写记叙文外，还必须让他们学写各种简单的议论文和说明文，学写各种应用文和读书笔记。

通过简单的议论、说明等实用文体的训练，可以进一步培养学生归纳推理和演绎推理的技能。下面试以简单议论文的训练来说明这一点。

开始，可以让高年级学生学写最简单的议论文，即回答作文题目所提出的简单问题，如“我最喜欢哪一位教师？为什么？”“我最喜欢哪一门课程？为什么？”

等。这类训练可以使学生掌握议论文的一般概念和结构特点，学会归纳法议论和演绎法议论。

根据议论时所运用的逻辑推理方法不同，议论文可分为归纳法议论文和演绎法议论文。归纳法，是从若干个别的、具体的事例中推论出一般规律的方法。演绎法，则是从一般规律推论到个别事物的方法。在写议论文时，运用得最多的是演绎法。当然，归纳法也是经常用到的，而且有的时候还要把演绎法和归纳法综合起来运用。由于所运用的逻辑推理方法不同，议论文的结构特点也就各异。

例如，有一位教师给学生出了两个作文题目："我最喜爱哪一门课程？为什么？""我想到哪里去度暑假？为什么？"。结果有的学生用归纳法写作，有的学生用演绎法写作，都写得很有趣。

请看一篇运用归纳法的习作：

我最喜爱的课程是劳动课

我的爸爸在一家工厂当钳工，他是一个闲不住的人。当我们还住在老房子的时候，那边院子里有一个板棚，爸爸把它拾掇拾掇当作自己的小工场，每天一放工就钻在里面做东西。我也特别喜欢上那里，帮助爸爸干点零碎活。现在我们搬进了一幢新工房，那里没有板棚，但是我们把所有的工具都搬了来，照样在厨房里布置了一个新工场。妈妈很不满意，老是嘀嘀咕咕埋怨爸爸。

爸爸经常手把手地教我劳动。他常说，每个人都应该学会自力更生，不要为了修一把小锁就跑到修配店去麻烦钳工师傅。我很赞成他的见解。每当我们叮叮咚咚敲个不停时，妈妈总是很生气。但是我们把一件件坏家具修好以后，她也会满口地称赞我们。

我经常想：一个人能够通过自己的劳动创造财富是最愉快的事情。因此我认为到小工场去参加劳动，这是学校中最有意义的课程。在那里，老师就像爸爸一样，手把手地教我们制作各种东西。

这一篇习作的作者是以具体的生活事实作为自己立论的根据。他是从自己生活中的个别例子，推论出关于劳动重要意义的一般结论，阐明自己喜爱劳动课的理由。

这种归纳法的议论文由下述几个部分构成：

①绪论；

②通过事实材料和逻辑推理，阐明自己韵观点；

③归纳中心思想（即文章的论点）。

再看一篇运用演绎法的习作：

我为什么想到农村去度假

“丁零零——”下课铃响了，本学期最后一个学习日结束了。几乎所有的同学都想离开喧闹的大城市，到农村或者少先队夏令营去度假。我该怎么办呢?

我很想到乡下外婆家里度过今年的夏天。

外婆已经两鬓苍苍，满头白发了，但是她的内心十分年轻，我非常爱她。同时我也十分喜欢外婆家那间矮小的农舍，因为妈妈就在那里度过自己的童年。爸爸也是在邻近的村子里长大的，这一带农村是我地地道道的故乡。

我热爱外婆家的另一个原因，就是那里景色宜人，可以很好地休息。故乡的小村子真是世界上最迷人的地方！每当夏日来临，它就沉浸在一片绿色之中。而且每间农舍的周围都有一个大花园，百花盛开，万紫千红。村子四周是一望无垠的麦田，夏天一到，大自然神奇的彩笔总是为田野抹上一层金黄色。如果你从远处眺望，一定会感到我们的村子像一只绿舟漂浮在金色的海洋之中。

在故乡的小村里，我还有着许多忠实的小伙伴。每次回乡，只要我的身影一出现在村口，这些朋友就会从四面八方飞奔而来，有的替我扛行李，有的搂着我的肩，一张张憨厚的脸上都露出会心的微笑……怎么不亲热呢！你想我们已经有整整一年不见面了！

在外婆家里我整个夏天都不会感到寂寞，因为那里有着无穷的乐趣。只是在暑假结束的前几天，我才想念学校的教师和同学，当然更会想念亲爱的妈妈。

今年夏天妈妈希望我到夏令营去度假。夏令营的生活当然很有趣，但是我仍然希望回到故乡去。假如我能够说服妈妈，那我将感到莫大的幸福。

这一篇习作的结构与上一篇完全不同。它开头部分是表述论点（即“我很想到外婆家里度过今年的夏天”），接着就列举各种事实来证明这个论点，最后做出结论。

这种演绎法的议论文由下述几个部分构成：

①绪论；

②表述论点；

③运用论据进行论证；

④做出结论。

议论文教学的一项重要任务，就是培养学生的辩论能力。即能够针对某一客观现象有根有据地确立和坚持自己的观点，有力地驳斥相反的观点。因此，在教会学生写最简单的议论——回答作文题目所提出的问题后，必须教会他们写辩论性的议论文。

什么叫作辩论性的议论文？它最显著的特点就是把有争论的问题作为文章的题目。例如，《×同学的这个行为对不对》《×同学是一个真正的朋友吗》。而对问题的回答就是文章的论点所在。进行这类议论文的训练，首先必须选好题目。题目要符合两个条件：第一，必须是当前学生最关注的，或者最感兴趣的问题；第二，确实能够引起争论，使大家阐述不同的见解。

小学高年级学生写辩论性议论文包括立论和驳论两种形式。所谓立论，就是作者正面阐述自己的观点，说明它是正确的，从而把论点建立起来。立论又称为证明。所谓驳论，就是作者证明对方的论点是错误的，从而驳倒对方，树立起自己正确的论点。驳论又称为反驳，它实际上是一种反证法。

立论可以充分培养学生归纳推理和演绎推理的技能，上面提到归纳法议论文《我最喜爱的课程是劳动课》和演绎法议论文《我为什么想到农村去度假》，都可以作为立论的适例。驳论，无论是直接论证（即直接证明对方的论点是错误的），还是间接论证（即充分论证与对方相反的新论点，以证明对方论点的错误），也都能充分培养学生归纳推理和演绎推理的技能。例如，有一位教师针对班级中个别学生关于“当普通劳动者不需要文化”的糊涂思想，让学生写驳论文章。学生思维非常活跃，充分运用归纳法和演绎法来反驳错误论点。下面一篇驳论的习作，就是作者运用归纳法直接证明了对方论点的错误。

应该做一个真正的人

在我们班上有优秀生，有中等生，但是也有几个根本不想读书的同学。他们成天浑浑噩噩地过日子，一心等待毕业文凭。

某同学就是一个不想学习的典型。他直言不讳地对同学说，他将来不想当工程师或教授，只想做一个普普通通的汽车司机，根本不需要学习文化。可是国家法律规定不读书不给工作，所以他无可奈何地留在学校读书。

我不是一个优秀生，学习成绩也只有六七十分，但是我认为那位同学的想法完全错了。我有个哥哥，他从部队复员后到一家工厂当钳工，然而他数年如一日地坚持参加业余大学的学习。他说读完大学后不想当工程师，想继续当钳工，读大学是为了做一个真正的人。

如果那位同学想成为一个真正的、有文化的人，他也必须学习。驾驶小汽车和摩托车的工作，杂技团里的狗熊和猴子也能够胜任，可是我们毕竟是人！

以上就是我想对不想读书的同学所讲的话。

四、通过课外阅读为作文训练提供智力背景

叶圣陶先生说过：“生活就如泉源，文章犹如溪水，泉源丰盛而不枯竭，溪水自然活泼泼地流个不歇。”为了抓住泉源，如前所述，小学作文训练必须与学生的现实生活相结合，即必须根据学生在每个年龄阶段的主导活动的类型（如游戏活动、比较系统的学习活动、人际联系活动等），来确定各个年级应发展学生哪些语言交际功能，让学生写哪些作文内容，采取哪些作文训练形式。为了使学生在作文时，能从丰盛的泉源中引出畅流不歇的溪水，还必须充分激发他们作文的动机和情感，培养他们各种作文的智力技能；让他们书面作文提前起步，即不仅使他们有话可写，而且使他们有话想写和有话会写。但是作文训练光抓住源行不行？不行。还必须抓住流，即抓住阅读训练。我国著名的小学语文教学专家李伯棠先生说:“对小学生进行作文训练，首先要抓源，把作文训练跟生活结合起来，让学生有话可写；其次要抓流，把作文训练跟阅读结合起来，让学生懂得有话该怎样写。源和流一起抓，才能收到实效。”阅读包括课内阅读和课外阅读。下面着重阐明课外阅读对作文训练的意义以及训练课外阅读的方法。

（一）课外阅读是提高作文能力的重要途径

1.课外阅读可为作文训练提供可资借鉴的技法与范例

叶圣陶先生说:“阅读和写作是对等的两回事，各有各的目的，这是很清楚的。说两回事，是从各有各的目的来的。说对等的两回事，并不等于说彼此不相干的两回事，这是应该明白的。”他还指出：“阅读任何文章，主要在得到启发，受到教育，获得间接经验等，而在真正理解的同时，咱们对文章的写作技巧必然有所领会，可以作为练习写作的借鉴……”这些论述，把阅读与作文的关系讲清楚了。

众所周知，模仿是儿童的年龄心理特征之一，也是任何一种学习过程的需要。人们学习任何技能，总是需要有具体的榜样，作为模仿的依据，学习才易取得成

效，这也是学习一种技能的规律。对小学生来说，更是如此。在教学中，学生掌握知识技能的过程，常常从示范开始，然后是模仿，再是在练习和运用中加深理解和巩固，不断纠正错误，最后逐步达到熟练掌握的境地。在语文教学中，课内阅读可以为学生提供一定数量的文质兼美的课文，而课外阅读则可提供数量更多、内容更广、体裁更多样的学习范例。这些课文和范例，是学生模仿写作的良好的直观形式。课外阅读是课内阅读的补充和发展，是作文训练必不可少的重要途径。课外阅读可以充分达到小学语文学科提出的要求，即"使学生懂得怎样选择材料，组织材料，怎样确定中心，怎样准确地选择词语，写出通顺的句子，怎样连句成段，连段成文，并注意前后的内在联系"。

2. 课外阅读可为作文训练提供广阔的智力背景

课外阅读可为作文训练提供广阔的智力背景：一是使学生积累丰富的作文材料和语言材料，二是发展学生迅速理解读物和思考问题的智力技能。

大家知道，作文的过程是运用语言文字对思想内容进行整理、加工的过程。因此在作文教学中不仅要让学生进行审题、立意、谋篇、布局、用词、造句等作文技能的训练，以及观察、想象、分析、比较、抽象、概括等智力技能的训练，同时也要让学生充分运用和扩充所学过的各学科的知识。而在课外阅读的广阔内容中，有千万个接触点是与课堂上所学的教材相通的。通过课外阅读，学生获得了综合性的知识，即不仅有社会常识，更有大量的自然常识（包括天文、地理、生物、物理、化学、卫生保健等方面）。学生课外阅读越多，就越有利于将课内的知识巩固、加深、改造和系统化，从而积累大量的作文材料。而且有利于陶冶性情，丰富精神生活，培养热爱生活的高尚情趣，以及积累丰富的语言材料。总之，课外阅读越多，学生作文材料更丰富，思维更活跃，表达起来有选择的余地，做到得心应手，运用自如。

我国伟大诗人杜甫说："读书破万卷，下笔如有神。"这一名句深刻地揭示了阅读与写作的内在联系。但是一个人的时间是有限的，要想在有限的时间内多读一点书，就必须提高阅读的效率。在小学阶段，必须使学生的阅读达到半自动化的程度。所谓半自动化阅读，就是快速的、会思考的阅读。即能一下子用眼睛和思想把握住句子的一部分或整个句子，然后使眼光离开书本，念出所记的东西，并要同时进行思考——不仅思考眼前所读的东西，而且思考到与所读材料有联系的某些画面、形象和事实。苏霍姆林斯基经过长期的实验和研究后认为，要学会快速的、会思考的阅读，在小学阶段默读必须超过 2000 个小时，朗读必须超过 200 个小时。很明显，要达到这个训练量，光依靠课内阅读是不行的，主要应该依靠课外阅读。他说：“从一个善于思考的学生来说，他在脑力劳动上所花费的时间，大约有三分之一是用在阅读教科书上，而三分之二是用在阅读非必修的书籍上。因为，思考习惯的形成，在决定性的程度上，是取决于非必修的阅读的。”

（二）科学地组织课外阅读是提高作文能力的重要条件

为了使课外阅读能有效地促进小学生作文能力的提高，应采取如下措施。

1. 开辟阵地，丰富读物，让学生形成“对书的崇拜”

苏霍姆林斯基说：“只有当四种崇拜心理控制学校时，学校才能成为真正的文化中心。这四种心理是：对祖国的崇拜、对人的崇拜、对书的崇拜和对祖国语言的崇拜。”为了让学生形成“对书的崇拜”，必须充分开辟阅读阵地，丰富学生读物。

苏霍姆林斯基领导的帕夫雷什学校虽然是一所乡村学校，却充分利用了书籍这个强有力的工具。除图书馆里有丰富的藏书外，每层楼都设有阅览室，为学生建立了在智育、德育、美育诸方面获得发展的基地。他们在阅览室里可以读到不断更新的各种书刊，如科普读物和科学书籍，还可以读到各类杂志和小册子，《儿童百科全书》以及古代、现代、本国、外国有名的文艺书籍等。就是在楼道里，也摆有书籍陈列架，陈列着适合于各种年龄学生阅读的图书。此外，还设有数学专用室、语言文学专用室、外语专用室、音乐室、博物馆、教学研究室、家庭活动角、劳动角、思考之角、难事之角、幻想之角……在每个专用室里都备有相应的书籍：数学专用室里既有适用于低年级和中年级的数学游戏书籍，也有适合于高年级的数学史书；在语言文学专用室里，则备有每个学生在校期间都必须读完的200多部文艺作品。

苏霍姆林斯基还尽力使每个学生逐步补充自己的图书，使阅读成为学生最大的精神上的需求。在孩子们上小学的头两年中，他就使每一个家庭都有了藏书。到了中年级和高年级，学生们的藏书已经相当可观——有100~150本，有些人甚至达到400~500本。苏霍姆林斯基要求每家的藏书都逐月增加。如果一个月之中家庭藏书连一本也没有增加的话，那他就认为这是一个令人不安的现象。

在我国也有许多将课外阅读组织得很好的学校。例如山东龙口市实验小学，全校共32个教学班，2100名学生，人多班大。学校就设立两个大阅览室，共计180平方米，可同时容纳140多名学生阅览。并以最大限度的投资，定做了书柜和阅览桌椅，购置了1.5万余册图书，还订购了27种适合儿童阅读的期刊和23份报纸，并配备了两名专职的图书管理员。阅览室里窗明几净，墙上挂着著名科学家、文学家画像，以及一些名人的读书格言，以期形成独特的读书氛围，使学生有一种置身于人类精神文明宝库的神圣感。

为了保证课外阅读的开展，龙口市实验小学还大刀阔斧改革语文课堂教学。每周从阅读课中抽出两节，加上一节课外活动，作为阅读课外书的时间。三节连着上，由学校统筹安排，列入课程表。这样每天上下午各有两个班的学生，静静地坐在阅览室里，任意选择、自由阅读自己喜爱的书。大量阅读激发了学生们浓厚的阅读兴趣和强烈的求知欲望。以该校五年级（1）班为例，3年里每个学生平均阅读量为183万字。其中5~10册语文课本共33万字，课外阅读平均150万字，课外阅读量是课内的4.5倍。此外，统计表明3年中自购图书在100册以上的学生占全班的42.8%。

2. 推荐图书，提示方法，让学生真正的自由阅读

在课外阅读中，让学生自由选择读物是很重要的。因为阅读是反映个性和人格的活动，读物的选择是个性的表现。只有让学生选择自己感兴趣的读物，他们才能深入理解读物内容，受到读物感染，产生强烈的写作欲望。

但是让学生自由阅读，并不等于放任自流。小学生年龄小，阅历浅，面对浩如烟海的图书，他们往往盲目地、随意地选择读物，这样就不能提高阅读质量。因此，教师必须经常有目的地向学生推荐各种读物。（1）要根据儿童少年阅读兴趣发展的年龄差异，向各年级学生推荐不同的读物。根据教育心理学的有关研究，小学低年级儿童对童话故事比较感兴趣；到了中、高年级，这方面的兴趣逐步降低，而对于战斗故事、英雄人物、科学幻想故事比较感兴趣。然而，在整个小学阶段，儿童对社会科学与自然科学两方面的兴趣还没有明显的分化。教师在推荐读物时既要尊重学生年龄心理特点，又要让中年级以上的学生大量接触科学普及读物，培养他们对社会科学和自然科学的兴趣，并促使他们的兴趣逐渐分化。（2）为使学生理解语文、数学、常识等课文，及时向他们推荐有关的优秀读物。（3）为配合学校或社会的重大活动，及时向学生推荐有关读物。（4）为让学生接受最新信息和知识，及时向他们推荐期刊和报纸。

为了使学生学会自由阅读，还必须教会学生根据不同的阅读目的运用不同的阅读方法，主要是浏览、泛读、精读和速读四种方法。浏览是在读书时，大略地看书名、内容提要、作者简介、目录及插图，了解书的概况；泛读一是指读的范围要广泛，二是指一般的通读，掌握书的主要内容；精读是对描写精彩、含义深刻的重点内容的分析、理解、欣赏、悟理，即潜心会文；速读是默读与思考同步进行的快速阅读。这是较高层次的阅读能力，要教会学生在掌握语言规律的基础

上，重视整体认读，做到口不动、手不指，由眼睛直接映到脑，注意力高度集中地默读。

3. 进行不同类型的读写结合指导，提高学生生活作文和阅读作文的质量

古人说："勤于读书，逸于写作。"只有进行大量的课外阅读，学生才能写好作文。但能不能说只要大量读书，作文就一定能写好呢？不能。阅读只是作文的必要条件，但不是作文的充分条件。要使读转化为写，除了学生自己要熟读精思，善于迁移外，教师也要善于进行读写结合的指导。

作文的形式不同，指导读写结合的方法也不同。传统的小学作文教学基本上是"单轨运行"，即模仿语文课本中的范文，运用记忆材料写命题作文。苏霍姆林斯基曾强烈抨击这种"单轨运行"的训练方式。为了克服语言脱离思维的重大弊病，他主张一开始不让学生写记忆性的命题作文，而是写观察作文，进行"实物写生"。同时他把读书笔记列为作文的重要内容。他曾为自己所领导的巴甫雷什学校1~10年级设计了233个作文题，其中观察作文共有116篇，占50%；读书笔记共有98篇，占42%。我国山东省龙口市实验小学也将作文训练的"单轨运行"拓展成"双轨运行"，即引导学生从大量课外阅读中丰富语言，学习写作，依据阅读练作文——"阅读作文"；从课内阅读与写作课上学写作，观察生活练作文——"生活作文"。当然从智力活动的方式来说，生活作文不限于观察作文，也可以是想象作文和记忆作文。从体裁上来说，可以是童话体作文、写真人真事的记叙文、常用的应用文，以及简单的议论文和说明文。生活作文的主要特点是取材于现实生活，反映学生在现实生活中的所见、所闻、所思、所感。而阅读作文的主要特点是取材于书本，反映学生在阅读中的所思、所感。

学生开展自由阅读后必定有思、有感，既有思、有感必定有表达的欲望。根据这一点，教师必须及时进行写阅读作文的指导。首先，教师必须反复对学生进行不动笔墨不读书的教育，要求学生准备专门的本子，做到读必有所记，养成写阅读作文的习惯。其次，必须让学生学会写各种类型的阅读作文。阅读作文可分为以下四类。

（1）摘录精彩的句段。如摘录格言警句、优美的描写文字，以及自然科学、社会科学知识等。摘录时，有的照原文抄下来，有的稍作删改再写下来。摘录后尽量写上一两句评语类的话。这类训练主要是为丰富语言、增长知识、启迪思维。严格来说这不属于作文，但它却是作文的前奏，是作文必备，因此仍把它列入阅读作文训练体系内。

（2）根据原文编写故事。如续编故事、改写故事或者模仿原文新编故事等。

这类训练通过让学生联想，发展他们的形象思维能力。

（3）写出文章提要。即把读过的书或文章的主要内容经过分析、概括以后，用简明扼要的话分几点列出，或写出内容梗概。主要是让学生掌握作者写作思路，从中学习表达方法，并发展抽象思维能力。

（4）写心得体会。即把阅读后的收获或感想写下来，这是阅读作文的重要训练形式。写时要注意联系自己思想实际，也可适当引用原文。可以先叙后议，也可以边叙边议。它具有形象思维和抽象思维交叉使用的特点。

当然，从二年级起，各个年级的学生可以同时学习这四种类型的作文。但是根据儿童语言交际功能发展的年龄特点，在二年级应主要让学生学习根据原文编写故事，以发展语言的想象功能和自我表现功能；在三、四年级应主要让学生学习摘录精彩的句段和写文章提要，以发展语言的观察功能和概括功能；在五、六年级应主要让学生学习写阅读心得体会，以发展语言的自我教育功能和个别影响功能。

在课外阅读中，教师除了要善于指导学生写阅读作文，还要善于指导学生写生活作文。指导学生写好生活作文的关键，是根据作文训练计划及时向学生推荐优秀的范文。在推荐范文时要注意以下几点：

（1）运用范文的目的，不仅仅是让学生学一点语言写作技巧，更重要的是激发学生的独创精神。因此每一次作文训练可以推荐 3~4 篇范文，教师详细地分析一篇，其余的让学生自己去读。例如要学生对“日出”进行素描，教师可重点分析巴金的《海上日出》，同时让学生阅读刘白羽的《日出》、杨朔的《黄海日出处》、徐迟的《黄山记》等。这样，学生就懂得对同一个对象，作家们的描绘是千差万别的，因为每个作家有自己的思想感情，自己观察世界的方法和自己的语言。因而，自己在写作时也要重视独立思考，做到“词必己出”。

（2）尽可能多选一些学生的优秀习作充当范文，因为这些文章无论在写作方法上还是在语言上都使学生感到亲切，可以激励他们自己去创造。有些文质兼美的优秀习作，不仅可以作为某一次训练的范文，而且可以作为整个单元训练的范文。例如有一位老师在教人物外貌素描时，从儿童读物中选了《朱老师的眼睛》为范文，她先让学生朗读，深入理解范文中有关段落，体会作者是怎样通过人物外貌来表达中心思想的。在此基础上，她针对学生实际，由易到难安排了四次外貌素描：①看照片素描（写自己或写别人）；②面对面观察素描（写班上某位同学，但不写姓名，写好后用猜谜方法评定优劣）；③写一位亲人或者朋友，进行记忆素描；④写 15 年后的一个同学，进行想象素描。每次练习完毕，她都要求学生对照《朱老师的眼睛》进行讲评。

五、创设师生合作的教学环境

（一）师生合作是作文训练的强大动力

小学的作文训练应该如何组织？目前我国不少学校仍然采用“教师一言堂”的教学形式，即作文指导是教师讲，学生听；作文过程是教师看，学生写；作文讲评是教师评，学生改。在“教师—学生”系统中，这种“一言堂”的教学形式是建立在权威和服从的基础上，即“我是教师，是作文知识技能的代表者。我向你们讲解这些知识技能,你们应该仿照我讲的去做”。在“教师—学生”的系统中，“一言堂”的教学形式造成了所谓“鲁滨孙现象”。教师不停地命令学生：“不准交头接耳！”“不准看旁边同学的文章！”每个学生只能像漂泊在孤岛上的鲁滨孙那样，各自孤独地进行写作活动。一个班级虽然有 40 个到 50 个学生，但坐在一个教室里写文章就像一群 2~3 岁的幼儿在一起游戏，不会合作，不会相互帮助。显然,这种“教师一言堂”的教学形式只能造成作文训练的“少”“慢”“差”“费”现象。

产生“一言堂”现象的原因，在于把“作文活动”理解成学生个人掌握作文知识和能力的活动，即强调作文活动的“个体性”和“认识性”。这种理解无疑是片面的。对“作文活动”的科学理解应该是：第一，作文过程是学生和教师以及学生和学生的共同活动；第二，作文活动的目的不仅在于掌握作文的知识和能力，而且在于发展积极的社会主义的个性，包括让学生掌握人们合作与交往的经验；第三，在小学作文教学的各个阶段，合作和交往都是学生学习的主要推动因素。简言之，应该强调“作文活动”的“群体性”和“人文性”。

与“教师一言堂”相对立的是师生合作的教学。合作教学为什么优于“教师一言堂”教学？首先，它可以使学生产生具有社会意义的写作动机。大家知道，在“教师一言堂”的教学中，学生写作是一种个人的学习活动，写作动机局限在个人认识活动的范畴里。在合作教学中，学生的个人活动是班级活动和小组活动的组成部分，其活动必须受到班级和小组成员的检查、评估和认可。因此，对每个学生来说，作文不仅仅是个人的认识活动，同时也是满足社会要求的活动。合作活动本身就是对每个学生的一种激励，可以激发学生自我确认、自我完善和相互竞争的动机。马克思在《资本论》中说：“且不说由于许多力量融合为一个总的力量而产生的新力量。在大多数生产劳动中单是社会接触就会引起竞争心和特有的精力振奋。”

合作教学还可以迅速地提高个性社会化的程度。社会主义学校要重视发展学生的个性，但是世界上没有抽象的个性，个性总是在一定的社会条件下形成并服从这个社会发展的需要的。合作教学可以使学生形成与别人合作共事的心理承受能力，形成虚心听取别人意见和合理地思考各种问题的习惯，发展社会化的智力。如果学生学会彼此间协同活动，那么那些经过概括的互相合作的方式就会成为他们稳定的心理结构，使他们终生受用。

合作教学对学生掌握作文的智力技能也是十分有利的。苏联心理学家加里培林认为：“智力活动是外部的、物质活动的反应”，“是外部物质活动向反映方面——向知觉、表象和概念方面转化的结果”。这种转化过程经历了这样五个阶段：（1）活动（动作）的定向阶段；（2）物质或物质化活动阶段；（3）出声的外部语言活动阶段；（4）不出声的外部语言阶段；（5）内部语言活动阶段。合作教学对形成智力技能的各个阶段的活动，特别是出声的外部语言活动提供了充分的条件。教师和学生以及学生和学生在一起通过大声的讨论揭示文章的题意、编写文章提纲、安排文章情节，把作文能力的基本结构一步一步地揭示出来，用外部语言固定下来，这样就为作文智力技能的顺利形成架了桥、铺了路。传统的“教师一言堂”的教学，由于忽视学生本身的外部语言活动，就很难形成他们熟练的作文技能。

（二）关键是尊重学生，让学生做作文训练的主人

1. 充分尊重学生，激发学生作文的自主精神

大家知道，作文教学包括教和学两个方面，教师在教学活动中起指导作用，学生则是学习活动的主人。教和学是一对矛盾，在一定条件下统一和转化。叶圣陶先生说：“教是为着不需要教。”如果教师能起好指导作用，学生就离开教师而独立作文。现在训练学生自主作文的问题已为越来越多的教师所重视，然而多数教师还只是在认知领域考虑这个问题，即考虑如何培养学生的独立作文能力。实践证明，光从认知领域考虑问题是不够的；还必须从情意领域考虑问题，即设法激励学生学习的自尊心和自信心，激发他们作文的自主精神和首创精神。

要激发学生作文的自主精神，关键在于尊重学生，相信他们的智慧潜力和创造能力。例如上海市江湾中心小学二（2）班的蒋秀珍老师，有一次让学生根据故事的开头说写童话故事。她向学生提供的是《狐狸医生》这一故事的开头：“一天上午，一只老狐狸身上穿着白大褂，嘴上套着一个大口罩，鼻梁上架着一副眼

镜，肩上背着一个画着红十字的医药箱，看上去完全是一个医生的模样。它来到一座木房子门前。门关着，狐狸举起右脚，‘咚咚咚’地敲起门来……”要求学生通过想象补充故事的发展、高潮和结局部分。原来蒋老师希望学生都从狐狸狡诈、爱欺骗和伤害小动物这个角度去构思故事。可是在班级讨论中有好几位同学提出不同想法：有的把狐狸想象成机智勇敢的正面人物，说它装成医生是为了惩治欺侮小动物的猛兽；有的把狐狸想象成能改邪归正的人物，说它为了将功赎罪，扮成医生消灭小动物们的敌人。蒋老师当即以充满感情的语言表扬了提出不同想法的学生，使大家深受鼓舞，并按自己的思路写出许多立意新颖、内容精彩的作文。例如李峥同学的文章是这样写的：

聪明的老狐狸

在遥远的森林王国里，最近常常有小动物失踪。侦探长老狐狸就派猫头鹰去侦察。

晚上，猫头鹰在夜空中巡回侦察，远远地看见老虎在家门口吃着什么。它飞近一看，原来老虎在吃兔子肉，还有一块兔子肉没吃完呢！猫头鹰立刻回去报告老狐狸。

老狐狸听了猫头鹰的汇报后，十分气愤。决心一定要把老虎消灭掉。可是又一想，老虎可是个凶猛的家伙，怎么对付它呢？它想了好久，终于想出了一个好办法。

老狐狸连夜跑到附近的动物医院，向马大夫借了白大褂、医药箱、麻醉针等东西，说自有妙用。

第二天一早，老狐狸穿上白大褂，嘴上套了个大口罩，鼻梁上还架着一副眼镜，背着画着红“十”字的医药箱，来到了老虎住的木房子门前，“咚咚咚”地敲起门来。

老虎打开了门。狐狸就说：“啊呀，老虎大哥，好久没有见到你啦，你的身体可好吗？”

老虎知道狐狸虽然是个探长，但是很懂医道，就说：“唉，这几天我有点不舒服，力气都没有了。”老狐狸装作很关心地说：“啊呀，莫不是生病了吧？”

“唉！我也不知道是怎么回事。”老虎叹了口气说。

狐狸看了看老虎说：“你知道吗？我们这一带最近流行一种病，生了这种病，脸色发黄，眼睛发白，没几天就会死掉的。听说西山上有一只老虎就是得了这种病，昨天已经死了。我看你……”说到这儿狐狸故意不说了。老虎可有点急了，忙问：

“狐狸兄弟，你看我怎么样，是不是……”

狐狸装作担心地说：“我看你脸发黄，眼发白，很像是得了那种病。”

老虎一听，心里很紧张。忙问：“好兄弟，那可怎么办？你是懂医道的，给我想想办法吧！”

狐狸想了想说：“唉，我也怕传染上这种病，搞到了几支针药。可是……”

老虎一听有药，就连忙说：“好兄弟，行行好，你有针药，就先给我打一针吧！”

狐狸说：“那可不行，这预防针没几支，我要给家里人和自己用呢！”

后来经老虎再三哀求，狐狸才给老虎打了两针。

其实，狐狸给老虎打的是麻醉针。过了没多少时间，老虎就昏睡过去了。

老狐狸叫来了全森林的小动物，把老虎捆起来，丢到河里淹死了。

由于老狐狸为大家除了害，小动物们都非常感激它。

由于蒋秀珍老师在作文教学中对学生提出的不同意见从未表示过半点厌烦，学生作文思路开阔了，分析问题和解决问题的能力增强了。发展到后来，学生们能经常帮助她修改作文训练的设计。例如有一次蒋老师出示这样一幅图画：画面上有一条河，岸边是一只小白兔，还放着一捆绳、一只救生圈、一只木筏和一根竹竿。她让学生为小白兔挑选一种最好的过河工具，编写《小白兔过河》的童话故事。有的学生认为画面设计不合理，因为岸边的四样工具是谁放的，为什么放，没有交代清楚。应该在岸边再画一个兔妈妈，这样人们就知道是她放置了四种过河的工具，目的是考验自己的孩子是否聪明。蒋老师觉得学生提的意见十分合理，立刻将画面作了修改。

要激发学生作文的自主精神，教师还必须尽可能地鼓励学生“参与教学”，把作文的主动权交给学生。例如上海市虹口区第三中心小学四（3）班的林佩燕老师，在进行作文素描教学的时候，经常鼓励学生自己设计作文内容。这个班的教室里，辟有一个供学生观察的“生物角”，其中有一只大龙虾最受大家珍爱。一天早上，同学们突然发现大龙虾不见了，都急得像热锅上的蚂蚁，四处寻找起来。最后终于在墙角边的铅桶底下找到了它。那天的作文课，林老师让大家学习叙事素描。有的学生建议就以“寻找大龙虾”为作文内容，林老师觉得很好，马上让学生写《大龙虾到哪里去了》。由于学生感情真切，观察又十分细致，因此语言表达很生动。请看一个学生的文章：

有一天，班上的小萍第一个来到教室。她放好了书包，想打开窗户透透空气。

刚走到窗子旁边，她突然发现中队饲养的一只威武的大龙虾不见了，急得眼泪在眼眶里直打转。没过多久，同学们陆续来了，听到这个消息，心里都万分焦急。班主任老师来后，大家七嘴八舌地把这件事告诉了她。老师想，大概是谁喜欢大龙虾，把它拿回家了吧。可是问了好几个同学，他们都摇摇头。大龙虾到哪里去了呢？谁也不知道，这真是一个疑团呀。

一会儿，教数学的施老师来了，她从前饲养过龙虾，有一定的饲养经验。她说："大龙虾可能从瓶子里爬走了。"听她这么一说，教室里马上骚动起来。同学们三个一组，五个一堆地分头寻找。有的翘着屁股，有的像只小狗似的在地上东钻西爬。施老师把铅桶一翻，只见那只大龙虾威风凛凛地爬了出来。"大龙虾找到了！"小严第一个叫起来。这时全班同学心里的大疑团解开了。

上海市实验学校的语文教师，在作文教学中经常鼓励学生当"小老师"。在每一个单元的作文训练中，教师先设计好作文内容，上一两次指导课，以作示范。然后鼓励学生自己设计作文内容，走上讲台进行作文指导，而教师自己则坐在学生座位上听课。如果"小老师"在指导时遇到同学们提出难度较大的问题，可以走下讲台，与教师磋商。这样做，教师从"少教"到"不教"；学生则从模仿到创造，形成了一种充分发扬学生自主精神的作文教学模式。

为了充分调动学生作文的主动性和积极性，上海市实验学校还注意改变呆板的、为"教师一言堂"服务的课桌椅排列形式，即经常把"后排学生望着前排学生后脑勺"的排列形式，改变成"小会议桌型"或者"马蹄型"，以便于学生进行面对面的讨论。有时还根据教学需要，把学生带到没有课桌椅的专用教室上课。例如二年级语文教师教学生写童话体作文，课前让学生制作好"树林""山""草地"等布景，绘制好各种动物头饰。上课铃响后，学生带着头饰并模仿各种动物的动作，跳跳蹦蹦进入教室，然后席地而坐，仿佛真的来到了大自然中的"动物王国"。在做童话体作文时，小作者主动邀请其他同学担任自己童话故事中的角色，并且一起即席演出，把全班同学带入童话的意境。在这样的情境中学习作文，孩子们便从分数的奴隶变成了学习的主人，充分表现出自己智慧的潜力。

2. 重视小组学习，让每个学生都做学习的主人

要促进学生智慧潜力的开发，除了必须在"教师—学生"的系统中，把"权威—服从"的关系变成"指导—参与"的关系，还必须在"学生—学生"的系统中提倡小组学习，建立互助合作的关系。如前所述，在作文活动中加强学生之间的合作，不仅可以使学生获得具有社会意义的作文动机，还可以促进他们形成积

极的社会主义的个性。此外，还有助于他们形成作文的智力技能。

小组学习是学生合作学习的主要形式。为了开展相互帮助，应尽量避免把同一学习水平的学生编为一组。例如上海市实验学校四年级某班的学生作文水平差距较大，写得最好的学生和写得最差的学生水平相差两年。教师就按作文水平上、中、下搭配的原则编组，每组3~4个学生。每次写完作文教师不急于让学生交本子，而是给充分的时间让各小组传阅和评论。平时作文写得越差的学生越怕请教老师，生怕会遭到奚落和指责。可是在小组学习中每个学生以平等的地位参加讨论，作文困难的学生害怕心理得以克服。而且同龄人思考问题的方式比较接近，相互之间的帮助都听得懂，记得住。小组学习不仅使作文困难的学生受益匪浅，而且使作文水平优良的学生取得长足的进步。互帮互学可以使这些同学克服"自我中心论"，养成助人为乐的好品德。此外，"教学相长"，帮助困难学生也使他们有机会总结自己写好作文的"诀窍"，探索科学的学习方法。

苏联心理学家维果茨基说过，"对高级功能发展的观察表明，每一种功能形成都严格地服从于同一个规律，即这种心理功能在行为过程中出台两次：首先它表现集体行为的功能，表现为合作和互助的形式，表现为社会适应的手段，也就是属于外现心理学的范畴。而后来它又表现为个人适应的手段，表现为行为的内部过程，也就是属于内省心理学的范畴。"① 为了逐步发展学生作文的心理机制，提高他们作文的能力，应不断变换师生合作和学生小组合作的形式。上海市江湾中心小学在二年级童话体作文教学中，根据训练内容的难易和学生作文能力的形成程度，分别运用了下述五种师生合作和学生小组合作的形式：（1）师生整体合作，即师生共编童话，以扶为主；（2）师生分步合作，即教师仅对学生编拟童话的难点进行点拨，有扶有放；（3）小组自发合作，即让3~5个学习成绩不同的学生编成一个小组，由一个学生主编童话，其余学生尽其所能地发表意见；（4）小组自觉合作，即在小组编童话时，每个学生都必须从文章构思到文字表达全面进行思考；（5）个人独立思考基础上的自觉合作，即每个学生先独立写出文章，然后在小组内彼此交流、评议和修改。这所小学二年级的童话体作文训练共有18次内容，现将它们的课型、课题和教学组织形式列表表述如下：

① 维果茨基．集体是残疾儿童发展的动因［J］．残疾儿童教育学问题，1931（2～3）：9.

二年级童话体作文训练序列

第一学期

一、课型：根据故事开头说写童话故事

课题：《小蚂蚁得救了》

教学组织形式：第一步，师生整体合作；第二步，学生小组自发合作

二、课型：根据故事开头说写童话故事

课题：《狐狸医生》

教学组织形式：第一步，师生分步合作；第二步，学生小组自发合作

三、课型：模仿已有故事的结构说写童话故事

课题：《田鼠的下场》

教学组织形式：第一步，师生整体合作；第二步，学生小组自发合作

四、课型：根据五幅图编写童话故事

课题：《聪明的小猫》

教学组织形式：师生分步合作

五、课型：根据两幅图编写童话故事

课题：《小铃铛》

教学组织形式：师生分步合作

六、课型：根据一幅图编写童话故事

课题：《小猴菲菲上哪儿去了》

教学组织形式：师生分步合作

七、课型：根据一幅图编写童话故事

课题：《小猴头上的包》

教学组织形式：以学生小组自发合作为主，师生分步合作为辅

八、课型：童话故事续编

课题：《狐狸和乌鸦》

教学组织形式：学生小组自发合作

九、课型：童话故事新编

课题：《狼和小羊》

教学组织形式：学生小组自发合作

第二学期

一、课型：归纳情节提纲写童话故事

课题：《小白兔搭桥》

教学组织形式：第一步，师生分步合作；第二步，学生小组自发合作

二、课型：归纳情节提纲写童话故事

课题：《小燕子拜师》

教学组织形式：第一步，师生分步合作；第二步，学生小组自发合作

三、课型：根据两个毫不相干的物体编写童话故事

课题：《机器人和小老鼠》

教学组织形式：第一步，师生整体合作；第二步，学生小组自发合作

四、课型：根据两个毫不相干的词语编写童话故事

课题：《狗和照相机》

教学组织形式：学生小组自发合作

五、课型：一字开花写童话故事

课型：自选

教学组织形式：第一步，师生整体合作；第二步，学生小组自发合作

六、课型：听音响编写童话故事

课题：《狂风声、狗吠声、飞机声》

教学组织形式：第一步，师生整体合作；第二步，学生小组自发合作

七、课型：听音响编写童话故事

课题：《滴水声、重物坠地声、敲打声》

教学组织形式：第一步，师生整体合作；第二步，学生小组自发合作

八、课型：观察某个生活现象编写童话故事

课题：《椅子的对话》

教学组织形式：第一步，师生分步合作；第二步，在个人独立思考基础上的小组自觉合作

九、课型：命题编写童话故事

课题：《我做了一个神奇的梦》

教学组织形式：以师生分步合作为主，学生小组自觉合作为辅

第四章　掌握小学作文教学的研究方法

一、小学作文教学研究的重要性

以上已经比较全面地阐明了小学作文教学的一系列基本原理。诸如提高素质是小学作文教学的根本出发点，以儿童语言交际功能发展的年龄特点为主线构建小学作文序列，以及在实施小学作文教学时必须充分激发学生的作文动机，尽早实现说话训练向书面作文的转化，用心理能力的培养来促进语言能力的发展，通过课外阅读为作文训练提供智力背景，创设师生合作的教学环境等。为了从根本上提高小学作文教学的质量，光是了解这些基本原理是不够的，还必须学会对小学作文教学进行科学研究。

（一）提高实践的自觉性

小学作文教学论作为一门学科，是具有理论性与实践性的科学。它是在科学理论的指导下，对小学作文教学实际经验的分析、概括、总结和提炼。因此对它的研究可以从理论和实践两个方面展开，而这两方面的研究又是紧密地结合在一起的。

小学作文教学论作为一门综合性学科，必须奠定在多种学科的理论和事实的基础上。例如，它和教育心理学、发展心理学、语言心理学、语文教学心理学、教学论、课程论、教育社会学、教育技术学、哲学、“三论”等学科有着广泛的联系。从这些相关学科不断吸取营养，并寻找同这些学科的结合点，是深刻理解和不断发展小学作文教学原理的重要途径。本书在阐明小学作文教学的目标、序列和策略时之所以有些新意，就是因为借鉴了多种相关学科的最新研究成果。例如从语言心理学的研究中借鉴了语言交际功能的发展具有年龄特点的理论，从活动心理学的研究中借鉴了“从动机走向目的”的理论，从发展心理学的研究中借鉴了学龄初期是创造性想象能力形成期的理论，从教育社会学的研究中借鉴了形成亲密合作的师生关系或生生关系，是培养学生个性的重要内容、动力和手段的理论等。

因此，无论是小学语文教师，还是语文科研人员，只有认真学习教育科学理论，学习各相关学科的最新研究成果，提高理论素养，并深入研究各相关学科与小学作文教学论的渗透点和结合点，才能提高实践小学作文教学的一系列基本原理的自觉性。例如，在小学低年级，他们就能大胆地实现作文训练的四个转变：第一，变写话训练为写文章的训练；第二，变句子训练为篇章训练；第三，变复现型训练为创造型训练；第四，变“教师一言堂”教学为师生合作的教学。

（二）检验、修正和发展教学基本原理，实现可操作化

实践是检验真理的唯一标准。本书从比较新的角度对小学作文教学的出发点、目标、序列和策略进行了理论阐述。对这些理论阐述不能简单地付诸实践，还应该通过实践对它们进行检验、修正和发展。例如本书提出以学生语言交际功能发展的年龄特点为主线来构建小学作文训练的序列，主张在低年级主要通过童话体作文发展语言的想象和自我表现功能，在中年级主要通过素描作文发展语言的观察和自我表现功能，在高年级主要通过实用作文和读书笔记发展语言的个别影响和自我教育功能。尽管这个理论阐述已经被部分学校的实践证明是正确的，但要成为具有普遍指导意义的作文教学原理，还需要广大小学语文教师和语文科研人员在实践中进行科学研究，即通过观察、调查、实验、经验总结等手段对这个理论阐述进行检验和修正。

即使本书对小学作文教学一系列基本原理的阐述被实践证明是基本正确的，仍然有许多具体问题需要通过理论和实际相结合的科学研究加以解决。例如，作文训练必须遵循“从目的走向动机”的心理规律，因此低、中年级的作文训练除了要强调从篇章训练着手，充分激发学生的作文动机，还要确定一个清晰有效的语言文字训练序列，完善训练项目，以便低、中年级的篇章训练能落在句子训练和段落训练上。又如作文训练不仅要让学生学会写文章，而且要让学生学会做人；合作教学这种组织形式为教学生做人创造了有利的条件。因此必须制订出评估学

生在掌握人际关系上所取得发展的各项标准。再如低年级作文训练的最佳形式是写童话体作文，中年级作文训练的最佳形式是写素描作文，高年级作文训练的最佳形式是写实用作文和读书笔记，因此必须制订各个阶段作文训练相互衔接和相互渗透的具体方案。

通过对作文教学的科学研究不仅要检验、修正和发展作文教学的基本原理，还要实现这些原理的可操作化。作为作文训练的最低层次，应该是可以具体实施的、分解的步骤和动作。作为每一个训练项目，应该是可以详细描绘并能检查效果的，不能只是空泛的“作文知识讲座”。学生语言交际功能的发展和作文能力的提高只有经过写作实践过程才能实现，所以作文知识技能的掌握要落实在操作过程中，作文心理能力的发展也要融合于操作过程中。

对作文教学的科学研究要依靠小学语文科研人员和广大小学语文教师通力协作。有鉴于作文教学科学研究的重要性、艰巨性和迫切性，光靠人数不多的小学语文科研人员和教研人员队伍是远远不够的。要想完满地完成作文教学的科研任务，必须提倡大力加强语文科研专业人员和广大小学语文教师之间的协作。广大语文教师天天在教学实践中，发现问题比较快，感觉比较敏锐，经验比较丰富，这些都是进行科学研究的有利条件。语文科研专业人员和广大语文教师的密切合作，不但可以大大增强作文教学科研的人力，而且可以在很大程度上避免语文科研人员容易沾染的脱离实际的毛病。这对于提高作文教学科研工作的效率和科研成果的质量，是有非常大的好处的。

二、小学作文教学研究的步骤

为了使作文教学的科学研究比较顺利而有效地进行，必须根据科学研究的思维过程规定出进行科学研究的步骤来。一般说来，作文教学的科学研究要经过以下这些步骤：（1）选题；（2）查阅文献及初步调查研究；（3）制订研究工作计划；（4）搜集并整理材料；（5）分析研究；（6）撰写报告。

（一）选题

对小学作文教学的科学研究从选题开始。这时的选题还是初步的，允许以后有一定的变动。虽然如此，但这初步的选题毕竟还是对这次科研工作规定了方向和范围，因此应该采取慎重的态度。

在作文教学科研的选题上，首先要处理好我国作文教改的方向与个人兴趣爱好的关系。前面已经说过，当前我国小学的作文教学应努力克服以升学为中心的应试教育的各种弊端，把全面提高学生素质作为出发点、着眼点、着力点和归宿。作文教学科研首先要选择能全面提高素质并完成培养语言文字运用能力这个主要任务的重大课题，诸如如何在作文教学中渗透政治思想教育，如何根据改革开放的社会生活和学生的实际生活确定作文训练的内容，如何从激发学生的动机和兴趣入手实现听、说、读、写能力的全面发展以及语言能力和心理能力的和谐发展，如何改革作文教学的结构，做到既减轻学生负担又提高作文质量等。当然，研究者总喜欢研究自己感兴趣的作文教学问题，科研工作不排斥而且十分需要研究者的浓厚兴趣，因为有了这样的兴趣就可使研究者满腔热情孜孜不倦地投身于研究工作之中。但是对作文教学的科研工作决不能为兴趣而兴趣，这种科研兴趣应该在作文教改大方向的指引下培养并发展起来。为了兴趣而偏离了作文教改的正确方向，那是十分错误的。

在选择作文教学的科研题目时，还要审度自己所面临的主客观条件。客观条件指能给研究工作提供的经费、时间、研究对象、资料及指导力量等。主观条件指可以投入研究工作的人力及研究者的水平与能力等。要根据这些条件，结合问题的大小和难度，来选择自己力所能及的课题。一般说来，初从事作文教学科研工作的人，应选择那些范围较窄而且比较具体的课题，至于范围较大的研究课题，则须由具有较强研究能力的人去研究或者去组织有关人员合力攻关。

（二）查阅文献

选题以后就要对所选题目进行进一步的了解。这里的主要工作就是查阅与本选题有关的重要文献，从中了解在这个问题上前人与同时代人已经做过哪些重要工作，哪些问题是已经解决了的，哪些问题尚待解决，他们采用的是什么研究方法，所得结论的科学性如何。只有对上述问题弄清楚之后，才好开始新的研究工作。对作文教学的科研工作贵乎创新，如不了解前人和同时代人已有的成就就贸然从事，势必重复别人的老路，其结果除了造成时间上和精力上的浪费外，是不会给作文教学增添什么新东西的。要知道作文教学的科研工作并不是从零开始的。对于前人和同时代人宝贵的研究成果首先要尊重，然后做到“博采众长，熔于一炉，结合实际，为我所用”。例如要研究科学的小学作文训练序列，就必须首先了解国内外“知识技能型”“心理能力型”“写作能力型”“语言交际功能型”“科际联系型”“训练途径型”等六种训练序列的代表人物、基本理论、主要实验以及基本的操作模式。只有先了解这些情况，研究才能具有广阔的理论背景和历史的制高点，才能“网罗众说，成一家之言”。

查阅文献要有正确的方法。为了节省时间和精力要先查索引，看文摘，阅读文献综述、科研情报及动态之类的东西，然后按图索骥从中查找与自己研究有关的重要资料，耐心细读，并于读后做出摘要或记录，直到全部掌握有关的重要资料为止。

除查阅文献外，还应通过调查、访问及观察等手段对有关问题的实际情况进行初步了解，目的是对这个问题研究的价值及可能性进一步摸底，做到心中有数。

一方面查阅文献，一方面实地了解，这样就能做到心中有数，就可据以确定这项研究的题目与范围，并进而制订科学研究的工作计划了。

（三）制订研究工作计划

研究者在刚选定作文教学科研的题目时，对于如何进行研究想得不够具体，还不能制订出切实可行的研究计划来。但是前两个步骤已进行之后，就有较充分的根据去制订研究工作计划，并且应该马上动手，以便能及时地开展这一研究工作。

在研究工作计划中应明确规定：所要研究的问题及其范围，要采用的研究方法，研究对象的抽样，测定研究成果的参数、时间进度等。在这个计划中，对于某项或某一方面的工作还可制订更详细的工作计划。

在研究工作开始之后，也许会发现原计划某些地方不符合当前实际情况，这就需要对原订计划进行局部调整。总之，一方面要尽量尊重原订计划，使研究工作按部就班地进行，另一方面要从实际出发，把计划性和灵活性有机地结合起来。

（四）搜集并整理资料

这里所说的资料不是指查阅文献时所获取的资料，而是指在查阅文献的基础上，针对所要研究的问题，重新搜集来的资料。这样所搜集到的资料就不限于旧的文献，主要是采用观察、实验、调查等方法所获取的事实材料。只有掌握大量的新资料，才有可能对所研究的作文教学的课题提出自己的见解。

对于新搜集的资料首先要进行鉴别。即就资料的真实性、可靠度以及价值大小进行辨别，并决定取舍，只把那些有用的材料留下来。

即便经过鉴别，留下来的材料也可能是散乱的、不明确的。因此，还必须对这些材料进行整理，归类和统计方法这时就会很有用处。经过整理之后，关于这一问题的情况就比较清楚了。

在作文教学的科研方面，即便只是做到这一步，也有可能产生一定的效果，对作文教学改革提供一定的帮助。例如在一个研究报告中，只要对某一个关键问题提出了人们过去所不了解或不注意的事实，那么这个事实本身就具有科学价值。杭州大学朱作仁教授曾就小学生仿写范文的条件做过比较系统的研究。他发现三年级下学期写《我的老师》一文，学生读范文前和读范文后的两次作文成绩无显著差异，字数增加量也最少。但写《我们教室的黑板》一文，先后两次成绩有显著差异，字数增加量也较多。他就做了一个小小的实验，即在学生阅读描写人物的范文时，增加了教师指导这一条件。具体过程是：学生边看范文《我们的郑老师》，边听录音，然后教师对下列几方面做出指导性分析：(1)如何描写人物外貌？(2)如何通过人物的对话、动作来表现人物的品质？(3)事例的详略如何处理？(4)对一些成语、形容词、动词的用法做提示。最后让学生再次仿写，实验结果是学生仿作成绩显著优于无范文模仿的习作成绩（经 x^2 检验，$p<0.05$）。这个实验只是整个研究的一系列实验中的一个，操作也很简单，但是它的结果却很有说服力地告诉大家：范文能否对学生的习作产生影响，有赖于范文的难易程度是否符合学生已有的知识基础和心理水平；学生在阅读难度较大的范文时，教师必须对范文做画龙点睛式的指导。

以上主要是说明：弄清楚事实真相在科学研究中是非常重要的，甚至它本身就可能是重要的科研成果。但是就完整的科研步骤来说，却并非到此为止。下面还有更重要的一个阶段，就是分析研究。

（五）分析研究

在作文教学的科学研究步骤中，最重要的一个阶段就是分析研究，它对于科研质量起着决定性的作用。

分析研究就是在已经搜集并整理的材料的基础上，再做进一步的脑力加工。脑力加工的方式包括分析、综合、比较、抽象、概括、归类、类推、归纳、演绎、想象、假设等。在这诸多方式中选用哪几种，要根据研究目的及所得材料的具体情况而定。这里要注意的是，虽然这时已有材料可据，但是也要注意个人思考是否带有一定的片面性与局限性。所以还是应该在参与研究的人员之间，或者在更大的范围内展开讨论，以收互相启发、集思广益之效。

最关键的问题是下结论，即把分析研究的成果归纳成几条原理、原则或者做出判断。这是研究成果的集中表现，最为重要。下结论必须实事求是，不能勉强，来不得半点虚假。为了使研究成果合乎实际，不夸大，不缩小，在下结论时要特别注意将取样范围、材料来源及整理材料的方法等一并考虑。这样就较容易掌握分寸，不至于任意引申夸大了。

（六）撰写报告

把对作文教学进行科学研究的全过程以及取得的成果用文字完整地表述出来，就成为科学研究报告。例如对某个作文教学问题进行调查研究后，写成的调查研究报告；对某种作文教学现象进行科学实验后，写成的实验报告；对某个学校或某位教师的作文教学经验进行总结以后，写成的经验总结报告；对作文教学中的某个问题通过理论上的探索而写成的学术论文；等等。

“内容决定形式”。根据表达内容的需要，研究报告撰写不一定要遵照某种固定不变的格式，但一定要包括以下这些项目：研究目的、对象或抽样、采用方法、研究经过、材料的归类与整理、结论、本研究的限度及对下一步研究的启示。为了表达这些项目，各类研究报告的写作形式虽然各不相同，但是它们都包含了或者可以归结为前言、正文和结论这个“老三段”基本格局。如调查报告可分为总提（或称导言）、主体、结论三个部分。经验总结报告可分为情况概述、经验总结、存在问题和今后意见等三个部分。实验报告可以分为前言、实验过程和结果、讨论和结论等三个主要部分。

研究报告文字不求华丽，但求简洁明确、浅显易懂，必要时可用图表表示，以期能给读者以更加简明清晰的印象。

三、小学作文教学研究的方法

（一）教育科学研究方法的重要性

选定了小学作文教学的科研题目之后，研究方法就起着决定作用。研究方法对头了，就可以本着正确的方向，扩充知识的数量与范围，辨别知识的真伪，在作文教学领域中获得新的发现，达到研究目的。

众所周知，教育科学研究方法有一个发展的过程。过去无论在中国或外国，在教育研究上一般都使用思辨的方法。教育家们从迷信、盲从境界中超脱出来，在自己的经验或所看到的教育现象的基础上，进行独立思考，从而形成自己的观念、判断乃至系统的教育思想。这些教育思想，不少确有真知灼见，能够发人深省，有的对当时的教育实践也起过一定的积极作用。但是它们最大的缺点是缺乏科学的论证，因此很难说有多大的科学性。后来随着社会的发展，教育规模越来越大，人们对教育重要性的认识越来越深，对教育的要求越来越高，这时人们逐渐认识到教育研究方法如果仍然停留在思辨的阶段是远远不够的了。于是科学的研究方法，特别是自然科学的实证方法便逐渐被引用到教育研究领域中来。大家可以清楚地看到，自从实验、测验、观察、调查、统计等方法被采用后，教育研究的面貌为之焕然一新。教育这门学问也从经验的范畴中脱离出来，逐渐成为科学。

必须指出，即使在今天也不能否定思辨方法的作用，在任何时候都应该提倡独立思考。前面在阐述“对小学作文进行科学研究的步骤”时，就已经说明“分析研究”是一个最重要的、带有决定性的阶段，并且还初步介绍了一些思维的形式。但是如果把思辨的方法当作独立的方法来使用，就很不恰当了。今天为了提高作文教学科研的质量，必须于原来的思辨方法之外，学会运用一些较新的研究方法。

（二）掌握各种科学研究的方法

研究方法是有层次的。马克思主义认识论，也就是辩证唯物主义与历史唯物主义的认识论或方法论，揭示了关于自然、社会和人的思维发展的普遍规律，为一切科学研究提供了方法论。因此，研究方法的第一层次是马克思主义的认识论。研究方法的第二层次是独立应用于教育科学研究的那些主要的具体方法，例如文献法、实验法、调查法、经验总结法等。研究方法的第三层次，是为第二层次方法服务的那些辅助性的具体方法或者技术，例如统计法、表列法、图示法等。这里展开讨论的，是作文教学科学研究中经常用到的属于第二层次的四种主要方法。

1. 文献法

所谓文献法，就是对文献进行查阅、分析、整理，从而找出事物本质属性的一种研究方法。

大家知道，人类知识是一代又一代积累起来的。千百年来的各种知识，几乎全部汇集在文献资料上。文献资料是人类智慧的结晶，是人类知识的海洋。科学研究工作者要想有所创新，就必须先从已有的文献资料中吸取营养，批判地继承他人已有的研究成果，从而开阔眼界，拓宽思路，受到启发。当他查阅了有关某一研究课题的适量的文献之后，他就了解到前人对于本问题已经做了哪些研究，解决了哪些问题，还有哪些问题没有解决。这样就可以在前人研究的基础上进行新的研究，也就是“站在巨人肩膀上”去攀登新的科学高峰。

文献按信息载体分，主要有印刷型、缩微型、计算机阅读型和直接记录声音和图像的直感性资料等几种。

文献按内容性质分，有一级文献、二级文献和三级文献。一级文献是指原始文献，如专著、期刊论文、会议文献、档案材料等。二级文献是把分散的一级原始文献加以整理组织成为系统的文献，方便查找利用，如书目、索引、文摘等都属于这一类。三级文献是在二级文献基础上又将一级文献内容分类整理的成果，如专题综述、评述等。文献的分级并不说明文献的价值，只是说明文献来源的不同层次。

利用文献进行研究经过搜集、鉴别、分析研究等阶段。

由于教育文献的种类庞杂，包容丰富，浩如烟海，因此在搜集文献的时候，要充分利用工具书，寻求门径，按图索骥。工具书的种类很多，如词典、目录、索引、类书、年鉴等，其中目录、索引专为研究者提供史类线索，因而尤其显得重要。为了从文献中准确而迅速地搜集自己需要的资料，最好将文献书分作三类来读。一类是精读书。对那些被公认具有权威性的，资料丰富和载有关键性材料的书籍，需要逐段逐句地精读。另一类是泛读书。泛读是指补充资料，掌握论题与相关问题的联系性。第三类是查阅书。这主要指工具书。查阅工具书可以弥补资料缺漏，并对已有材料进行校勘、考证。

从文献中搜集到资料后，还必须进行鉴别，即确定资料的真伪和字句的正误，以便去粗取精，去伪存真，使下一步的分析研究建立在真实可靠的资料上。

搜集和鉴别文献资料是科学研究的基础工作，但毕竟不等于科学研究。完整的科学研究过程，包括对丰富的文献资料的理性加工，以获得对事物本质规律性的认识及对这种认识的实践检验。在教育科学研究中，对材料的整理加工形式很多，文献法最常用的则是分析、综合、比较、抽象、概括等几种形式，各种形式都是为了准确地完成从事实材料到理性认识、又使理性认识在事实材料中得到检验这样一个认识过程。这一过程，要经历从现象具体到抽象规定再到思维具体三个阶段。文献资料是科研对象的表象，即现象具体。分析是局部认识对象的本质。由分析得到对事物局部片段的认识后，用理论的形式将其固定下来，叫作抽象规定。在对研究对象各部分抽象规定的基础上，不断地进行再抽象，达到对事物整体的本质认识，这便是思维具体。思维具体来源于现象具体，但它比现象具体更全面、更完整、更深刻地反映了研究对象。思维具体的表现形式是对研究对象做出结论或提出假释。但是这种结论或假释是否为真理性认识，还需要在事实材料中得到检验。如果能通过各种事实材料的反复检验，那么这种结论假释便是真理性的认识，思维具体也进入更高级的阶段。

摩尔多瓦学者 В.Я.列乌杜斯和 И.Л.涅枯列对小学低年级作文教学问题的理论研究，是运用文献法的典型。他俩的研究可以分成三个阶段。

第一阶段是搜集和阅读文献，并做初步的分析研究。为了广泛地搜集资料，两位学者查阅了 173 种在近、现代最具权威性的小学作文教学的心理学和教学法著作。从这些文献中，他们归纳出两个重要问题：一是形成掌握书面语言的动机，二是确定能合理地进行起步训练的书面语言的结构。关于第一个问题，他俩发现维果茨基曾经提出初上小学的儿童并没有运用和发展书面语言的需求，这种需求必须专门加以培养。特拉普金娜、任金、茹科夫、列伏夫、罗日杰斯特文斯基、西尼查、费阿法诺夫、茨维阿诺维奇等学者，也都在自己的著作中承认形成相应的动机的重要性。可是迄今为止，对这个问题的专题研究实际上并没有进行。关于第二个问题，他俩发现阿莫纳什维利、列伏夫、西尼查、西蒙等多数学者认为，由于书面语言的结构十分复杂，必须先将它分解成熟练书写、词语选择、实物观察和文章评价等个别能力，然后逐一地通过口头语言加以训练，最后才能培养儿童写完整文章的能力。但是这种分解的做法将书面语言的个别成分从它的整体结构中"分割"出来，变成自身有价值的东西加以训练，而忽略了实际上在推动和支配文章产生过程的动机问题。

第二阶段是进一步查阅文献并提出科学的假设。通过上一阶段的分析研究，两位学者认为形成学习书面语言的动机，是小学低年级作文教学最关键的问题。他俩又通过精读许多心理学名著，提出形成学习书面语言动机的三点假设：第一，根据列昂捷夫关于活动的理论，作文训练必须从写完整的文章起步；第二，根据维果茨基关于"语言活动是交际和概括的统一"的理论，作文起步训练的最好方法是语言创作；第三，根据维果茨基关于"高级心理功能的发展都是由外部的合作形式过渡到内部的功能形式"的思想，作文的起步训练必须实行合作教学。

第三阶段是运用各种文献资料来检验和证明所提出的科学假设。具体地说，两位学者运用了近现代著名教育家列夫·托尔斯泰、苏霍姆林斯基、蒙台梭利、弗莱耐和詹尼·拉达里等人的作文教学实验，来论证他们在前面提出的关于形成作文动机的假设。

2. 实验法

实验法原来是在自然科学领域内广泛采用的一种方法，后来逐渐推广到社会科学领域内。

教育实验法是为了解决某一教育问题，根据一定的教育理论或设想（即实验因素或因子），组织有计划的教育实践，到一定时间后，就实践效果进行比较分析，从而得出有关实验因子的科学结论来。

实验法最主要的特点在于能对事物的情况加以适当的控制，排除一些无关因子的干扰，突出所要研究的实验因子，从而比较准确地探索出事物间的因果关系来。由于实验法可以人为地控制有关条件，所以它就具有以下一些长处：（1）它可以使人观察到在自然条件下遇不到的情况，这样可以扩大研究的范围；（2）它可以重复验证；（3）它可以把某种特定的因子分离出来，这样就比较容易观察某种特定因子的效果；（4）它比较便于测量，这样就容易取得比较可靠的研究成果。

教育实验法虽然具有许多优点，但是运用这种方法必须具备几个先决条件。首先，研究者必须有一个关于解决某一问题的设想，或初步的待证的理论，即实验者打算用来解决此一问题的方案或答案，也就是实验的因子。其次，研究者必须查阅关于此一问题的有关资料。只有在这个问题前人确未解决而研究者又具有初步的设想方案的情况下，才可以考虑采用实验的方法。第三，在实验之先，要看经费、仪器、设备以及有关人员的支持等客观条件是否具备。最后，还要看实验者对实验方法和技术掌握的程度、实验合作者的业务水平等主观条件是否达到实验的要求。

教育实验的方法基本上有三种，即单组实验法、等组实验法和循环实验法（或称轮组实验法）。

（1）单组实验法。

单组实验法是向一个或一组研究对象，施加某一个或数个实验因子，然后测量其所产生的一种或数种变化，借以确定实验因子的效果如何。单组实验法可以用下面这个基本公式来表述：

$S \to (1T\text{–}EF_1 \to FT \to C_1) \to (1T \to EF_2 \to FT \to C_2)$

$C=FT-1T$　　实验结果 $=C_1-C_2$

符号解释：

S= 实验对象　1T= 初次测验　EF= 实验因子　FT= 末次测验

C= 产生的变化　→表示实验进程前后连接顺序　– 表示减号

В.Я.列乌杜斯和 И.Л.涅枯列曾运用单组实验法进行过一次揭示小学低年级最佳作文教学情境的诊断性实验。他们认为这项实验必须解答下述三个问题：（1）教学作业的创造性对书面语言的参数值有没有影响？（2）教学作业中创造成分的多少会不会引起书面语言参数值的改变？（3）复现型作业内容的性质（叙述或者描写）对书面语言的参数值有没有影响？为了弄清这三个问题，他们为被试者设计了四个实验作业：（1）对电影《最可怕的野兽》进行情节叙述；（2）对电影《卡累利湖》进行景物描写；（3）续写电影《手指头大小的孩子》中的童话故事；（4）虚构一个新的童话故事《玻璃人》。由这四个作业组成的实验包含下述三个变量：（1）作业的性质。即对电影《最可怕的野兽》和《卡累利湖》内容的表达，是复现型的作业；而续写童话《手指头大小的孩子》和新编童话《玻璃人》则是创造型的作业。（2）复现型作业内容的性质。即电影《最可怕的野兽》的内容是情节的叙述，而电影《卡累利湖》的内容则是景物的描写。（3）创造型作业中创造成分的多少。即续写童话《手指头大小的孩子》创造成分较少，因为它只需在原有童话的基础上补充一些新的情节。而新编童话《玻璃人》创造成分较多，因为被试者只知道制成主人公身体的玻璃的特性，至于整个童话的内容和情节发展，都要靠被试者自己虚构。

这项实验的对象是莫斯科第146学校一、二年级的学生。实验方法是单组实验法。为了便于实验进行，实验者决定运用分类抽样法抽取两个样本。第一个样本的容量是6个一年级被试者，第二个样本的容量是7个二年级被试者。为了保证样本在群体中的代表性，实验者按下列步骤抽取：（1）根据最后一个学季的语文成绩将一年级和二年级学生各分成"优秀"（5分）组、"良好"（4分）组和"及格"（3分）组三组；（2）确定各组学生在群体中的百分比；（3）确定每个样本的容量；（4）确定各组学生在样本中应占的百分比；（5）根据各组学生在样本中的百分比，用随机取样的方法挑选被试者。例如莫斯科第146学校一年级共有学生63名，其中"优秀"生24名（占38.10%），"良好"生32名（占50.8%），"及格"生7名（占11%）。所确定的样本容量为6个被试者。因此，根据各组在群体中的百分比，样本中应包含2个"优秀"生，3个"良好"生和1个"及格"生。最后用随机取样的方法挑选具体的被试者。二年级被试者的样本按照同样步骤抽取。

在实验过程中共收到52份书面作业，其中26份是对指定内容的表达，26份是创造性的表达。参考各种心理语言学著作提出的、诊断书面语言的参数后，实验者决定用下述6个参数来分析比较被试者所写的作业：词的总数、句子的总数、句子的平均词数、句子的深度、句子的连贯性、上下文的一致性。

通过对全部实验数据的比较分析，实验者具有充分根据地做出结论：只有创设创造型的教学情境，让孩子们写自己的有独创性的文章（童话体作文），才能够最充分地激发他们的作文动机，全面地提高他们产生思想内容和表达思想内容这两项作文的能力（见下页两表）。

表（1） 一年级学生在不同的教学情境中产生的书面语言的参数值

指标		文章			
		复现型		创造型	
		《最可怕的野兽》	《卡累利湖》	《手指头大小的孩子》	《玻璃人》
词的平均数		57	33	64	93
句子平均数		11	7	8	14
句子的平均词数		4.9	5.5	8.1	6.7
句子深度级数	Ⅰ	0.89	0.88	0.68	0.78
	Ⅱ	0.11	0.12	0.25	0.19
	Ⅲ	0	0	0.07	0.03
句子连贯性		0.85	0.68	0.96	1.00
上下文一致性		0.89	0.70	0.88	0.98

表（2） 二年级学生在不同的教学情境中产生的书面语言的参数值

指标		文章			
		复现型		创造型	
		《最可怕的野兽》	《卡累利湖》	《手指头大小的孩子》	《玻璃人》
词的平均数		101	59	117	144
句子平均数		19	10	16	21
句子的平均词数		5.4	6.4	7.7	6.7
句子深度级数	Ⅰ	0.80	0.94	0.82	0.78
	Ⅱ	0.20	0.04	0.13	0.20
	Ⅲ	0	0.02	0.05	0.02
句子连贯性		0.90	0.51	0.90	0.99
上下文一致性		0.87	0.49	0.86	1.00

（2）等组实验法。

以不同的实验因子分别施行于两个或几个情况基本相同或相等的组，然后比较其所产生的变化。这种方法叫作等组实验法。等组实验法的基本公式如下：

$S_1 \rightarrow (1T \rightarrow EF_1 \rightarrow FT \rightarrow C_1)$

$S_2 \rightarrow (1T \rightarrow EF_2 \rightarrow FT \rightarrow C_2)$

实验结果 = $C_1 - C_2$

如果实验因子加多，组数也可以增多，公式亦可相应地加长：

$S_3 \rightarrow (1T \rightarrow EF_2 \rightarrow FT \rightarrow C_3)$

那么实验结果就是把 C_1、C_2、C_3 三种变化互相比较。

等组实验法要求的最重要的条件是各组必须尽量均等。均等的含义是，各组除实验因子外，所有能影响实验的其他因素，特别是实验对象的原有水平，必须基本相同或相等。

例如，В.Я.列乌杜斯和 И.Л.涅枯列经过各项诊断性的实验，认为现今小学低年级学生的书面语言不是真正的书面语言，而是书面化的口头语言，必须在小学低年级克服“重说话轻作文”的倾向，让作文训练提前起步。为此，他们精心设计了一项运用等组法进行的形成性实验：让学生用合作教学的形式写童话体作文。该实验所规定的作文训练包括 4 个实验因子：一是交际工具性，即不是让学生为作文而作文，而是把作文训练放在一项特殊的交际活动中——为幼儿园的孩子们或自己的家长编写童话故事。这就使学生感到作文是为了满足社会的需要，并能品尝到成功的喜悦。二是创造性，即主要不是发展学生记忆范文和观察图画、实物的能力，而是发展学生的创造性想象能力。三是整体性，即不是只教学语言表达的个别技能，而是把产生思想内容和表达思想内容这两种能力的培养有机地结合在一起。四是合作性，即不是让学生单个地、孤独地写作文，而是实现教师与学生及学生与学生的合作教学。

这项实验在两所普通小学的二年级班级实施，采用等组法进行。即把被试对象分为条件基本相等的实验组和对照组两组，只对实验组施加实验因子，而对照组则按原来的方式进行作文教学，实验后将两组的结果加以对比分析。

两位学者在一所学校确定一个实验组，在另一所学校确定一个对照组，都由 24 位学生组成。被试对象是这样确定的：先在两所学校各选一个二年级班，对学生进行一次作文水平测试，题目是根据“鲜花”这个词语自由编拟一个童话故事。然后把两个班级中作文水平基本相同的两位学生选出来组成对子。用这个方法选出 24 个对子后，实验组和对照组就相应地组成。有个别学生因为作文水平特别高或者特别低，无法在对方班找到相应的学生组成对子，就只能将他们排除在实验之外。但是也让这些学生随班参加实验，而对他们的学习情况不加分析和统计处理。实验组和对照组确定后，立即对两组进行了一次测试。测试的结果和第一次确定被试对象测试的结果完全相符，即证明两个组的学生作文水平基本相同。

为了对实验组充分施加实验因子，两位学者专门制订了实验教学的大纲，它的内容需要用 35 个课时完成。在摩尔多瓦共和国教育部颁发的语文教学大纲中用来发展二年级学生连贯语言的教学时间，也是 35 个课时。实验大纲规定，每一篇作文的写作过程都必须分成两个阶段，准确地说是用两个课时完成。第一课时让学生畅想和构思作文的思想内容，第二课时让学生对作文内容进行文字表达和修改。在作文教学第一阶段，为了激发学生的创造性想象活动，大纲建议运用“一字开花”“架桥”“魔术世界”“童话新编”“根据情节写童话”等 5 种方法让学生写童话体作文。大纲还规定，写童话体作文的教学组织形式，必须经过下列 4 个阶段：①师生整体合作，即由教师和学生共同完成整篇文章；②师生分步合作，即由教师完成文章的前半部分，而由学生完成文章的后半部分；③学生小组合作，即将学生划分成若干小组，让他们在小组内通过模仿和合作完成整篇文章；④学生个人独立写作。此外，实验大纲还规定了一系列用来检查实验教学阶段性成果的作文题目，以及用来检验实验成果的 10 项参数，即文章子题材的数量、子题材的连贯性、文章思想内容的完整性、词的总数、句子的总数、句子的平均词数、词语的多样性、句子的连贯性、上下文一致性和句子深度。

通过对实验组和对照组全部实验数据的分析，两学者恰如其分地得出下述结论：

第一，能够激发低年级学生掌握书面语言的内部动机的教学情境，不是复现现成的课文（即写书面叙述），而是表现自己真情实感的语言创作（即写童话体作文）。正是后者使学生产生了强烈的愿望去掌握作文的各项能力，其中也包括用词造句和修改文章的能力。（见下页两表）

表（1） 产生思想内容能力的各项参数值

组别	指标	叙述		作文	
		“狐狸和山羊”（第一次测试）	“三个朋友”（第二次测试）	“关于书的童话”（第一次测试）	“关于穴洞的童话”（第二次测试）
实验组	子题材的数量	7.0	7.2	6.6	9.2
	子题材的连贯性	1.0	1.0	0.7	0.9
	文章思想内容的完整性	1.0	1.0	0.5	0.9
对照组	子题材的数量	7.9	7.0	7.2	6.6
	子题材的连贯性	0.9	1.0	0.8	0.8
	文章思想内容的完整性	1.0	1.0	0.7	0.7

表（2）　表达思想内容能力的各项参数值

组别	指　　标	叙　述		作　文	
		“狐狸和山羊”（第一次做测试）	“三个朋友”（第二次测试）	“关于书的童话”（第一次测试）	“关于穴洞的童话”（第二次测试）
实验组	词的总数	82	132	103	198
	句子总数	10.7	18.0	14.0	23.0
	句子的平均词数	7.7	7.3	7.3	8.6
	词语的多样性	0.56	0.67	0.56	0.62
	连贯性	0.86	0.99	0.85	1.00
	上下文一致性	0.82	0.97	0.85	0.99
	句子深度（级数）	—	—	—	—
	Ⅰ	0.80	0.77	0.75	0.73
	Ⅱ	0.19	0.22	0.24	0.26
	Ⅲ	0.01	0.01	0.01	0.01
对照组	词的总数	85	104	94	115
	句子总数	14.0	19.0	14.0	16.0
	句子的平均词数	6.0	7.3	7.3	7.1
	词语的多样性	0.54	0.58	0.59	0.56
	连贯性	0.85	0.90	0.85	0.83
	上下文一致性	0.93	0.94	0.89	0.93
	句子深度（级数）	—	—	—	—
	Ⅰ	0.77	0.92	0.79	0.80
	Ⅱ	0.23	0.03	0.21	0.19
	Ⅲ	0	0	0	0.01

第二，写童话体作文的教学必须是一种整体化的教学，它可以分成两个阶段：第一是产生思想内容的阶段，其目的是丰富学生的表象，培养他们安排表象结构的能力；第二是表达思想内容阶段，其目的是培养学生用语言文字准确、生动、连贯地表达自己的表象能力。这种整体化教学的直接结果是从各项指标上迅速提高作文的质量，它的间接结果是发展了学生的时间想象能力。

第三，写童话体作文的教学必须是一种师生合作及生生合作的教学。这种教学可使学生在学习动机中增加满足社会需求和接受社会监督的内容。此外，它还有助于循序渐进地掌握作文的智力技能，有助于产生个性的比较深刻的心理形成物（例如改变识记过程的结构）。

（3）轮组实验法。

等组法虽然比单组法有许多优点，但要想得到真正相等的各组，却也不是一件简单容易的事。为了一方面避免单组法所受条件的严格限制，另一方面省却均等分组的麻烦手续，于是就有轮组实验法的产生，轮组实验法也叫循环实验法，它是把各实验因子（不管几个），轮换施行于各组（各组不必均等），然后根据每个实验因子所发生变化的总和来决定实验的结果。轮组实验法的基本公式如下；

$S_1 \rightarrow (1T \rightarrow EF_1 \rightarrow FT \rightarrow C_1) \rightarrow (1T \rightarrow EF_2 \rightarrow FT \rightarrow C_2)$

$S_2 \rightarrow (1T \rightarrow EF_2 \rightarrow FT \rightarrow C_3) \rightarrow (1T \rightarrow EF_1 \rightarrow FT \rightarrow C_4)$

$EF_1 = C_1 + C_4$　　　$EF_2 = C_2 + C_3$

实验结果 $= (C_1 + C_4) - (C_2 + C_3)$

这样的排列方法使第一个实验因子不但在各组中循环了一遍，而且在实验次序的每一个位子上也都循环了一遍。这就不至于使某一实验因子由于总是排列在最先、最后或中间而蒙受有利或不利的影响。

以上介绍的三种实验方法各有利弊。单组法的好处是容易实行，而短处是所受条件限制太严格，尤其是对后一实验因子所受于前一实验因子的影响无法去除。等组法虽然可以弥补单组法的短处，然而在均等各组上又增加许多新的困难。轮组法算是把以上两种方法的缺陷都弥补起来了，然而各实验因子被实验的次数增加了，这样自然又增添了许多麻烦。

3. 调查法

教育调查法，是指对教育现象进行有计划的、周密的、系统的考察，用科学的手段和方法搜集客观的资料进行分析研究，以了解已有的成果和经验，发现问题和教训，认识并预测发展趋势，从而由大量的事实材料中概括出教育的规律。

调查法的特点：基本上不受时间、空间上的限制；可用间接的方法了解实际情况；在自然的进程中搜集材料，并不控制和操纵被调查的现象和对象；涉及的范围广，搜集资料的速度快，手段多样化，便于施行。其缺点是，调查结果中不易排除和区别某些外来因素的参与。为保证研究工作的可靠性，调查的结论还需要多方面的对照和验证，也要和其他研究方法的结果互相补充。

教育调查有各种类型。依据调查的目的，可以分为常规调查和比较调查两种。前者的目的在于了解教育的一般情况，或寻找一般数据，后者旨在比较两个群体、地区或两个时期的教育情况。依据调查内容的性质，可以分为事实调查和征询意见调查两种。前者要求调查对象提供现成的事实或数据，后者要求调查对象提出自己对某个问题的看法和意见。根据调查范围大小，事项多寡，又可分为综合调查和专题调查两种。前者又称一般性调查，它涉及某省、某市教育各个方面的问题；后者仅涉及某地区教育的某个方面的问题。根据调查对象则可以分为全面调查和非全面调查两种。前者亦称普遍调查，即对调查对象全面加以调查；后者又分为随机抽样调查、重点调查和典型调查三种。

教育调查的整个过程大致包括如下步骤：（1）确定研究课题；（2）参阅有关资料；（3）拟订调查计划；（4）选择方法、手段；（5）抽选调查对象；（6）现场搜集材料；（7）整理分析材料；（8）撰写调查报告。

教育调查有多种方法：（1）开调查会和当面访问，由调查人员直接观察、记录；（2）发问卷和调查表，由被调查者填写；（3）由调查人员施行测验；（4）查阅档案文件及统计资料。应视实际需要选择最佳方案。

调查求知，犹如求学，因此调查人员在调查中要肯拜人为师，虚心向调查对象求教。调查研究是为了探索规律，因此要忠于事实，事先不能带任何主观的框框。“兼听则明，偏听则暗”，调查人员要脚勤、手勤、口勤、脑勤，发扬不唯上、不唯书、要唯实的精神，力求准确全面地搜集到第一手的材料。调查人员对情况和问题一定要注意到它的数量关系，要有基本的数量分析，这样才能得出科学的、有说服力的结论。

调查法是对小学作文教学进行科学研究的重要方法。例如湖北省黄石市教研室的赵班胜认为语言是人类最重要的交际工具，应该按照语言交际的实际需要改革小学作文教学。为此，他和同事们进行了五项专题调查。

第一项是典型调查，目的在于了解小学生必须掌握哪些书面表达的本领，才能适应现实生活中语言交际的基本需要。调查内容是学生家长在某一段时间的写作情况。调查对象是黄石市黄石港区67位家长。这些家长都生活在市中心地区，有工人24人，干部23人，科技人员8人，医生2人，教师4人，会计3人，营业员2人，报纸编辑1人。他们的写作情况在城市具有一定的代表性。调查的结果是：1986年1月至9月底，他们共写书面材料5039篇。其中笔记994篇，占19.7%；记录956篇，占19%；教案病历778篇，占15.4%；日记523篇，占10.3%；书信515篇，占10.2%；各种条据515篇，占10.2%；工作计划和总结305篇，占6%；电报135篇，占2.7%；申请报告116篇，占2.3%；合同89篇，占1.7%；文艺作品35篇，占0.7%；其他78篇，占1.5%。调查的结果表明：现实的社会生活所需要的，主要是语言交际中一般性的书面表达，而不是文艺创作。

第二项是重点调查，目的在于了解小学生一般性的表达能力能否适应现实生活中语言交际的实际需要。调查的内容是学生写信是否规范，对象是黄石市某中学初一某班全体学生，调查者要求每个学生在规定的时间内独立地写一封信（包括信封)。写信是现实生活中最常用的书面表达,但调查结果表明写信封不合要求、书信格式不正确和称谓不当的学生的比例很大[见下表(1)]。这说明学生的表达能力不能适应生活的基本需要。

第三项是随机抽样调查，目的同第二项调查。调查的内容是学生写借条和收条的情况，对象是黄石市某中学初二年级70名学生，调查者要求学生在规定的时间内，每人结合自己生活需要写一张借条和一张收条。写各种条据是现实生活中最常用、最简单的书面表达,但调查结果表明学生连写各种条据也存在严重问题[见下表(2)]。这进一步说明了学生的表达能力不能适应现实生活的基本需要。

表(1) 黄石市××中学初一×班学生写信情况统计表

信封不合要求		书信格式不正确		称谓不恰当	
人数	百分比	人数	百分比	人数	百分比
55	85.9%	53	82.8%	14	21.9%

表(2) 黄石市××中学初二学生写借条、收条情况统计表

条据种类	完全正确		有各种毛病		不　能　写	
	人数	百分比	人数	百分比	人数	百分比
借　条	13	18.6%	57	81.4%	0	0
收　条	1	1.4%	68	97.2%	4	1.4%

第四项是典型调查，目的在于了解学生的一般性的书面表达能力能否适应学习各门功课的实际需要。调查内容是学生书面表达数学应用题的算理和算法的情况,对象是黄石市某小学一个数学成绩比较好的六年级班。当这个班刚刚学完“分数乘法应用题”这一章节，调查者就出示教科书上要求做的一道简单的分数乘法应用题，要求学生在规定的时间内，先解答这道题，然后把这道题的题意、算理和算法写下来。调查结果表明题意表述含糊，算理讲不清楚，算法叙述混乱的学生和根本不能表达的学生占的比例很大[见下表(3)]。

表(3) 黄石市××小学六年级×班学生书面表达数学应用题的算理和算法情况统计表

不会计算		计　算　正　确							
		表达良好		表达一般		表达不好		不能表达	
人数	百分比	人数	百分比	人数	百分比	人数	百分比	人数	百分比
4	7%	16	30%	14	26%	13	24%	7	13%

第五项是重点调查，目的同第四项调查。调查内容是学生笔答自然课本中问

题的情况，对象是黄石市某小学五年级某班全体学生。当这个班刚学完第五册自然课本中“卵石是怎样形成的”一节，调查者就要求学生在40分钟内笔答“卵石是怎样形成的”这一问题。调查结果表明在全班54名学生中，回答不正确、叙述不完整、条理不清楚、语句不通顺和根本不能答问的学生竟达36人［见下表（4）］。

表（4）　黄石市××小学五年级×班学生自然课答问情况统计表

优秀		良好		一般		差		不能答问	
人数	百分比	人数	百分比	人数	百分比	人数	百分比	人数	百分比
1	2%	6	11%	11	20%	13	24%	23	43%

根据上述调查，赵班胜和他的同事们得出结论：一般性的书面表达是语言交际的实际需要，而目前的小学作文教学既不能适应学生生活的需要，也不能适应学生学习的需要，更难想象能适应未来生活、学习和工作的需要。究其原因，主要是目前的作文教学以应试为中心，过分强调作文的文学性和技巧性，而忽视作文的交际性和工具性。因此他们从学生语言交际的实际需要出发，创设语言交际的真实情境，加强听说读写的有机结合，加强各科教学的互相渗透，制订出一个比较完整的改革小学作文教学的计划。

4. 经验总结法

经验总结法是在不受控制的自然形态下，依据教育实践所提供的事实，分析概括教育现象，使之上升到教育理论高度的一种普遍采用的有效方法。它对教育科学研究具有十分重要的意义和作用。

在古今中外教育发展史上，有许多关于教育教学经验总结的著述。我们批判地继承这些珍贵的教育遗产，对于揭示教育规律，提高教育科学研究水平，指导教育实践活动，无疑是大有裨益的。仅以《学记》来说，它是我国两千多年前教育经验的总结。它从宏观的教育制度、教育目的、教育作用，到微观的教学思想、教学原则和教学方法，都有精辟的论述，成为我国教育史上最早的一部教育专著，也为我们总结教育教学经验开了先河。纵观中外古代教育史的发展，有深远影响和重大建树的教育家，莫不通过总结教育实践经验、探索教育发展规律，推动了人类文化教育事业的进步。在近现代世界教育史上，率先进行教育实践活动，系统总结教育经验，开展教育、教学改革的教育家和教育工作者，也比比皆是。例如苏联的马卡连柯、苏霍姆林斯基，美国的杜威和我国的陶行知等，他们的教育经验和理论观点，被我国教育界广为传播和借鉴。

教育经验来自教育实践活动。只有认真地科学地总结经验，并上升到教育理论的高度，才能在更广泛的范围内指导教育实践活动。马克思曾经指出："理论的概念必须要由大规模积累的实际经验来完成。"[①] 这就是说，教育理论要以教育实践赋予生命力，教育思想也要跟踪教育实践的足迹。总结教育教学经验之所以重要，也正因为教育教学实践是基础，是判断和发展教育理论的依据。

人类社会的进步，新的技术革命的挑战，我国社会主义现代化建设的现实，迫切要求我们转变陈旧的教育思想，树立教育的战略观念。当前从教育实践中提出的重大问题入手，积极正面地总结教育与社会经济发展、教育内部结构与人才培养、教育经费投入与教育的社会效益、教育事业发展与精神文明建设等方面的经验，对于认识教育的战略地位与作用是十分重要的。作为教育行政部门，要有效地发挥自己的职能作用和指挥能力，从宏观方面进行决策，也必须亲自深入实际，调查研究或组织下属单位就某一项工作的开展进行专题经验总结。

就小学作文教学来说，提高质量的关键在于增强小学语文教师的业务素质。而从我国的现实情况出发，语文教师的培养提高，主要途径还是通过语文学科的教学实践来加强理论修养，自学业务知识。在这个意义上讲，总结教学经验极为重要。每个小学语文教师都可以结合自己的作文教学实践活动，有意识、有目的地总结自己的心得体会，或就作文教学的综合改革，或就作文教学过程某一个侧面的创新尝试，不断积累资料，进行经验总结。只要善于总结经验，就可以掌握作文教学的规律，更新作文教材内容，改进作文教学方法，以逐步提高作文教学的水平。

对于从事小学作文教学研究的教研人员来说，经验总结虽然没有通过教育实验得出的结论那样精确，但具有丰富的实践来源和广泛的群众基础。因为它是在自然形态下进行的，反映了作文教学过程的本来面目。所以，作文教学研究人员都应重视实践经验的总结，而且要从点滴经验入手，哪怕是一堂作文课的分析、一个学生学写作文的个案分析，如能体察入微，进行具体研究，就有或大或小的受益。通过经验总结，既能充实自己的感性知识，也能够开阔视野，拓宽研究领域，从理论与实践的结合上提高研究水平。

教育经验本身具有广泛性、群众性和多样性的特点，其内容又相当复杂，难于控制在特定条件下进行总结。但是一般说来，总结经验的过程大致包括以下步骤：（1）确定研究课题与对象；（2）掌握有关参考资料；（3）制订总结计划；（4）搜集

① 马克思．资本论：第一卷［M］．中共中央马克思、恩格斯、列宁、斯大林著作编译局，译．北京：人民出版社，1975：404.

具体事实；（5）进行分析与综合；（6）组织论证；（7）总结研究成果。

在总结经验时，首先要考虑所总结内容的代表性及典型意义，即它能否对现实中提出的重大问题给予比较全面的回答，能否在教学改革中起到典型示范作用，发挥以点带面、推动全局的威力。其次要以客观事实为依据，不能先入为主，夹杂任何偏见。还要把定性描述与定量分析结合起来，提高经验总结的可信度。再次，要从事物发展的整体入手，全面考察，注意多方面的联系。例如总结某个教师的教学经验，不能只注意教师的教学方法和学生学习成绩，还必须考察教师的教学思想是否端正，是否面向全体学生，教学内容是否符合时代要求，教学方法是否具有科学性，教学手段是否现代化以及学生掌握知识的广度与深度如何，学生智能发展水平如何，学生的学业负担又如何，等等。最后，要正确区分本质与现象，主流与支流，得出规律性的结论。

经验总结法是研究小学语文教学的重要方法。我国著名的特级教师斯霞、霍懋征、袁瑢和李吉林都曾运用这种方法来总结自己教学中具有规律性的东西，并且撰写了专著。著名的小学作文教学专家贾志敏老师也运用这个方法成功地概括出自己的作文教学序列。经过十多年的反复实践与探索，贾老师认为在小学阶段应从培养作文兴趣着手，分三个阶段逐步培养学生用词造句、谋篇布局的能力和观察事物、分析事物的能力。

第一阶段是三年级，着重进行句段训练。这是作文前的准备阶段。贾老师认为学生作文中出现语句不衔接，甚至颠三倒四的现象，主要原因是思维混乱。而连句成段的训练，是培养逻辑思维能力，使学生言之有物、言之有序的重要措施。为此他总结出 10 种方法：第一，整理句子；第二，写一个场景；第三，写一个人物的形象；第四，写一段状物的文字；第五，写一组对话；第六，写一段描写心理活动的话；第七，写一个开头或一个结尾；第八，用“总起分述”的方法写一段话；第九，补充一个段落；第十，看图写话。

第二阶段是四年级，让学生半独立作文。即通过老师的具体指导，让学生写出有开头，有结尾，有中心，有内容的文章。从句段训练过渡到篇章训练，学生的半独立作文往往会出现内容空洞、言之无物的毛病。贾老师认为这是由于学生缺乏观察力和想象力的缘故，必须从两个方面进行训练：第一，指导学生写观察作文和观察日记；第二，指导学生按一个情节（或一句话）展开想象，扩写成篇。为了激发学生观察和想象的兴趣，教师应发挥自己的教学机智，从学生生活中发掘有趣的题材，信手拈来，随时指导。

第三阶段是五年级，让学生独立作文。如果说半独立作文是在老师指导下的作文，独立作文就是老师命题后不做指导或者稍加指导的作文。经过前两阶段的训练，学生可以做到言之有序和言之有物，但是还不善于独立地选择生动有趣的题材。贾老师认为，要开拓学生的思路，关键在于命题。有些教师爱出校历式的题目，例如《新学期新打算》《记一次扫墓活动》《庆祝“六一”大会》《愉快的暑假生活》等。这类题目大而空，没有启发性，学生望而生畏。他总结出搞活命题的两条经验：第一，把宽题变成窄题。例如《记一次运动会》题目太大，他就出一些小题目，如《发令枪打响以后》《他也是胜利者》《跳高竿又升高了》《看台上的争论》，学生就有东西好写。第二，根据学生的生活实际和年龄特征命题。有些老师喜欢叫学生写正面的东西，如《我为大家做了一件好事》《学习雷锋好榜样》，当然这些题目很好，无可非议。但是说实话，学生做好事是不多的，做坏事更少，做错事的倒不少。如果篇篇都让学生写如何做好事，他们一写就是“五子登科”（帮助别人推车子、捡到皮夹子、帮助邻居带孩子、学会生炉子、打扫卫生抹桌子）。有的是一件事改头换面反复写，有的干脆就是吹牛。这样，学生就不可能表达真情实感。贾老师认为应从实际出发，平时少出这类题目。如果让学生写一写《我做错了一件事》，他们一定能写出许多童年趣事，内容丰富多彩，充满生活气息。

贾志敏老师把培养兴趣和激发情感作为作文训练的关键，使学生视作文为乐事，同时又把发展智力和培养语言文字基本功紧紧地拧成一股绳，使两者相互促进，分三个阶段扎扎实实地进行训练。他的探索是成功的，他所总结的经验在小学作文教改中能起到典型示范作用。

第二编　小学作文实验教学设计

第五章　二年级童话体作文实验教学设计

说　明

二年级着重进行写童话体作文的训练，同时进行说话和写话的训练。通过训练，应重点发展学生的想象能力，使他们能较熟练地在头脑中产生表象、确定表象间的关系和积极地变换表象的结构，也要注意发展学生有顺序的观察能力。此外，应使学生能说、写出一段话到一件简单的事。说话要做到口齿清楚，声音响亮，富有感情；写作文做到内容比较具体，条理比较清楚，语句连贯通顺。

为了达到上述目的，二年级童话体作文实验教程包括18次训练内容，共有10种课型：（1）根据故事开头说写童话；（2）模仿已有故事的结构说写童话；（3）根据多幅图或单幅图编写童话；（4）童话续编；（5）童话新编；（6）归纳情节提纲编写童话；（7）用“架桥法”编写童话；（8）听音响编写童话；（9）观察某一个生活现象编写童话；（10）命题编写童话。设计这些课型，是为了逐步发展学生的创造性想象能力，逐步渗透中、高年级片段和篇章训练的知识技能，并运用图画、故事、音响、谜语、梦境等儿童喜闻乐见的写作素材来激发他们的作文动机。

从体例上说，每一次教学设计都包括“教学内容”“教学要求”“教学组织形式”“教学时间”“指导过程”“教学建议”和“学生习作参考”等内容。其中“指导过程”和“教学建议”是落实“教学内容”和“教学要求”的具体途径，要认真研究。一般说来，根据“先想、后说、再写”的顺序，每次作文训练都用两课时完成。第一课时让学生畅想和构思作文的思想内容，第二课时让学生对作文内容进行文字表达和修改。在第一课时要鼓励学生大胆、合理地遐想和畅所欲言。如果一个学生的发言在用词造句上有某些错误，教师不要急于纠正，否则他就会惊恐不安，头脑中创造性想象的活动就会立刻中断。在第二课时当学生完成习作后，可通过“集体改”“互相改”和“自己改”等多种形式，让学生对习作的内容和文字做修改（重点修改句子），要求做到：思想健康、用词准确、句子连贯通顺。

“教学组织形式”也是落实“教学内容”和“教学要求”的重要方面，要充分重视。在童话体作文训练过程中（特别是第一课时），要重视运用师生合作和学生间相互合作的教学组织形式。合作教学有利于发展学生自我实现和相互竞争的成就动机，有利于使学生形成与别人合作共事的心理承受能力，形成虚心听取别人意见和合理地思考各种问题的习惯，发展社会化的智力。同时在合作教学中，师生间或生生间在一起通过大声的讨论揭示文章题意、编写文章提纲、安排文章情节，把作文能力的基本结构一步一步地揭示出来，并用外部语言固定下来，这样就为作文智力技能的顺利形成架了桥，铺了路。在童话体作文教学中，可根据训练内容的难易和学生作文能力的形成程度，分别运用下述五种合作形式：（1）师生整体合作，即师生共编童话，以扶为主；（2）师生分步合作，即教师仅对学生编拟童话的难点进行点拨，有扶有放；（3）小组自发合作，即让3~5个学习成绩不同的学生编成一个小组，由一个学生主编童话，其余学生尽其所能地发表意见；（4）小组自觉合作，即在小组编童话时，每个学生都必须从文章构思到文字表达全面进行思考；（5）个人独立思考基础上的自觉合作，即每个学生先独立写出文章，然后在小组内彼此交流、评议和修改。为有利于合作教学，班级里课桌的排列也可以由现在整齐划一的“火车座位”型，改为“小会议桌”型或“马蹄”型。

本教程一共安排18次训练，每次训练需要2课时，因此总共需要36课时。它主要提供给各地进行作文教改的实验班试验。具体地说，实验班可将教学计划中原来规定的每周2课时的说话课，改为童话体作文训练课。单周可上童话故事的阅读课、听写课或讲演课，双周上作文课。二年级全学年以36周计算，共进行18次作文训练。本教程也可以供普通班参考，作为完成教材中作文训练任务的补充。除二年级外，三、四年级也可以根据需要选择使用。

一、根据故事的开头说写童话故事（一）

【教学内容】

老师讲述《小蚂蚁得救了》故事的开头部分，要求学生通过想象补充故事的高潮及结局，先说后写，以口头作文为主。

小蚂蚁得救了

有一天，天阴沉沉的，马上要下雨了。

蚂蚁妈妈领着小蚂蚁们忙着搬家。可它的孩子小黑却在旁边玩，蚂蚁妈妈把东西搬完了，对小黑说："马上要下雨啦，你快到大树下躲躲吧！"

可是，小黑撅着嘴说："我不去，我还要玩呢。你看，小青蛙和小鸭子不也在玩吗？"

一阵大风刮来，把一根枯树枝和树叶刮到了河里和地上。小黑玩得正起劲时，忽然，一阵雷声，雨点噼里啪啦下了起来，小黑急急忙忙往回跑。可是，还没跑出几步，就被大雨冲进了小河里。它在水里拼命地挣扎，大声喊着："救命啊！救命啊！"……

【教学要求】

（一）智力技能方面

1. 培养学生认真听的良好习惯。不仅要集中注意听老师讲述，还要认真听同学们的发言。

2. 要求学生边听故事，边看图画，边进行创造性想象。鼓励学生联系已有的生活经验，想出各种营救小蚂蚁的办法，并且自由抒发真情实感，体验创造性学习的愉快。

3. 鼓励学生好学、爱问，培养勇于质疑的能力。

（二）语言训练方面

要求学生述说童话时口齿清楚，声音响亮，语句比较完整。在写童话时力求做到句子比较连贯，意思比较明确。

（三）思想教育方面

要求学生通过自编的各种动、植物发挥自己特长，救出落水小蚂蚁的故事情节，懂得及时地帮助别人解决困难是一种高尚的道德品质，并努力在日常生活中培养和宣传这种品质。

（四）扩大知识方面

尽可能多地知道能漂浮于水面的动物和植物的名称，并了解它们各自的特点。

【教学组织形式】

第一步，师生整体合作，即整个故事由师生合作编成。教师讲述故事的开头及发展部分，而对最能激起学生兴趣和最易开展想象的故事高潮部分，由老师和学生合作编成。第二步，学生小组自发合作。即把二至四个不同成绩的学生编成一个小组，在完成小组编童话故事的任务时，由一人主编，其余学生对构思的内容或用词造句等尽其所能地发表意见，使每个学生都在十分和谐的气氛中自发地对小组的共同创作提出自己的看法。

【教学时间】

两课时。

【指导过程】

（一）课前准备

1. 绘制“雷雨前的河边风景”画一幅（贴在磁性黑板上），并且制作好蚂蚁妈妈、小蚂蚁、树枝、树叶、小青蛙、小鸭子和乌龟的活动图片（见下图）。

雷雨前的河边风景

蚂蚁妈妈、小蚂蚁、树枝、树叶、小青蛙、小鸭子和乌龟的活动图片

2. 结合学生实际，上一节浅显的有关童话知识的专题课，简单介绍童话的基本特点。

（二）指导学生产生和表达思想内容的基本步骤和方法

1. 启发谈话。

小朋友，你们喜欢听童话故事吗？今天老师不仅要讲童话故事给你们听，而且还要请小朋友当小作家，和老师一起来编童话故事。你们愿意做一个聪明的小作家吗？好，那就让全班小朋友一起来动脑筋编一个有趣的故事。这个故事名字就叫——

2. 揭示课题：《小蚂蚁得救了》。

3. 教师讲述故事的开头及发展部分。边讲述边出示活动图片。

4. 师生合作编出营救小蚂蚁过程的故事内容。

教师启发谈话：小蚂蚁正喊“救命啊”的时候，小朋友，想想看，谁会来救小蚂蚁呢？怎么救呢？结果怎样？

编拟过程：

（1）先要求学生列举出能营救小蚂蚁的动物、植物或非生物的名称。

（2）通过师生讨论，选定某一个动物、植物或非生物，然后根据其特点，师生共同编拟一种营救小蚂蚁的办法。

（3）小组或同桌合作编拟各种营救小蚂蚁的办法。（推一人为主编，其余学生随时修改补充。）

教师小结：小朋友编的故事都很好。想出了很多办法去营救小蚂蚁。下面请每个同学用连贯的语言完整地讲故事。救小蚂蚁的过程可以用同学合作编拟的内容，当然也欢迎你们另外想出别的内容。

5. 学生交流。教师指名完整地讲故事，组织学生共同评议。（以鼓励为主）

学生讲述时如遇困难，教师可利用教具进行适当的提示。

6. 教师总结。

小朋友，今天你们学习的积极性很高。大家能把平时学到的各种知识，经过创造性想象编出各种有趣的童话故事。不仅编得生动，还能讲得连贯。可惜由于时间限制，许多小朋友还来不及在课上讲给大家听。这样吧，每个小朋友回去把自己编的故事讲给爸爸妈妈听，有条件的也可以录下来。明天我们还要推选讲得好的同学到幼儿园去讲给弟弟妹妹们听。另外还要请每个同学把自己编的故事写在作文本上，不会写的字可查字典，也可以注汉语拼音。你们的意见怎样？

7. 作业。

（1）把自编的故事完整地、有表情地讲给家长听。

（2）写书面作文。

（3）续编故事：小蚂蚁得救后的情况。

【教学建议】

1. 听故事复述是为了培养学生听和说的能力，并通过听、说，发展学生的注意力、思维力和表达力。听和说是紧密联系、互相交织的。会听才能会说，听懂才能说好。听又是理解的基础，说是听的检验。所以必须充分重视学生听、说良好习惯的培养。要严格要求，要持之以恒。

2. 创造性想象是本课的重点要求。要创造和谐而自然的课堂气氛，让学生联系生活经验和已有知识放开思路畅想。学生的发言如有明显错误，可让其他学生自发指出。教师应积极鼓励学生把想到的全部内容都讲出来。如果学生一有错误便加批评，他们就会惊恐不安，头脑中的创造性想象活动就会立刻中断。

3. 学生表达思想内容指导要点。

（1）要注意语言基本功训练，鼓励学生学会用好词好句；对学生讲述过程中明显的语病或不确切的词语，要引导纠正。

（2）指导学生学习把故事讲得生动。注意表情、语气、语调的变化。

4. 以下两点作为常规要求，并加以检查。

（1）发动学生每天收听少儿广播节目。

（2）结合阅读教学、课外阅读指导课，使学生从感性上初步懂得童话的基本特点，并逐步吸收其语言营养。

5. 童话故事既能激发学生兴趣，又能具体形象地帮助学生对世上事物做出正确的道德判断，从而潜移默化地形成自己的行为规范。学生自编的童话故事，必须融入其本人的爱憎观念。教师应因势利导地渗透思想教育，而不应在课上牵强附会地进行说教。

【学生习作参考】

小蚂蚁得救了

上海市宝山区江湾乡中心小学二年级　李君芝

天黑沉沉的，要下雨了。蚂蚁妈妈在搬家，可是小蚂蚁在一边玩球，也不去帮忙。蚂蚁妈妈搬完了家，就对小蚂蚁说："要下雨了，快到大树底下去避避雨吧！"小蚂蚁说："不嘛！你看，青蛙和鸭子都在河里玩，我也要玩。"突然一阵雷声，下起大雨来了。小蚂蚁没跑几步，就被大雨冲到河里去了。小蚂蚁在水里拼命挣扎，一边噼里啪啦地打水，一边嘴里喊着："救命啊！"小蛋壳听见了，赶快跳到小蚂蚁的身边，对小蚂蚁说："快，快！到我的肚子里来吧！"小蚂蚁爬呀爬呀，好不容易爬到小蛋壳的肚子里，小蛋壳顺着风势漂呀漂呀，漂到对岸去。小蛋壳对小蚂蚁说："我们总算到岸边了。"小蚂蚁高兴地爬到地面上，怀着无限感激的心情对小蛋壳说："多谢你，幸亏你救了我。"小蛋壳说："不用谢，你以后不要到河边来玩了，很危险啊！"说着，它就笑眯眯地回到河里去了。

（周品仙执笔，张蓓执教）

二、根据故事的开头说写童话故事（二）

【教学内容】

老师提供《狐狸医生》这一故事的开头，让学生通过想象补充故事的发展、高潮和结局部分。

狐狸医生

一天上午，一只老狐狸身上穿着白大褂，嘴上套着一个大口罩，鼻梁上架着一副眼镜，肩上背着一个画着红十字的医药箱，看上去完全是一个医生的模样。它来到一座木房子门前。门关着，狐狸举起右脚，“咚咚咚”地敲起门来。

……

【教学要求】

（一）智力技能方面

1. 培养学生的联想、推理和想象能力。要求学生根据故事开头所提供的情境展开联想，进行推测，构思故事的发展、高潮与结局，并且使后者与开头之间有内在的逻辑联系。

2. 能抓住有关动物的特点来选择事件，展开故事的情节，进行大胆而合理的想象。特别要引导学生根据狐狸的特点，多角度地思考，培养创造性思维的能力。

3. 学习围绕一个明确的意思来说写童话故事。

（二）语言训练方面

1. 讲述故事时要求口齿清楚，声音响亮，语气语调能根据具体的情景和角色加以一定的变化。

2. 书面作文时要求词句完整、连贯，力求通顺，叙述比较有条理。

3. 学会用比较规范的书面语言来记叙故事，注意指称代词的恰当使用，使上下文保持一致。

（三）思想教育方面

所编故事要能说明一定道理，具有积极的思想教育意义。

（四）扩大知识面方面

1. 让学生了解一些疾病和医药常识。

2. 从开头中学习描写角色外貌的方法。

3. 学习运用语言、神态和动作来反映角色特点的方法，能运用老师提供的有关词语。

【教学组织形式】

第一步：师生分步合作。即由教师提供故事开头后，启发学生独立编拟出故事的其余部分。

第二步：学生小组自发合作。即在小组内由一个学生先编个故事，其他学生则进行修改补充。以后一种合作为主，前一种合作为辅。

【教学时间】

两课时。

【指导过程】

（一）课前准备

1. 设计一个补充余地较大的、可以多角度展开想象的故事开头。可以运用前面所写的《狐狸医生》的开头，也可以另行设计。

2. 教师备课时先构思好几种故事发展的可能性，以便对学生进行引导。

（二）指导学生产生思想内容的基本步骤与方法

1. 启发谈话。

同学们，上一次我们按照老师提供的故事开头，编写《小蚂蚁得救了》的童话故事，大家都把故事编得很生动，很有趣。今天，我们继续学习用这种方法编童话故事，相信你们会编得更好。今天我们要编的故事叫《狐狸医生》，它的开头是这样的……（用小黑板出示《狐狸医生》故事的开头，指名朗读一遍）。

2. 对开头部分进行讨论，为下面情节的展开做铺垫。

（1）狐狸打扮成什么模样？它想干什么呢？

（2）木房子里可能住着什么动物？它（们）可能生了什么毛病？

教师小结并提示：刚才同学们讨论的一些内容，可以补充到原来的开头中去，也可以放在开头后单独写一节，以点明狐狸装成医生的目的。

3. 讨论故事可能产生的各种结果。

教师启发：木房子里可能是比狐狸弱小的动物，也可能是比它强大的猛兽。狐狸遇到的动物不同，故事的发展和结果也就不一样。还有，要联系狐狸装成医生治病的目的来设计故事的结局。那么，我们想想看，可能会出现哪几种结局呢？（引导学生谈自己的设想）。

4. 指导学生如何围绕一个明确的意思编故事。

教师启发：上面我们已经讨论过，这个故事的题材是多种多样的，但是你们每一个人只能围绕一个意思来编，即故事只能有一个中心。比如你想说狐狸装成医生是为了伤害小动物，则应突出狐狸的狡诈，告诉人们不能被坏人的伪装所欺骗。假如你想说狐狸装扮成医生是为了惩治专门欺侮小动物的猛兽，则应突出它的机智勇敢。如果你想说狐狸以前很狡猾，常欺侮小动物，小动物们上动物法庭告了它，这次它为了将功赎罪，扮成医生去消灭小动物们的敌人，则应突出它能改正错误这个方面。总之，一个故事主要表达一个意思。

5. 指名好、中、差各层次的几名学生试说故事的构思。

同学们，谁先来简单地说说自己想编什么故事？只要十分简略地说明狐狸去为谁治病，是真的去治病，还是假的去治病，也就是说它的目的是什么，结果怎么样，你的故事主要想说明什么意思。

6. 引导其他学生做简要评议。

7. 让学生以小组为单位编拟故事。要求有一个学生先编个故事，进行交流，其他学生进行补充、修改。

8. 各小组派代表在班上交流。

要求交流者先说一下自己所编故事的主要意思，然后再说故事的具体内容。

9. 组织评议。

10. 小结、布置誊写。

（三）指导学生表达思想内容时的要点

1. 要求学生以教师提供的开头为基础编故事，不能另起“炉灶”；后面的情节要与开头紧密相关。

2. 在学生叙述故事时，要注意故事中狐狸装成医生的目的是什么，故事想要表明的中心意思是否比较清楚，结果是否合理。

3. 引导学生评议时，重点应放在使续编的故事情节与狐狸的目的保持一致，其次应引导学生把狐狸为动物“治病”的过程讲具体。

【教学建议】

1. 开头一节的情境可以画成图与文字配合，以增强形象性，丰富学生的表象（见下图）。另外也可以让学生做些补充，如狐狸是怎么会想到装成医生的。

2. 教师可以向学生提供一些描写人物语言、动作和神态的词语。还应在上课前有意识地介绍一些疾病、医药方面的常识。

3. 学生可能凭以前的印象，都从狐狸狡猾、爱骗人这个角度去构思故事，这

样就未免显得思路狭窄，内容单调。老师可以引导学生把狐狸的“狡猾”改变为“聪明”，让它去做有益于他人的事情，当然，也不要让所有的学生都从这个角度去思考。至于故事的结果可以是狐狸成功，也可以是失败，甚至被杀。总之，要尽力避免学生的思维过程雷同。

4. 要求学生编故事时围绕一个意思编，赋予故事一定的道理，这是个难点。教师应结合学生熟悉的故事加以指导，使学生懂得每一个故事都有一定的教育人的道理，在说写童话时始终要记住这一点。

【学生习作参考】

聪明的老狐狸（见100页，略）

狡猾的老狐狸罪有应得

上海市宝山区江湾乡中心小学二二班　张建华

从前，有一只老狐狸已经几天几夜没吃东西了，肚子饿得咕咕叫。它到处找食吃。

这一天，老狐狸听说小兔子生病了。它眼珠子一转，就想出了一个鬼主意。

老狐狸穿上了白大褂，套了一个大口罩，鼻梁上架着一副眼镜，还背了个医药箱，装成马医生的样子，来到了小白兔住的木房子门前。它“咚咚咚”地敲起了门。

小白兔问：“是谁呀？”老狐狸说：“是我，马医生！听说你生病了，我来给你治病的。”

小白兔从门缝里往外瞧了瞧，说："马医生的个子又高又大，你的个子怎么这么矮小呀？"

狐狸听了心里一惊，但它连忙解释说："哦，天太冷了。我把腰弓着呢！"

小白兔觉得不对头。它想：老牛伯伯前天告诉我，咱们森林里来了一只老狐狸，专门骗人，让我看看清楚。小白兔又从门缝里把"医生"仔细看了看，终于看出它的两只耳朵尖而小，不是马耳朵，知道它就是老狐狸。小白兔想了想，说："马大夫，你等一会，我穿上衣服就来开门。"

小白兔抓紧时间把油锅浇得滚烫，然后大声喊道："马大夫，请你从烟囱旁边的气窗跳进来！"

狐狸问："为什么？"

"风太大了，开了门，被冷风一吹，我的病会更重的。"

"好吧！"老狐狸想，"只要能让我进去，就没你的命！"老狐狸爬上木屋子的顶，掀开气窗往下就跳，正好跳在滚烫滚烫的油锅里，疼得它大叫"救命"。

小白兔说："好，我来救你！"就举起一把菜刀用劲往老狐狸头上砍下去。老狐狸痛昏了过去，倒在油锅里。小白兔还不断添柴，吹火，火越烧越旺，老狐狸被烫死了。从此，森林里就太平无事了。

（周龙兴、李文娉执笔，蒋秀珍执教）

三、模仿现有故事的结构说写童话故事

【教学内容】

老师边用玩具演示边讲述童话故事《田鼠的下场》，然后要求学生模仿这个故事的结构，说写一个新的童话故事。（故事《田鼠的下场》附后）

【教学要求】

（一）智力技能方面

1. 继续培养学生认真听讲的习惯，使他们能听懂故事的内容，对同学的发言能提出优缺点。

2. 在理解故事内容的基础上，使学生能讲出故事发生的时间、地点、角色，故事的起因、经过及结果，然后展开较合理的想象，仿编童话故事。

3. 使学生初步懂得要使故事编得生动，必须描写角色的神态、动作、对话和

心理活动。

（二）语言训练方面

1. 讲故事时要求口齿清楚，声音响亮，语气、语调能根据具体的情境和角色加以变化。

2. 书面作文时要求语句完整，力求通顺和连贯，叙述比较有条理，内容比较具体。

3. 学会用正确规范的书面语言来叙述故事，注意指称代词的恰当使用，使上下文保持一致。

（三）思想教育方面

使学生懂得干坏事、损人利己是没有好下场的。

（四）扩大知识面方面

了解某一些生物危害大自然、危害人类以及另一些生物保护大自然、对人类做贡献的有关知识。

【教学组织形式】

第一步，师生整体合作，即由师生共同讨论故事的提纲，再由教师逐步引导学生按照提纲编出故事。第二步，学生小组自发合作，即在小组内由一个学生担任主编，其他学生力所能及地进行补充和修改。

【教学时间】

两课时。

【指导过程】

（一）课前准备

制作一只木偶田鼠、一个猫头鹰头饰和几只用铅笔画成的山芋。

（二）指导学生产生和表达思想内容的基本步骤和方法

1. 启发谈话。

小朋友，上次我们编了《狐狸医生》的童话故事，大家都把故事编得很有趣。有的小朋友还把自己编的故事讲给幼儿园小弟弟小妹妹听，他们听得可有劲啦！今天，老师要请你们再编一个完整的故事，但是编拟的方法与上两次不同。好，现在先请你们听老师讲个故事，等会儿，再请你们模仿老师讲的故事自己来编个新故事。你们有没有信心把故事编好啊？今天老师讲的故事名字叫——

2. 揭示课题：《田鼠的下场》。

3. 教师边用木偶演示边讲故事。有条件的，可事先把故事录音，并配上音乐，这时在课上播放，而教师则用木偶演示进行配合。

4. 帮助学生理清故事结构。

（1）老师刚才讲的故事发生在什么时间？（板书：时间）

（2）故事发生在什么地方？（板书：地点）

（3）故事里讲到了哪些动物？还有什么？（板书：角色）

（4）故事里说了一件什么事？（板书：事情）

（5）结果怎么样？（板书：结果）

（6）你们觉得这个故事有趣吗？老师怎么会编得这么有趣的？（老师描述了角色的对话、动作、神态和心理活动。）

5. 师生合作、模仿《田鼠的下场》故事结构编拟童话。

（1）现在我们按黑板上写的几个提纲来编故事，你想编谁和谁的故事呢？也就是你编的故事中有哪几个角色？（让学生思考片刻后发表意见）

（2）在这些角色之间，会发生一件什么事情呢？这件事的结果怎样呢？（让学生思考一些时间后，指名一人编故事，要求其他学生仔细听。）

（3）你们听到的这个故事的情节是否合理？

（4）它是不是按照黑板上的结构要求编成的？编得是否完整？

（5）这个故事用了哪些好词好句？

6. 学生分组编故事。

（1）提出要求：刚才 ×× 编了 ×× 和 ×× 的故事，下面请你们分小组来编。五个人为一组，先讨论一下编个什么故事。题材定下来以后，再选一个小朋友为主编，其他四个小朋友帮助他，提醒他，人人都要动脑筋。我们来比一比，哪个小组的故事编得好。

（2）学生分组编故事，老师巡视，了解情况，并及时提供帮助。

（3）请各小组的代表汇报各自的故事题材，并指名 2~3 组的代表讲故事，让全班学生评议。

7. 总结。

小朋友，听了刚才几位小朋友讲的故事，我要祝贺你们已经学会了编一个完整的故事，你们进步了。今天回去，你们把自己编的故事讲给爸爸妈妈听，请他们提出意见，然后将你们编的故事写成文章。不会写的字可以查字典，实在查不到也可以用拼音代替。

【教学建议】

1. 由于是第一次仿编一个完整的故事，应以鼓励为主，不要提出太高的要求。

2. 可要求有条件的家长，把学生编的故事制成录音，在适当的时候，放给全班学生听，以便学生间互相交流学习，同时激发学生编故事的积极性。

3. 在教学中要注意让每个学生有发表意见的机会，避免“好生不断讲，差生坐一旁”的现象发生。

附：

田鼠的下场

一天夜里，四周静悄悄的，人们都已经睡着了。

有一只田鼠在洞口东瞧瞧，西望望，怎么也睡不着。原来它的肚子正饿得咕咕叫呢。前几天，它到甜瓜地里去偷吃甜瓜，被巡逻警察猫头鹰给逮住了，差点儿要了它的命，吓得它好几天不敢出门。这会儿，它实在是饥饿难忍，于是，偷偷摸摸地来到洞口，心想：现在已经是半夜了，猫头鹰可能在打瞌睡吧，趁这会儿赶快去弄点东西吃吃。

它“嗖”地一下蹿到了一块山芋地里，看见满地的山芋，馋得口水不住地往下流。它急忙拔了一只山芋就要啃，睡得正香的山芋被田鼠一下子从被窝里拔出来，吓得浑身发抖，结结巴巴地说：“田……田鼠大哥，别吃我呀，我还那么小，不够您吃饱的。”田鼠低头一看，可不是吗，这么小的山芋，我怎么吃得饱？它随手把小山芋往旁边一扔，转身又拔起一只很大的山芋，正要啃时，那只老山芋用沙哑的声音说：“田鼠啊，我又老又硬，你吃不了，小心把你的牙齿咬断。”田鼠听了，一想也对，就扔了老山芋，又拔了几只山芋狼吞虎咽地啃起来。这些山芋在睡梦中被惊醒，吓得连声喊：“疼死我啦！疼死我啦！救命啊！”

这时，巡逻警察猫头鹰正站在一棵又高又大的树上，睁着两只探照灯似的眼睛，警惕地巡视着周围。忽然听到从山芋地里传来的呼救声，它连忙飞到山芋地里，看见田鼠正在一个劲地啃着山芋。它想：这个坏家伙又在作案了，这回可饶不了它。猫头鹰伸出尖尖的爪子，一下扑了过去，抓住了田鼠。田鼠正“吱吱吱”啃得起劲呢，被猫头鹰一把抓住，吓得它冷汗直往外冒，心想：坏了，怎么又被它发现了。唉，真倒霉！可嘴上呢，一个劲儿地央求说：“猫头鹰大叔，求求你，再饶我一次吧！我保证再也不干坏事了。”猫头鹰说：“你这个好吃懒做的家伙，自己不好好劳动，专门偷吃别人的东西，我再不除掉你，天下就无法太平。”说完，它一口把田鼠吞到肚子里，为大家除掉了一个祸害。

【学生习作参考】

蟑螂的下场

上海市宝山区江湾乡中心小学二二班　印瑛

一个夏天的傍晚，在厨房里的一个碗橱角落里，有一只蟑螂在贼头贼脑地东看看，西瞧瞧。它发现一只盘子里有一块香喷喷的蛋糕。它高兴极了，急急忙忙地爬过去，大口大口地偷吃起来。它一边吃，一边还得意扬扬地说："啊，太好吃了！"它吃的时候，还把好多好多的细菌留在了蛋糕上。它光顾着吃了，连女主人进来的脚步声都没有听到，直到女主人开碗橱门发出响声才把它吓了一跳。女主人发现了它，要打死它，蟑螂吓得连忙逃命。

蟑螂经过这次教训，已经三天没出来偷吃东西了，肚子饿得咕咕叫。夜深了，蟑螂饿得实在忍不住了，它心里想：现在厨房里没人，我可以趁这时候去找点东西吃。于是，它放大胆子爬出来了。它看见碗里有一块面包，就狼吞虎咽地吃起来。吃着，吃着，蟑螂觉得肚子又疼又胀，头脑发昏，气也透不过来。这时候，它明白自己吃了女主人放了药的面包，可是已经来不及了。不一会儿，药性发作了，蟑螂打了几个滚就死了。

菊花和蜻蜓

上海市宝山区江湾乡中心小学二二班　许素珍

秋天到了，美丽的菊花开了，小朋友们都来赏花。有一只小虫爬到菊花的花瓣上。菊花说："小虫弟弟，你走开吧。你看见吗？小朋友们都在观赏我呢，请你别爬到我的脸上来，这样多难看呀！"可是小虫没有理睬菊花。它一边咬着菊花的花瓣，一边吸它茎里的汁液。菊花痛得叫起来："救命啊！救命啊！"这时，蜻蜓听见从花园里传来阵阵呼救声，马上飞过去。它看见菊花花瓣上有一只小虫正在吃菊花呢！于是它扑上去一口把小虫吞了下去。菊花对蜻蜓说："谢谢您救了我的命！"蜻蜓说："不用谢，这是我的工作。"说完，蜻蜓就拍拍翅膀飞走了。

（夏庆莲、单纫秋执笔，张蓓执教）

四、根据五幅图编写童话故事

【教学内容】

要求学生按《聪明的小猫》的 5 幅图，通过想象编写一个完整的童话故事。

【教学要求】

（一）智力技能方面

1. 培养仔细观察画面的能力，并能对重点画面的情节展开大胆而合理的想象。

2. 继续培养认真听别人发言并大胆提出批评和建议的习惯和能力。

3. 使学生懂得要使故事生动有趣，必须描写角色的动作、神态、心理活动和语言。

（二）语言训练方面

1. 讲故事时要求声音响亮，语句比较通顺和连贯，并能根据不同角色运用不同的语气进行叙述。

2. 书面作文时能把故事的主要情节写清楚，句子比较连贯，内容比较具体，并且用词比较确切。

（三）思想教育方面

使学生懂得在敌强我弱的情况下，要以智取胜。

（四）扩大知识面

1. 使学生了解文章中对自然景象的描写与故事情节展开有着密切的联系。例如天气寒冷，小动物的尾巴才有被冻住的可能。

2. 累积词语：白茫茫、北风呼呼、天寒地冻、铺天盖地、寒冬腊月、口水直流、狡猾、好容易、装模作样、惩罚、赔着笑脸、滴溜溜、滴水成冰。

【教学组织形式】

师生分步合作。

【教学时间】

两课时。

【指导过程】

（一）课前准备

1.《聪明的小猫》挂图一套。

2. 课前让学生仔细看课本上的插图，教师不加任何指导，由学生把图意写下来。学生写好后，教师从习作中选择有特色的3~4篇，准备交流。

（二）指导学生产生和表达思想内容的基本步骤和方法

1. 让学生交流习作。

（1）启发谈话：小朋友，昨天你们把《聪明的小猫》这个故事写出来了。大多数同学能把这个故事完整地写下来。有的同学写得不错，谁愿意把自己写的故事念给大家听？

（2）请几名同学根据课本上的插图读自己的习作。

（3）组织学生对读出来的习作进行评讲。

（4）教师小结：刚才几位小朋友写的故事各有特点。我觉得他们写的故事虽然完整，但还不够具体，也不生动，特别是第②幅图的内容没有展开。现在让我们继续认真仔细地观察画面来编故事。

2. 指导学生观察第②、第③、第④三幅图，并展开想象。

重点指导学生仔细观察图中狐狸和小猫的神态，并启发学生想象：狐狸可能想些什么？说些什么？小猫又会怎么说、怎么想？狐狸在用尾巴钓鱼时，心里又想些什么？

（引导学生展开讨论）

3. 让学生做好五幅图连起来讲的准备，具体要求是：第①、第⑤幅图的内容可以简略，但要把冬天的气候特点讲清楚。讲述中间几幅图时，要根据不同的角色运用不同的语气。

4. 指名两个学生讲故事，并组织全班学生逐个评讲。评讲的内容是：

（1）这个同学讲的故事哪些地方比较好，值得我们学习？

（2）请同学比一比，刚才这个同学和前面一个同学讲的内容哪个具体？哪个生动？为什么？

5. 总结。

我们要把故事编得具体、生动、有趣，就要展开想象，把角色的动作、神态、心理活动和对话运用不同的声调表达出来。这样别人就喜欢听我们讲故事了。

6. 布置作业。

（1）课后对昨天写的文章进行修改补充。

（2）把这个故事讲给爸爸妈妈听。有条件的可以边讲边录音。

【教学建议】

1. 在作文指导前先让学生进行笔述，其目的是调查学生独立观察、理解图意、想象和创造的能力，便于教师有重点地进行作文指导。

2. 在引导学生展开想象时，要让学生充分发表意见。例如对狐狸用什么计策去骗小猫，就可以让学生从多方面展开想象，诸如找借口换鱼、借鱼、扔鱼、帮着拿鱼等等。

3. 为了保护学生的积极性，教师对学生在表达过程中出现的问题或缺点，应善于启发引导，切忌严词批评。

【学生习作参考】

聪明的小猫

冬天到了，西北风呼呼地刮着。雪花从天上慢慢地飘下来，地上、树上、房顶上到处是白茫茫的。小河里结了厚厚的冰。

一天早上，小猫扛着鱼竿到小河边去钓鱼。它用石头在冰上砸了一个洞，把钓鱼竿放进洞里，等啊，等啊，等了好半天，才钓着了三条鱼。小猫提着鱼高高兴兴地往家走，半路上碰到了狐狸。狐狸见了小猫手里的鱼，馋得口水直流，心想：现在是冬天了，找食物实在太难了，我得把小猫手里的鱼骗过来。狐狸眼珠一转，对小猫说：“小猫，冬天河里的鱼有毒不能吃，吃了会毒死的，还是扔了吧！”小猫心想：上次你骗了我一条鱼，今天你又来骗我啦，我才不上你的当呢！我要想个办法来惩罚你。于是，小猫对狐狸说：“你要吃鱼吗？我给你指条路，从这儿一直往前走，就是小河。但是小河上结了冰，你可要用一块石头在冰上砸一个洞，然后把尾巴放进洞里，等一会儿，鱼就钓上来了。我运气不好，只钓了三条。我想你的运气肯定比我好。”狐狸听了，就按照小猫说的去做。走到河上，它用一块石头在冰上砸了一个洞，把尾巴放进冰洞里。等啊，等啊，等了好久，它想：现在鱼应该上钩了吧，它使劲一拉尾巴，可是拉不动。它想：今天肯定钓着了一条大鱼啦！它再一拉，还是拉不动。回头一看，啊呀不好了，尾巴给冰冻住了。狐狸心里很着急，大声喊："救命啊！救命啊！"这时猎人带着猎狗正好路过这里，听到狐狸的叫喊声，立刻跑过来，端起猎枪，"pā"的一枪，狐狸被打死了。猎人用石头把尾巴周围的冰砸碎，提起狐狸，高高兴兴地回家了。

（单纫秋、夏庆莲执笔，张蓓执教）

五、根据两幅图编写童话故事

【教学内容】

按《小铃铛》两幅图的图意，教师揭示故事的开头和结尾，让学生虚构故事的发展和高潮部分。

【教学要求】

（一）智力技能方面

1. 要求学生仔细观察画面，能根据小猫的不同神态进行分析推理，通过想象，虚构故事的发展和高潮部分，编一个完整的童话故事。

2. 逐步培养学生评讲的能力，使他们能按编述要求进行评讲。

（二）语言训练方面

1. 在口述故事时要内容连贯，语句完整，能选择词语。

2. 要求学生在口述时不受方言影响，力求语言规范化。

3. 能把口述的故事，写成一篇内容具体，上下文一致，语句比较连贯的童话故事。

（三）思想教育方面

使学生懂得人与人之间应该团结友爱，互相帮助。

（四）扩大知识面方面

词汇积累：得意扬扬、昂首挺胸、大摇大摆、不理不睬、傲慢、神气活现、炫耀、显示、狼狈相、湿淋淋、惭愧、后悔不已。

【教学组织形式】

主要形式是师生分步合作，即教师引导学生独立虚构整个童话故事；但是在学生确实感到困难的地方，教师必须进行提示和补充。

【教学时间】

两课时。

【指导过程】

（一）课前准备

画两幅各表示故事开头和结尾的图。

（二）指导学生产生和表达思想内容的基本步骤和方法

1. 启发谈话。

今天我们要看两幅图编童话故事，一幅图是故事的开头，一幅图是故事的结尾，中间部分要小朋友自己编。

2. 出示两幅图，引导学生仔细观察。

（1）图里有几个角色？谁是主要角色？

（2）从第一幅图中小猫的神态，可以看出这是一只怎样的小猫？你从什么地方看出来？（揭示课题：《小铃铛》）

（3）观看第二幅图中小猫神态有什么变化。

师：从小猫的神态变化，我们知道这其中肯定发生了什么事。现在就请大家编故事的中间部分。要求是：想象要合理，内容和开头、结尾要有联系，先简要地说说故事梗概。

估计学生会产生困难，教师可根据图意设计几个问题进行启发，如：小猫为什么很骄傲？后来小猫感到惭愧，又是为什么？猫开始很小气，可后来为什么又能主动把小铃铛借给同伴玩？

3. 学生自由编故事、交流、讲评。教师把学生所编内容归纳板书，估计有以下几种情况。

小猫如何落水的：（1）小猫自以为很美，到河边去照影，不慎落水。（板书：照影）（2）小猫不肯借小铃铛，众同伴缠住不放，小猫往后退，不慎落水。（板书：后退）（3）小猫独自玩，不慎将小铃铛掉进河里，它去捞铃铛而落水。（板书：捞铃铛）

同伴怎么救小猫：（1）大家看到都很着急，想法救。（板书：齐救）（2）个别小伙伴由于小猫吝啬不愿救，后经 ×× 角色规劝，就随大伙同去救了。（板书：始有不同意见，后一致行动）

4. 学生编完整的故事。

师：现在我们要编一个完整的故事了。想一想，怎样才能把故事编得具体、生动呢？

学生回答后，教师小结：对，要使故事具体、生动、有趣，就要具体描写角色的动作、神态、语言和心理活动。

让学生以小组自发合作的形式编故事，然后进行交流、评讲。

5. 作业：把虚构的童话故事写下来，要求内容具体，上下文一致，语句比较连贯。

【教学建议】

1. 为帮助学生把故事编完整，可引导学生从以下几方面去思考：（1）小铃铛的来历；（2）小花猫的神态、心理活动及动作；（3）小花猫和小伙伴们的对话；（4）小花猫落水的几种可能；（5）小花猫落水后，小伙伴们的几种表现；（6）小花猫的转变。

2. 教师应引导学生从整体出发构思故事内容，这样学生思维活跃，思考余地广，有利于培养创造性想象力，而且在编拟故事的个别情节时，不致出现前后矛盾或主题不明等弊病。

3. 教师在指导学生看图时，要抓住小花猫的神态引导仔细观察、想象和判断、推理，这样符合儿童从具体形象思维逐步过渡至抽象逻辑思维这一认识规律。

4. 教师要重视学生评讲能力的培养。这次训练要引导学生先评故事情节是否完整，想象是否合理，前后内容是否一致，然后再评用词造句是否确切通顺。

（单幼秋、李文娉、夏庆莲执笔，蒋秀珍执教）

六、根据一幅图编写童话故事（一）

【教学内容】

要求学生按《为山羊公公祝寿》的画面所展示的内容，通过想象编写一个完整的童话故事，说明“小猴菲菲”到哪儿去了。

【教学要求】

（一）智力技能方面

要求学生根据画面所提供的线索，联系猴子的特点设想小猴菲菲缺席的几种可能性，并选其中一种编写完整的故事，以发展他们大胆、合理的想象能力和创造性思维能力。

（二）语言训练方面

1. 口述故事时力求语言的规范，尽量减少情境成分。

2. 书面作文时要初步学习倒叙手法，即从故事结尾着手叙述整个故事。要求内容连贯，情节清楚，行文前后一致。

（三）思想教育方面

赞扬机智、勇敢、助人为乐的高尚行为，批评调皮、捣蛋、惹是生非的不良行为。

（四）扩大知识面

了解猴子顽皮、好动、机智和灵活等习性。

【教学组织形式】

以师生分步合作为主。

【教学时间】

两课时。

【指导过程】

（一）课前准备

画一幅小狗、小猫、小熊、老牛和刺猬为老山羊祝寿的图（见上页图）。

（二）指导学生产生和表达思想内容的基本步骤和方法

1. 启发谈话。

前几次我们根据五幅图、两幅图编写故事，大家编得很好。今天，我们要根据一幅图来编写童话故事，看谁本领大，看谁编得好。

2. 出示挂图，指导观察。

教师指导：山羊公公的生日到了，森林里的邻居约好了去给它祝寿。

这一天，小狗、小猫、小熊、小刺猬和老牛都陆续来到山羊公公家里，可是小猴菲菲还没来，大家很着急。小猴上哪儿去了呢？它可能会碰到什么事呢？

（板书课题：小猴菲菲到哪儿去了）

3. 让学生讨论小猴去向的几种可能性。（要求学生简要叙述每一种可能性。对学生的每一种叙述，教师可用一个词概括并且板书。）

4. 师生分步合作编拟童话。即选择学生提出的一种设想，按下述提纲，以学生为主编拟故事。教师仅在学生感到困难时给予帮助。

（1）在什么时候，什么地方，小猴菲菲碰到了谁？

（2）发生了一件什么事？

（3）小猴菲菲是怎么做的？

（4）事情最后怎么样？

5. 同桌互编故事情节。要求每个学生根据小猴子的特点独立编拟，内容尽可能和别人不一样。

6. 交流各自编的故事内容，并进行评点。评点的要求是：情节生动、清楚；内容连贯、完整；词语贴切、丰富。

7. 教师总结（视口编情况进行总结）。

8. 把口编的故事写下来。

9. 由学生评选出好作品并编成童话集。

【教学建议】

1. 在讨论小猴菲菲去向的各种可能性时，引导学生展开充分想象，鼓励他们积极发言，尽可能地让更多的学生得到锻炼。

2. 使用倒叙对二年级同学来说是个难点，要求不能过高，因此，老师在指导时，要给一个词做过渡。如：小猴菲菲上哪儿去了呢？原来在去山羊公公家的路上……

3. 要求学生口编故事时情节不要过于复杂，以减少书面表达时的困难。

【学生习作参考】

小猴菲菲上哪儿去了

上海市宝山区江湾乡中心小学二二班　姜晓相

山羊公公的生日到了，森林里的小动物都到山羊公公家祝贺。可是，小猴菲菲没来。小动物们想：小猴菲菲上哪儿去了呢？原来，菲菲在半路上遇到了一点麻烦。当时它一边走路一边唱歌，还在路边采野花。它走到一片草地上，看见又青又嫩的草，菲菲想：山羊公公老了没有牙，不能吃硬的东西，这些嫩青草山羊公公准爱吃。想到这里，菲菲拿出一个大口袋，把割下来的嫩草放在袋子里，飞快地向山羊公公家跑去。正在这时，从树林里窜出一只大灰狼。大灰狼一见小猴，心里暗暗高兴。它想猴子的心能治百病，就向菲菲扑去，可是它扑了个空。因为菲菲"吱溜"一声爬上了一棵又粗又大的树。菲菲在树枝上对着大灰狼做怪脸。这下可把大灰狼气火了。它用足力气去撞那棵大树，树倒没撞倒，自己却撞得头破血流。大灰狼只好丢下菲菲，急急忙忙奔向森林医院挂急诊去了。小猴菲菲高兴得马上爬下树，向山羊公公家跑去，所以它迟到了。

（夏庆莲、单幼秋、李文娉执笔，蒋秀珍执教）

七、根据一幅图编写童话故事（二）

【教学内容】

向学生提供一幅简图，图上有一只猴子，头上有一个大疙瘩，其神态显得痛苦，一只手正抚摸着头上的疙瘩。图上无其他事物，背景是一张白纸，要求学生据图想象，编一个题为"小猴子头上的包"的童话故事。

【教学要求】

（一）智力技能方面

1. 培养学生观察、联想、推理和创造性思维的能力。

小猴子头上的包

2. 能根据简图和给予的题目，结合猴子的特点，设想小猴子头上那个包的来由和事情的发展过程，编一个完整的童话故事。

（二）语言训练方面

1. 语句完整，尽量不出现口语中的情境成分。

2. 句子前后连贯，叙述较有条理。

3. 学会使用因果关系的简单复句。

（三）思想教育方面

要求所编故事有积极意义，通过说、写故事，使同学们受到一定的教育。

（四）扩大知识面方面

1. 学习运用描写猴子动作的词语和表示它痛苦神态的词语，如：搔头抓耳、蹦蹦跳跳、皱紧眉头、痛得咧开了嘴、抚摸、哭笑不得、眼泪直淌等等。

2. 了解猴子机灵、好动、顽皮的特性，并根据其特点构思故事的起因与发展过程。

【教学组织形式】

以学生小组自发合作为主，师生分步合作为辅。

【教学时间】

两课时。

【指导过程】

（一）课前准备

1. 画好一幅简图。（见［教学内容］）

2. 上课前几天有意识地向学生介绍一些猴子的特性及有关猴子的故事。

（二）指导学生产生思想内容的基本步骤与方法

1. 启发谈话：小朋友，今年秋游时，我们去了上海动物园。在动物园内有好多动物，你最喜欢什么动物？（学生交流）刚才有好多小朋友说很喜欢猴子。谁说说，猴子有哪些特点？（聪明、机灵、好动、爱模仿）

2. 出示挂图：小朋友，今天我们来编一个关于猴子的故事，好吗？怎么编呢？先请大家仔细地看图。图上的那个猴子怎么啦？（头上有一个鸡蛋大小的包）

3. 启发学生构思故事内容。（设想包的由来）

大家想想看，小猴头上的包是怎么长出来的？它有哪些可能？请你们简要地说一说。（教师板书学生们构想的各种原因，例如：顽皮、贪玩、不讲卫生、做好事、逞能等）

4. 明确作文要求：小朋友们，你们真行，想到了那么多的可能性。接下来就请每个小朋友从这些设想中挑选一种编一个完整的童话故事。故事的题目就叫作“小猴头上的包”好吗？编故事时有几个要求，请听清楚：①故事要完整，首先要把事情是怎么发生的讲清楚。②把事情的经过编得详细一点。③最好能将故事编得生动有趣一点。

5. 学生以小组为单位编故事。（约 10 分钟）

6. 各小组派代表交流所编故事，并且让全班同学按下述问题逐一地进行评讲。

（1）故事编得是否有意义？

（2）故事是否讲得有头有尾，比较完整？

（3）你认为哪些地方编得比较好，哪些地方不够好？怎么修改？

（三）对学生表达文章思想内容的指导

1. 启发谈话：小朋友，听了你们的故事后，我真高兴。你们根据这幅十分简单的图，编出了那么多内容不同、生动有趣的故事，你们愿意自己所编的故事让更多的人知道吗？当然都愿意。那么在第二节课上请大家把自己编的故事写下来。

2. 指导要点。

（1）要求学生合理地构想故事情节，首先要求所编的故事的起因要符合猴子的特点，并能够产生图上所展示的结果（猴子头上出现包）。

（2）结合讲评故事是否生动有趣，教会学生使用描写猴子动作和痛苦神态的词语。

（3）对故事的发展和高潮部分的表达加强指导，以求故事内容生动、具体，句子完整和连贯。

（4）指导学生运用角色对话、小猴心理活动叙述、长辈的教育等形式，点明故事的思想意义，使故事给人们以教益。

【学生习作参考】

猴子头上的包

上海宝山区江湾乡中心小学二二班　陈豪

一个冬天的早晨，西北风呼呼地吹，河面上结了一层厚厚的冰。小松鼠、小白兔、小狗、小猫和小猴都来到冰上玩。小狗溜冰溜得可好啦。小松鼠说：“我们大家一起跟小狗学溜冰好吗？”小白兔、小猫都说：“好！”就是小猴不服气。它说：“溜冰有什么了不起，我才不跟小狗学呢！”说完就走开了。小松鼠、小白兔和小猫跟小狗学得很认真。没过多久，它们都学会了溜冰。

有一天，它们举行溜冰比赛。小松鼠、小白兔、小猫和小猴都做好了准备。小狗当裁判。小狗一吹口哨，小动物们都像离弦的箭一样朝前溜。可是，小猴刚起步就摔了个大筋斗，头撞在冰上，小猴疼得哇哇直叫。小动物们看见后连忙往回溜，溜到小猴身边亲切地问：“小猴，你怎么啦？”小猴流着眼泪说：“我头疼。”大家一看，都叫起来：“哎哟，你头上撞出个大包。小猴啊，你以后可要虚心学习，不要逞能啊！”

（周龙兴执笔，张蓓执教）

八、童话故事续编

【教学内容】

要求学生续编《狐狸和乌鸦》的故事。故事原文见人教版小学二年级语文上册。

【教学要求】

（一）智力技能方面

要求学生通过合理的想象延伸《狐狸和乌鸦》故事的内容，设计出各种不同的结局，以培养他们创造性思维的能力。

（二）语言训练方面

1. 口述故事时能根据不同的角色使用不同的语气。

2. 在讲述时能注意克服代词重复、指代不明等语病。

3. 能把故事续编部分用通顺、连贯、前后一致的书面语言表达出来。

（三）思想教育方面

使学生懂得遇事要积极动脑筋，要善于从失败中吸取教训，用智慧战胜敌人。

（四）扩大知识面方面

介绍一些用智慧取胜的故事，如阿凡提的故事。

【教学组织形式】

以小组自发合作为主。

【教学时间】

两课时。

【指导过程】

（一）课前准备

要求学生熟悉《狐狸和乌鸦》这篇课文内容，并能口述这个故事。

（二）指导学生产生和表达思想内容的基本步骤和方法

1. 导入新课题。

今天我们又要学会一个新的本领，就是为已知的童话故事增加新的情节。现在我们要把《狐狸和乌鸦》这个故事再往下编，使这个故事情节更加曲折，内容更加有趣。谁能把《狐狸和乌鸦》这个故事讲给大家听？（指名讲故事）

2. 启发谈话。

（1）你觉得这是一只怎样的狐狸？从哪里看出来？

（2）乌鸦通过这件事以后会接受什么教训？

（3）狐狸把乌鸦叼的一片肉骗走了，有可能它把肉全吃了；有可能它吃到一半时碰到了什么情况；也有可能它还没有来得及吃突然发生了什么事。现在希望每个小朋友开动脑筋，大胆想象，把故事往下编。（让学生思考一段时间，然后请他们充分讨论故事发展的各种可能性。教师把每一种可能概括成小标题进行板书，再由各小组任意选择一个标题编拟故事。）

3. 以小组自发合作的形式编拟故事。

4. 各小组代表交流所编故事，并进行集体评讲。

5. 教师总结。

今天我们又学会了一项本领，为一个大家所熟悉的童话故事延伸情节，使故事更加生动、有趣，更加富有教育意义。（然后教师针对学生编述中的优缺点进行评讲。）

6. 布置作业。

下面一节课请小朋友把自己编的故事写下来。写的时候要注意语句通顺、连贯，上下文要一致，还要用上好词好句。

【教学建议】

1. 学生会大胆设想狐狸骗走乌鸦叼的一片肉以后各种可能发生的情况，教师要及时地用小标题进行概括。

例如：

（1）乌鸦从此接受教训，狐狸再次行骗时，乌鸦不再上当了。（板书：不再上当）

（2）当狐狸第二次又来骗乌鸦时，乌鸦想办法报复。（板书：想法报复）

（3）乌鸦的肉被骗走了，它很伤心，请别的动物去惩罚狐狸。（板书：请求援助）

（4）别的动物设法替乌鸦从狐狸那儿把肉骗回来。（板书：把肉骗回）

（5）乌鸦上当后，把自己的教训告之于众，使别的鸟兽不再上当。（板书：忠告同伴）

2. 为了使续编的情节同已知的故事连贯起来，教师可引导学生用一句话作为续编故事的开头。例如"乌鸦叼的一片肉被狐狸骗走以后……"或者"狐狸从乌鸦那儿骗到了一块肉，正要进洞的时候……"

3. 在教学过程中，自始至终要贯彻合作教育的思想。教师要尊重学生，要以平等的地位和学生一起讨论和设计故事内容。

4. 为了提高学生兴趣，建议班级集体编一本童话集，将学生的佳作收集起来。有条件的可复印成册，使学生人手一本。

【学生习作参考】

乌鸦和狐狸

上海宝山区江湾乡中心小学二二班　阎文娟

狐狸骗走了乌鸦嘴里的肉，乌鸦一肚子都是气。这时候正好它的好朋友画眉、黄莺和仙鹤经过这里，乌鸦便把自己受骗的事告诉它们。朋友们听了都很生气，说："我们帮助你把肉给夺回来。"经过一番商量，它们一起飞到狐狸的洞口。画眉弹起琴，黄莺唱起歌，仙鹤跳起舞。狐狸在自己洞里正想吃肉，听到音乐声后忙放下肉钻出洞来看。狐狸央求这些鸟儿说："你们的琴声真优美，你们的歌声真动听，你们的舞姿真好看，再演一次好吗？"于是，它们又弹起琴来，唱起歌来，跳起舞来。乌鸦趁着这机会飞进狐狸的洞里，把肉叼了回来。

（夏庆莲、单纫秋执笔，张蓓执教）

九、童话故事新编

【教学内容】

要求学生根据新增加的角色重新编拟《狼和小羊》的故事。（故事选自人教版小学二年级语文下册，内容附后。）

【教学要求】

（一）智力技能方面

1. 使学生能在原有的故事中加进新的角色，虚构新的情节，以改变故事原来的结局，发展创造性思维的能力。

2. 能根据所增加角色的特点，设计巧妙的办法营救小羊，培养想象的逻辑性和独特性。

（二）语言训练方面

1. 要求口齿清楚，声音响亮，并且比较生动地口述故事内容。注意克服说话中的语病，如语言不流畅时发出的“唔……”及“这个……那个……”等。

2. 能把故事完整地写下来，要求语句通顺、连贯，内容前后一致。

（三）思想教育方面

使学生懂得对本性凶残的敌人不能束手待毙，必须以智取胜。

（四）扩大知识面方面

组织学生每天收看电视节目“动物世界”，向他们介绍一些有关的动物及其习性的知识。

【教学组织形式】

以小组自发合作为主。

【教学时间】

两课时。

【指导过程】

（一）课前准备

教学《狼和小羊》，要求熟读课文，会口述故事。

（二）指导学生产生和表达思想内容的基本步骤和方法

1. 导入新课题。

上一节课我们对《狐狸和乌鸦》这个故事进行了续编，编得很好。今天我们又要对我们学过的一个故事进行改编。改编的方法是在故事里加进一两个新角色，为故事虚构一些新的情节，使故事的结果发生变化。这样做的难度比较大，我们试试看好吗？现在请一位同学把《狼和小羊》的故事讲给大家听。

2. 启发谈话。

（1）狼三次找碴的目的是什么？结果怎么样？

（2）可怜的小羊被凶恶的狼吃掉了，听了这个故事，大家都很同情那只小羊。今天我们能不能把这个故事的结果改变一下，即不让狼吃掉小羊。你们说行不行？改编故事时要注意：狼要吃羊的本性是不会变的，小羊是斗不过恶狼的，只有加进一两个角色才能够想办法救出小羊。那么，究竟加进什么角色呢？怎样救呢？这就要我们大家动脑筋了。

3. 引导学生大胆想象，提出各种不同营救小羊的设想。

（教师将学生所加角色和营救小羊的方法简要地板书）

4. 让各学生小组任意选择板书中的一项，并按自发合作的形式改编故事。要求他们做到：

（1）狼要吃小羊的情节不能改变。

（2）所增加的新角色必须在故事开始或中间就要交代，不能在结尾才出现。

（3）必须根据所增加角色的特点想象营救小羊的办法。

（4）为了使故事生动、具体，要描写角色的动作、神态、语言和心理活动。

5. 各组代表交流新编的故事并进行集体评议。

6. 教师总结（根据学生编述的实际情况进行鼓励或指正）。

7. 布置作业。

刚才各小组都说了自己改编的故事。但是大家可以不受这些构思的束缚，在故事里加入更理想的角色和运用更巧妙的办法营救小羊。在下面一节课，我要求每个小朋友先按照自己的构思把这个故事从头到尾讲一遍，然后把它写下来。

【教学建议】

1. 关于故事的新角色及营救小羊的办法，提出下述各种设想供教师启发学生讨论时参考：

（1）在狼和小羊争论时，旁边有头老牛正在吃草，由老牛出来主持公道。（板书：老牛　主持公道）

（2）猴子看到狼欺侮小羊愤愤不平，就智斗恶狼，救出小羊。（板书：猴子智斗恶狼）

（3）树上有只小鸟看到恶狼几次找碴要吃小羊，赶紧飞去报告狗大哥，请狗

营救小羊。（板书：小鸟　向狗求援）

（4）小羊在喝水时，大象也在喝水。象看见恶狼欺侮弱小的羊，就用计惩罚狼。（板书：大象　惩罚恶狼）

2. 课前教师可以讲述或组织学生阅读有关“智斗”一类的故事，使学生从中得到启示。

3. 举行小队或中队故事会，使每个学生有交流自己作文的机会，以提高学生改编童话故事的兴趣。

附：

狼和小羊

狼来到小溪边，看见小羊正在那儿喝水。

狼非常想吃小羊，就故意找碴儿，说：“你把我喝的水弄脏了！你安的什么心？”

小羊吃了一惊，温和地说：“我怎么会把您喝的水弄脏呢？您站在上游，水是从您那儿流到我这儿的，不是从我这儿流到您那儿去的。”

狼气冲冲地说：“就算这样吧，你总是个坏家伙！我听说，去年你在背地里说我的坏话！”

可怜的小羊喊道：“啊，亲爱的狼先生，那是不会有的事，去年我还没有生下来呢！”

狼不想再争辩了，龇着牙，逼近小羊，大声嚷道：“你这个小坏蛋！说我坏话的不是你就是你爸爸，反正都一样。”说着就往小羊身上扑去……

（单幼秋、夏庆莲执笔，张蓓执教）

十、归纳情节提纲写童话故事（一）

【教学内容】

教师先讲述《小白兔搭桥》这个童话故事，然后由师生合作归纳出故事情节发展的提纲，让学生按照提纲说写情节相同或相近而内容不同的新的童话故事。

【教学要求】

（一）智力技能方面

1. 培养学生认真听的习惯，让他们学会边听边想象（即在头脑中将故事情节变成一个个画面),边听边思考(即思考:主人公是谁?它在哪儿?遇到了什么事?它想什么办法解决问题?结果怎么样?)

2. 通过简要地概括故事内容，列出故事的情节提纲，培养学生的抽象逻辑思维能力。

3. 让学生学习按已知童话故事的情节提纲说写新的童话故事，发展创造性思维能力。

（二）语言训练方面

要求口齿清楚、响亮。书面表达时语句通顺、连贯，条理清楚，不出现口语中的情境成分。

（三）思想教育方面

教育学生遇到困难要自己动脑筋想办法去克服，不能害怕，要敢于和坏人坏事做斗争。

（四）扩大知识面方面

启发学生多角度地选择新编故事角色，即不仅可以选择动物，也可以选择植物或非生物；对困难或险境也可以做多种考虑，可以是自然灾害，也可以是突发事件。启发学生将原故事中的某些好词好句用进自己新编的故事。

【教学组织形式】

师生分步合作（即基本上让学生独立编拟故事，老师仅在学生遇到困难时适当指点）和学生小组自发合作（三四个学生编为一小组，由其中一个主编故事，其余人补充修改）。

【教学时间】

两课时。

【指导过程】

（一）课前准备

通过课外阅读，使学生积累各种动物、植物和非生物的知识，了解它们的主要特点。并事先将《小白兔搭桥》（全文附后）的故事录音。

（二）指导学生产生和表达思想内容的基本步骤与方法

1. 启发谈话。

小朋友，在二年级上学期，我们已经学编了很多童话故事，大家编得都很好。有的小朋友还把自己编的故事讲给一年级的小弟弟小妹妹听，很受欢迎。你们编的故事有些还被选登在刊物上呢！这学期我们要继续学编童话故事，相信你们一定会比上学期编得更加生动有趣。今天我们用什么方法来学编童话故事呢？请大家先听一个故事的录音。

2. 听故事《小白兔搭桥》的录音，要求归纳其主要内容。

教师要求学生边听边思考下述三个问题（出示小黑板）：

（1）故事的题目是什么？

（2）故事里有哪些角色（动物）？

（3）谁和谁之间发生了一件什么事？结果怎么样？

教师通过板书归纳学生对上述问题的回答：

小白兔搭桥

想吃

小白兔←————大灰狼

————→

战胜

（脱险）　　　　（摔死）

3. 第二次听故事录音，要求理出其情节发展的提纲。

（1）教师要求学生按下述问题思考故事情节（出示小黑板）：

故事先说什么？再说什么？接着又讲什么？最后讲什么？

（2）教师通过板书归纳学生列出的情节，并将它们概括成一般的写作提纲：

小白兔回家→碰到大灰狼→智斗大灰狼→使大灰狼摔死

（出发）　　（遇险）　　（想办法）　　（脱险）

4. 指导学生按故事情节发展所展示的写作提纲编童话。

小朋友，刚才我们一起归纳了童话故事《小白兔搭桥》的发展情节，（指板书）它先讲……再讲……又讲……最后讲……现在，老师要你们按照这些情节所展示的写作提纲，也来编一个童话故事。故事的角色要和《小白兔搭桥》不一样，事情也要不同；但是，情节提纲要和它一样。也就是说，先要讲清主人公是谁，它去什么地方；再讲它碰到了什么困难或危险；接着要讲清它想出什么办法解决问题；最后讲产生什么结果。故事里的困难和危险不一定是遇到凶恶的猛兽，也可以是大自然造成的困难，例如大河挡路、狂风暴雨、火山爆发等等。对付的办法可以是像小白兔一样由自己想出来的，也可以是向别人求援后由别人想出来的。结果可以是主人公脱险，也可以是因为敌人太狡猾或困难太大而无法脱险，但给人们留下了教训。

5. 让学生按照教师提的要求独立构思新的童话（5分钟），然后指定一名学习成绩中等的学生发言，并按下述要求引导全班学生评议：故事情节的发展是否符合提纲要求？各个情节的内容是否交代得明白清楚？解决问题的办法是否合理？

6. 学生以小组自发合作的形式编故事（约 10 分钟），然后组织交流评议。

7. 教师总结：今天大家的积极性很高，编的故事都很生动有趣。请你们回家后把自己编的故事讲给爸爸妈妈听，让他们提提意见，然后写下来。我们将把写得最好的故事评选出来，交给幼儿园的老师，让他们讲给小弟弟小妹妹听。

【教学建议】

1.“课前准备工作”中课外阅读是一种常规训练，应创造充分的条件并经常督促学生去从事这种训练。

2. 在可能的条件下，在播放《小白兔搭桥》的故事录音时，可同时出示图片或放映幻灯片，使学生视、听、想相结合，丰富头脑中的表象。

3. 学生的小组应包括学习成绩好、中、差不同层次的学生，以便在编拟童话时能自发合作，互相帮助。

【学生习作参考】

小老鼠过河

上海市宝山区江湾乡中心小学二年级　周瑾

星期天早上，小老鼠到姑妈家去玩。走着走着，小老鼠看见河水漫过了小桥，原来昨天晚上刚下了一场大雨。小老鼠急得都要哭了，可是它想哭有什么用，一定要想个办法。小老鼠看见旁边有一棵柳树，它拉住柳树条想荡过河去，可是它一看不行啊，河太宽荡不过去。小老鼠又看见岸边有两只又圆又大的鹅蛋，正好一只大乌龟爬过，不小心碰到了一只鹅蛋，那只鹅蛋滚动时撞在一块石头上碎成了两半。小老鼠一想，蛋壳不是可以做小船的吗？于是，它就把半个蛋壳放进河里，然后站在蛋壳里，再拿一根竹子用力地撑过河去。小老鼠终于到了河对岸，它眉开眼笑地向姑妈家走去。

蚯蚓与公鸡

上海市宝山区江湾乡中心小学二年级　李铮

一条蚯蚓埋头在田里松土，工作了一阵觉得很闷，就钻出地面。蚯蚓自言自语地说：“多美的世界啊！”

蚯蚓爬啊爬，爬到饲养场旁。一只公鸡看见了，飞快地跑过来要吃蚯蚓。蚯蚓连忙说：“你别吃我，我对庄稼有好处。我会松土，可以让麦苗钻出地面。”公鸡说:“什么麦苗不麦苗的，这不关我的事，反正我要吃掉你。”蚯蚓想了想，又说:“我刚才被毒蛇咬了一口，要是你吃了我，你就会死的。”公鸡说:“我才不信呢！”蚯蚓说:“你不信，那就先尝尝我的尾巴吧！”公鸡听了，就啄下蚯蚓的尾巴吃了。公鸡哪里知道蚯蚓的尾巴脱落后还能再生。正当公鸡吃得津津有味时，蚯蚓趁机钻进地里，又松起土来。

附：

小白兔搭桥

有只小白兔在外婆家玩了一天，天快黑的时候，它要回家。临走时，外婆送给小白兔好多好多好吃的东西，还给了它一支手电筒说：

“小白，路上要小心，别贪玩，要走大路，别走小路，小路上有大灰狼，记住了吗？”

“知道啦！外婆您放心吧！”

小白兔拿起手电筒，带上外婆给它的东西就走了。

小白兔顺着大路往前走着，天上的月亮又圆又大，把地面照得特别的亮。小白兔边走边想：月亮这么亮，还要打什么手电筒呀，它就把手电筒放在兜里了。走了一会儿，小白兔又想，月亮这么亮，大灰狼一定不敢出来，我还是走小路吧，小路可近多了。早点回家，省得妈妈着急了。

小白兔这么一想，就拐弯走上了小路。

过了一会儿，月亮被一大片乌云挡住了，地上一片漆黑。小白兔心里有点害怕起来。它赶忙拿出手电筒照亮，心里还想，万一碰上大灰狼怎么办呀?

说来也巧，就在这时候，从路旁的石头后面，真的窜出一只大灰狼。这只大灰狼，瞪着两只绿眼睛，吐出长长的舌头，挡住了小白兔的去路：

“哈哈！小白兔，站住！”

“啊！是……是……大灰狼，你要干什么？”

小白兔吓得话都说不出来了。

“干什么？！要吃你！快过来，别让我费劲儿，快点！快点！过来！”大灰狼恶狠狠地说。

小白兔吓得直哆嗦，话都说不清楚了:“大灰狼，求求你别吃我，我……我……我给你好多好吃的东西。”

小白兔说着，把它带的好吃的东西全都拿了出来。

可大灰狼连看也不看："谁要你这些东西，我都好几天没吃肉了，我就是要吃你！哈哈哈！"

小白兔吓得快要哭了，可它一想，不行啊，哭有什么用啊，还是想个办法吧。它擦了擦眼睛对大灰狼说：

"大灰狼,你先别吃我,我太小太瘦了,你也吃不饱。我带你到一个兔子窝里去，那儿有好多好多小兔子呢，让你吃个饱！"

大灰狼一听，小白兔要带它到兔子窝去，心里可高兴啦，可是它又怕小白兔骗它，就吓唬小白兔说："带我到兔子窝去？真的吗？要是真的带我到了兔子窝，我就不吃你。不过，你要是骗我，我可就不客气啦！"

大灰狼心里想，哼，到了兔子窝，我连你也一块吃掉。

小白兔领着大灰狼朝山顶走去。到了山顶，大灰狼一看，前面没有路了，只有一条又宽又深的山沟，根本没有什么兔子窝。大灰狼瞪着两只凶恶的眼睛问小白兔：

"喂！小东西，兔子窝在哪里！你敢骗我！"

说着，大灰狼就扑了过去，要吃小白兔。

小白兔一边往后退一边说："我没骗你，还没到呢！兔子窝就在对面的那个山头上。"

大灰狼一看，要到对面的那个山头去，得跳过这条大山沟，可这条山沟深得看不到底，又那么宽，要是掉下去，肯定要摔死。

"小东西，你还敢骗我！这么宽的山沟，我怎么过得去？！"

小白兔不慌不忙地说："你别着急呀，我会搭桥。"

大灰狼急着要吃兔子肉，就说："快点搭，快点搭，搭好桥，我就放了你。"

拿什么来搭桥呢？小白兔想了想，好哩！我就搭个让它完蛋的桥吧！于是，小白兔拿着手电筒，对准对面的山头，一按开关，马上从手电筒里射出一条白色的光柱，正好落在对面的山头上，看上去就好像搭起了一座独木桥，把两个山头连在一起了。

"好啦，桥搭好啦，大灰狼，请快过去吧，兔子窝就在对面的那个山头上。"

大灰狼一见有了桥，心里别提有多高兴啦！它刚要过桥，可绿眼珠一转，又回来了，冲着小白兔说："谢谢你啦，小白兔，你的任务完成了，先让我吃了你，填填肚子吧！"

"啊！大灰狼，你，你不讲理！"

"讲理还叫大灰狼吗？嘿嘿……"

大灰狼要抓小白兔，小白兔忙把手电筒一关，刚搭好的“独木桥”不见了。大灰狼一见桥没有了，心里又急又气，它知道是小白兔干的，但怕吃了小白兔没人给它搭桥，不能吃到更多的兔子，就赶紧装出一副笑脸对小白兔说：

“别拆桥！别拆桥！我是跟你开玩笑呢。快，快把桥重新搭好，我保证不吃你！”

“真的不吃我？你说话可算数？”

“真的！”

小白兔故意装出不高兴的样子，又打开手电筒，在两个山头之间搭起了一条光柱做的桥。

“快过去吧，要不，我就拆了！”

“哎——哎，别拆，我这就过去！”大灰狼怕小白兔再把桥拆掉，就急忙顺着手电筒射出的光柱向前一蹿，它一脚踩空，掉到山沟里摔死啦！

小白兔用手电筒照了照摔死在山沟里的大灰狼，看见它再也爬不起来了，就高高兴兴地回家去了。

（选自“小喇叭丛书”第一辑）

（周龙兴执笔，蒋秀珍执教）

十一、归纳情节提纲写童话故事（二）

【教学内容】

先安排学生听故事《小燕子拜师》（全文附后），然后引导他们归纳故事的主要内容，列出该故事的情节发展提纲，最后指导他们根据提纲编出新的童话故事。

【教学要求】

（一）智力技能方面

1. 引导学生将故事的内容压缩提炼，用简明扼要的词语将故事情节发展的提纲表示出来，以培养他们的抽象逻辑思维能力，并帮助他们掌握概括文章主要内容的一般方法。

2. 要求学生根据原故事的情节提纲，变换角色与内容，构思编写新的童话故事，以进一步培养他们的想象能力和创造性思维能力。

（二）语言训练方面

1. 口述时要求口齿清楚，声音响亮，吐字流利，有语调的变化。

2. 书面叙述时要求语句通顺、连贯、条理清楚，不出现口语中的情境成分。

（三）思想教育方面

1. 通过听、编故事，使学生懂得骄傲必败的道理，从而自觉培养谦虚谨慎、戒骄戒躁的思想品质。

2. 使学生懂得每个人都有长处与不足，不能光看到别人的不足，而要注意学习别人的长处，弥补自己的不足。

（四）扩大知识面方面

1. 让学生通过课外阅读了解各种动物和植物的特点与特长，知道编故事时要抓住它们的特点来构思情节。

2. 启发学生将原故事中的一些描写角色神态的词语用进自己新编的故事，并学习通过写对话来反映角色心理活动的方法。

【教学组织形式】

第一课时听故事，拟提纲，试编试说，采用师生分步合作的教学组织形式。

第二课时先让学生独立编写童话，然后交流和评议，采取小组自觉合作的教学组织形式。

【教学时间】

两课时。

【指导过程】

（一）课前准备

1. 将《小燕子拜师》的故事录音。

2. 上课前几天让学生在课外阅读《龟兔赛跑》的故事及几本介绍动物和植物知识的书。

（二）指导学生产生思想内容的基本步骤与方法

1. 启发谈话。

同学们，上一次我们学习了按情节提纲编故事的方法，大家都学得很好，编的故事也很生动有趣。比如 ××× 同学编的是《小猴菲菲智斗海盗》，说的是小猴菲菲在大海中航行时遇到了海盗，后来凭自己的机智勇敢地脱了险。×× 同学写小白鼠由于河水冲毁了桥无法过河，后来动脑筋利用当地的自然条件十分巧妙地过了河。总之，大家都能按照规定的情节发展提纲，根据动物的特点，各编各的故事，内容丰富极了。

今天我们继续学习按情节提纲编故事，所不同的是：（1）故事的情节发展提纲，与《小白兔搭桥》不同，因此我们所编故事的内容也要相应地发生变化。（2）

小组合作的形式不同。上次我们采取的是小组自发合作，即由一人主讲，其余的人补充修改。这次是采取小组自觉合作，即要求每个同学先按提纲编好一个故事，然后在小组内交流和互评。老师相信你们会比上次编得更好，你们有信心吗？

2. 听《小燕子拜师》故事录音，要求归纳其主要内容。

教师要求学生边听边思考下述三个问题（出示小黑板）：

（1）故事的题目是什么？

（2）故事中有哪些角色？

（3）这些角色之间发生了一件什么事？结果怎样？

教师通过板书归纳学生对上述问题的回答：

拜　师

小燕子　　　　癞蛤蟆

（得了奖）

瞧不起

比赛捉虫

（输）　（野鸭裁判）　（胜）

3. 要求学生讨论归纳情节发展的提纲。

（1）教师启发：我们知道了故事的主要内容，下面我们再分析一下这则故事的情节是怎样发展的，即它先讲什么，再讲什么，接着又讲什么，最后怎么样。

（2）教师根据学生的讨论将故事情节概括成一般的写作提纲（板书）：

得奖—骄傲—失败—教训

4. 指导学生按故事情节发展提纲试编童话故事。

（1）启发谈话。

上面我们已经归纳出《小燕子拜师》的情节发展提纲，现在我们就按照这个提纲试编故事。《小燕子拜师》这个故事讲的是小燕子参加鸟类运动会，得了捉虫比赛优胜奖。现在让我们想想，还有哪些动物可以作为故事的主角，它们各有什么本领，参加了什么比赛，得了什么荣誉呢？（让学生发言，学生们可能会提到：青蛙善跳远、游泳，小猴子善爬树，海狮善顶球，小猫善捉鼠、爬树、捉鱼，小鸡、小鸟等善捉虫，蝙蝠善捉蚊子，蜘蛛善织网捉虫，小百灵和黄莺善唱歌，等等。）

那么，我们想一想，如果主人公骄傲了，它们会有哪些表现呢？（学生发言）

好，大家的思路很广，想到了好多角色和它们的各种表现。接下去我们就要编故事了。编的时候，还要注意一点：故事中的两个动物可以是一样的，也可以是不一样的。但它们之间必须有一个共同的特长，比如小燕子和癞蛤蟆虽不是同一类动物，但它们都有捉虫的本领。所以，它们才可以进行捉虫比赛。明白了吗？

（2）指导试编。

①让学生各自构思故事内容。（约 5 分钟）

②指名交流。

③进行大组评议，要求是：A. 扣住提纲；B. 想象合理；C. 骄傲的起因、发展及结局交代清楚；D. 有角色的语言、行为和心理活动。

5. 要求各学生小组以自觉合作的形式编拟童话故事，然后组织交流和评议。

6. 教师总结。

今天我们又一次学习了按提纲编故事的方法。希望同学们能把这一本领掌握好。它对我们升入中、高年级后写文章是很有帮助的。故事誊清后，我们要选一些好的张贴在“学习园地”内，并且送到幼儿园老师那里，让他们讲给小朋友听。下一次作文课我们要学习另一种编写童话的新本领。我想，你们一定很愿意学习更多的知识和本领的，是吗？

（三）指导学生表达思想内容时的要点

1. 要让学生把故事的时间、地点、角色（人物）和事件等要素交代清楚。

2. 要求学生严格按照规定的情节提纲来构思故事，讲清事件的发生、发展、高潮和结局。在指导学生试编故事时教师必须紧紧扣住这个要求，评议时也要以此为标准。

3. 学生小组讨论时，教师应通过巡视了解不同学习水平的学生所编的故事。在班级交流时，教师应抓住普遍性、倾向性的问题引导学生议论、矫正，然后布置学生修改和誊清自己的作文。

附：

小燕子拜师

这年春天，小燕子参加完鸟类运动会，带着闪闪发光的大奖章从南方回来了。它看看原来的旧巢又脏又破，盖满了灰尘，就决定筑一个新巢。

筑巢得有泥呀，小燕子飞到水边来衔泥，它这边啄啄，那边啄啄，小沟里的泥真硬，啄不动。

就在它急得团团转的时候，一个闷声闷气的声音传来了：“再往前走走，水边的泥软。”

咦，这是谁在说话？小燕子顺着声音看过去，只见水面上露出一对四周有金边的眼睛。它认出来了，是一只大大的癞蛤蟆。

小燕子没好气地说："什么？说得倒轻巧，弄脏了我的大奖章你赔吗？"

癞蛤蟆听说小燕子得了一块大奖章，就游过来。它爬上岸，走到小燕子的跟前，仔细一看，嗬！小燕子的胸前真的有一块大奖章。它对小燕子说："你的运气真好！""运气？这是凭本领得来的。告诉你吧，这是捉害虫冠军的奖章。"癞蛤蟆想了想："噢，我明白了，去年你还能走到水边去衔泥呢，今年就不敢朝前走了，全是因为有了这个大奖章啊！"

小燕子更生气了："你，你，你怎么敢和我这么说话？"它挖苦起癞蛤蟆来，"癞蛤蟆想吃天鹅肉，癞蛤蟆想吃天鹅肉！"

癞蛤蟆不满意地说："这全是人家瞎编的，我根本不吃什么天鹅肉，我们吃的是天上的飞蛾。"

"吃天上的飞蛾？你会飞吗？嘻嘻，别骗人了！"

癞蛤蟆拍拍大肚皮说："你看见了吗？这里面全是飞蛾和各种各样的害虫。"

"你瞎说！你瞎说！你吃一个让我瞧瞧。"

正在这时候，一只野鸭从天上落下来。

"喂，朋友们，你们在吵什么呢？"

小燕子和癞蛤蟆争着把刚才的事说了一遍，野鸭子便说："这样吧，你们进行一场捉虫比赛，看看谁捉得多，捉得快，我来当裁判。"

小燕子和癞蛤蟆都答应了，它们还讲了条件：胜了的当老师，败了的做学生。小燕子又补充了一条：败了的还要帮助胜了的做一件事。

小燕子为什么要提这个条件呢？原来，它心里有一个打算，要是自己胜了，就叫癞蛤蟆把泥推到干净的地方来。这样，自己衔泥的时候，就不会弄脏大奖章了。

比赛开始了，野鸭一声令下，小燕子马上飞到天上，不一会就捉了 10 只蚊子和牛虻。癞蛤蟆呢，坐在那儿一动不动。蛾子飞过来了，它往上一跳，嘴巴一张，长长的舌头往外一翻，就把飞蛾捉住了。小燕子飞回来的时候，它已经捉到 20 多只飞蛾、蚊子、苍蝇了。小燕子还亲眼看见它捉到了一只飞蛾。

比赛结束了。野鸭宣布：

"这次比赛，时间一样长，癞蛤蟆捉虫子多，癞蛤蟆得胜！"

小燕子羞得满脸通红，它摘下大奖章，低头拜了老师。

从那以后，小燕子再也不骄傲了。它老老实实向癞蛤蟆学习，捉虫的本领又有了新的提高。

（周龙兴执笔，蒋秀珍执教）

十二、根据两个毫不相干的物体编写童话故事

【教学内容】

教师提供“机器人”和“小老鼠”两个模型，让学生通过创造性想象将它们联系起来，编拟出内容有趣的童话故事。

【教学要求】

（一）智力技能方面

1. 培养学生能根据物体的性能和特点展开联想，并合理地假设事物之间联系的能力。

2. 使学生能把平时从电影、电视、课外阅读中积累的有关知识，灵活地迁移到故事情节中去，使故事中的物体（即主角）具有其原有的本质属性，而故事内容又奇特有趣，从而进一步培养学生的创造性思维能力。

3. 继续培养学生边听边思考的习惯和对同学发言大胆质疑、评价的习惯。

（二）语言训练方面

1. 口述时要求继续克服吐字不清、语言拖沓、用词不规范的现象，做到口齿清楚，声音响亮，语言比较流利，比较生动。

2. 书面叙述时要求不出现口语中的情境成分，做到上下文一致，语句连贯，并避免代词的重复使用。

（三）思想教育方面

通过塑造童话故事中的具体形象，培养学生鲜明的爱憎观念，引导学生对真的、善的、美的事物支持、歌颂和仿效，对假的、恶的、丑的事物鄙视、抨击和唾弃，从而帮助学生逐步形成自己正确的行为规范。

（四）扩大知识面方面

1. 让学生通过课外阅读，培养对科普小说和科幻童话的阅读兴趣，尽可能多了解一些科学知识。

2. 启发学生将课外阅读中学到的科学术语和好词好句用进自己新编的故事。

【教学组织形式】

师生整体合作和学生小组自发合作。

【教学时间】

两课时。

【指导过程】

（一）课前准备

教师制作机器人和小老鼠模型各一个（也可让每个学生自己在手工劳动课上做机器人和小老鼠纸模型各一个）。

（二）指导学生产生和表达思想内容的基本步骤和方法

1. 启发谈话。

同学们，我们已经用各种不同的方法编过许多童话故事。今天我们又要学习一种新的方法。只要我们开动脑筋，认真思考，一定会编出生动、有趣，而且带有科学幻想色彩的童话故事来。

（出示机器人和小老鼠模型，并且板书二者名称。）

机器人和小老鼠看来是两样风马牛不相及的东西。但是今天我要求你们通过创造性想象将它们联系起来，编拟出一个内容有趣的童话故事。也就是说今天我们要学习一种新的本领：根据两个在意义上毫不相干的物体编拟童话故事。

2. 通过师生整体合作，试编童话故事。

复习童话故事的要素：

（1）让我们复习一下，编一个童话故事至少要具备哪些内容？（时间、地点、角色和事情）

（2）我们即将编的故事中角色是谁呢？

（3）有了角色，然后再怎么编呢？（要使两个角色共同遇到一件事情；为了使故事生动，应设计一些有趣的情节；最后还要按照作者的意图，编出一个故事结局）

（4）谁愿意做这个故事的作者？

在老师指导下学生共同构思童话的内容：

（1）想一想，机器人和小老鼠各有什么特点？（机器人的特点是：会做各种事情，会变形，本领大……小老鼠的特点是：偷吃、会咬坏东西，身体软，会钻洞……）

（2）机器人和小老鼠是怎么相遇的？

（3）它们之间发生了一件什么事？（这是故事的重点，要讲得具体，即把事情的开始、经过和结果交代清楚。机器人与小老鼠之间可能发生的事情是很多的，例如：同住一家，待遇不公，引起矛盾；小老鼠咬坏书籍，偷吃东西，主人制造或邀请一个机器人去惩治小老鼠；两者展开比赛，比谁的本领大；等等）

（4）要使故事吸引人，能不能在故事中设计一两个有趣的或惊险的场面？先让同桌学生互相启发，合作编拟童话故事，然后指名讲述，最后请全班同学评议。

3. 按照教师指导的步骤，学生小组采用自发合作形式编拟童话，然后在班内组织交流和评议。

4. 教师总结：这节课我们又学会了用两个意义毫不相干的东西编拟童话故事的新本领。因为它仿佛是在两个东西之间架设一座桥梁，我们可以称它是“架桥法”。大家学习这种本领的积极性很高。下一节课我们就要把自己口编的童话写下来。希望大家都能写好，争取让自己的文章载入班级童话集。

【教学建议】

1. 要充分调动学生学习的积极性，必须坚持合作教育的思想，努力创设民主平等的课堂气氛；在每个教学环节中都要体现出教师是班级集体中的一员，与学生相互切磋，循循善诱，尊重和信任每个学生。

2. 学生的评议可在教学过程中随时穿插进行，培养他们边听边思考、辨析的习惯。

【学生习作参考】

机器人和小老鼠

上海市宝山区江湾乡中心小学三年级姜晓相（原来的作文基础较差）

博士的研究所里放着许多书架，书架上装满了书。一天，博士发现书架上有老鼠牙齿咬过的痕迹。他想这里有老鼠，就设计制造了一个机器人，让它去捉老鼠。

这天傍晚，小老鼠鬼鬼祟祟地从洞里探出半个头。它东瞧瞧西望望，见没有人，便从洞里爬出来。机器人看到了小老鼠，立刻跑进屋来，用能量盖去盖小老鼠。小老鼠非常机灵，“哧溜”一下就蹿到机器人背后。机器人发觉后也立刻转过了身子。小老鼠说：“你这笨蛋想逮住我。没门儿！”机器人说：“你偷吃东西，咬坏主人的书，我非打死你不可！”说着，它就发射黏性子弹。小老鼠又飞快地钻进洞里，没被射中。机器人和小老鼠斗了几个回合，不分胜负。后来机器人使出绝招，向洞里发射电子激光弹。电子激光弹一下就击中了小老鼠，小老鼠当即毙命。机器人又把自己的手变得很长，把电死的小老鼠从洞里拿了出来。

第二天，博士来到研究所，机器人把死去的小老鼠拿了出来。博士看了，夸机器人说：“你真是我的忠诚卫士。”

机器人与小老鼠

上海市宝山区江湾乡中心小学三二班沈伟（原来的作文基础中等）

有一天，小老鼠在草地上玩。机器人看见了。说："小东西，你是什么呀，我从来没看见过你？"小老鼠心里想，你这个大家伙，我要你知道一下我的厉害，就扯起谎来，说："我是小医生，专门给人家看病，我看你马上要死了，你能不能让我钻进你的肚子，给你治病？"机器人不知是计，就一口答应了。没等机器人说个"好"字，小老鼠已经钻进机器人的肚子。小老鼠看到了电线、电脑、开关之类的东西，心想："原来它是个机器人。"就把电线咬断了，这样电脑也就失灵了。小老鼠立刻从机器人的肚子里钻了出来，逃走了。

过了好久，好心的博士看见了失灵的机器人，就把它修理好。机器人谢过博士后，决心去找小老鼠算账。

有一天机器人终于遇到了小老鼠，它立刻扑了上去。谁知道狡猾的小老鼠往旁边一蹿，机器人扑了个空。

斗了几个回合，机器人还是没有捉住小老鼠。小老鼠得意扬扬地说："再来抓呀……"机器人气极了，决定使出拿手好戏。它将开关一按，射出一道电网，把小老鼠捉住了。小老鼠眼珠子骨碌一转，立刻装起死来。

机器人把小老鼠放下了，小老鼠乘机溜之大吉。机器人发觉自己又中计了，就再一次射出电网把小老鼠捉住了。小老鼠连忙求饶说："机器人大哥，你放了我吧，我以后再也不做坏事了！"机器人才不相信这些鬼话呢，它从手指里射出激光，把小老鼠杀死了。

小老鼠再狡猾，也斗不过神通广大的机器人。

机器人与小老鼠

上海市宝山区江湾乡中心小学三二班李峥（原来的作文基础较好）

最近，食品店里的东西不是被老鼠吃了，就是被老鼠糟蹋了，店员们都很愤怒，店主就去找博士商量。博士对店主说："请你两天以后来取我装配的机器人，它能帮你消灭老鼠群的。"

两天后，店主用汽车接来了机器人。这天夜晚，老鼠群由鼠王带领出来偷吃东西。它们一边走一边议论："我要吃花生。""我要吃糖果。"……机器人听了，就说："今天有我在此，你们休想活命。"鼠王骄傲地大声应答："谁敢阻拦我们！"

一场惊心动魄的战斗就在店堂里开始了。机器人决定首先用“雷震”来对付老鼠群，就立刻倒在地上。老鼠们以为机器人突然生急病死了，就一窝蜂地爬上机器人的身子，谁知老鼠们还没爬到机器人的胸膛，一个个都掉了下来，后脑勺都摔出了大包。机器人接着使用第二个绝招——电网。老鼠们冲过来碰到了电网，都被电击昏了，但还没有死去。这下，可把机器人惹恼了。它想，两次使用绝招还没有解决问题，第三次我要用武力对付。于是它打开电眼，胸前的保护盖也同时开启，从里面射出了激光、粒子束等光学武器。这些武器向着老鼠们射去，老鼠一只只都倒下了。

从此，机器人警惕地注视着食品店的每个角落，忠诚地保卫着食品店的安全。

（周品仙执笔，蒋秀珍执教）

十三、根据两个毫不相干的词语编写童话故事

【教学内容】

对两个毫不相干的各代表一种事物的词语，运用“搭桥法”，使之自然联系成一个具有一定意义和情节的、较有趣的童话故事。

【教学要求】

（一）智力技能方面

1. 能根据两个毫无联系的词语，展开创造性想象，编拟一个有一定意义的童话故事。

2. 要求新编的故事中，两个词语所代表的事物的联系比较合理、自然，情节构思比较巧妙。

（二）语言训练方面

继续培养学生用比较规范的书面语言来表达故事内容，叙述时句子和语气连贯，上下文一致。

（三）思想教育方面

引导学生自觉辨识善恶美丑，创编有一定思想内容的童话故事。

（四）扩大知识面方面

向学生介绍一些科幻童话故事。

【教学组织形式】

以小组自发合作为主。

【教学时间】

两课时。

【指导过程】

（一）课前准备

1. 准备两个大信封，信封内各放一张卡片。一张卡片上写着“狗”，另一张写着“照相机”。

2. 按照班级的小组数准备若干个信封。信封内装两张写有词语的卡片。词语内容如下：第一组是“狐狸”和“电子琴”；第二组是“大公鸡”和“果树”；第三组是“小猪”和“老牛”；第四组是“收录机”和“圆规”。如小组多，词语内容可与上面四组内容重复。

（二）指导学生产生和表达思想内容的基本步骤与方法

1. 启发谈话。

小朋友，你们看，老师手里拿着两个信封。信封里装着什么呢？请两位小朋友上来拆信，把里面的东西拿出来。我们来看看，他们各拿出了什么。（卡片“狗”和“照相机”）

狗和照相机，一个是动物，一个是摄影器具，它们之间是毫不相干的。现在我们要积极思考，充分想象，用一个巧妙的办法把它们联系起来，编成一个完整的故事。这个故事既要有意义，又要比较有趣。

怎么编呢？你们可以先想想，它俩各有什么特点。然后再想想，它们之间由于一个什么原因发生了联系，形成了一个有趣的故事。我们先认真思考一下，然后来说说故事的大概内容。

2. 学生试编童话故事。

（1）启发学生大胆讲述《狗和照相机》的故事梗概。（先让学生思考 5 分钟，然后指名讲述）

（2）教师小结：小朋友想象真丰富，你们能根据狗和照相机的特点，把它们联系起来编了这么多故事。故事内容丰富，构思巧妙，有上天的、有入海的，还有下地的，联系得自然，编拟得有趣，你们真了不起！现在你们一定很想用这种方法再编一个完整的故事，下面我们就到小组里去编吧！

3. 小组自发合作编拟童话故事。

教师发给每个小组一个信封，让学生抽出卡片看上面写着两个什么词。然后每组推选一个同学为主编。这个同学先要把他想好的（或小组成员想的某一个）故事的大概内容讲给大家听，征求大家的意见；意见统一后，再具体地编。编的时候，小组里的同学要修改、补充，使故事编得合理，情节生动。最后各组推选一位代表到全班交流。

4. 大组交流、讲评。

5. 教师总结：今天我们又学会了一种新的本领，就是把两个不相干的词语联系起来编一个童话故事。上一次训练我们已经讲过，这种方法叫作“搭桥法”。下一节课，我们就要把故事写下来了，我们可以写小组里共同编的内容，也可以自己重新构思写一个。

【教学建议】

为了训练学生的创造性想象能力和语言表达能力，课余可开展“摸词编故事”游戏，即把许多写有两个毫不相干的词语的卡片，像打扑克似的分发给每个学生。学生按顺序地根据卡片内容口述故事，并由其他学生评定优劣。每次游戏可评出三名优胜者给予适当奖励。

【学生习作参考】

狗和照相机

上海市宝山区江湾乡中心小学二二班张宇平

从前，动物王国总是受到怪兽的袭击。动物王国的小狗博士带着照相机，乘着飞机来到非洲好望角的上空，这里是怪兽兵团的总部。小狗用照相机拍下了怪兽的照片，带回到动物王国去研究。

狗开始研究了。它发现怪兽的体内有红宝石，所以他们刀枪不入，但是他们怕水。于是小狗贴出一张布告，上面写着：为防止怪兽兵团的袭击，请公民们每人制造一支水枪。动物公民们就赶快造好水枪。狗博士还制造了两个机器人，名叫“铁锚”和“天霸”，他们体内都有防护光。

一天，怪兽兵团又来袭击，狗博士说：“打开开关！”一声令下，“铁锚”和“天霸”连忙打开水龙头开关，水像一条水龙向怪兽喷去。动物王国的公民也都用自己的水枪向怪兽们射击，怪兽的红宝石的威力消失了。后来，两个机器人又用激光枪扫射，把怪兽兵团全歼灭了。

动物们非常感激狗博士，奖给它一个大奖章。狗博士回到家里对照相机说：“谢谢你帮了我的忙。”照相机说：“别客气，大家都是为王国出力嘛！”

小公鸡和果树

上海市宝山区江湾乡中心小学二三班侯雅萍

秋天到了，果树上的果子都成熟了，小公鸡、小猪和小鹿来到果树下玩捉迷藏游戏。

它们玩着玩着，小公鸡忽然叫了起来："捉迷藏我们已经玩腻了，让我们玩别的游戏吧。"小猪问："我们玩什么呢？"小鹿说："让我们玩荡秋千吧。"小公鸡和小猪都同意了。它们找来几根粗绳子和一块厚木板，把这些东西绑在果树的一根粗树枝上做成一个秋千。小公鸡第一个跳到秋千上荡了起来。荡了一会儿，小公鸡觉得很过瘾，就跳下秋千对小猪说："你也上去玩呀，荡秋千可好玩啦。"小猪说："我的身子太胖了，上不去啊。"小公鸡说："你爬上去吧。"于是小猪就爬了起来，它爬呀爬呀，脚快要站到秋千上的时候，突然手一松，它"扑通"一下摔了个跟斗，摔得鼻青脸肿。见到这个情景，小鹿说："你真笨。来，快爬到我的背上来，我把你驮上秋千。"小猪想："对啊，我怎么没想到呢，我真笨！"于是，小鹿先蹲下身子，让小猪爬到自己背上，然后把小猪驮到秋千上去了。小公鸡将秋千踏板用力一推，小猪荡到半空中去了。小猪吓得浑身发抖，就闭着眼睛害怕地说："公鸡哥，不要推了，求求你了。"刚说完话，它腿一软，就从秋千上摔了下来。小猪摸摸屁股说："这回我摔得不轻啊。"正在这时候，果树愁眉苦脸地说："哎哟，哎哟，疼死我了，是哪个不懂事的淘气鬼在我手臂上荡秋千？我的手臂都要断了，哎哟，哎哟。"小公鸡说："你疼关我们什么事，我们只知道自己玩得高兴。"果树听了，忍不住伤心地哭了起来，眼泪不住地往下流。

正在这时候，大象听见了果树的哭声，它就赶快跑过来批评小公鸡："你们怎么可以欺侮果树呢！果树的作用可大啦，它能给你们带来新鲜的空气。到了秋天，它还会结满果子，让你们吃个痛快。果树有这么大的用处，你们还不好好保护它，真不应该！"小公鸡的脸一下子红了起来，它低下了头羞愧地对果树说："果树爷爷，我以后一定好好保护您。"果树高兴地说："知错就改的孩子，也是好孩子。"从此，小猪、小公鸡和小鹿在树林里站岗，不让别的动物来损害树木。

老牛和小猪

上海市宝山区江湾乡中心小学二二班张继华

老牛是有名的警长，小猪是它的助手。

有一天，老母鸡急急忙忙地跑来对老牛说："一个蒙面人把我的小儿子吃掉了。"老牛说："不用着急，我们一定要把偷吃你家小鸡的凶手捉拿归案。"

老牛就和小猪来到出事现场，看见地上有狐狸的脚印。小猪说："小鸡一定是狐狸吃的。"它们沿着狐狸的脚印向前走，走着走着，它们发现了小鸡的羽毛。于是老牛和小猪就开着警车来到狐狸家。

老牛问狐狸："你昨天晚上到哪里去了？"狐狸回答："我昨天晚上看完了电视就睡觉了。"它又说："自从上一次你教育过我以后，我就吃素了。"

老牛拿出鸡毛说："你看这是什么？"狐狸见罪证已被查获，就往门外逃窜。老牛和小猪拼命追赶。狐狸眼看自己要被抓住，就轻轻地往树上一撞，倒在树下了。老牛想狐狸一定是假死，就在狐狸的尾巴上安了一个探测仪，然后离开。等一会它们回来一看，狐狸不见了，而从警车的荧光屏上，看见狐狸把面具戴上后又去捉小鸡了。这时老牛和小猪赶紧开着警车来到现场，把狐狸抓获了。

后来老牛和小猪在森林里加强巡逻，兽群中再也没发生重大的伤害事故。

狐狸和电子琴

上海市宝山区江湾乡中心小学二二班孙紫石

狐狸为了解闷，从商店里买来零件精心装配了一架电子琴。狐狸想试试这琴灵不灵，就用手指按琴键，美妙的音乐响了起来。狐狸又一想：森林里老是着火，最近一次着火就烧死了几个小动物。所以，它又把电子琴改造成会喷水的电子琴。有一天，森林里又燃起熊熊烈火，小动物们吓得四处乱窜。小兔一边跑一边叫："森林着火了，快来救火啊！"狐狸听了不慌不忙地拿出喷水电子琴来到着火处，把一根长管子的一头插进河里，另一头插进电子琴，然后弹奏起"1、2、3……"的音乐声。一股巨大的水柱从电子琴里喷射出来，大火很快就被扑灭了，小动物一个也没有被烧死。

狐狸干的这件好事，惊动了整个动物王国，大家都称赞狐狸聪明。

收音机和圆规

上海市宝山区江湾乡中心小学二二班朱虹

有一天，圆规帮助主人画出了圆形万体馆的建筑草图，工作得很累，就到铅笔盒里睡觉了。正在这时候收音机里放出了美妙的音乐，圆规听见后，就从铅笔盒里跳出来，批评收音机说："你没用，整天只知道唱啊，唱啊，影响别人休息！"收音机不服气了，连忙辩解说："什么话？我的用处可大了。当主人设计房子累得筋疲力尽后，他就打开我的开关，听听音乐，跳跳舞，这样就可以消除疲劳。你才没用呢！"圆规说："我怎么没用？主人设计房子时，凡是要画圆形的东西都需要我圆规来帮忙的。"通过辩论，收音机和圆规终于都知道了对方的长处，懂得主人的设计离不开它们中任何一位的帮助。后来圆规和收音机成了好朋友，并且同心协力为主人做出了更大的贡献。

（夏庆莲、单纫秋执笔，蒋秀珍执教）

十四、一字开花编写童话故事

【教学内容】

将一个字的音节拆成字母，再将每个字母作为开头组成新的音节，然后将这些音节组成不同的词语，选择其中几个词语通过创造性想象编成完整的故事。

【教学要求】

（一）智力技能方面

通过"一字开花"编童话故事，在学生头脑中激起无数遐想的浪花，充分发展他们的创造性思维能力，同时培养他们对作文的浓厚兴趣。

（二）语言训练方面

1. 要求学生注意克服用词重复的现象，培养适当选择词语的能力。

2. 要求学生注意句子之间的自然衔接，并使上下文保持一致。

（三）思想教育方面

引导学生编拟有意义的童话故事，使他们受到潜移默化的思想教育。

（四）扩大知识面方面

通过各类童话故事的课外阅读，继续积累有关社会和自然的常识，并且扩大常用词汇量。

【教学组织形式】

第一步是师生整体合作，第二步是学生小组自觉合作。

【教学时间】

两课时。

【指导过程】

（一）指导学生产生思想内容的基本步骤与方法

1. 启发谈话，激发兴趣。

小朋友，你们对编童话故事为什么这样感兴趣呢？编一个故事，至少要有哪些内容？（时间、地点、角色和事情）今天我们又要用一种新的方法来编故事，这种方法将会更加有趣和新奇。当然动脑筋是必不可少的。我们要比比看，谁最会动脑筋，谁编的故事最吸引人。怎么编呢？

2. 交代办法，师生共编。

今天编童话故事的方法叫“一字开花”编故事。（板书：一字开花）

现在老师和你们先共同编一个故事，掌握了方法后，再由你们自己编。

（1）教师板书“给”字。

（2）请学生把“给”字的拼音说出来。（板书：gěi）

（3）请学生分别把每个字母作为开头，组成一系列新的音节。

例如：

gāng	gài	gāo	gàn	gān
钢	盖	高	干	竿
é	è	è	é	é
俄	饿	恶	鹅	额
yōu	yān	yáng	yuè	yāo
优	烟	阳	月	妖

（4）请学生将音节组成不同的词语，并选择其中几个通过想象编成一个童话故事。例如选择“钢”“恶”“妖”，组成词语“钢笔”“凶恶”“妖婆”，然后将这三个词语自然联结起来，编拟一个完整的童话故事。

（5）告诉学生编拟故事的具体方法。

①可以顺着词的顺序编，也可按需要把词打乱后编。不需要的词可以不用。

②为了便于设计故事情节，选词时尽可能选用表示名称、动作、神态、感情方面的词语。

③根据词语的提示，先确定童话的主人公，构思故事的梗概，然后再具体地编。

（6）让学生思考几分钟后编拟故事（指名讲述）。

（7）教师进一步指导学生将故事编得具体。

要使故事生动有趣，要注意描述角色的语言、动作和心理活动，最好在故事的发展中设计一个高潮情节。

3. 小组自觉合作编故事。

4. 组织班级交流和评议。

（二）指导学生表达思想内容的要点

1. 角色的语言、动作和心理活动，应与角色的身份相吻合。

2. 克服用词单调重复的现象，培养选择词语的能力。

3. 通过朗读自己所编的故事，找出句子不通顺、不连贯和上下文不一致的地方，并将它们纠正。

【学生习作参考】

神奇的钢笔

（选用“钢笔”“凶恶”“妖婆”三个词编成故事）

在很久很久以前，世界上有个凶恶的妖婆，她有一支神奇的钢笔。用这支钢笔写字可以把写好的字擦掉而不留一点痕迹。妖婆常常用这支钢笔给人们制造灾难。

有一次，她带上钢笔飞到了一座城市的上空，往下一看，看到每一辆电车及站台上都写着号码：16、19、28、40。妖婆眼珠一转，顿生一计，她随手拿起钢笔擦去了号牌上的一半数字。街上立刻混乱起来了，簇拥在车站的人们，有的指责司机，有的咒骂电车公司捉弄他们。司机们开始莫名其妙，后来才知道号牌给涂改了。妖婆看到这个情景，高兴得发出了“哈哈哈”的狂笑声。

善良的人们团结一心，找到了那个作恶的妖婆，并用火把她烧死了。人们又把这枝神奇的钢笔交给仙女重新组装，使它具有把字放大的功能，然后用它把这个城市的路牌和电车的号码重新写一遍。这样，整个城市面貌焕然一新，居民们乘车和辨路都感到非常方便。

（周品仙执笔，张蓓执教）

十五、听音响编写童话故事（一）

【教学内容】

本次训练提供三种音响——狂风声、狗吠声、飞机声，指导学生联系自己的生活经验，根据三种音响编拟一个童话故事。

【教学要求】

（一）智力技能方面

1. 继续培养学生的听力，使学生能准确地辨别有关音响。

2. 继续培养学生联想与推理的能力，使学生能根据各种音响的具体情况，联系生活经验进行联想、判断和推理，说明发生了怎样的情况。

3. 进一步发展学生的创造性想象能力，使学生能根据各种本无联系的音响展开想象，构思故事情节，把各种音响所代表的事物都组织在故事中。

（二）语言训练方面

1. 进一步培养学生的说话能力，要求他们在口述童话故事时，声音清楚响亮，语句通顺流利。

2. 要求学生用正确规范的书面语言来记叙故事，做到语句连贯、层次清楚和上下文一致。

3. 让学生学习用摹声词表示声响，同时初步学习具体描写自然环境的方法。

（三）思想教育方面

要求学生所编故事具有积极的思想教育意义，例如可以叙述人类发明的飞机在抗灾中显示出力量，表明科学技术的巨大作用，也可以叙述伙伴们在抗灾斗争中互相帮助，赞扬团结友爱的精神。

（四）扩大知识面方面

1. 了解暴风雨这种自然现象的特点。

2. 了解飞机飞行时必备的一些客观条件和有关航空知识。（一般说飞机不能在雷雨天出航，但因为是编童话，也可以发明一种飞机用的避雷器，使其不怕雷击）

3. 通过编写故事，学习使用下列词语：狂风呼啸、狂风怒吼、哗啦啦、劈头盖脸、天昏地暗、暴雨倾盆、恐惧、紧张、狂吠、危急、轰隆隆、转危为安。

【教学组织形式】

第一步是师生整体合作，第二步是学生小组自觉合作。

【教学时间】

两课时。

【指导过程】

（一）课前准备

1. 事先录制好狂风声、狗吠声和飞机飞行声三种声音，若没有自然声音也可以模拟。风声表示刮风时的情状，其声音带有“wú—wú—hū”的呼啸声，中间还夹杂着树木被狂风吹折的“咔嚓”声和“哗哗”的暴雨声。狂风声之后，出现狗吠声，其叫声显出狗的紧张感和恐惧感，似乎碰到了某种对它有危险的情况。

最后，又出现了由远而近的飞机声，最好是直升机正在飞翔时的声响。

2. 上课前几天有意识地向小朋友介绍一些台风和暴雨的知识，如能放映这方面的科教片则更好。同时介绍一些航空方面的常识。

（二）指导学生产生思想内容的基本步骤与方法

1. 启发谈话。

小朋友，我们以前已经学过哪几种编童话故事的方法？（让学生口答）今天我们又要学习一种新的编童话故事的本领，这就是——（板书）听音响编童话故事。以前我们编童话故事或者要看图，或者要提供故事开头，或者要根据某个情节提纲，今天我们要凭听到的几种音响来编故事。有的小朋友可能要问：是哪几种音响啊？怎样根据这些音响来编故事呀？下面我们就一起来学习这种编童话的新本领。

2. 放录音，听音响。

（1）明确要求：小朋友，下面老师放录音，你们要听清楚是哪几种声音，各种声音是怎样的。

（2）放录音。（如第一次学生未全听清，可放第二次）

（3）组织学生讨论。

①是哪几种声音？

[教师板书] 风雨声、狗叫声、飞机声。

②各种声音是怎样的？（让学生用摹声词说明声音）

[教师板书]

声音	情状
呼啦——呼——呜——汪汪——呜——汪汪——轰隆隆	狂风呼啸、狂风怒吼、暴雨倾盆、劈头盖脸、狗吠声显出紧张和恐惧、危急、直升机的马达声、轰鸣声

③引导学生根据各种声音进行联想和推理。

A. 大家想想看，像这样的狂风暴雨，可能给人类或动物界带来哪些灾难？

B. 在狂风暴雨中狗为什么叫得那么紧张？它可能遇到什么情况？

C. 直升机这时出来干什么？

D. 狂风暴雨、狗、飞机这三种事物我们怎么样把它们联系在一起呢？

（以上几点都要引导学生多角度地思考）

4. 学生小组自觉合作编故事。

教师提示：在童话故事中，这三种声音可以按录音中的先后顺序出现，也可以不按这个顺序出现，例如先出现飞机声，再出现狗叫声，只要把情节安排得合理就行。

在故事中，上述三种声音缺一不可。也可以增加别的声音，但要以描写和说明这三种声音为主。

5. 各小组推选一人讲述故事，并按下述问题进行全班评议。

（1）暴风雨的情景、小狗遇险、飞机救援等主要情节是否描述得比较具体？

（2）老师提供的词语是否能恰当使用？

（3）故事情节发展是否合理？

6. 指导修改，布置书面作文。

7. 抽样讲评，布置誊清。

（三）指导学生表达思想内容的要点

1. 将三种音响有机地组织在故事中，使它们发生自然的联系，而不要拼凑。

2. 具体描述狂风暴雨的情景，小狗所遇到的情况，以及飞机所做的工作。

3. 运用表示时间或者方位的词语，进行文章上下文的过渡。

【学生习作参考】

小熊饭店（见82页，略）

十六、听音响编写童话故事（二）

【教学内容】

本次训练提供三种音响——滴水声、重物坠地声和敲打声，指导学生联系自己的生活经验，根据这三种音响编拟一个完整的童话故事。

【教学要求】

（一）智力技能方面

1. 继续培养学生的听力，使学生能准确地辨别有关音响，同时边听边想象，在头脑中形成相应的表象和情境。

2. 继续培养学生联想与推理的能力，使学生能根据各种音响的具体情况进行多种联想和推理，设想各种可能发生的情况。

3. 进一步发展学生的创造性思维能力，使学生能根据各种本无联系的音响构思故事情节，把它们所代表的事物自然而巧妙地组织在故事中。

（二）语言训练方面

1. 要求学生用正确规范的书面语言来记叙故事，做到语句连贯、层次清楚和上下文一致。

2. 培养学生通过自我辨析修改病句的能力。

3. 训练学生运用朴实无华的语言来表达真情实感。

（三）思想教育方面

从编拟童话故事过程中接受自我教育，如懂得关心他人，爱护公物，遵守纪律等都是好品德；知道只有防微杜渐才能减少物质损失，从而逐步形成良好的行为习惯。

（四）扩大知识面方面

1. 使学生增加一些自然常识，如水管损坏及检修的知识，水渍腐蚀金属的知识，以及积水的地面减少摩擦力的知识。

2. 通过编写故事，扩大摹声词的词汇量。

【教学组织形式】

第一步师生整体合作，第二步学生小组自觉合作。

【教学时间】

两课时。

【指导过程】

（一）指导学生产生思想内容的基本步骤与方法

1. 第一次放录音，激发兴趣。

我带来一盘磁带，里面录着各种音响，代表着不同的情况，将它们联系起来就构成一件事。是一件什么事呢？请你们来猜一猜。（学生听录音）录音带里录着哪些音响呢？（指名回答；教师板书：滴水声、重物坠地声、敲打声）你们一定觉得奇怪，也很好笑，怎么会录这些声音呢？那是因为我想让你们将这些音响联系起来构思一个童话故事。现在让我们再听一遍录音。

2. 第二次放录音，组织讨论。

（1）录音中一共有三种音响。每一种音响是怎么样的？（让学生用摹声词说明）

［教师板书］

滴水声：滴答滴答

重物坠地声：扑通一声、哐啷一声

敲打声：乒乒乓乓、笃笃笃

（2）大家想一想：滴水声是怎么出现的？坠地的重物是什么？它是怎样坠地的？人们在敲打什么？为什么要敲打它呢？

（3）能不能把这三种音响组织在一个故事里？将它们联系在一起有几种可能性？启发学生尽可能多角度地思考。讨论后由教师归纳各种可能性，例如：

①水管长年漏水，水渍使水池的铁架锈蚀。有一天笨重的水箱终于跌落在地，人们只能将坏铁架敲掉换新的。

②水管突然漏水，水淌得满地都是。急匆匆去打水的小胖在地上滑了一跤，将脸盆也摔坏了。伙伴们赶紧取来工具修理水管。

③积雪化水，造成道路泥泞。有个老人路过不慎跌了一跤。路上的行人立刻扶起老人，并在路面上钉上一块醒目的牌子，提醒大家走路当心。

3. 学生小组自觉合作编童话故事。

4. 各小组推选一人讲述故事，并按下述要求进行全班评议。

（1）内容：有思想教育意义，生动有趣。

（2）思路：前后一致，条理清楚。

（3）语言：句子完整、通顺、连贯；句式多样；词语确切、丰富。

5. 指导修改，布置书面作文。

6. 抽样讲评，布置誊清。

（二）指导学生表达思想内容的要点

1. 启发每个学生积极开动脑筋，多角度地进行联想和推理，写自己最感兴趣的童话故事。例如故事发生的地点，可以是家里，也可以是路上、学校里或者其他公共场所。故事的主人公可以是人，也可以是动物或者植物。故事的主题可以是修理水管，爱护公物，也可以是救助老人，关心群众。

2. 指导学生具体描述滴水的情景、重物坠地的情况以及敲打东西的状态。

3. 指导学生正确使用各种连词进行文章上下文的过渡。

（周品仙执笔，陈奇执教）

十七、观察某个生活现象编写童话故事

【教学内容】

针对日常生活中某一种浪费现象编拟一个童话故事，对人们进行思想教育。

【教学要求】

（一）智力技能方面

继续发展学生的创造性想象能力，使学生能针对日常生活中某一浪费现象创造几个角色，虚构一个有意义的故事，并通过角色的对话来展开故事情节。

（二）语言训练方面

1. 继续培养有表情地口述故事的能力，注意表现不同的角色运用不同的语气。

2. 编写故事时要交代时间、地点、角色、事情，并且做到语句通顺、连贯，上下文一致和条理清楚。

（三）思想教育方面

使学生懂得生活中每样东西都来之不易，要从小养成勤俭节约、爱护公物的好习惯。

（四）扩大知识面方面

通过课外阅读，了解一些日常生活用品、学习用品以及粮食、蔬菜等物的生产过程。

【教学组织形式】

第一步是师生分步合作，第二步是在个人独立思考基础上的小组自觉合作。

【教学时间】

两课时。

【指导过程】

（一）课前准备

1. 在思想品德课上教好《椅子的对话》这一课，最好能组织孩子表演。

2. 布置学生观察班级中或学校中爱护、浪费、损坏财物的各种现象。

（二）指导学生产生和表达思想内容的基本步骤与方法

1. 通过班级交流导入课题。

（1）让学生交流各人观察到的爱护、浪费、损坏财物的现象。所涉及的财物可以是文具用品，例如纸张、铅笔、橡皮、书包等；可以是公共财物，例如课桌椅、扫帚、畚箕、黑板擦、小黑板、体育用品等；可以是食品，例如饭、馒头、面包、肥肉、青菜等。

（2）教师小结：刚才同学们讲了好多爱护物品和浪费物品的现象。今天我们作文课的任务是把这些现象编成童话故事，以教育大家勤俭节约、爱护公物。怎么编呢？我们可以模仿《椅子的对话》这篇课文的写作方法。

2. 针对学生提得较多的某种浪费现象，指导学生编故事。

（1）先请三个小朋友到讲台前表演《椅子的对话》。（学生表演时，教师可加旁白）

（2）组织讨论。

①刚才表演的《椅子的对话》发生在什么时候？什么地点？有几个角色？

②角色之间的对话主要讲了什么事？

③看了表演，我们懂得了什么道理？

（板书：时间、地点、角色、事情、道理）

（3）教师总结：现在我们知道了，在编故事时要把时间、地点、角色、事情交代清楚，通过故事要告诉人们一个道理。

（4）由同桌学生合作编《扫帚的对话》。

（5）指名交流、组织全班评讲。

（6）教师小结（视交流情况肯定优点，指出不足处）。

3. 让每个学生自己选择一种浪费现象编写童话故事。

4. 让学生在小组内彼此交流、评议和修改。

5. 教师抽样讲评，布置誊清。

【教学建议】

1. 由于学生是第一次把观察到的生活现象写成童话，有一定难度，因此，在表演《椅子的对话》时，教师可以加一些旁白，以帮助学生独立编写一个完整的故事。例如，“一天放学以后，小刚背起书包，最后一个离开教室的时候，忽然听到教室里传出细微的说话声。他仔细一听，原来是几把椅子在悄悄地说着话呢……”又例如，“小刚听了椅子们的对话，脸红了……”

2. 在编故事过程中，将物品人格化是个难点，如果让学生扮演故事中的角色，置身于故事情节之中，他们就能比较深刻地体验到角色的思想感情，使文章中的物品人格化。

3. 学期即将结束，教师可在家长会上介绍几篇学生写的童话体作文，宣传从想象性作文起步进行训练的优越性，以取得家长们的支持，要求他们督促学生多看课外读物，不断扩大知识面。

（单幼秋、夏庆莲执笔，陈奇执教）

十八、命题编写童话故事

【教学内容】

先让学生阅读童话《牛牛借神笔》(附后),然后以“我做了一个神奇的梦”为题,让学生编写一个童话故事。

【教学要求】

(一)智力技能方面

1. 初步培养学生的抽象逻辑思维能力,使学生能围绕作文题中的关键词“神奇”,选择“梦”的具体内容,构思整个故事的情节。

2. 继续发展学生的创造性思维能力,使学生能根据自己的真情实感,遐想各种各样的梦境,并从中选出最有教育意义、最生动有趣的内容编写故事。

(二)语言训练方面

1. 能够清楚、响亮、富有感情地口述童话故事。

2. 能用正确规范的书面语言来记叙故事,做到语句连贯、通顺、上下文一致,层次清楚,材料符合题意。

(三)思想教育方面

要求所编故事内容健康,有一定的思想教育意义。

(四)扩大知识面方面

1. 了解审题的一般方法,如抓住题眼确定故事的中心思想和主要内容,为今后写命题作文做铺垫。

2. 吸收运用《牛牛借神笔》中有关描写梦境的好词好句。

【教学组织形式】

以师生分步合作为主,学生小组自觉合作为辅。

【教学时间】

两课时。

【指导过程】

(一)课前准备

1. 指导学生课外阅读童话故事《牛牛借神笔》。

2. 以闲谈的方式向学生了解他们平日睡觉是否经常做梦,梦见些什么。启发他们:可以把梦境写成童话。

(二)指导学生产生思想内容的基本步骤与方法

1. 启发谈话。

小朋友，你们平时睡觉时做梦吗？你们在梦里见到些什么，说给老师听听好吗？（让几位同学简单说说。）嗯，梦呀，是很神奇的，它的内容各色各样，丰富多彩。有些梦令人快乐，是美梦；有些梦令人害怕，是噩梦；还有些梦，十分稀奇古怪，是我们平日不可能遇到的事，这是怪梦。要是我们把梦中见到的情景编写成童话故事，那一定是非常吸引人的。有的小朋友可能要问，我平日不做梦的，那可怎么办呀？有这样的小朋友吗？哦，那你可以“创造”一个梦，也就是说，你编个故事，但要把它说成是一个梦，就像《牛牛借神笔》这篇故事的写法一样。懂了吗？好，现在大家各自思考一下，准备编个故事。我们今天编的故事题目是统一的。（板书：我做了一个神奇的梦）

2. 审题指导。

小朋友，从题目看，是谁做了个梦？“我”。这当中的“我”就是指编故事的人自己，也就是作者，明白了吗？你们编的故事中应该用第一人称“我”。

这是一个什么样的梦呢？“神奇”是什么意思？“神奇”这个词要求故事内容不能一般化，而要比较奇特，也就是我们平时不大见到的事。

《牛牛借神笔》的故事看了吗？我们应当模仿这篇文章写梦，特别要注意把“入梦”和“醒来”交代明白，使故事前后呼应。

好，接下来请大家编童话故事：我做了一个神奇的梦。

3. 学生构思故事。（让学生静静思考 5 分钟）

4. 指名作文基础不同的几位学生简要地谈一下自己的“梦境”，并按下述问题组织班级评议：

（1）故事是否扣住了题目中的“梦”字。

（2）故事内容是否有点“神奇”？

（3）在故事中“我”“入梦”和“醒来”是否交代清楚？

5. 以小组为单位，学生自觉合作编童话故事。

6. 各组推选一人讲述故事，并进行全班评议。

7. 指导修改，布置书面作文。

（三）指导学生表达思想内容的要点

1. 这篇命题作文是写“梦”，应包括“入梦”“梦境”“出梦”三个部分。“梦境”是作文的主体，应该具体地描述。

2. 因为是第一次命题编童话，主要任务是学会紧扣题意组织故事内容。至于审题、立意、选材、组材等作文知识技能只要求一般了解，不要求牢固掌握。

附：

牛牛借神笔

幼儿园大班的小朋友牛牛，长得虎头虎脑，是个又活泼又可爱的孩子。可是他有个最大的缺点，就是太贪玩，不爱学习。

一天语文课上,老师讲了一个《神笔马良》的故事,牛牛对这个故事可入迷了。他天天想，我要是有支神笔该多好啊，不用学习就什么都会写，什么都会画了。

星期六晚上，妈妈把牛牛接回家。牛牛又把《神笔马良》的故事原原本本地讲给妈妈听。讲着讲着，牛牛不知不觉地睡着了。

牛牛做了个美丽的梦。他飘飘悠悠地来到了一片绿油油的草地上，那儿，真是美极了。一条小河哗啦啦地唱着欢快的歌，奔流向前；蓝蓝的天空飘着几朵雪白雪白的云彩；鸟儿自由自在地飞来飞去。忽然，牛牛看见一个孩子正拿着一支笔在作画。只见那孩子刚画好一只十分漂亮的大蝴蝶，才把两只眼睛画好，就见纸上的大蝴蝶拍了拍翅膀飞了起来。牛牛见了想，这真是一支神奇的笔呀，要是我能得到这支笔多好啊。

牛牛一边想着，一边走上前。他一看，嘿！这不是神笔马良吗？于是牛牛就兴奋地说："马良哥哥，你好！"马良回头一看，说："我怎么不认识你呀，小弟弟，你叫什么名字？"牛牛自我介绍说："我叫牛牛，是幼儿园的小朋友。"牛牛嘴里说着话，两只眼睛却不住地瞧着马良手中的那支神奇的笔。

"马良哥哥，让我看看你的那支神笔行吗？"

马良把笔送到牛牛手里，牛牛接过笔，仔细地看了又看，又说："马良哥哥，把你这支笔借给我吧！"

"好啊，不过，要想用这支笔，我还得考考你。"

马良问牛牛："幼儿园里老师教你画过什么东西吗？"

牛牛问答说："画过小鸡、小鸭、小狗还有小马。"

马良就说："那你就画一匹马吧！"

牛牛想：画马还不容易吗？老师在美术课上教我们画过。他拿起笔很快就把马画好了。哎呀，这匹马站到地上，走路一拐一拐的，还差点摔了一跤。原来，牛牛画的马呀，四条腿长长短短，没法走路。

马良又说："那你画一只小鸟吧！"

牛牛想：画小鸟更简单了。他挥笔画出了一只小鸟，说："小鸟画好了，请飞吧！"于是小鸟拍拍翅膀就飞起来，可是，这只小鸟飞着飞着，一会撞到了电线杆上，一会又撞到了墙上。哎呀，糟糕，原来牛牛忘了给小鸟画眼睛了。

马良说："你这个牛牛啊，老师讲课你一点也没用心，什么你也画不好，还是把笔还给我吧。这支笔只有在用心学习的小朋友手里才会变成神笔！"说完，马良一下子不见了，牛牛手中的神笔也飞走了。

牛牛又急又后悔，平时自己怎么不用心学习啊，他哇哇地哭了起来。

这时，妈妈推醒了他，牛牛睁开眼睛，噢，原来自己做了个梦。他搂住妈妈的脖子说："妈妈，以后我上课时一定认真听老师讲课，好好学习，再不贪玩了。"妈妈高兴地说："牛牛，这才是好孩子呢！"

（选自《娃娃的故事》）

（周龙兴执笔，汪诗悦执教）

第六章　三年级素描作文实验教学设计

说　明

三年级作文着重进行分类的片段素描。通过训练，逐步发展学生有顺序的、细致的观察能力，主次分明的、灵活的思维能力和大胆、合理的想象能力；同时帮助学生掌握片段的写作技能，积累日常生活各个局部的知识和词汇，使他们能写出思想健康、内容具体、条理比较清楚、语句比较通顺的一段话或几段话。

为了达到上述目的，三年级素描训练实验教程分为七个单元：静物素描、自然景物素描、人物动作素描、人物对话素描、人物外貌素描、小动物素描以及房间陈设和周围环境素描。每一个单元又安排三至四次训练。在安排每个单元的训练程序时，尽可能根据整体发展的观点，考虑三个结合：一是把发展观察能力、形象思维能力同发展抽象思维能力结合起来。一般来说，每个单元先培养学生有顺序的观察能力，再培养学生的抽象、概括能力和形象思维能力；每一次训练在发展智力方面都确定一个重点。二是把发展智力同落实“双基”（即作文的基础知识和基本技能）结合起来。每一次训练对掌握“双基”也确定一个重点，既注意积累各个方面专门知识和常用词汇，又注意掌握片段的写作技能。三是把发展智能同发展情感、意志结合起来。每次训练的题材设计，尽可能符合少年儿童的生活实际和年龄特点，以激发他们的写作动机；题材思想性要强，应有积极的教育意义，有助于对学生进行思想品德教育。

从体例上说，每一次训练包含“例文”、“例文简析”、“素描要求”、“词语学习”（或“语言训练”）、“习作参考”等内容“从仿到作”，是作文教学的一条规律，在素描训练中也要重视“范文引路，读写结合”的传统经验。这里所选择的“例文”，既有名家名篇中的片段，也有中小学生的优秀习作。“习作参考”中的文章，也可以作为“例文”的补充。但是，对“从仿到作”不能做机械的理解。有的时候可以先学习“例文”再写作，有的时候则可以先写作，再对照“例文”找差距；有的时候可以学习几篇“例文”后写一篇作文，而有的时候也可以学习一篇“例文”后连着写几篇作文。到底如何运用“例文”，要视学生的实际情况而定。“素描要求”，是根据每次素描和观察日记的内容（实物或演示）而提出的。由于各地、各校和各个班级的具体情况不尽相同，因此尽可能根据总的要求出上几个题目，供执教老师选用。“词语学习”（或“语言训练”）也是三年级素描训练的重要组成部分。由于把形象和文字结合起来，学生就能有效地识记词语、辨析词义和迅速扩大词汇的储备，所以从某种意义上说，分类的素描是一种集中识词的好方法。教师可以让学生“从说到写”，先通过口述训练来指导学生识词辨词，为作文做好准备；也可以先让学生写作，再通过评讲帮助他们识词辨词，扩大词汇量。

在本教程的七个单元中一共安排了二十五次训练，每次训练大约需要三至四个教时（包括分析例文、指导写作、当堂作文、当堂评讲等内容），因此总共需要八十至九十教时。它主要提供给各地进行作文教改的实验班试验，也可以供普通班参考，作为完成统编教材或者其他教材中作文训练任务的补充。除三年级外，四、五年级也可以根据需要选择使用。

一、静物素描

要　　求

静物素描为观察作文最基础的部分。静物从广义来说是与动态事物相对而言的，因此它应该包括静止状态的景物（如自然风景、社会环境、场面等）。但为了遵循由简到繁的认识规律，考虑小学生注意范围比较狭隘的心理特点，这里的静物主要指单个物体，如：文具、玩具、小摆设、小手工艺品、花卉、水果、家用的劳动工具等。

通过静物素描训练，学生可以养成细致的、有顺序的观察习惯，加强注意的稳定性。在训练过程中，他们还可以迅速积累用于描写的日常生活词汇。此外，静物素描训练还可以激发学生的审美观和培养对劳动成果的珍惜之情。

小学三年级对静物素描的训练要注意：（1）作为素描对象的静物必须简单、常见、便于观察，并为儿童所喜爱。（2）训练时应以发展智力作为一条贯穿始终的主线：先培养观察的顺序性、全面性和精确性，再通过观察培养逻辑思维能力和形象思维能力。（3）以静态描写为主，适当穿插一些动态描写。

三年级学生练习静物素描，要力求做到：（1）语句通顺连贯，描写具体、细致、形象，条理比较清楚。（2）准确地使用形容词和专用名词。（3）学习运用浅显的托物寓情和托物言志的手法。

第一次训练

【例文】

我的铅笔盒

我有一只长方形的塑料铅笔盒。它长二十四厘米，宽九厘米，高三厘米。它的开关是磁铁做的，使用起来非常方便。

盒面上印着美丽的图画——蓝蓝的天空下，碧绿的草地上盛开着一束鲜艳的红花。红花边坐着一个放羊娃。他长着一头乌黑的头发，那胖胖的身体上穿着一件红马褂。他正欢乐地用笛子吹奏着动听的乐曲。离他不远的地方，又白又胖的羊群正津津有味地吃着嫩绿的青草。远处参天的大树形成了茂密的树林。微风吹来，绿叶飒飒，在那辽阔的田野上久久地回荡着放羊娃的笛子声。

打开我的铅笔盒，里面分上下两层。上层有五个小套管，一个放钢笔，另四个放铅笔。下层有三个大小不同的长方形空格，小的放刀片、橡皮，大的放尺、铅笔、圆珠笔等学习用品。盒盖的内面有两个小袋，一个透明的放课程表，另一个放草稿纸。

这只铅笔盒已经跟随我三年多了，由于紧张的学习生活，它已比过去“衰老”得多了。在它的边上已经出现了几道裂缝，我却更加喜欢它。它是我的好伙伴，我们建立了亲密的友谊。

【简析】

本文作者观察细致入微，描写生动形象，叙述条理清晰。开头先概述铅笔盒的质地、大小及优点。接着有条不紊地从它的外形写到内部结构。外形描写不仅形象鲜明，还加进了想象的成分：“微风吹来，绿叶飒飒，在那辽阔的田野上久久地回荡着放羊娃的笛子声。”于静中见动，这就活跃了文章的气氛，增强了感情色彩。写内部结构，又沿着从上到下、由中间到内壁（盒盖）的顺序依次描写。最后以拟人化的手法点明中心：“我”十分喜欢这只铅笔盒。

【素描要求】

让学生按照从外到内的顺序仔细地观察和描写自己的文具盒或者书包。可以请个别学生先口头描述，以便发现问题及时指导。然后要求全班学生仿照例文，先概述文具盒的质地、大小，再从外到内细致地分层描写。描写要求具体、生动，但不能重复；可穿插想象成分，但要有依据。

【词语学习】

光泽　光滑　光洁　美丽　漂亮　鲜艳　艳丽　明朗　五颜六色　五彩缤纷　浓淡相宜　淡雅　文雅　色调柔和　陈旧　暗淡　粗糙　裂纹　裂缝　裂口　珍爱　珍惜　爱抚　爱惜

【习作参考】

文　具　盒

我有一只文具盒，它是我的好伙伴，可惜年纪已经老了。从一年级开始，它就天天伴随我上学。它的边上已经有几道裂缝，盖子也关不严实，很快就要“领取养老金”了，不过现在它仍然躺在我的课桌上。

这只文具盒的颜色是橙黄的，很引人注目。在那橙黄的盖子上还印着一幅有趣的图画：一只老兔子和一只小兔子，小兔子紧紧拽住老兔子的尾巴，那只可怜的老兔子只能步履艰难地慢慢行走。

如果打开文具盒的盖子，可以看到里面有一方小空格，当中放着橡皮；还可以看到两方大空格；这是钢笔和铅笔工作过后休息的地方。

尽管我的文具盒即将“退休”，但是我仍然感到它很合用，并且特别珍爱它。

第二次训练

【例文】

我的“小花鹿”

去年我生日那天，爸爸送给我一只美丽的“小花鹿”。它既不会跑，也不会跳，是个泥制的储蓄罐。

“小花鹿”可真讨人喜欢。圆圆的脑袋上，一对粉红色的小耳朵向上竖着，仿佛在倾听周围的动静。脸上嵌着两只明亮的眼睛，透蓝的眼眶里，那圆溜溜的大眼珠还真有神采呢！一张小嘴微微撅着，像是要跟我说话。“小花鹿”的身体是橘黄色的，上面还有大红色的梅花斑纹。它那条又小又短的尾巴向上翘着，显出一副调皮的样子。我在它的脖子上系了一条绿丝带，打了个蝴蝶结。这一下，它变得更加神气和漂亮了。它整天静静地蹲在我的写字台上。

自从我有了“小花鹿”以后，那些话梅啦山楂啦橄榄啦，不像过去那么吸引我了。我不再随便买零食吃，把省下的钱，从“小花鹿”后脑勺上的小口子里塞进去。每当我这样做的时候，“小花鹿”就像吃到了鲜嫩的树叶一样，高兴得眯起眼睛笑了。一天又一天，一个月又一个月，不到一年，“小花鹿”变得沉甸甸了。我抚摸着它，高兴地说：“这下我就可以去买许多书啦，你的功劳真不小啊！”

【简析】

文章按“小花鹿”储蓄罐的外形和它的用途两部分来写。写外形从上到下，分头、身、尾，逐层描写，次序井然。但是并不平铺直叙，而是抓住“小花鹿”“真讨人喜欢”这一外形特征重点描绘，而且通过想象把“小花鹿”描写得栩栩如生。

【素描要求】

让学生自带一件小玩具（或小摆设、小工艺品）进行一次静物素描。在课上，先依照第一次训练的要求，让学生对物体按一定的方位顺序仔细观察，认真思考。然后要求学生抓住对象的特征进行重点描述，并且在描写过程中适当地插入想象的成分。

【词语学习】

木质　木刻　泥制　泥塑　细瓷　丝织　铁制　铁铸　铜质　纸糊　塑料　玻璃　石膏　竹篾　竹丝　小巧　可爱　有趣　精细　精致　精巧　细致　纤巧　玲珑　逼真　精工细作　引人注目

【习作参考】

八只小瓷猫

我有八只小瓷猫，是许伯伯——爸爸的老战友送给我的。我非常喜欢它们。

每只小花猫都是红红的嘴巴，大大的眼睛，身上戴着一朵美丽的小花，挺神气！但它们的姿势各不一样。我把八只小猫排成一队，仔细地看它们不同的姿势，可真有趣。

第一只小猫睁大眼睛，像一个具有高度警惕的卫士正在巡逻，突然发现阴暗的角落里有个影子在动。啊，一只老鼠在探头探脑。第二只小猫在伸懒腰。第三只在打哈欠。它俩像是有意麻痹这个坏蛋，引它出来。第四只小猫像出了膛的子弹，呼地一下跳到老鼠跟前，老鼠正想逃。第五只小猫伸出四条腿拦住老鼠的去路，使它无处可逃。第六只小猫前脚猛地扑下来，老鼠被抓住了。老鼠苦苦哀求："放了我吧，以后我再也不干坏事了。"第七只小猫严厉地说："对待坏人就要狠狠地打击。"你瞧，第八只小猫胡子翘得高高的，露出了胜利的微笑。

为了抓坏蛋，这八只小猫合作得多好啊！它们多么惹人喜爱。

第三次训练

【例文】

石　榴

前几天，妈妈给我和妹妹一人一个大石榴。

石榴的外表并不好看，它没有苹果那样红润光滑的外表，令人一望而产生羡慕的心情；也没有菠萝那样诱人的香气，让人闻了不由得垂涎欲滴。它只有一层粗糙的黄皮，上面还有一个裂口，像咧着嘴在傻笑，土里土气的。妈妈告诉我，那个口子是石榴开花的地方，花谢落以后，石榴渐渐地长大，最后就成了现在这个样子。

我把石榴打开一看：啊！里面全是水晶珠子似的非常美丽的籽儿。它们都长得很饱满,挤得紧紧的,真是好看极了。那一粒粒的籽儿吃在嘴里,甜甜的,酸酸的,真有味儿！我和妹妹都很喜欢吃。妈妈对我们说:“你们不要只看到它的籽儿好看,又好吃，就是连它那土里土气的外皮，也是专门治拉肚子的中药呢！”

吃着石榴，听着妈妈的话，我懂得了：做人，不要做一个看上去外表很美丽，而肚子里空空的华而不实的人，要做一个像石榴一样实实在在的有用的人。

【简析】

《石榴》一文在细致、有序观察的基础上，通过联想点明主题。文章先从色、香和表皮的裂口写石榴朴实无华的外表，然后从形状、味道描写石榴里面的籽儿。最后展开联想，托物喻人，揭示主题。

【素描要求】

要求学生自带一种水果或者花卉，作为观察作文对象。在课上，可以让学生对观察对象从色、香、形、味等方面做仔细的体察（例如对水果，可以先做色、形的外表观察，再做味、香的品尝），然后概括出对象的某种特征，借以展开联想，借物喻人或者托物寄意。要求学生敞开思路，大胆联想，同时注意联想必须合情合理，以事实作为依据。前两次训练，要求联想或想象的成分以句子的形式穿插在描写之中，而这次训练则要求联想或想象的成分以句群或者自然段的形式出现。

【词语学习】

红润　金黄　橘黄　嫩黄　黄澄澄　青翠　翠绿　碧绿　淡红　粉红　紫红　大红　红艳艳　红彤彤　洁白　雪白　香喷喷　清香扑鼻　香甜浓郁　沁人肺腑　甜蜜　鲜嫩　鲜美可口　甘美

【习作参考】

花的启示

在我家的小院里，种着两种花，牵牛花和郁春棒。这是两种不同品格的花。

牵牛花一向是把根埋在土里，依靠着葡萄架向上爬，它纤细而瘫软的身体是那样柔弱，仿佛一阵小风就能吹倒似的；而郁春棒总是把根深深扎在土壤里，依靠自己吸收的养料，在狂风暴雨的侵袭下顽强地生长着。

春暖花开的季节，牵牛花开出了一朵朵镶着花边、色彩艳丽的花朵。它躺在毛茸茸的叶子上，吹着喇叭，炫耀着自己的美貌。在又大又圆的绿叶上，郁春棒也开出一朵朵水灵灵的白花。白花绿叶，格外淡雅，但它并没有为此而飘飘然，而是默默地散发出浓郁的清香。这香气令人欲醉，招惹蜂飞蝶舞。

一进入金色的秋天，牵牛花早已枯黄的叶子纷纷落下，花茎也渐渐枯萎，最后只结下几粒干瘪的种子就死了；郁春棒也脱去翠绿的外衣，只留下几根一寸来长的茎露出干燥的地面，待到和煦的春风再度吹拂大地，又破土萌发。

在社会上，有的人肤浅而软弱，有的人扎实而坚强；有的人取得一点成绩就居功自傲到处炫耀，有的人默默无闻为大家做了许多好事，从不向人夸耀；有的人遇到困难就畏缩不前，垂头丧气，有的人无论遇到什么挫折都毫不畏惧，对未来充满信心。这是两种截然不同的人。

花是没有思维能力的，它只能按照自己的本性生存于世；人是有思想、有头脑的，他会决定自己怎样做人。

亲爱的朋友，你喜欢哪种人，究竟要做哪种人呢?

二、自然景物素描

要　求

自然景物的描写是环境描写的重要组成部分。它包括时序节令（春、夏、秋、冬、晨、昏、午、夜）、自然气候（阴、晴、雨、雪、风、云、雷、电）、山川湖海和花草树木等方面的描写。

在记叙文中，自然景物的描写可以交代故事情节发生发展的特定环境，也可以烘托气氛，做到情景交融，表现故事主人公和作者自己的思想感情。

教会学生描写自然景物，能促使学生更好地理解和评价课文以及其他文艺作品，也有助于培养细致地观察各种事物的能力和大胆、合理的想象能力，有助于陶冶审美的感情，有助于开阔视野、增长知识和丰富词汇。

三年级对自然景物的素描训练，应该注意下述几个方面：第一，观察的目标要比较集中，作文题目不宜过宽。例如，不宜让学生笼统地写《秋天来临了》，可以写《秋天的花坛》《窗下秋色》《校园里的秋景》等。第二，因地制宜，就地取材。一开始，教师不必花很多精力带领孩子到郊外或者公园里去观察大自然的景色，而可以让学生观察日常生活中经常遇到的自然现象（如风、云、雨、雾）和学校周围的自然景物（如花坛、小花园、实验园地、灌木丛等）。第三，描写的内容要切合时令。不要秋天描写夏景，冬天又描写秋景。第四，鼓励学生用自己的话写作，做到“词必己出”，不盲目地套用课文中现成的句子。

三年级学生练习自然景物素描，应该达到下述要求：（1）把握住景物描写的中心；（2）合理地安排景物描写的顺序；（3）抓住特点，具体形象地描写景物；（4）恰当地运用比喻、拟人等修辞手法，使景物描写生动、形象。

第一次训练

【例文】

海上日出

为了看日出，我常常早起，那时天空还没有大亮，周围很静，只听见船里机器的声音。

天空还是一片浅蓝，很浅很浅的。转眼间，天水相接的地方出现了一道红霞。红霞的范围慢慢扩大，越来越亮。我知道太阳就要从天边升起来了，便目不转睛地望着那里。

果然，过了一会儿，那里出现了太阳的小半边脸，红是红得很，却没有亮光。太阳像负着什么重担似的，慢慢儿，一纵一纵地，使劲儿向上升。到了最后，它终于冲破了云霞，完全跳出了海面，颜色真红得可爱。一刹那间，这深红的圆东西发出夺目的亮光，射得人眼睛发痛。它旁边的云也突然有了光彩。

有时候太阳躲进云里。阳光透过云缝直射到水面上，很难分辨出哪里是水，哪里是天，只看见一片灿烂的亮光。

有时候天边有黑云，云还很厚。太阳升起来了，人看不见它。它的光芒给黑云镶了一道光亮的金边。后来，太阳慢慢透出重围，出现在天空，把一片片云染成了紫色或者红色。这时候，不仅是太阳、云和海水，连我自己也成了光亮的了。

这不是伟大的奇观么？

【简析】

文章最后的一个反问句“这不是伟大的奇观么？”这是文章的中心所在。为了表现这个中心，作者先简略地描写日出前天空的景象，然后重点描写日出时的景象和日出后天空的各种变化。不仅直接地对日出过程中太阳的颜色和光线做细致的描写，还通过云层和海水色彩的变化，进一步勾勒出日出时光辉灿烂的壮观景象。此外，还运用了一些拟人化的句子，如“太阳像负着什么重担似的，慢慢儿，一纵一纵地，使劲儿向上升”“它终于冲破了云霞，完全跳出了海面”，把日出的动态过程写得栩栩如生。

【素描要求】

通过集体观察或者个别观察，描写一次日出过程，或一次下雨过程，或某一天的月色。要求做到：（1）中心比较明确，所选择的景物与表现中心有关；（2）按照时间和方位有顺序地描写；（3）注意从颜色、亮度、声音、气味等方面具体形象地描写景物。

【词语学习】

1.描写日出的词语：银灰　浅蓝　鱼肚白　暗红　殷红　火红　鲜红　光线　光芒　光彩　耀眼　灿烂　镶　穿透　冲破　扩大　放射　直射　一刹那　转眼间　晨曦　壮观　奇观

2.描写观赏月色的词语：夜幕　天幕　仰望　深蓝　洁白　皎洁　晕圈　明月　月牙　满月　闪烁　笼罩　轻纱　幽静　沉静

3.描写下雨的词语：淅淅沥沥　滴滴答答　唰唰　白茫茫　迷蒙蒙　飘落　倾注　飞溅　烟雾

【习作参考】

秋天的雨

秋天的雨，是一把钥匙。它带着清凉和温柔，轻轻地，轻轻地，趁你没留意，把秋天的大门打开了。

秋天的雨，有一盒五彩缤纷的颜料。你看，它把黄色给了银杏树，黄黄的叶子像一把把小扇子，扇哪扇哪，扇走了夏天的炎热。它把红色给了枫树，红红的枫叶像一枚枚邮票，飘哇飘哇，邮来了秋天的凉爽。金黄色是给田野的，看，田野像金色的海洋。橙红色是给果树的，橘子、柿子你挤我碰，争着要人们去摘呢！菊花仙子得到的颜色就更多了，紫红的、淡黄的、雪白的……美丽的菊花在秋雨里频频点头。

秋天的雨，藏着非常好闻的气味。梨香香的，菠萝甜甜的，还有苹果、橘子，好多好多香甜的气味，都躲在小雨滴里呢！小朋友的脚，常被那香味勾住。

秋天的雨，吹起了金色的小喇叭，它告诉大家，冬天快要来了。小喜鹊衔来树枝造房子，小松鼠找来松果当粮食，小青蛙在加紧挖洞，准备舒舒服服地睡大觉。松柏穿上厚厚的、油亮亮的衣裳，杨树、柳树的叶子飘到树妈妈的脚下。它们都在准备过冬了。

秋天的雨，带给大地的是一曲丰收的歌，带给小朋友的是一首欢乐的歌。

迷人的月色

夜幕降临在大地上。我站在我家木栅栏的前面，仰望天空。只见那半圆的月亮里，一片亮，一片暗。月亮周围紧紧地绕着一个蓝色晕圈。目光离开明月，才发现在远离明月的天空上还有数不尽的星星。它们像熠熠放光的钻石，有的放射着耀眼的金辉，有的发出微微的白光。它们有的疏散在各方，有的密集做一簇，天空被它们装饰得多么美丽、壮观啊！月光为大地铺上了一层银甲，我静默站立的身影显得高大了。在我身后，长长的绿藤盘在栅栏上，它牵引着许多喇叭花。木栅栏下边一片不知名的小花自在地开放着，红的、黄的、白的，映着月光，更显得玲珑可爱。秋风吹过，花香四溢，阵阵扑鼻。一切都处在静悄悄的夜色中，然而，我似乎听到了一阵幽婉的吹奏乐声……难道是那绿藤上的喇叭花在赞颂这迷人的月夜吗?

日　出

我约了小伙伴登山看日出。约莫半夜，我们便动身上山了。经过近两小时的攀登，我们登上了这座高山的顶峰。

啊，这儿真是童话中的“仙境”。峰顶好像镀上了一层灰白色，俯视不见山脚，山峰好像是悬挂在昏暗的天空中，四周都是那么静谧。一忽儿，云海渐渐升高，几朵云团滚滚而来，环绕着山峰久久不散。人仿佛腾云驾雾，飞在半空当中。

东方出现了鱼肚白，云层下面抹上了一层迷人的淡红色。海和天空渐渐分清了界线。一忽儿，东方上空的云朵又抹上了一层绯红。猛然间，天际射出一道金光；过了一会儿，又射出一条；再隔一会儿，又射出一条……一条比一条绚丽。时光一分一秒地过去，东方的天空越来越亮了。云朵忽然变成黄、紫、红……有的还镶上了金边，真是万紫千红，壮观极了！

突然，鲜红的旭日露出了一些，摇摇晃晃的海水承托住它，在海中跳来荡去的。这个火红的球，一探再探，猛地一跃，跳出了水面，射出万丈光芒，海水把它折射成千万条耀眼的光带。这些光带穿过薄雾之后，化成一条绚丽的彩虹。

红日冉冉地升在东方上空，大地披上了红装。艳丽的云霞，承受着光，焕发着彩。沉睡的山峰苏醒了，迎着晨风，沐浴着朝阳的光辉，显得更加巍峨峻拔……

第二次训练

【例文】

火　烧　云

晚饭过后，火烧云上来了，霞光照得小孩子的脸红红的。大白狗变成红的了。红公鸡变成金的了。黑母鸡变成紫檀色的了。喂猪的老头儿在墙根靠着，笑盈盈地看着他的两头小白猪变成小金猪了。他刚想说：“你们也变了……”旁边走来个乘凉的人对他说：“您老人家必要高寿，您老是金胡子了。”

天上的云从西边一直烧到东边，红彤彤的，好像是天空着了火。

这地方的火烧云变化极多，一会儿红彤彤的，一会儿金灿灿的，一会儿半紫半黄，一会儿半灰半百合色。葡萄灰、梨黄、茄子紫，这些颜色天空都有。还有些说也说不出来、见也没见过的颜色。

一会儿，天空出现一匹马，马头向南，马尾向西。马是跪着的，像等人骑上它的背，它才站起来似的。过了两三秒钟，那匹马大起来了，腿伸开了，脖子也长了，尾巴可不见了。看的人正在寻找马尾巴，那匹马变模糊了。

忽然又来了一条大狗。那条狗十分凶猛，在向前跑，后边似乎还跟着好几条小狗。跑着跑着，小狗不知跑到哪里去了，大狗也不见了。

接着又来了一头大狮子，跟庙门前的石头狮子一模一样，也那么大，也那样蹲着，很威武很镇静地蹲着。可是一转眼就变了。再也找不着了。

一时恍恍惚惚的，天空里又像这个又像那个，其实什么也不像，什么也看不清了，必须低下头，揉一揉眼睛，沉静一会儿再看。可是天空偏偏不等待那些爱好它的孩子。一会儿工夫，火烧云下去了。

【简析】

作者以丰富的想象力，描写了火烧云的美丽景色。第一部分写火烧云的“红”：霞光照到地上，人和动物都染上红色；霞光在天上，天空好像着了火。第二部分着重描写火烧云的变化极多：先用比喻的方法描写云彩的绚丽多变，后用联想的方法写出它形状的各种变化。

【素描要求】

让学生写一篇观察日记，描写下述景物中的一种：（1）日落时天空中的云彩；（2）晴空的云彩；（3）下雨前或者起风前天空的云彩；（4）满天繁星。要求做到：（1）写出自己总的观感，并以此作为中心组织全文；（2）展开想象的翅膀，运用比喻、拟人和联想的方法生动形象地描写景物。

【词语学习】

1.描写云的形状的词语：云海　云层　云团　云块　云片　云丝　带状　鱼鳞状　丝缕状

2.描写云彩的词语：绯红　蔷薇红　金黄　鹅黄　梨黄　茄子紫　葡萄灰　琥珀色　百合色　乳白色　铅灰色　银灰色

3.描写星空的词语：星河　星云　星座　群星密布　密密麻麻　稀稀落落　群星闪耀　闪闪发光　交相辉映　明亮　晦暗　柔和　晶莹

【习作参考】

云

一天，有点儿闷热。我独个儿坐在家里，闲来无事，一时兴起，便离家登山去散散心。

一路上，凉风迎面吹来，闷气已散了一半。后来，我坐在树荫下，仰望蔚蓝的天空，是那么清静，那么悠然，心境也随着宁静舒畅起来了。

天空的白云，一片片在头上飘过，这边的飘去，那边的飘来；有时停着不动，聚集起来，变化出各种形状，一时像渔翁，一时像绵羊，在和风中，它的姿态是那么美妙，又是那么有趣。

远远的云层里，反射着阳光，呈现各种颜色，红的一片，黄的一片，紫的一片，蓝的一片，好像一幅幅的彩布，平铺在天空中，煞是好看。

云层下的山峦，时隐时现，像岛屿一般，在波涛起伏的云海中出没。一簇一簇的林木，有如海上仙山的亭台楼阁，可望而不可即。这时，我的心陶醉在神奇的境界里，跟着绵亘的山峦，向无际的空间伸展。我觉得自己虽然渺小，但必须昂起头来，在社会中做一些对人类有益的工作，岂可无声无息地虚度一生。

第三次训练

【例文】

秋的原野

窗外飘进来一片梧桐的落叶。我对它凝视了一会儿，恍然领悟到：那是大自然给人们的信号，秋天已经来临了。

我匆匆地走到郊外，在原野中漫步游荡，享受着徐徐吹来的凉风，感到浑身有说不出的舒畅。我贪婪地吸了几口新鲜空气,又不由自主地哼出一支轻快的小调。

天空像一块覆盖大地的蓝宝石，它已经给秋风抹拭得非常洁净而明亮。村外的那个小塘，也睁着碧澄澄的眼睛，凝望这般美好的天色。那塘边开满白花的芦苇丛里，忽然钻出一对白鹅，慢吞吞地在水面浮游着。它俩显得天真烂漫，或许稍嫌这儿过于寂寞吧，于是伸长颈项“哦！哦！”有节奏地叫着，把水面荡漾起一圈圈的波纹，也为大自然平静的画面平添了不少生气。

山谷里枫树的叶子，不知道是喝了过量的酒，还是为了向秋天表示无限的热情，不然，它们为什么红得像一团火焰似的呢？

村前村后，丰收的稻田好似一片金黄色的大海。一阵微风吹过，泛起了一排排金色的波浪；稻禾深处，也不时传来一阵阵农民们的欢笑声。

当七彩的晚霞，在天边编成瑰丽的织锦时，村里屋顶烟囱上也升起了缕缕的炊烟。跨在牛背上回家的牧童们，唱着抒情的歌谣，歌声在晚风里飘得很远，很远……

半空中飞过一队“人”字形的雁群。村里的孩子们立刻眯起一只眼睛，高举双手，做成托枪瞄准的姿势，对着它们“砰！砰！砰！”地喝叫。雁儿们“咿咿呀呀”好像在说：“明年见，孩子们！”继续向暮色苍茫的天边慢慢地飞去。

【简析】

文章以“窗外飘进来一片梧桐的落叶”作为开头，明快而简要地点出秋天已经来临。接着，按照从上到下、由远及近的顺序，逐层描写原野的秋色。经过仔细地观察和认真的思考，作者所写的，都是秋季区别于其他季节的明显的特征，例如徐徐的凉风、新鲜的空气、蓝宝石般的天空、开满白花的芦苇丛、火红的枫叶、金黄色的稻禾、“人”字形的雁群。而且，为了把秋天的色彩、声音和意境充分表现出来，作者又运用了比喻和拟人的方法，对上述景物做了生动的描述。

【素描要求】

把学生带到校园里或者公园里，教会他们辨认秋天的花草树木，引导他们仔细观察自然界的各种特征，然后以“校园里的花”或者“公园秋色”为题，写一篇作文。要求：（1）尽可能把秋天花草树木的特征写出来；（2）如果所描写的植物较多，则应该按类别有顺序地表达；（3）恰当地运用比喻、拟人等修辞手法。

【词语学习】

1.秋天常见的花草树木：一串红　牵牛花　菊花　鸡冠花　美人蕉　梧桐树　白杨树　槐树　榆树　桂树　香樟树　罗汉松　广玉兰

2.秋天的色彩：金黄　鹅黄　蕉黄　黄澄澄　火红　赭红　殷红　玛瑙红　色彩缤纷　绚丽灿烂　眼花缭乱　应接不暇

3.校园里的建筑物：教学大楼　台阶　花坛　花圃　栅栏　草坪　假山　甬道　小径　操场　沙坑

【习作参考】

校园里的花

秋天来了，我校的花圃里开着各式各样的花。你们看，有火红火红的爆竹红，有淡紫的恋蝶花，有金黄的万寿菊，还有雪白的玉莲花，五彩缤纷，美丽极了。

可是在这些花中间，我最喜欢的要数美人蕉和紫茉莉了。

美人蕉远看像一团团熊熊燃烧的火，近看像小姑娘头上的红蝴蝶结。我走近美人蕉，只见一只蜜蜂一边“嗡嗡”地叫着，一边拍着翅膀飞来，飞到了美人蕉又红又大的花瓣上，一个劲地往花瓣里钻。一阵风儿吹来，美人蕉的花瓣轻轻地摇摆起来，好像亲热地向蜜蜂招呼说：“蜜蜂小妹妹你好，你给我们传播花粉又仔细又轻巧，我真不知怎么感谢你呢！”我看着看着入了迷，仿佛自己也成了一只小蜜蜂，在花丛中朝着美人蕉笑呢！

紫茉莉也是我喜欢的花。紫茉莉的花很像小巧玲珑的小喇叭。它的花瓣像喇叭口，花萼像喇叭柄。它白天总是闭着嘴巴，这是为什么呢？哦，也许是因为怕太阳，也许是在睡懒觉，也许是因为怕吹了喇叭影响我们的学习。

校园里的花真是千姿百态，绚丽多彩。花儿啊，在这秋高气爽的日子里，你们尽情开放吧，把我们的学校打扮得更加美丽！

“曲院风荷”的秋色

秋高气爽，万里无云。我和同学们沐浴着灿烂的阳光，来到了西湖边上美丽的“曲院风荷”公园。

“曲院风荷”前的梧桐树，橙黄的叶子，随着阵阵秋风慢慢地飘落下来。人们偶尔踩上几脚，会发出咯吱咯吱的响声。而那些松树却依然郁郁葱葱，给人们带来春意。枫树的叶子变红了，远远望去，像是片片彩云，美丽极了。正像古人所说：“霜叶红于二月花”。

来到“红俏翠盖”亭外的草地上，我们就进入了菊花的世界。秋菊真美啊！她们千姿百态，张开笑脸迎接游人。有红的，红得像一团火；有黄的，黄得像一堆金；有白的，白得像一捧雪……使人眼花缭乱。一阵秋风吹来，菊花泛起了红波黄浪，而那白色的，就像溅起的一朵朵浪花。

“大姐姐,你看,那盆花多像银丝！”一个小男孩拉着我的手嚷着。我仔细一看，原来是一盆亭亭玉立的“银丝菊”，雪白的花瓣一丝丝，一缕缕，娇嫩欲滴，就像用整块洁白无瑕的白玉雕成的。真美啊！可以说在所有的菊花中我最喜欢这一盆了。

陈毅同志诗云：“秋菊能傲霜，风霜重重恶。本性能耐寒，风霜其奈何？”我爱万物苏醒的春天，更爱菊花怒放的秋天！

三、人物动作素描

要　求

动作描写是人物描写的重要组成部分，它包括描写劳动过程、体育活动以及人们的各种日常动作。

人物离不开动作，动作是人物思想、感情、性格特征最直接、最具体的表现。只有描写动作，人物才能站立起来，才能栩栩如生，否则，人物是平板的，没有感染力的。离开了动作描写，记叙文中的写人和记事都是不可能的。

描写动作的训练对发展智力也有重要意义。它可以培养学生细致的观察力和定向的注意力，使他们学会把握某些行动和过程的典型特征，同时迅速地充实有关的词汇和语言。此外，观察劳动过程还有助于培养学生热爱劳动和热爱劳动人民的思想感情。

三年级动作素描的训练应该注意下述几个方面：第一，观察的内容要尽可能接近儿童的生活实际，激发他们的作文兴趣。第二，训练要遵循由简到繁的原则。例如先描写一个人的动作演示，再描写几个人的动作演示；先描写简单的日常生活动作，再描写比较复杂的劳动、游戏和体育比赛过程。第三，课内和课外相结合。例如某一个阶段在课内进行日常劳动的素描训练，课外就可以多写有关家务劳动的观察日记。

三年级学生练习动作素描，应该达到下述要求：（1）要准确地使用动词。要迅速地积累一批常用动词，学会辨析常见的近义动词。（2）不仅要把各类动作的过程写得具体、生动，而且要写得清楚、连贯，学会运用一般的连词和过渡句。（3）初步学会把握各种动作的典型特征，使动作描写为表现人物的性格特点服务。

第一次训练

【例文】

贴　　画

上课铃响了，只见班主任朱老师握着一卷画，满面春风地走进教室。行过礼后，老师把画面展开了，上面画着一位女少先队员，正在聚精会神地听老师讲课。图的右边端端正正地写着八个蓝色的大字："认真听讲，遵守秩序。"老师拿着画走到教室南面的墙跟前，又转身打量了一下北面墙上的画，就动手贴起画来。她想把两幅画贴得同样高，可是够不着。怎么办呢？周平同学看见了，立刻到讲台边端来一张板凳。老师谢过周平后，一脚跨上板凳，从口袋里掏出一枚图钉按住画的左角，将它揿牢。接着，又摸出第二枚、第三枚、第四枚，将它们揿在其余几个角上。画贴好了，朱老师把板凳放回原处，拍了拍手上的灰，望着那张崭新的画笑了，好像在说："我们班上的同学一定能向这个女少先队员学习，认真听讲，遵守秩序。"

【简析】

这是一个三年级小学生的习作。它运用"握""展开""走""转身""打量""跨""掏""按""揿""摸""拍"等一系列动词，把朱老师贴画的过程写得生动具体，形象地表现出朱老师热爱教育工作，对学生的成长寄予殷切期望的思想感情。

【素描要求】

由老师在课上用三五分钟的时间演示一组日常动作，如"寻找钢笔准备点名""批改作业""纠正读写姿势"等，让学生当堂描写。要求仔细观察每一个动作，挑选最恰当的动词表现它们，并且适当地加一些神态和心理活动的描写。

【词语学习】

1.表示手的动作的词：抓　拉　扯　扶　拖　拔　举　揉　推　摇　捏　掏　挖　摸　端　捧　给　接　拴　裹　擦　抹　揩　按　揿　拾　折　拍　敲　抽　揭　探　抛　扔　摔　丢　拽　搓

2.表示腿部和全身动作的词：站　走　跑　跳　踱　踮　蹲　踩　踢　跨　蹬　跌　绊　登　踏　跺　撞　侧身　回身　转身　扭身　挺身　伸腿　抬腿　跳跳蹦蹦　摇摇晃晃

【习作参考】

上课铃响过后

上课的预备铃响了，周老师出现在教室门口。她手捧数学书和备课笔记，粉笔盒搁在书上面，站在门口，慈祥地看着我们。看到每一个同学都做好了课前准备，她微笑着点了点头。"铃——"正式铃响了。"立正！"班长发出响亮的口令。周老师跨进教室，轻轻地关上门，便走向讲台。她先把手里的东西放在讲台的左上角，又后退一步，用和蔼的目光看着我们，亲切地说："同学们好！""老师好！"同学们响亮地做了回答。

第二次训练

【例文】

大 扫 除

“同学们，快来吧，大扫除开始了！”一个同学高兴地叫着。我拿着脸盆、板刷、抹布、小刀等工具，一蹦一跳地跑进教室。

我们小组的任务是把墙上和水泥柱上的旧标语擦干净。我先打来一盆清水，泼在墙上，再把一大张一大张的旧标语纸撕下来。可是，那些粘在水泥柱上的小标语纸怎么也撕不掉；我们用抹布也擦不掉，用板刷还是刷不掉。我突然想起我还带着小刀呢，怎么忘了呢？就立刻从口袋里掏出小刀来刮。心想，这下可以解决问题了，谁知道还是刮不掉。我再向水泥柱上泼水，再刮。啊，终于刮下来了。我高兴得跳了起来。

我正干得起劲，困难又来了。有些标语贴得太高，擦不到。我搬来一张凳子，站在凳子上擦，还是擦不到。我踮起脚，把手举得高高的，用尽力气擦，擦着了。但我的手举久了，可真酸，而且一股股脏水还不时顺着手掌、手腕滴进我的袖筒里，真讨厌。我真不想干了。

这时，我看见马岩松同学站在两张叠起的凳子上，一只手扶住水泥柱子，一只手正在使劲地擦着。中队长林怡飞见了，关心地对她说：“当心，别掉下来。”岩松笑了笑说：“放心，掉不下来。”看着岩松的一举一动，我心想：自己也是个少先队员，可比起人家来，就差多了。我暗暗下了决心，一定要把水泥柱上的标语纸全擦掉。于是，我脱掉了外衣，卷起袖子，学着马岩松的样子，使劲地干了起来。我擦了一遍又一遍，擦了一块又一块，终于把水泥柱擦得干干净净。

大扫除结束了，我们望着擦洗得干干净净的墙壁和水泥柱子，心里甜滋滋的。

【简析】

本文记叙了一次大扫除劳动。文章准确地运用了一系列的动词，具体地描述了同学们的劳动热情。你看，开始劳动时，一个同学高兴地“叫”着。劳动中，“我”为了擦干净墙上和水泥柱上的标语纸，先用水“泼”，然后再“撕”；撕不掉就用板刷“刷”；刷不掉再用小刀“刮”。经过一次又一次的努力，终于擦干净了。为了把擦墙的过程写得清楚和连贯，文章不仅使用各种关联词语，如“先”“再”“可是”“还是”“突然”“立刻”“终于”等等，而且恰当地运用了过渡句，如“我正干得起劲，困难又来了”，“这时，我看见马岩松同学……正在使劲地擦着”。

【素描要求】

请几个学生演示一组日常打扫教室的动作，让全班学生当堂描写；或者让学生写一篇观察日记，记叙自己第一次参加某项家务劳动的过程，如《我第一次洗衣服》《我学会了烧饭》等。要求准确地使用动词和连词，适当地加一点人物神态和心理活动的描写，把劳动过程写得具体、清楚和连贯。

【词语学习】

1.学会写清洁工具的名称：抹布　扫帚　拖把　板刷　刮刀　鸡毛掸　脸盆　水桶　畚箕

2.填写词语

做小飞机

一次，老师要大家去做科技小作品。同学们都纷纷行动起来了，有的做小台灯，有的做船模，____我还没有打定主意，真急人哪！回家以后，我____跟爸爸商量，最后我决定做小飞机。

爸爸可热心啦！当天晚上，就给我买来了飞机模型材料。我____做完功课，把课业用品收好，____做起小飞机来。爸爸坐在一旁聚精会神地看着我做。我____照图纸用刀片把机身削得又光又平，____把翅膀削好，____用胶水把翅膀粘了上去，____把尾翼也安上，____加上橡皮筋，这样就成了一架很神气的小飞机了。爸爸高兴得连连点头，称赞我很细心。____他说颜色还不好看。____我又用水彩颜色描了起来。在机身上____画了一个“八一”军徽，____弄到很晚才睡觉。

夜里我做了一个有趣的梦，梦见我的小飞机真的带着我飞上了美丽的蓝天。

【习作参考】

我学会了煮饭

一天中午，我按照妈妈教我的办法学习煮饭。我先淘米。量了两罐米，再舀两勺水倒进锅里，用手轻轻地搓。水浑了，就把水倒掉，然后再舀些水倒进锅里，让浮在水面上的稗子顺水流走。我又把夹杂在米中的稻谷和沙粒拣了出来。就这样淘了三次，水清了，米也淘好了。

开始煮饭了，我先在锅里加上水，盖上锅盖，然后擦燃火柴，拧开液化气阀门。“砰”的一声，火着了，蓝色的火苗“托”住锅底，多好看呀。不多久，锅里发出了“咕嘟咕嘟”的声音，冒出了雾似的水蒸气。水蒸气把锅盖一个劲地往上顶。啊！水开了。我急忙揭开锅盖一看，浓浓的米汁冒出一个个水泡。我用筷子拨动一下，让米把水吃匀，接着戳了几个眼，把锅盖盖上一半。过了一会，水收干了，我把锅盖盖严，拧小了火，煤气炉只留下一圈蓝蓝的小火。就这样慢慢地烤，渐渐地锅里散发出一阵阵香味来，饭煮熟了。

洗　手　帕

放学了，我认真地做完功课，想起老师要我们练习洗手帕。我从厨房拿了一只脸盆，在水龙头前放满清水，端到院子里的小石桌上。然后从口袋里掏出一条脏手帕放进水盆，用手按了几下。等手帕全浸湿后，就擦上肥皂，开始搓洗。我的双手一上一下地搓动，手指缝里不断地钻出一个个五光十色的小肥皂泡，有趣极了。搓了一会儿，我把带着肥皂泡的脏手帕放到水盆里漂清。只见盆里的水一上一下地动荡着，真像河里的水波。水混浊了，我又换上一盆清水，终于把肥皂沫全漂清了。于是我把手帕拧干，用木夹子夹住，晾在窗子前。晚饭后，我走到窗前，看着自己亲手洗的手帕，十分高兴地说：“人要经常洗澡，今天我给手帕也洗了个澡，看它多干净呀！”

第三次训练

【例文】

拔　河

“嘟——”随着一声清脆的哨声，我们班和三（3）班的拔河比赛开始了。我因为个子小，又有近视眼，没能上场，真遗憾！老师委派我担任啦啦队队长。这是为集体争光的事，我可卖力气了。我领着同学们扯着嗓门儿拼命喊：“加油！加油！三（2）班加油呀！”我班运动员好像听从我们的命令似的，齐心协力地拔呀拔，只见绳上的蓝布条慢慢地、一点一点地移过来，移过来，终于过了河界。操场上顿时响起一阵欢呼声，我们胜利了。

交换了场地，第二局比赛开始了。三(3)班也不知道从哪里来的那么一股劲儿，一下子就拉了过去。

场上比分是1:1，平局。关键时刻来到了，我班运动员一点也不灰心，个个精神抖擞，像小牛犊似的，拼全力拉着粗绳。打头的是大力士王正光，他黑乎乎的脸上淌着豆粒般大的汗珠，胳膊上也满是汗水。他咬紧牙，瞪着眼，两脚蹬着地，像用钉子钉在地上似的。再看那个大个子段军，脸涨得通红，胖胖的身子使劲向后拽。由于我班运动员非常齐心，最后一局我们终于胜利了。

这时，场上一片欢腾。我们蹦呀，跳呀。躺在操场上的那根粗绳子，看着我们，也好像绽开了笑脸。

【简析】

本文能抓住拔河比赛的特点进行描写。例如写自己班上的运动员“个个精神抖擞，像小牛犊似的，拼全力拉着粗绳”，写大力士王正光“咬紧牙，瞪着眼，两脚蹬着地，像用钉子钉在地上似的”，写大个子段军“脸涨得通红，胖胖的身子使劲向后拽”。这些描写说明只有团结一致、咬紧牙关、用尽全身力气，拔河比赛才能取得胜利。而“只见绳上的蓝布条慢慢地、一点一点地移过来，移过来，终于过了河界”这一句，又生动地说明拔河的胜利来之不易。

【素描要求】

结合体育课、课外活动或者运动会，让学生描写一项体育运动或者一场体育比赛的某个片段，例如，《看，他轻捷地掠过了横竿！》《一次漂亮的射门》《她创造了踢毽子的班级纪录》等。要求着力描写各项体育活动的特点，适当渲染运动场上的气氛，避免面面俱到、平铺直叙。要尽可能准确地运用体育专门名词。

【习作参考】

跳　　高

运动场的西北角，跳高比赛进入了决赛阶段。横竿又往上升高了两厘米，这个高度已经超过我们学校的最高纪录了。

观众的目光一齐投向那位穿红色背心的“8”号运动员。只见他一会儿弯弯腰，一会儿压压腿，听到裁判员点他的名，他举起单臂不紧不慢地走过去，在离沙坑十几步远的地方停了下来。他注视着前面高高的横竿，深深吸了一口气，然后迈出坚定有力的步子，快步向前跑去。他愈跑愈快，快要接近跳高架的时候，突然左脚猛地一蹬，右腿同时用力向上一抬，身子腾空而起，像一只矫健的飞燕，轻捷地掠过了横竿。“好！”观众情不自禁地欢呼起来。

我和姐姐争冠军

国庆节前学校举行一次乒乓球赛，我和姐姐都报了名。巧得很，在预赛中，我和姐姐都战胜了对手，最后轮到我们两人争夺冠军。

决赛开始了。前面两局我和姐姐各胜一局。第三局先由我发球。我发一个正手球，再发一个反手球，接着连发两个长球，又发一个短球，总之不叫姐姐摸着我的规律。碰上姐姐打了稍高的球，我就用力扣杀。姐姐也毫不示弱。连连攻我的反手，还打出旋转球来使我接不准。两个人不分上下，比分紧紧咬住，五平，六平，八平，还好，是我领先一分交换了场地。老师和同学为我们鼓掌，有的还喊：“小球迷，加油啊！”

最后的战斗更加激烈了。我每一板都打得很小心，也不放弃攻球的机会。有时姐姐打过来的球又快又硬，我都把它挡回去了。当我以二十比十九领先一个球的时候，姐姐大概是急着要追成二十平，猛然抽了一板。我正担心对付不了，球却弹着网子，出界了。在一阵热烈的掌声中，我们的决赛结束了。

第四次训练

【例文】

“大陆少年1号”寄深情

星期天下午，妹妹拿着一张纸，恳求我给她做一个小玩意儿。我正闲着，就一口答应了。

我接过了纸，问妹妹：“哥哥给你做一架飞机好吗？”“不！我不要飞机。”“那么，做一只小猴子，行吗？”“不！我也不要。”“那你要什么呢？”我有点不耐烦了。“我要……我要做小船。”“为什么要小船呢？”“老师说过，台湾自古以来就是我国的神圣领土，台湾岛上有雄伟的阿里山和美丽的日月潭。我要驾驶着小船到台湾去游览，并且把台湾小朋友接到大陆来，和我们一起欢度六一儿童节。”“嘿，你想得真好！哥哥就给你做一艘小船。”

我把那张纸平摊在桌上，先横着对折一下，再以那条纸印为中线把左右两边对折起来，然后把左右两侧分别折成牢固的“船舷”，最后将纸来一个兜底翻，于是一只精巧的小船出现在我们眼前。只见那条船的头和尾都微微翘起，像一个弯弯的月牙儿。

“小船真好看！小船真好看！”妹妹拍着手连声叫道，我也十分得意。“哥哥，咱们给小船起个什么名字呢？”是呀，哪一条船没有名字呢？叫它“先锋号”吧，不行，叫这名字的太多了，叫它“迎亲号”吧，又没有儿童味道。对，就叫它“大陆少年1号”吧！想到这里，我不禁叫了起来。“这个名字真好！”妹妹赞同地说。于是我连忙用钢笔在船侧写上了“大陆少年1号”这几个字。

我看着，看着，觉得小船似乎变大了，越来越大。我眼前好像出现了一片汪洋大海。我和妹妹带着一群小朋友登上这条船，开足马力，迎着呼啸的海风，向祖国的宝岛——台湾驶去。

到了台湾，我们受到一群小朋友的热烈欢迎。大家各自寻伴交谈，诉说自己的学习、生活情况。后来，他们带着我们登上了雄伟的阿里山。站在阿里山的顶峰，我们举目远眺。啊！台湾的景色多美呀！这边是一棵棵粗壮的椰子树，那边是碧绿的田野；这边是连绵起伏的山峦，那边是微波荡漾的湖水。我们又来到了日月潭，只见清澈的潭水中倒映着蓝天、白云和几只飞鸟，就像一幅色彩鲜艳的织锦。一阵春风吹过，“织锦”变成了“渔网”。日月潭多像一面闪闪发光的明镜啊。

游览结束了，我们捧出大陆的红苹果给台湾小朋友吃。他们也请我们吃台湾的甘蔗和香蕉。最后，我们带着他们登上“大陆少年1号”，向大陆徐徐驶去，准备一起欢度“六一”儿童节。

【简析】

本文立意很深刻：通过折小纸船，表达了大陆小朋友对祖国神圣领土——台湾岛的小朋友深切的怀念和深厚的情谊。文章不仅准确地写出折纸船的具体过程，而且通过生动的对话描写，说明折船的目的和命名小船的经过。文章最后一部分是心理活动描写，作者让自己插上想象的翅膀到阿里山和日月潭遨游，表现了渴望祖国统一的迫切心情。

【素描要求】

在课上让每个学生用一张纸做一个小玩意儿（如纸飞机、纸船、纸火箭等），并且为它取一个有时代气息的名字，然后把制作的过程写下来。要求：（1）把制作小玩意儿的过程描写得准确、具体、生动；（2）适当地进行对话和心理活动的描写。

【素描前的训练】

下面这个片段，描写了在制作纸玩意过程中的心理活动。想一想：哪些地方写得较好？为什么？哪些地方写得不够妥当？为什么？

星期天，我做完作业，闲着没事，就从抽屉里取出两张写过字的草稿纸做小玩意儿。不一会儿，就做成一架精致的飞机船。接着，我就在船头的右侧写上一个十分豪迈的名字："宇宙1号"。

我的"宇宙1号"头尖尖的，机翼向两边展开，真像一只要冲破云霄的雄鹰。我看着，看着，觉得它越变越大，变成一艘坚固的潜水艇，慢慢地潜入深不可测的海洋，去寻找海底的矿藏。一会儿，它变成了飞车，在荒无人烟的原野上发现了两个罕见的大窝，找到几十头恐龙。一会儿，它又变成了宇宙飞船，飞上了月亮、金星、水星、土星、木星，还登上了太阳，在太阳上发现了持枪的宇宙人……

【习作参考】

我的机器人

星期天下午，弟弟硬缠着我替他折个小玩意儿。我被他缠得没法，只好答应他的要求，弟弟高兴得几乎跳了起来。

"你要折啥？"我问弟弟。

"嗯——折个飞机。"弟弟双手托着下巴，思索了一下说。

"飞机？我不喜欢。"

"那，做什么呀？"弟弟愁眉苦脸地说。

"是呀，做个什么呢？"我陷入了沉思。

"有啦，我们折个机器人，好吗？"我兴奋地说。

"好，我赞成！"弟弟响亮地回答。"可是，机器人做成后，给它取个什么名字呢？"弟弟这么一问，可把我难住了。我眼睛盯着天花板，想啊，想啊……

"有了，就叫它'万能'吧！"我高兴得喊了起来。

"姐姐，你怎么给它起这么个难听的名字呀？"

我振振有词地说："我的机器人呀，它样样都能干，你懂吗？"

"它能讲故事吗？"

"能。"我不耐烦地应了一句。

"它能下棋吗？能胜过勇勇吗？"

听弟弟这么一说，我才知道他的心事。勇勇是我们的邻居，他下棋可有一手呢，无论哪个小伙伴与他对弈，都会大败而归。

"能！"我胸有成竹地说。

"姐姐，那快做呀！"弟弟迫不及待地催促我。

我便从书包里取出一张白纸，用铅笔刀裁成两半：半张做机器人的头，半张做它的身体。我先将半张纸从两侧同时向里折，再把它摊开，在四个角上折起四个三角，三下二下，机器人的头做成了。接着，我把另外半张纸卷成一个圆筒，再把圆筒折成长方体，最后把头粘了上去，这样，一个方头方脑的机器人就展现在我们眼前。

"'万能'做成了！'万能'做成了！"弟弟高兴极了，"可是，它怎么没长眼睛和嘴巴？"

于是我又提起笔，给"万能"添上眼睛和嘴巴，这下它神气多了。我就让它站在写字台上。

我目不转睛地看着"万能"，感到它一下子变大了，变成一个用合金钢做成的真的机器人，既高大又壮实。我高兴极了，拉住它的手问："'万能'，你能讲故事吗？""能！"它的声音十分响亮。

夜幕降临了，我家可真热闹，许多小伙伴都端着板凳来听"万能"讲故事。"万能"讲得精彩极了，小伙伴们时而屏息凝神，时而捧腹大笑。每讲完一个故事，大伙就热烈地鼓掌。

等"万能"讲完故事，弟弟又把勇勇邀请到家里与"万能"下棋。"万能"与勇勇对坐，观战的人坐了一屋。战局拉开后，你来我往，只几分钟，"万能"就占了优势。勇勇急得连忙调兵遣将，可是"万能"却稳坐钓鱼台，进进退退，自由自在。不一会儿，勇勇被杀得一败涂地。"'万能'胜利了！"小伙伴们欢呼着，围着"万能"向它祝贺。我笑得嘴巴也合不拢。

"姐姐，你在想什么？"弟弟的话打断了我的遐想。我回过头，对弟弟说："将来我们一定能制造出真正的'万能'来，你说对吗？"弟弟被我这傻愣愣的话问得莫名其妙，只是对着我傻笑。

四、人物对话素描

要　求

对话素描是人物素描的重要组成部分。它是指对人物之间互相谈话的描写，与文章中的叙述语言和人物的内心独白是根本不同的。

在记叙文中，对话素描可以刻画人物的性格，反映人物的心理活动，交代和发展故事的情节。教会学生对话素描，有助于发展学生的定向注意能力、听觉能力、概括能力和想象能力，也有助于学生更深入地理解课文和其他文艺作品。

三年级对话素描的训练应该注意下述几个方面：第一，对话的内容要生动有趣，符合儿童的年龄特点和生活实际，防止成人化。同时也要有一定的教育意义。第二，在安排训练程序时，应该兼顾智力技能和语言训练的要求，由简到繁，循序渐进。第三，记叙别人的对话要实事求是，需要选择和提炼，但是不能虚构和“拔高”。

三年级学生练习对话素描，应该达到下述要求：（1）能围绕一个中心记叙对话。（2）人物之间的关系和话是谁说的要交代清楚。（3）话要写得精练，要符合说话者的身份和性格。（4）尽可能在对话中间插入说明的文字，以描绘说话者的语态、动作和表情，表现说话者的内心活动。（5）基本上掌握对话的四种形式（提示语在前面、在中间、在后面或者省略）。

第一次训练

【例文】

落　花　生

我们家的后园有半亩空地。母亲说：“让它荒着怪可惜的，你们那么爱吃花生，就开辟出来种花生吧。”我们姐弟几个都很高兴，买种、翻地、播种、浇水，没过几个月，居然收获了。

母亲说：“今晚我们过一个收获节，请你们的父亲也来尝尝我们的新花生，好不好？”母亲把花生做成了好几样食品，还吩咐就在后园的茅亭里过这个节。

那晚上天色不大好。可是父亲也来了，实在很难得。

父亲说："你们爱吃花生吗？"

我们争着答应："爱！"

"谁能把花生的好处说出来？"

姐姐说："花生的味儿美。"

哥哥说："花生可以榨油。"

我说："花生的价钱便宜，谁都可以买来吃，都喜欢吃。这就是它的好处。"

父亲说："花生的好处很多，有一样最可贵：它的果实埋在地里，不像桃子、石榴、苹果那样，把鲜红嫩绿的果实高高地挂在枝头上，使人一见就生爱慕之心。你们看它矮矮地长在地上，等到成熟了，也不能立刻分辨出来它有没有果实，必须挖起来才知道。"

我们都说是，母亲也点点头。

父亲接下去说："所以你们要像花生，它虽然不好看，可是很有用。"

我说："那么，人要做有用的人，不要做只讲体面，而对别人没有好处的人。"

父亲说："对。这是我对你们的希望。"

我们谈到深夜才散。花生做的食品都吃完了，父亲的话深深地印在我的心上。

【简析】

本文通过父亲和姐弟几个人的对话，说明花生的各种用处，尤其是赞扬花生朴实无华的可贵品质，启发大家："人要做有用的人，不要做只讲体面，而对别人没有好处的人。"虽然对话的形式变化不多（主要运用了提示语在前面的形式），但是中心明确，语句简练，各人的语言符合各自的身份。

【素描要求】

从日常生活中选择一个有意义的题材，然后设计一次对话演示让学生描写，例如"两位同学对'鲸是不是鱼'的一番争论""两位同学对男青年蓄长发的议论"等。或者以"一次有意义的谈话"为题，让学生回家写一篇观察日记。要求在记忆的基础上详细记叙对话内容，适当地加一些神态和动作的描述，并且掌握提示语在前面的对话形式。

【习作参考】

饭桌上的谈话

一天晚上，全家人正围着桌子吃饭。一直默默吃饭的爸爸忽然抬起头笑着对弟弟说："你将来准备干什么？"想不到爸爸提出这样的问题。弟弟一边向嘴里填东西，一边得意地说：“我呀，当工人！开机器，造轮船。”我鼻子里“哼”了一声，说：“就凭你这个样子，还当工人！算术考了多少分呀，是八十一分还是十八分呀！”弟弟冲着妈妈说：“你看她，老骂我，你也不管她。”妈妈不耐烦地说我：“大人说话，你别乱插嘴。”我不满地看妈妈一眼，不再讲话了。爸爸说：“你会开机器吗？”弟弟满不在乎，鼓着塞满馒头的嘴说：“一学不就会了！”爸爸哈哈大笑起来：“一学就会，比吹糖人还容易呢。你会制图吗？会计算复杂的数学题吗？懂得机器原理吗？”弟弟停止咀嚼说：“那我就学不会了？”爸爸说：“学当然学得会。什么时候开始学呢？等到‘将来’吗？算术十八分，将来也行吗？”弟弟笨拙地搔搔脑瓜子，转动着大眼睛，“那，那……”低下了头。我忍不住只想笑，正要开口，妈妈推我一把，微笑着说：“洗你的碗去吧！数学得八十七分的也得听着点，离满分还远着呢！”我做了个鬼脸，赶紧到厨房去了。

第二次训练

【例文】

列宁在学校里

列宁每次分析问题、处理事情，都表现出他的知识很丰富。这是因为他除了认真学习学校的功课，还留心课外的书籍和事情。他最初喜欢看的课外书籍大半是文艺一类的。走进他的房间，随时可以看见果戈理、屠格涅夫、莱蒙托夫这些大文豪的作品。他不但自己读，还鼓励同学们读。有一次，他问一个同学：

“最近读过什么书吗？”

“没有。”

“一本都没有吗？”

“没有。”

列宁宽阔的前额皱起来了，他不愿听见这“没有”的回答。

“那么，屠格涅夫的那本《烟》读过没有呢？”

那个同学觉得不好意思再说“没有”了，就撒了一个谎：

“读——过——了。”

列宁锋利的眼光已经看穿了对方在说谎，就俏皮地问他：

“读过里维诺夫的故事吗？”

“没有，没有读过。”

“唔，你说读过《烟》了，那是说谎。”列宁顿了一下，说，“你并没有读过。里维诺夫就是《烟》里的主人公。”停了一会儿，他又说，“你为什么要说谎呢？没有读过，就应该找来读读哇！”

接着，列宁就告诉那个同学这本书的梗概，还说出自己对这本书的意见。

这件事不但显示出列宁的聪明和敏捷，还显示他最可贵的品质：直率、诚恳。

【简析】

这个片段记叙了列宁和一位同学的谈话。它不仅说明列宁学习勤奋、喜爱读书，而且显示出他直率、诚恳、关心同学以及聪明、敏捷等可贵品质。对话简练，能够表现人物的性格特点，又能灵活运用对话的各种形式，为表现中心思想服务。

【素描要求】

根据学校或班级在“培养良好文明习惯”活动中发生的真人真事，组织几个学生进行一次对话演示，让学生当堂描写。要求在理解的基础上记述对话的要点，把对话写得符合人物的身份和性格特点，同时尽可能灵活运用对话的各种形式。

【习作参考】

小霞的秘密

小霞一进门就拉着妈妈的手，脸庞亲热地靠在妈妈胸前，急切地说：“妈，您给我五角钱。我可有重要的事啦。好妈妈，快给我吧！”

妈妈有些莫名其妙，微笑着问：“你干什么用呀？”

“我们拉过勾儿的，这是秘密。以后我一定全都告诉您。”

奶奶从里屋走出来，对小霞说：“啥秘密！准是又想吃巧克力了，还想瞒人。”

姐姐插嘴说：“别从门缝里看小霞啦！人家是少先队小队长，官儿大，事儿多，当然得用钱喽！”

小霞冲着姐姐生气了，嚷着：“别损人！我找妈妈要钱，有正经事。”

弟弟调皮地说："我知道，我知道秘密。"

"去！去！就你聪明，小嘎嘣豆子！"小霞讽刺了弟弟一句。

"妈，给她钱吧！她们要成立图书什么……什么馆呢！"弟弟说完，噔噔地跑出门去了。

第三次训练

【例文】

人民的勤务员

一个阴云密布的傍晚，雷锋刚擦洗完汽车，突然下起雨来。雷锋连忙跳上车去，正拉着帆布盖车，一抬头，发现公路上有个妇女带着两个孩子，怀里抱着个小的，手里拉着个大的，肩上还背着个包袱，在大雨中一步一滑地走着。雷锋想：这不把孩子淋湿了吗？他连忙盖好车，迎上前去。一打听，知道那个妇女是从哈尔滨探亲回来，刚下火车，要到獐子沟去。

那妇女急切地说："同志呀，雨把我都浇迷糊了，也不知道往哪儿走了。"

雷锋心想，獐子沟离这儿还有十多里，天又快黑了，雨还哗哗地下着，这大嫂背着包袱，带着孩子，深一脚浅一脚的可怎么走啊？他连忙对大嫂说："等一等，大嫂，我送你一程。"他回班交代了一下，转回来，把雨衣披在大嫂身上，又抱起那个大一点的孩子，冒着风雨朝前走去。他看到那孩子冻得直打哆嗦，又脱下军衣披在孩子身上，而他自己全身都被雨水浇透了。一直走了将近两个小时，才把他们母子送到家。大嫂含着热泪望着雷锋，好一会儿才一字一句地说：

"同志，我一辈子也忘不了你的情谊啊。"

雷锋说："大嫂，咱们军民是一家嘛。"

大嫂一家人再三挽留他避雨再走。雷锋想到明天还要照常出车，不能耽搁时间，就冒着风雨连夜赶回了驻地。

【简析】

这个片段记叙雷锋冒着风雨走了两个小时，把迷路的母子护送回家的动人故事，表现他"寻找一切机会"，"永不停息地为人民做好事"的优秀品质。

除了描写对话外，还插入心理活动的描写，这就更加深刻地揭示出雷锋的内心世界。

【素描要求】

以探求有趣的科学问题为中心，设计一次对话演示，让学生当堂描写。要求学生展开想象，写出人物的心理活动，并且灵活运用对话的四种形式。

【习作参考】

宇宙的奥秘

“好消息！好消息！”外号叫作“科学博士”的马力同学手里拿着一份报纸，蹦蹦跳跳地从大队部跑出来。他呀，最喜欢天文学了。这回《少年报》上又登了关于“飞碟”的事，他真是喜出望外。

刚跑到操场中央，就碰上了同学石莉莉。小莉见马力今天这样高兴，就奇怪地问：“什么好消息呀？”马力把报纸递给小莉看：“地球上来了怪客——飞碟！”他把“飞碟”两个字说得特别响。“飞碟是什么？”小莉眨巴着水灵灵的大眼睛，好奇地问。马力回答说：“我也搞不清楚，据科学家们的研究和推测，飞碟是宇宙人发射的一种飞行器。”他边说边用手比画给小莉看。“宇宙里还有人吗？”小莉的脑海里又增加了一个问号。对这个问题，马力似乎胸有成竹，因此不紧不慢地说：“嗯！在两万个星球上，可能存在着聪明的宇宙人。”

听了这番话，小莉不由得惊叹起来：“宇宙里还有这么多学问！”说着，她仰望着蔚蓝色的天空，觉得自己仿佛乘上了一个飞碟，腾云驾雾地来到了太空，眼前出现了许多银光闪闪的星星和稀奇古怪的宇宙人。这些宇宙人长着扇子一样的耳朵，萝卜一样的鼻子，鼓着一对大眼睛，这是在地球上从没见到过的。小莉跨下飞碟，踏着柔软的白云，向这些星星走去，可怎么也走不到。耳边似乎听见宇宙人在招呼自己：“现在你还不能来，因为你的知识太少了。希望你好好学习，我们等待着你和你的伙伴来打开宇宙知识的宝库。”

“你在想什么呀？上课铃已经响了！”马力这一呼唤把小莉的思路打断了。“啊，我在想——”小莉傻愣愣地望着马力，“现在我们一定要好好学习，长大后，让我们共同去探索宇宙的奥秘！”说完，她就拉着马力朝教室走去。

第四次训练

【例文】

卖　　糖

一个初冬的早晨，寒气袭人。我随着熙熙攘攘的人流走进百货大楼。

嗬，糖果组的柜台前好不热闹！人们拥挤在柜台前，看一位带着“劳动模范”胸章的老售货员卖糖果。他站在柜台里那股精神劲儿，售货动作的迅速劲儿，接待顾客的热情劲儿，像一团火一样，把大家深深地吸引住了。顾客悄悄议论道：

“他就是劳动模范张秉贵！”

“你瞧他拿糖，一抓就准。”

“他卖得真快，又那么热情，让人心里暖乎乎的。”

一位抱小孩的女顾客来买糖，还没轮到她买，孩子就哭闹起来，嚷着要吃糖。只见张秉贵从货柜里拿起一块糖，放到孩子手里，孩子顿时止住了哭声。张秉贵又对这位顾客说：“这块糖等会儿一块算账。”她感激地点点头。过了一会儿，轮到她买糖时，张秉贵从称好的糖果中拿出一块，放回货柜里，又拿出几块，用小纸袋装好，塞进孩子的衣兜里，把剩下的糖果包捆结实，递给顾客，嘱咐道：“孩子兜里的糖，留给他路上吃。”这位顾客激动地对孩子说：“快谢谢爷爷！”孩子天真而又亲昵地叫了声“爷爷！”周围的顾客不约而同地笑起来，赞扬张秉贵比当妈妈的想得还周到。

【简析】

这一片段着重记录的是张秉贵同志售货的一件小事，但这件小事反映了张秉贵同志的特点——心里像有一团火，温暖着来买糖的每一位顾客。由于作者在观察时抓住了最能表现人物特点的对话和动作，就给读者留下深刻的印象。

【素描要求】

以“在商店中”或者“在菜场上”为题，让学生写一篇观察日记，进行对话与动作的组合素描。歌颂商业工作人员全心全意为人民服务的精神，或者揭露和批评现实生活中消极落后的东西。

【习作参考】

买　肉　馅

我去商店买肉馅，见柜台内坐着一个年轻的女售货员，正在织网兜，看模样像是个新来的。我走到肉案前站了一会儿，见她没有停手的意思，只好开腔道："买一块钱的肉馅。"她又织了两个网眼，才慢腾腾地抬起头，用淡漠的口吻问："多少？""一块钱。"我边回答边把盛肉的小盆放到了秤上。她漫不经心地用铁叉子叉起肉馅往我小盆里扔。啊？一块钱肉馅居然装了小盆的三分之二。我吃惊地看着那盆肉馅，心想，装得太多了吧。

果然不出我所料。看，铁叉子开始向外叉肉馅了，一叉，两叉，还不行，三叉！差不多了，噢，还要精确些，再叉出点儿。嗯，这一下总算可以了。

"叭"的一声，里外粘满红白肉花的小盆，在肉案上打着转儿，向我滑了过来。

"哼，不会又不学，真不像话！"我用力捏住在手里打滑儿的肉盆，递过钱后唠叨着走出店门。

五、人物外貌素描

要　　求

外貌素描又叫肖像素描，包括描写人物的容貌、神情、身材、姿态、声音、衣着等特点。人物的外貌，与他的社会地位、生活环境、性格爱好等有着密切关系。人物外貌素描往往能反映被描写人物的内心世界和性格特点。

人物外貌素描训练，有助于培养学生对周围人物细致的观察能力和定向的注意能力，充实他们平素很缺乏的"肖像描写"词汇。此外，学生通过写作实践，可以更加深刻地体会文艺作品中，外貌描写对表现中心思想的作用。

三年级的人物外貌素描训练，应该注意：第一，充分利用语文课本中以写人为主的课文，指导学生学习课文中人物外貌描写的方法。第二，帮助学生逐步积累描写人物外貌（如眼神、声音、面容、步态、衣着等）的专门词汇。第三，从易到难，循序渐进。例如第一步，可以抓住某一特点，写人物的静态（如对班上某个同学进行外貌的速写，或者根据一幅照片描写人物的外貌）。第二步，可以抓住某一特点，写人物的动态（在人物的活动过程中描写人物的外貌特点）。第三步，通过想象，描写人物外貌的变化（如写《我的好朋友十五年之后》《我的妹妹长大以后》）。第四，在训练中既要抓住外貌描写这个重点，又要尽可能结合上两单元学习过的动作、对话和心理活动的描写，进行人物的综合描写。

三年级学生进行外貌素描训练，应该做到：（1）有顺序地进行观察，有条不紊地安排材料。（2）根据人物的性格特点和表现中心思想的需要，有选择、有重点地描写人物的外貌，不能机械地有啥写啥，“胡子眉毛一把抓”。（3）要根据自己的观察，运用自己的语言进行写作。

第一次训练

【例文】

我的同学

我同学的外貌普通但惹人喜爱。她有一头又黑又浓，修剪得十分整齐的短发，嘴巴较大而且轮廓清晰。她的鼻子较长，这大概有一点影响容貌。但我认为最重要的是在她两道浓眉下长着一双乌黑发亮的大眼睛。从她的眼神可以看出她很聪颖、活泼和专心致志，也从中反映出她的心情和对别人的态度。在她高兴的时候，这双大眼睛十分明亮，光彩熠熠。有一回我记不清为什么事委屈了她，她一言不发，眼睛睁得大大的望着我，仿佛在说：“你错了，知道吗？”几天后，我遇到了她，我不敢承认自己的错误，只是看着她那双大眼睛。它们仿佛对我说：“我全知道了。”并且放射出异常愉快的光彩。

【简析】

这是一个描写肖像的片段。第一句话用“普通”和“惹人喜爱”这两个词语概括了“我”对这位同学外貌的总的印象。为了说明这个印象，先用恰当的词语依次刻画“头发”“嘴巴”“鼻子”的典型特征，然后重点描写那双“乌黑发亮的大眼睛”。作者用“十分明亮”“光彩熠熠”，描写“高兴的时候”的眼神；用“一言不发”“眼睛睁得大大的”，描写“受委屈时”的神情；又用“放射出异常愉快的光彩”，描写“谅解别人错误时”的眼神。此外，还辅以自己内心活动的描写。这就使那位同学聪颖、活泼、坦率和真诚的性格特点跃然纸上。

【素描要求】

在课内以《猜一猜，这是谁？》为题，让学生写一篇观察作文，任意描写班上一位同学的外貌。要求有顺序和有重点地刻画这位同学的典型特征，不写姓名，不写绰号，也不准运用讽刺挖苦的词语。最后用猜谜的方法让全班同学来评定优劣。在写作基础较好的班级，还可以以“×老师的眼睛”为题，让学生在课外写一篇观察作文，列举各种事例，专门描绘某一位老师的种种眼神，以表现这位老师劳心费神地培育幼苗的精神。

【词语学习】

眼睛　眼珠　眸子　眼眶　眼睑　眼角　眼窝　睫毛　眉毛　眉心　眉宇　眉梢　眯缝　腼腆　亮晶晶　水灵灵　乌黑发亮　明澈　雪亮　炯炯有神　浓眉大眼　剑眉高挑　眉清目秀

鼻　耳　鼻梁　鼻孔　鼻尖　笔直　扁平　狭小　缩成一团　耳朵　耳廓　耳垂

嘴　嘴角　嘴唇　下颚　唇红齿白　牙齿洁白　嘴角棱角分明

头发　浓黑　乌黑　浅黄　亚麻色　头发卷曲　卷发茸茸　短发齐耳　短辫齐肩　羊角小辫

【习作参考】

我的同学

他是我的好同学，个子挺高，长方形的脸上流露出聪明、活泼的神情，十分惹人喜爱。

他的头发乌黑发亮，鼻子很高，有点像外国人。嘴唇薄薄的，一看就知道是一个很会说话的孩子。他的耳朵特别大，大伙都爱同他开玩笑，说他“福气好”。最引人注目的，是他两道淡淡的眉毛下长着一双水汪汪的大眼睛。他的眼睛富有表情，有时候仿佛还会说话呢！当他高兴的时候，这双大眼睛就放射出愉快的光彩，当他不高兴的时候，就目光呆滞、黯然无神。

记得有一次我问他:“你有什么书可以借给我看看吗？”他的眼睛向上翻了翻，

又骨碌碌地一转，最后呆呆地看着我，仿佛在说："很抱歉，我的书你都看过了。"我真喜欢他这双会说话的大眼睛。

朱老师的眼睛

我们朱老师的眼睛又圆又大，眼珠乌黑乌黑，初看好像没有什么特别，可是你仔细瞧一瞧啊，嘿，朱老师的眼睛会说话呢。

语文课上，我看见邻桌同学有块漂亮的新橡皮，不知不觉伸过手去，想要摸一摸，被朱老师看见了。她默默地瞥了我一眼，好像说："顾宇，怎么做小动作啦？"我的手马上缩回来，赶紧坐好，认真听老师讲课……

我懂得朱老师眼睛"讲的话"，同学们也懂得朱老师眼睛"讲的话"。一天上自习课，朱老师站在教室门口和一位家长谈话，我们便喊喊喳喳地讲起话来。这时候朱老师回过头来，眼睛里流露出严肃的目光，仿佛在批评我们："怎么讲话了？"同学们看懂了老师眼睛里的"话"，教室里顿时鸦雀无声……

有一次，朱老师在大礼堂里给我们上《乌鸦喝水》这一课，有三百多位老师听课呢！当朱老师提问"乌鸦为什么能喝到水"时，我马上把手举得高高的，朱老师便叫我回答。我站起来，一见这么多的老师，那颗心啊，咚咚地直跳，说话的声音很轻。朱老师立刻向我投来鼓励的目光，似乎在说："对，对。勇敢点！"我看着朱老师的眼睛，胆子大了，声音也响亮起来。这时，朱老师又露出了赞许的目光。我明白，那是说："讲得真好！"

记得还有一回，我生病住院了，过了一个多星期才上学。上课时，朱老师不时用眼睛关怀地看我，仿佛说："顾宇，吃得消吗？身体舒服吗？"我刚病好，精神还不太好，但一看到朱老师的眼睛，我又振作起来了……

下课休息，朱老师和我们一起玩的时候，她的眼睛也会说话。一次，我们玩"老鹰捉小鸡"，朱老师当"老鹰"。她一下子跑到东，一下子跑到西，眼睛呢，睁得大大的，好像在提醒我们："哎——当心！我要捉住你们啦！"真糟糕！末尾的一只"小鸡"跑得太慢，被捉住了。这时候呀，朱老师的眼睛笑得像弯弯的月亮，似乎在说："哈哈，可被我抓住了！"

现在朱老师虽然不教我们了，但每当我看到朱老师的时候，还是先看看她的眼睛，看看它在对我说些什么。

第二次训练

【例文】

亮　亮

我的小外甥亮亮还不到两岁，红扑扑的小脸上嵌着一对明亮的大眼睛。他一笑起来，嘴角就露出两个小酒窝。

有一天，亮亮在院子里玩，我妈妈叫他吃饭。他乐呵呵地跑进屋，两只手上都是泥。我让他去洗手。他一听说要洗手，就紧闭着嘴，用大眼睛看着我们，好像在说："这回不洗手，行吗？"我连忙说："小亮亮，手脏了就得洗。用脏手拿东西吃，肚子要疼的。来，乖孩子，小姨和你一块儿去，洗得干干净净的。"亮亮真听话，让我们牵着他去洗手了。

第二天我放学回家，放下书包就去拿馒头。亮亮看见了，大声喊起来："小姨不乖，没洗手就拿东西吃。"他还一本正经地把我拉到脸盆边。全家人却笑起来，弄得我挺不好意思的。

还有一次，我正在做功课，亮亮看见我手里的钢笔，硬要拿。我说："亮亮，钢笔不能玩，小姨给你一幅画吧。"他又摇头又甩胳膊，"不要，不要！"接着就哭起来。妈妈看见了，对大家摆一摆手，大家就若无其事地各做各的事。他哭了一会儿，用手捂着眼睛，断断续续地哼着，还不时从手指缝里偷看，看大家是不是注意他。他的目光从妈妈身上移到姐姐那儿，一会儿又移到我身上。我竭力不让自己笑出声来。他把大家扫视了一遍，也就不闹了，自己拉着小汽车玩去了。以后我再做功课，亮亮也不要钢笔玩了。

【简析】

本文通过两件事，写了一个活泼可爱的小孩子。我们应着重学习它结合活动过程描写外貌，表现人物特点的方法。

第一件事写亮亮从饭前不愿洗手到养成饭前洗手的习惯。"一听说要洗手，就紧闭着嘴，用大眼睛看着我们。"这是从亮亮的表情上写出小孩子的特点：不愿洗手洗脸。第二天发现小姨不洗手拿馒头，"大声喊起来：'小姨不乖……'"这又是从说话的神态写小孩子的特点：孩子看出大人的缺点是毫不客气的，但是只会用"乖"和"不乖"加以评价。再有"他还一本正经地把我拉到脸盆边"。

"一本正经"，稚气的小脸装出大人的神气，这也是孩子常有的事。

第二件事写亮亮怎样要小姨的钢笔玩。小孩子的要求得不到满足时常常是"又摇头又甩胳膊……接着就哭起来"。当大家若无其事地各做各的事，他就从"哭"变成"断断续续地哼"，还不时从指缝里"偷看"大家，"目光从我妈妈身上移到我姐姐那儿，一会儿又移到我身上"。小孩子常常用哭来要求大人满足自己的要求，但是当"哭"的法宝失灵后就只能自己去玩了。这样描写外貌特点，就把一个天真活泼的孩子写活了。

【素描要求】

在课上请一位同学表演一个文艺节目（如唱一支歌），然后要求学生把演示的过程写清楚。重点描写人物的外貌特征和神态变化，表现人物的性格特点。

【语言训练】

在下列句子中填入适当的词语：

1.看，那个小男孩多文静呀！那______的脸蛋上_____着一双乌黑发亮的大眼睛。他笑得多甜呀，嘴角_____出了两个小酒窝。

2.这个孩子生得虎头虎脑，圆滚滚的小脸儿，______的一双______的大眼睛，_____了一圈乌黑闪亮的长睫毛，眨动之间，_____出一股聪明伶俐劲。

3.这是一个十二三岁的小姑娘，她_____着一双_____的大眼睛站在讲台前，那两根硬撅撅的小辫，尽管用橡皮筋一道又一道地_____住，可还是挑战似的_____在后脑勺上。

4.小海燕，这个五岁的小姑娘多么逗人喜欢啊！她留着______的娃娃头，一身花裤褂可漂亮啦！说起话来，两个眼珠_____的，宛如一对_____的珍珠在闪耀。

【习作参考】

小 歌 手

班会课上，老师请小歌手 ××× 为班上同学演唱一支歌。

教室里安静极了，小歌手迈着轻捷的步子登上了讲台。她那乌黑的头发下，一双又大又明亮的眼睛嵌在圆圆的脸蛋上。此刻，她不停地眨着眼睛，像是在思考今天我到底唱哪一首歌。过了一会儿，她像决定了似的，朝老师望了一眼。老师微笑着朝她点点头，仿佛说："表演吧，小歌手，你一定会成功的！"于是，小歌手朝前跨了一大步，放开嗓门，唱起《我是一颗蒲公英的种子》这支歌来。

她的歌声是那么婉转，那么动听。随着歌曲的节拍，她的头向左右微微摇摆，还不时地用手做着优美的动作。同学们和我都被这歌声深深吸引住了。听着，听着，我仿佛觉得自己变成了一颗蒲公英的种子，带着爸爸妈妈给的小伞，飞上了蔚蓝的天空。我飞过了滔滔的江河，飞过了密密的森林，飞过了高高的山峰，在祖国的大地上茁壮地成长、开花、结果。突然，一阵热烈的掌声打断了我的沉思。哦！原来是小歌手已经演唱完了。看！她的脸上露出了笑容，大概是为自己演唱成功而感到高兴吧！可是当她看到老师和同学都朝她点头微笑，脸“刷”地一下红了，立刻低着头腼腆地走回自己的座位。

小歌手虽然演唱完了，可她那优美动听的歌声一直回荡在我的耳边。

第三次训练

【例文】

我的同学

我面前摆着一张同学的照片。“她是谁呢？”你看，她眉毛浓浓的，充满稚气的脸上嵌着一双明亮的眼睛，注视着远方。嘴巴张得大大的，穿着少数民族服装在台上跳舞。哦！原来她是我的同学 ××。

别看照片上她这么活泼天真，平时学习可认真呢！每一次上课，她总是专心听讲，把老师讲的内容都记录下来。记得有一次下课了，我去找她玩，可是怎么也叫不动她，原来她正在回忆老师讲过的一句很重要的话。我说：“我也忘了，反正老师不会检查的！”她就转身走到别人那儿，问个清楚。这时，上课铃响了，我还直埋怨她呢。×× 同学就是这样，一步一个脚印地勤学苦练。那一年的期中考试，她三门功课考了二百九十八分，老师当众表扬了她，她羞得两颊通红。

我凝视着这张照片，忽然感到照片上的她变了，变成了一个纺织女工。她的头发乌黑发亮，那白净的脸上，一双大眼睛里流露出坚定的目光，嘴角边有两个浅浅的酒窝。她头戴白帽子，穿一身白色的工作服，胸前佩戴着鲜艳的大红花，原来她在全厂的织布打结考核中获得了第一名。看，在织布机前，她来回走着，像绣花那样仔细，像哨兵巡逻那样认真。纱断了，她拣起断纱的两头迅速地打了一个结，结头打得均匀而牢靠，可是她没有满足，继续虚心向老工人学习。日夜盼望的一天终于来到了，×× 取得了优异的成绩。听！连织布机也“咔嚓咔嚓”为它的主人而欢唱哩！

我想着，想着，眼前的纺织女工又成了一个天真活泼的小女孩。我衷心祝愿 ×× 同学在十几年以后，真正成为一名优秀的纺织女工。

【简析】

这是一篇想象性的人物外貌素描，共分三个部分。第一部分是根据照片描摹“我的同学”的外貌特点。寥寥几笔，就把这位同学“充满稚气”和“活泼天真”的形象勾勒出来。第二部分是联想。作者笔锋一转，从照片上的形象写到这个同学平时的特点，仅仅通过一件事，就把她学习上勤学苦练、一丝不苟的优良作风描绘出来。第三部分是想象性的描写，这是全文的重点。作者从这位同学平时的表现，想象她未来所选择的职业和所取得的成绩，生动地描写她平时刻苦锻炼的神态和成为劳动能手时英姿飒爽的外貌。这种通过想象描写人物外貌的方法，有助于作者进一步刻画人物的内心世界，也有助于激励学生树立远大的理想。

【素描要求】

在课上以“我的同学十五年之后”为题，写一篇想象性的素描。要求通过联想和展望，写出“我的同学”在十五年后所取得的成绩和外貌上的变化，阐发少年儿童“振兴中华”的远大理想。

【习作参考】

未来的长跑冠军

她是谁？我仔细端详着手里的照片，暗自思忖着。哦，她是我的同学、我的好朋友 ××。她扎着两条小辫子，眼睛睁得大大的，穿着一身运动服，在咧开嘴甜蜜地微笑。

看着照片，我陷入了沉思。她喜爱体育，平时在运动场上，总能见到她矫健的身影。在短跑比赛中，无论是一百米还是二百米，她总是疾跑如飞，第一个冲到终点。记得在全市小学生运动会上她曾经大显身手，夺得女子一百米赛跑的桂冠，挂着“金牌”回到学校里，同学们可真羡慕她。

我看着，看着，觉得照片里的 ×× 渐渐长大了。她已经有二十几岁，穿着大红的运动服，胸前印着金黄色的国徽，正在刻苦训练。三千米、四千米、五千米……尽管汗水浸透了运动服，她仍然精神抖擞地坚持长跑。在“女排精神”的鼓舞下，无论是骄阳如火的盛夏，还是滴水成冰的严冬，她每天都坚持完成四万米的长跑训练。在举世瞩目的奥运会上，她带着脚伤，以惊人的毅力甩掉了美国和俄罗斯的长跑健将，夺得了女子马拉松长跑的世界冠军。看，她登上了领奖台，用双手接过奖杯奋力地向上举着、摇着，眼睛里闪烁着喜悦的光芒。乐队奏起了中华人民共和国国歌，五星红旗也冉冉地升起来，她深情地望着五星红旗，大颗的泪珠顺着脸颊流了下来……

十五年后的李××

十五年后的一天，我在路上一边走，一边看书。突然有人提醒我说：“先生，走路请不要看书！”声音是那么熟悉，那么亲切。我抬头定睛一看，眼前站着一个二十多岁的小伙子，身材魁梧，长得眉清目秀，很英俊。他那双炯炯有神的大眼睛在我的印象中还是那样深刻，对了，他，就是我少年时代最要好的同学李××。我情不自禁地高喊：“李××！”这一下，他也认出了我，欢叫一声：“陈×！”我们这两个久别重逢的好朋友，热烈地拥抱着，千言万语不知从何谈起，都沉浸在幸福之中。

我们一边谈，一边走。从他的诉说中，我知道他现在是海洋研究所的一名科学家。他曾经乘坐着自己设计的潜艇，潜入世界上最深的海沟——太平洋西部的马利亚纳海沟。回来之后，他写了一部中篇小说《深海绝景》，荣获全国最佳作品奖。他曾经研究如何从海水中提取金属放射性元素——铀，经过彻夜不眠地反复试验，终于获得了成功。

六、房间陈设与周围环境素描

要　求

描写房间陈设与周围环境是文学作品中反映社会环境的一个方面。它在文章中的作用是交代人物活动的生活环境，表现人物对现实的态度，烘托人物的性格特征，揭示人物的思想感情。房间陈设为室内的，周围环境为室外的。房间陈设的描写包括室内的摆设、布置、生活用品、劳动器具等；周围环境指人物目力所及，或者说一定范围内的相对独立的活动场所，是较小范围的社会环境，它包括建筑物的外观、结构，建筑群的布局，某活动场所以及其中的各种设施，等等。

房间陈设与周围环境的素描训练，对发展学生的认知能力是有积极作用的。首先是对培养学生观察的顺序性和全面性有重大帮助：其次对学生养成从周围事物的现象中，发现事物的意义以及事物与人物的关系等的思维的深刻性方面大有裨益。因此房间陈设与周围环境素描是写作训练的有机组成部分。

作为小学写作教学这部分的素描训练要注意的是：（1）描写的室内陈设以及周围环境中的物件、设施力求简单，是学生常见的；（2）描写的房间、活动场所应选小学生所熟悉、喜爱的，能引起兴趣的为宜，如：乒乓球室、体操房、游戏室、音乐室、传达室、小图书馆、科技馆、校园、新村等；（3）描写由具体细致的观察到抓住特征，深入理解，再到根据物件展开想象、联想，逐步发展；（4）课内观察作文与课外观察日记相结合，如课内描写教室、校园等集体活动场所，课外则可布置写《我的家》《我的房间》《×××邻居（或亲戚）的家》《×××的新居》《我们的里弄（街道）》等观察日记。

三年级学生进行房间陈设与周围环境素描时，要能够做到：（1）准确地使用方位名词；（2）正确地交代描写对象的空间位置；（3）描写能够从某一角度或部位出发清晰有序，交代有条不紊；（4）初步学会抓住房间陈设与周围环境的特征的描写反映人物的思想情趣。

第一次训练

【例文】

艺术之家

今天，我有事到郭冰哥家去，借机观察了一下这个艺术家的住所。

郭冰的父亲石夫伯伯是有名的歌剧《阿依古丽》的作曲者，母亲是一位多年从事舞台美术创作的艺术家。在这个充满艺术气氛的环境里成长起来的郭冰，酷爱美术，决心要做个像他妈妈那样的人。

一推开郭家的屋门，一股油彩味迎面扑来，原来郭冰哥哥正作画呢。我在椅子上坐下，开始打量屋子的陈设：这个十四平方米的房间是郭冰哥哥的卧室兼石夫伯伯的琴室。

屋内的摆设很简单，恐怕最贵重的就是靠近屋角的那架钢琴了，钢琴前边是一张转椅，也就是我进门后坐的地方，上面铺着柔软的坐垫，套有紫天鹅绒的椅套。钢琴边上是一个高高的衣帽架，上面放着一盆怒放的紫罗兰。屋子右边是一张书桌，桌上摆着木刻刀、橡皮泥、油画颜料和一幅未完成的木刻。这就是郭冰哥哥的工作台。他现在正对着楼下的大街作画，还不时在画盘上蘸着油彩。画板下放着调色盘、刮色刀和四五支粗细不一的画笔。书桌左边是两把椅子和一张木床。

屋里的摆设虽不多，墙上却琳琅满目，有色彩绚丽的壁毯，有精致的动植物标本。不过最惹人注意的还是悬挂的那些中外名画家的作品，简直像正在举办画展。其中有文艺复兴时期的画家达·芬奇的《最后的晚餐》、拉斐尔的《圣母颂》，我国明代画家唐伯虎的《枯槎鸲鹆图》，近代画家齐白石的《虾》和徐悲鸿的《奔马》。紧靠屋角还有郭冰哥哥新近画的几张人物素描……我把这些美术作品从头环顾了一遍又一遍，不禁深深地沉醉在艺术瀚海的浪花里。

【简析】

作者对一个艺术之家的室内陈设描摹细致具体，而且条理清楚。第三自然段开首一句为下文描写室内的艺术环境做了铺垫。接着具体写屋内陈设，这过程中选取了屋角的钢琴和屋子右边的书桌为两个中心点，围绕这两个中心点层次井然地展开了这个充满艺术气氛的房间内的两大部分——音乐角落和美术角落。作为一篇描写文，本文最大的特点就是描写具体、交代有序，使人读了犹如身临其境。

【素描要求】

统一描写《我们的教室》《学校体操房》《欢乐的唱歌室》等校内某活动室，让学生仔细观看作为素描对象的活动室。要求学生从一定的部位出发，按照一定的顺序进行描写。描写顺序可以有：①先交代进入门口后看到的总的印象，然后依次写门的左、右，门的对面，站在门口朝上看，向下看。②顺着窗口射入的光线先写被光线直接照射的最明亮的物体，然后是处于明暗交替的光色柔和处，最后是阴影处的陈设。③选择室内最引人注目的一个物体为中心依次向外扩展。④顺着天花板逐层往下。⑤从某一角落、部位出发由近及远依次描写。

在课内素描基础上，课外要求学生自由选择写某同学的家庭陈设观察日记一篇。

【词语学习】

明亮　宽敞　整洁　安静　窗明几净　一尘不染　普普通通
映衬　雅致　暗淡　拥挤　窄小　脱落　杂乱　圆拱形　长方形

【习作参考】

我们的教室

在苏州市人民路的南端，有一所省属的重点学校——苏州中学。

进入大门，绕过一棵高大挺拔的雪松，迎面看到一幢楼房，它叫科学楼。从科学楼的正门走进去，右手拐弯，向前不远，看到一条笔直的走廊。沿着走廊走到底，就是我们初一（3）班的教室。

我们的教室宽敞、明亮。站在门口就可以看到四排课桌整齐地排列着，每排有七张桌子。课桌前面是老师讲课用的讲台。

走进教室，坐在位子上抬头看，是一块乌亮的大黑板。它的上方，是一只广播喇叭，它课余播送学校的通知，播送眼保健操音乐，也播送歌曲，丰富了我们的生活。

教室的后面墙上也是一块大黑板，上面是同学们出的墙报《火炬》，刊登优秀作文选、周记、世界之窗、智力游戏、“每周背”、猜谜语等，真是丰富多彩。黑板的上方是一排大字标语：“遵守中学生守则，德智体全面发展”，它体现了党和人民对我们的要求。黑板的旁边有一张成绩统计表，它使同学们看到自己的成绩和不足之处，激励大家勤奋学习，赶超先进。

站在这块黑板前看教室的两边，一扇扇窗户洁净明亮。窗与窗之间的墙上贴着科学家哥白尼和达尔文等的画像，鼓舞我们努力为四化刻苦学习。

抬头看，六盏四十瓦的日光灯悬挂在天花板上，即使遇到阴暗的天色，我们也照常可以上课、自修。如果你再仔细一些，一定会发现，教室的东北角还有一个报夹子，让我们了解国内外大事。我们的学习是和祖国的社会主义建设联系在一起的。

教室的周围是一片葱绿的树林。北边隔着操场，与东红楼相望，南边是“门”字形的科学楼的一翼，仪器设备齐全的理化实验室跟我们隔路相对。

走出教室，就可以看到一方池塘，它叫碧霞池。傍晚，火红的晚霞倒映在碧波荡漾的水面上，真是美丽极了。池的南面是景色优美的道山。我们站在山顶上，俯视我们的教室，看着那洁净的玻璃窗和雪白的墙壁，不禁产生联想：在这个教室里，曾经培养出多少建设祖国的人才；现在，又一批人才正在茁壮成长。

第二次训练

【例文】

传　达　室

在我们学校的大门口有一间普普通通的传达室。

一走进传达室，迎面就是一只圆圆的挂钟。这只挂钟已经伴着我们度过了四个年头。它显得有些衰老了，钟面已经很陈旧，钟声也有点沙哑了，但它还是辛勤地为我们服务，向我们报时。每到下午放学的时候，同学们总要望一眼挂钟，好像对它说:“亲爱的朋友,再见！”在南面墙上,有一个打铃的电闸,电闸一打开，会让全校所有的电铃响起来，它是我们不可缺少的朋友。每当下课铃响了以后，操场上就呈现一片欢腾的景象。同学们奔啊、跑啊、闹啊,大家都沉浸在快乐之中。每当上课铃一响，校园里就立刻安静下来。同学们各自进了教室，认真地学习。

从传达室的窗口往外看,可以看到校园里的一个大花坛。大花坛里栽满了花，有的已开放色彩艳丽的花朵,花朵上面挂着晶莹的露珠。我们好似花坛里的花朵，那露珠就是哺育我们成长的老师的汗水。

从那小小的传达室里，传出了党和祖国对我们的殷切期望，传出了老师对我们的亲切关怀。啊！传达室，亲爱的朋友，我们的成长凝聚着您的功劳。

【简析】

文章写传达室着重描写了具有特征性的东西：挂钟和电闸，而没有对桌椅、电话机、日历本等的陈设来一番平铺直叙。在挂钟和电闸的描写中倾注了作者的思想感情。这样的环境与陈设不再是消极的毫无生气的物件，而成了文章中充满生气，积极地为突出中心服务的不可缺少的角色。

从上文可见，只要抓住特点，突出重点，任何平常普通的事物都可作为素描训练的对象。

【素描要求】

带领学生观看作为素描训练对象的教师办公室，要求学生着重选取办公室的某一角落或某一局部仔细观察。譬如语文老师的办公桌，看看桌前、桌后、桌旁以及桌子的上下里外，以这一角落或局部为重点与办公室总体描写相结合，从而突出文章的主题思想。

【词语学习】

陈旧的　　褪色的　　粗糙的　　崭新的　　亮铮铮的　　光滑的　　整齐地　厚厚的　　堆积如山　　辛勤地　　不辞劳苦地　　不知疲倦地　　夜以继日地

办公桌　　写字台　　书橱　　文件柜　　靠背椅　　软垫　　砚台　　笔架　直尺　　粉笔盒　　文具架　　小黑板　　计数器　　地球仪　　报夹

【习作参考】

……陈景润固执地说："我要等你，我在宿舍大楼门口等你。不然你找不到。你找不到我就不好了。"

果然，下午他是在宿舍大楼门口等着的。他把李书记等到了，带着他上了三楼，请进了一个小房间，小小房间，只有六平方米大小。这房间还缺了一只角。原来下面二楼是个锅炉房。长方形的大烟囱从他的三楼房间中通过，切去了房间的六分之一。房间是刀把形的，虽然它的主人刚刚打扫过清理过，但还是不大整洁。窗子糊了报纸，糊得很严实。尽管秋天的阳光非常明丽，屋内光线暗淡得很……

这个党的工作者从来没有这样激动过。不像话，太不像话了！这房间里还没有桌子。六平方米的小屋，竟然空如旷野。一捆捆的稿纸从屋角两只麻袋中探头探脑地露出脸来。只有四叶暖气片的暖气上放着一只饭盒，一堆药瓶，两只暖瓶，连一只矮凳也没有……

第三次训练

【例文】

豫园春晓（节选）

走进豫园，一阵春风送来了扑鼻的花香，展现在我眼前的是一派春意盎然的景象：鸟儿飞鸣，柳条摆舞。在百花丛中，最引人注目的是红色的玫瑰，白色的牡丹。

穿过和煦堂，走上台阶，我跨进了点春堂。七盏古老的宫灯放射光芒，把大厅映照得金碧辉煌。这里曾经是小刀会的指挥所。一幅幅图画和一件件珍贵的文物，真实地记录了小刀会英雄们可歌可泣的事迹。我全神贯注地看着，看着……忽然，被一幅画吸引住了。画面上，一位英姿勃勃的小刀会领导人周秀英身披战袍，手持大刀，率领着娘子军奋勇杀敌。旁边有一首诗："女中英雄周秀英，大红裤子小紧身，手拿大刀百廿斤，塘湾桥上杀四门。"这诗和画把我带到19世纪中叶。

自从英法美帝国主义的兵舰撞开我们这个东方古国的大门，富饶的土地上便弥漫着令人窒息的烟火，人民在铁蹄下呻吟。可是，浓雾黑云压不塌高山峻岭，人民反帝斗争如火如荼。刘丽川领导的上海小刀会就是其中之一。一次，辣厄尔率领的精锐法军在塘湾桥上与周秀英的部队相遇，在敌强我弱、力量悬殊的危急关头，周秀英临危不惧，一声怒吼，飞步向前，挥起大刀，直劈辣厄尔。辣厄尔猝不及防，左肩负伤，惨叫一声，滚倒在地。接着，刀光闪闪，杀声震天，在周秀英后面杀出几十名勇士来。他们在敌阵中横扫直冲，勇猛无比，显示了中华儿女大无畏的英勇气概。

我怀着崇敬的心情，缓步走出大厅，穿过走廊，迎面看见一棵干粗叶茂的古树昂首挺立。仰望古树，我的耳边仿佛响起了小刀会的歌谣："东校场，西校场，兵强马又壮，要投小刀会，去到点春堂。"眼前仿佛出现了小刀会将士在大树下练兵的威武雄壮的场面：号声"嘟嘟"，刀剑相击，鼓声"咚咚"，弓箭齐发。我又仿佛看见刘丽川擎着战旗，挺立在大树前，望着斗志昂扬的将士爽朗地笑了；潘起亮含着热泪，上前接过战旗，庄严地领着起义军将士高声宣誓……我再次仰望这倔强峥嵘的百年大树，它不正是小刀会将士的崇高形象吗？

【简析】

文章写点春堂，在一幅幅国画和一件件珍贵文物中选取了其中一幅画面着重描写，刻画出小刀会英雄们为中华民族勇敢献身的精神。对这幅画，作者除了直接描写之外，突出运用想象、联想的手段。借助这幅画面中小刀会领导人周秀英披挂杀敌的场景，作者想象了一百多年前周秀英与法国侵略军头子辣厄尔奋勇搏斗，激战在塘湾桥的景象，从而丰富了画面中人物的形象，加深了主题思想。

围绕着同一主题，采用了同样的艺术表达手法，作者从室内的画写到了室外（周围环境）的古树。

【素描要求】

描写展览会、博物馆、陈列室、游艺厅、少年宫等的一个部分或一角。对描写对象做一次参观，要求学生着重观察适合于展开自己想象的那一个部分或一角。想象可以通过形状的相像、内容的相似、性质的相同、意义的相反等，由一物一事联想到它物它事。要求学生使用一些标志着文章从现实过渡到想象的词语。

【词语学习】

仿佛　似乎　好像　犹如　浮想　联想　呈现　朦胧　恍惚　展开　出现　带人　穿过　步出　跨进　踏上　来到　快步　三步并作两步　缓步　移步　吸引　注视　凝视　环视　目不转睛　全神贯注　久久地

【习作参考】

我理想中的花园

我想修建一个美丽的花园，让到那里休憩的人们沉醉于大自然的美景，忘记自己的一切烦恼。

我常常独自想象着这个花园的布局。

花园的入口应该是一个常春藤缠绕的拱门。有好几条绿荫如盖的小路从那里通向园内的各个角落。花园的中央将修建一个大型的花坛，里面盛开着芳香而娇嫩的红玫瑰。

花园的面积很大，只要你愿意，你就可以找到一块十分安静的地方独自待在那里休息。花园里还有一大片真正的“林区”，长着桦树、松树和人们所喜爱的红杉，草木茂盛，古树参天。

花园里应有尽有：有樱桃树、李树和橘子树；有覆盆子、黑草莓和红醋栗；苹果树枝叶繁茂，红绿掩映；草坪上薄荷碧绿，芬芳宜人。那里还要栽种波斯丁香花、法国茉莉花和其他一些不知名的名贵花卉；当它们含苞怒放的时候，整个花园都会充满令人陶醉的芳香。如果你能够在绿茵如毡的草坪上躺一会儿，或者在绿荫如盖的苹果树底下坐上一会儿，那么你一定会沉醉于周围大自然的美景中。

此外，这个花园还要修建一个惹人喜爱的大水池，池内养着名贵的金鱼，池边栽着百合花和水仙花。在每棵枝叶繁茂的大树底下都要安放一条长凳。在公园的深处还要建造几个精致的凉亭，绿藤缠绕，别具风味。你只要一走进这个花园，就能听到鸟儿唱着婉转动听的歌曲，看到活泼的松鼠在树间跳跃，美丽的野兔在安闲地散步。

以上所描写的，就是我理想中的花园。

第四次训练

【例文】

校　园

我们的学校在场部地区的西部，四周有榆树墙围成一个很大的长方形校园。夏天绿树成荫，整个校园像个大花园。

校园的中间有一座南北方向的校舍，把校园分成东西两个大院。东院是个大操场，场内有一道周长四百米的椭圆形的大跑道，跑道中间是足球场，足球场西头是篮球场，东头是跳高、跳远的沙坑，这些都在跑道圈内。跑道圈外的东头有一道榆树林与家属区分开，在这道榆树林中间还有一副联合架，架上有软梯、吊环、爬竿等。跑道圈北边是一座水泥指挥台，每年“六一”运动会时，这里就是主席台，平时则是体育老师领着全校同学做课间操的指挥台。它的北边是一栋八间教室的校舍。这栋校舍的东头还有一栋教师宿舍。跑道圈的南边有两座宣传栏，西边的是两块黑板报，东边的是四扇玻璃橱窗，及时展出同学们的各科优秀作业。宣传栏的南面是一栋大型校舍，里面有七间大教室和六个较小的房间。

西院也是一个运动场，面积比东院小，有一个篮球场。这运动场西头连着学校的菜地，再往西就是一道榆树墙与西边家属区分开。西运动场的南北各有一栋新盖的校舍，红墙蓝窗，镶着明亮的玻璃。

我们就是在这宽敞明亮的学校里愉快地学习。

【简析】

校园（周围环境）是室内环境的扩大，因而同样要求描写有序，突出重点。本篇一开始先进行总体的概貌描述，犹如从上往下的整体鸟瞰。然后深入校园，以东西两个大操场为中心，从东到西，从北到南，从内（跑道圈内）往外（跑道圈外），依次写来，有条不紊。而东西两大院中又重点突出东院，交代得十分详尽。因此读者对这个美丽、整洁而安排得井井有条的校园的印象清晰、鲜明，犹如历历在目。

【素描要求】

以儿童乐园、少年宫、公园一角、里弄、新村为素描对象，可以写《我们学校的儿童乐园》《可爱的少年宫》《××公园的一角》《我所居住的××里弄》《我爱我们的新村》。要求：（1）按照一定的顺序，以某一点为中心，依次描述周围环境。（2）注意周围环境中各个局部之间相互的过渡连接。（3）既写出活动环境的总体的布局，又能对某一具有代表性的、特征性的局部做重点描绘。（4）正确使用表示方位的名词。

【词语学习】

沿着　顺着　坐落　位于　左侧　右侧　迎面　面对　正前方　紧挨着　靠近　贴近　邻近　依次　依傍　背靠　右前方　左前方　右后方　左后方

【习作参考】

红旗市场

红旗市场是湛江最热闹的地方。每天清晨，市场就开始迎客。买菜的人从各条街道聚集到市场里来了。他们中有穿着工作服的工人叔叔、阿姨；有穿得花花绿绿的男女青年；还有衣着朴素的老爷爷、老奶奶。他们手携着篮子去市场买东西。

市场门口整整齐齐地停着一排排的自行车。因为市场拥挤，自行车进不去，人们只好把车停放在托管站。赤卫路两旁整齐地摆着许多摊子：有卖水果的，有卖小吃的，还有卖杂货的。现在人们买东西、吃饭都非常方便。有些人蹲在摊前吃狗肉，有些人坐在凳子上喝糖水，有些人站在摊旁买苹果、买杂货……赤卫一横路是水产行，这里的鱼货摆满案台，有鲜活的鲤鱼，有大大的马鲛鱼、红鱼；有身上缀满斑点的石斑鱼，有眼睛圆溜溜的大眼鱼，还有大虾和螃蟹……人们摩肩接踵，来来往往，这里挑挑，那里拣拣，叫卖声和问价声响成一片。蔬菜行在赤卫二横路，那里有嫩绿的菜心、韭菜、香葱，有裹得结实的火筒菜，还有一箩箩的莲藕、一筐筐的红萝卜，种类繁多，随意挑选。肉类行里有香喷喷的烧鸡、烧鹅；猪肉摆满案台，牛腿高挂在架子上。人们买了烧的，又买鲜的，执刀的人忙个不停。

市场真是繁荣极了。人多东西多，这都是这些年党和国家改革开放政策带来的新气象。

七、小动物素描

要　求

小动物素描是小学写作起步教学值得注意的一项内容，因而是素描写作训练的一个重要方面。因为在儿童眼里，小动物是客观世界中最有吸引力的对象。他们往往兴趣盎然地注视、玩弄能见到的任何一种小动物，其专心致志的程度远超过对别的事物。他们比成人更熟悉家里以及周围的小动物，因此小动物素描能激起小学生的兴趣与热情。但是，如何观察小动物，怎样对小动物进行素描，却需要经过一定的训练，方能摸到门径。

小动物素描的训练，不但可以使学生学到不少写作的知识（如状物记事）和一些基本的动物学知识（如动物身体各部分的专门术语，动物生活的一些特殊习性等），而且对提高学生的智力也是有很大帮助的。学生通过小动物素描训练，可以养成科学的观察方法。对小动物某些典型特征的了解又可以培养学生分析、比较的能力，并且活跃思维。同时，小动物素描还可以培养学生热爱自然的思想感情和乐观开朗的个性品质。

小动物素描训练从发展观察、思维、想象这些智力因素来说，有着与其他各个单项素描同样的要求：观察要求细致、全面、有顺序；思维要求掌握对象的特征，概括对象的本质；而想象则要求驾驭事物间的联系，做到大胆、丰富、合理。除了这些共性之外，小动物描写还突出要求写动作与习性。这是它的特殊性。因此观察就不仅要求有静态的，而且要求有动态的，在掌握特征方面除了外形特征之外，还得抓住所写小动物的典型习性。

三年级的小动物素描训练应注意：（1）所选小动物为小学生日常多见的。（2）以写活体小动物为主。（3）训练要遵照的原则是：从简单到复杂，从静态到动态，从一般描写到个性化描写，从观察描写到想象描写。

三年级学生练习小动物素描应达到如下要求：（1）准确地使用称呼动物身体各部分的词语，以及描写动物动作所特有或常用的动词。（2）对小动物的外形特征的描写要具体、形象，言之有序。（3）要对小动物的典型习性进行刻画。

第一次训练

【例文】

野　鸡

你见过野鸡吗？现在我的眼前就有一只野鸡的标本，它可美啦！甚至可以和传说中美丽的凤凰相媲美。

野鸡头上长着两只圆鼓鼓的眼睛，一张三角形的嘴。它还有两条长长的腿，爪子上的小钩子看上去挺锐利呢。最引人注目的是野鸡的羽毛。脖子上的羽毛像绿色的围巾，把它那长长的脖子都围住了。脖子下面有一圈白色的羽毛，好似一条银白色的项链。赤褐色的胸脯在明媚的阳光下鲜艳夺目。腹部的羽毛很像豹子身上的花纹，好看极了。背上的羽毛颜色多样，异常美丽，有褐色、灰色、白色、黄色，一块块整整齐齐地排列着。野鸡与众不同的是尾部有两根尺把长的羽毛，有些像花蛇的尾巴，上面有一条条黑色的花纹。

看，野鸡多漂亮啊！谁看了都会赞叹地说："野鸡真是太美啦！仿佛各种动物的美都集中到它身上去了。"

【简析】

上面的小动物素描是静态的描写。先简写了野鸡的总体形象："圆鼓鼓的眼睛""三角形的嘴""两条长长的腿"。然后详细写了它全身的羽毛。比喻生动形象，色彩鲜明。如"脖子上的羽毛像绿色的围巾"，"脖子下面有一圈白色的羽毛，好似一条银白色的项链"。行文井然有序，顺着脖子、胸脯、腹部、背部到尾巴的次序逐一写来。结尾一段呼应开头并突出中心。

【素描要求】

观察一小动物标本，如野兔、蝴蝶、松鼠等，要求学生按照从头到尾的自然顺序法进行观察。观察时可以把身体分为头部、颈部、躯干、四肢和尾部等若干部分，以便形成总体感觉。也可按照特征的主次，从主要特征观察到次要特征，采用主次顺序法。然后让学生当堂描写，描写中可适当加入想象性词句。

【词语学习】

冠　喙　颈　脖子　上腭　下巴　翼　翅膀　蹄　蹼　足　爪　鳞　前肢　后肢　橄榄色　棕色　浅绿色　灰黑色　金黄色　毛茸茸　滑溜溜　油亮　乌黑　玲珑　小巧

【习作参考】

松　鼠

松鼠是一种漂亮的小动物，乖巧，驯良，很讨人喜欢。它们虽然有时也捕捉鸟雀，却不是肉食兽类。常吃的是杏仁、榛子、榉实和橡栗。它们面容清秀，眼睛闪闪有光，身体矫健，四肢轻快，非常敏捷，非常机警。玲珑的小面孔，衬上一条帽缨形的美丽的尾巴，显得格外漂亮；尾巴老是翘起来，一直翘到头上，自己就躲在尾巴底下歇凉。它们常常直竖着身子坐着，像人们用手一样，用前爪往嘴里送东西吃。可以说，松鼠最不像四足兽了。

第二次训练

【例文】

活泼的小虾

星期日那天，邻居在“自由市场”买了一些小虾。哟，还是活的呢！

那一只只小虾一见水，就活蹦乱跳在水里打起水花来，穿梭似的游来游去。要是我有几只该多好呀！我向邻居要了五只小虾，像得了宝贝一样，小心翼翼地放进盛山水石的小瓷碟里，又掰了几块馒头渣放进水里。虾儿在碟里轻轻地摇摇尾巴，悠闲地游着。

第二天一放学，我的第一个任务就是去看那五只可爱的小虾。我走到桌边，看着里面游着的虾，意外地发现一只虾的头上，有一块红红的斑点，阳光一照，闪闪发亮，像一块红宝石，又像一顶小红帽，真是好看极了。其他几只，身上都披着一件青绿色的花衣，尾巴像把小蒲扇，呼扇呼扇的，头上的须子比身体还长；透明的小眼睛在水里东瞧西看。忽然，一只小虾咬住了另一只的尾巴；那只也不甘示弱，回过头就反咬一口。小虾吓得连忙松了口。两虾对视，都摆出一副要决斗的样子。其中一只凶狠地扑过去；另一只灵巧地一躲，又闪电似的咬住对方长长的须子。正在僵持不下，我拿起一根小木棍轻轻一挑，两只小虾像触电一样跃出水面，溅起小小的水花。那只被咬的虾得救了，扭身就跑；另一只紧追不舍。这样，一前一后，绕着山水石追来追去。看着这滑稽的情景，我不由得哈哈大笑起来。

【简析】

上面是活动状态的小动物素描一例。第一、第二自然段交代了五只小虾的来历，以及作者的喜爱心情。第三自然段着重对小虾进行先静态、后动态的描绘。在静态描写时，作者不是面面俱到，而是抓住不同的特征。着重描写一只头部有闪亮的红斑点，其他几只有青绿色的花衣和小蒲扇似的尾巴。色彩艳丽，形象鲜明。小虾的外观固然可爱，然而作为有生命的活体，可爱的更在于它的活泼而富有生气，所以文章精心勾勒了小虾的动态，尤其是两虾相戏的场面，工笔细描，生动逼真，富有情趣。

【素描要求】

课堂上观察一只活的小动物，如一只小鸟，一只小猫，一只小白兔，一缸金鱼等。让学生仿照例文，对小动物进行静态的外观描写和动态的动作描写。在进行这类描写前，有着比单纯静态描写更高的观察要求。它要求在观察动态时，及时地精确地抓住一刹那间的动作。在描写时注意动词的运用。

【词语学习】

窜 纵 蹦 跳 奔 扑 扒 爬 蹬 跺 箭一般地 迅速地 一溜烟地 飞快地 敏捷地 灵巧地 咬 啄 叼 啃 吞 舔 撕 嚼 摇 晃 甩 鸣 嘶 嚎 咆哮

【习作参考】

例 1

翠 鸟

翠鸟喜欢停在水边的苇秆上，一双红色的小爪子紧紧地抓住苇秆，它颜色非常鲜艳。头上的羽毛像橄榄色的头巾，绣满了翠绿色的花纹。背上的羽毛像浅绿色的外衣。腹部的羽毛像赤褐色的衬衫。它小巧玲珑，一双透亮灵活的眼睛下面，长着一张细长的嘴。

翠鸟鸣声清脆，爱贴着水面疾飞。一眨眼，它又轻轻地停在苇秆上了。它一动不动地注视着泛着微波的水面，等待游到水面上来的小鱼。

尽管小鱼是那样机灵，只悄悄地把头露出水面来吹个小泡泡，可还是难以逃脱翠鸟锐利的眼睛。有一次，我亲眼看见一条小鱼刚刚露出水面，翠鸟就蹬开苇秆，像箭一样飞过去。刹那间，叼起那条小鱼，贴着水面往远处飞走了。只有那苇秆还在摇晃，水波还在荡漾。

例 2

看母鸡咋下蛋

那天，家里的母鸡正在下蛋。我想看看它是怎样下蛋的，便悄悄地来到它身后。

只见它身上的毛都竖了起来，仔细看，它的毛还在抖动；脖子也缩了进去，嘴张着，不时发出细微的声音。

过了一会儿，它突然站了起来，我还以为蛋已下出来了呢。赶紧一看，却没有。我正奇怪，却看见它叉开了两腿，翅膀架了起来，脖子也慢慢地伸了出来，竖起的毛渐渐地落了下去，它的后半身猛地向下一坠，接着，就是一个椭圆的大鸡蛋落在窝里。它赶紧用脚把蛋弄到肚子底下，生怕谁抢了似的。它卧了一会儿，便走出了窝棚，“咯嗒”“咯嗒”地使劲叫开了。仿佛是在唱一支创造的歌，告诉人们：任何创造，即使看来再简单不过的，也要经过那么艰苦的历程。

第三次训练

【例文】

鸡

我家养着四只鸡，两只公鸡，两只母鸡。我都给它们起了绰号：黑母鸡叫“黑玫瑰”，金黄的公鸡叫“金皇帝”，花母鸡叫“芦花”，白公鸡叫“雪青”。我最喜爱金皇帝，它整天活蹦乱跳，非常惹人喜爱。

四只鸡各有各的性格。金皇帝没事的时候总要找个阳光充足的地方，卧在那儿，闭起眼睛养神。过一会儿，它就站起来，抖抖锦衣似的羽毛，拍拍翅膀，昂着头，围着墙根，来回踱方步。这只大公鸡特别顽皮、贪玩。常常玩到傍晚也不回家。我东找西找也找不到它，真把人急死。每次它一回来，我就数落它：“你真贪玩，看雪青多乖。批评你多少次了，一点也不改。”可是金皇帝只要看到哪儿有虫子爬动，都表现得很机警。它一边紧紧盯住虫子，一边慢慢走过去，当离虫子一两步远的时候，就猛地冲过去。刹那间，叼着虫子朝我走来，好像夸耀说，别看我贪玩，可我很会抓虫子呢。

我吃饭的时候，鸡也饿了，围着我“咕咕”乱叫。我就拿食槽去和食。我把食槽一放在地上，金皇帝带头，黑玫瑰、芦花和雪青也急得像一窝蜂似的奔过去，挤在一起抢着吃。金皇帝抢不着食，就跳到槽里，搅得谁也吃不好。它边吃边刨，专挑好的，把食刨了一地。雪青很懂事，要是抢不着，就等别的鸡吃过再吃。它们吃饱以后，雪青就卧在墙根底下晒太阳。黑玫瑰和芦花钻进窝里去下蛋。金皇帝呢？又在无忧无虑地来回踱步。

金皇帝和雪青有时也打架。打架时，双方都伸直脖子，两眼紧盯着对方，脖子上的毛也竖了起来，尾巴翘得老高，两只脚叉开，摆起了架势。金皇帝用嘴啄雪青的冠子，雪青竭力摆脱困境，冲过去反扑。它们你扑我跃，你啄我躲，你跑我追，扑打得十分有趣。

后来，黑玫瑰和芦花孵出了小鸡。这些小鸡更惹人喜爱，它们浑身湿漉漉的，真像刚从水里打捞上来似的。起初，小鸡腿站不稳，不会走路。可是它们很淘气，每天总要到院子里去玩，走不到三步路就翻一个跟头。小鸡慢慢长大了，能在地上走路、奔跑了，可是还不能独立生活，黑玫瑰和芦花每天都给小鸡喂食。喂食时，鸡妈妈们先把食物啄碎，小鸡便跑过来，把食物吃下去。小鸡很守纪律，鸡妈妈走到哪儿，它们跟到哪儿，边走边“叽叽”地叫个不停。又过了一段时间，小鸡长得更大了。它们在院子里自由奔跑，尽情玩耍，一会儿从我的椅子底下钻过去，一会儿又从桌子下奔过来，一忽儿跑东，一忽儿跑西，它们是多么天真可爱，惹人喜欢呀!

【简析】

作者对四只鸡观察得十分细致，并善于进行动态的描写。对四只鸡的动态刻画已经不是一般化的手法，而是在拟人手法的基础上个性化了。这是因为作者能够把握每只鸡各自的特征和典型的习性。如金皇帝高傲而又勇猛、顽皮而又机警；雪青则安静、随和、懂事、听话；两只母鸡忙碌、慈爱。

【素描要求】

让学生观察自己家里或周围邻居的一些小动物，挑选其中最有特征的两三只进行描写。可以是同一类小动物，也可以是不同类的小动物，如《我家的小金鱼》《哥哥的两只蟋蟀》《可爱的大龙虾》《我们家的小小动物园》等。要求仔细观察，找出不同对象的不同特征。这些特征可以是外形上的、动作上的或生活习性上的。描写过程中适当加一些神态和心理活动的刻画，使描写的对象人格化、个性化。要求准确地运用动词和形容词。

【词语学习】

穿梭般　悠闲　慢吞吞　懒洋洋　恶狠狠　凶狠　张牙舞爪　晶莹透明　摇头摆尾　活蹦乱跳　昂首挺胸　高视阔步　蠕动　移动　你追我赶

【习作参考】

猴子山边的笑声

猴山旁挤满了欢笑的人们。我趁热闹也钻了进去。哈哈！真有趣！两只灰黄色的小猴正在抢糖吃呢！

你看，那只“小机灵”的动作多敏捷呀，糖粒刚丢下去，它脚一蹬，从石山上跳了下来，手一抓，就把地上的糖粒拾起来了。正当它得意忘形，撕开糖纸，准备吃的时候，冷不防被“红屁股”一手抢去了。

这下可恼了“小机灵”，它眨眨眼，望了望“红屁股”，仿佛在说：“岂有此理，竟敢抢我的东西！”说时迟，那时快，只见它纵身一跃，向“红屁股”扑过去，伸手就夺。于是它们就打了起来。

看着这两只小家伙追逐、厮打的精彩表演，山边的观众乐得哈哈大笑。

经过一场激烈的搏斗，“小机灵”便败下阵来。它吃不到糖粒，懒洋洋地坐在地上，低着头，好像在哭。“小机灵”那古怪的神态逗得观众又大笑起来。

“小机灵”有点垂头丧气。可转眼间，它又去逗弄那只好吃懒动的大母猴啦！这下又惹恼了大母猴，结果它俩又滚打起来了。

我还以为这次“小机灵”又输定了呢！想不到它真机灵，一荡铁索就跳到石山上。大母猴紧追不放，一直追到岩洞里。这时“小机灵”又像杂技演员一样，脚一蹬，手一扒，又跳到第二座石山上去了。大母猴追不上它，大概很累了，只好呆呆地坐在地上喘气。

这时，“小机灵”又爬上石山的顶峰，坐在那里，看着呆坐的大母猴，好像在嘲笑它：“怎么样？追不到我吧，看谁的本领大！”

看着“小机灵”那挤眉弄眼的滑稽神态，我们都不禁笑得前仰后合……

第四次训练

【例文】

一只小蚂蚁

今天早上，我在门口堆泥人。突然看见有一条黑黑的、长龙般的“队伍”，很有秩序地在蠕动。我蹲下来仔细一看，啊，是一群小小的蚂蚁。它们有的运泥垒自己的“家园”,有的搬运粮食,来来往往,忙个不停。相遇时,它们还要碰碰头，摆摆触须，互相打招呼呢！

看，一只很小的蚂蚁拖着一粒比它大得多的米，吃力地缓缓地挪动。可能是累了,它没走多远,放下米粒,回头就走。我急忙用手捏起米,放在小蚂蚁的面前,真没想到这可把它吓跑了。我紧跟着它，看它怎么样。只见它碰了一下迎面赶来的一只大蚂蚁，好像说：“那儿有一粒米，我拖不动了，你快来帮忙吧！”那只蚂蚁听后，和另外几只蚂蚁碰了一碰头，跟着小蚂蚁就走。

小蚂蚁回到原来的地方，一看米粒不见了，急得团团转。我很想帮它的忙，把米粒放在它跟前。可是一想到刚才它被吓得那样，就赶忙把手缩了回来，把那米粒放到大树下。它的伙伴们赶来了，看见小蚂蚁焦急的样子，知道那粒米不见了。一个伙伴似乎安慰它说：“别急，让我们在周围找找看。”于是，它们便分头去找。找了很久，最后，还是被小蚂蚁找到了。它像是高兴地呼唤着伙伴们，可它们走远了。这时，乌云布满了天空，快要下雨了，怎么办？不能再等了。于是，它拖起来拼命地走呀走呀，尽管力气不够了，也不敢歇一歇，看来它是想在大雨到来之前赶回家的。“加油！加油！”我在旁边给它鼓劲，它比刚才走得更快了。“还有三步，两步，一步，到家啦！”我大声地喊了起来。

虽然是一只小小的蚂蚁,可它那种顽强的精神却深深地感动了我。在学习上,我们不是也需要有这种精神吗?

【简析】

作者观察细致缜密，文章描绘生动有趣。最突出的是在描绘蚂蚁运“粮”的时候充分发挥了想象。你看，小蚂蚁“碰了一下迎面赶来的一只大蚂蚁，好像说：‘那儿有一粒米，我拖不动了，你快来帮忙吧！’”当米粒不见时，“一个伙伴似乎安慰它说：‘别急，让我们在周围找找看。’”米粒找到了，小蚂蚁“像是高兴地呼唤着伙伴们”。要下雨了，作者揣摩了小蚂蚁的心理“怎么办？不能再等了……看来它是想在大雨到来之前赶回家的”。最后，作者还从蚂蚁运粮联想到学习上也需要顽强精神，点明主题。由于作者把握了小蚂蚁运粮和学习这两个表面上毫不相关的事物间的内在联系，因而分析恰当，中心突出，富有哲理。

【素描要求】

参观动物园或者让学生观察自己家里及周围的小动物，进行一次想象性描写。例如：《骄傲的龙虾》《懒惰的乌龟》《勤奋好学的小花猫》等。要求通过外形特征、动作或生活习性展开想象与联想。要想象合理，联想自然，防止牵强附会。要尽可能准确地插入一定的神态和心理描写。要求用好一些常见的关联词。

【词语学习】

虽然……但是……尽管……　可是……　即使……还　要是……那么……　如果……就……　只有……才能……

【习作参考】

我的兔子

别人送我一只毛茸茸的小兔子。它的毛是灰色的，后腿挺长，耳朵也很长。耳朵尖上，像所有的兔子一样，有小黑点。小兔子很可爱，谁叫它，它就从自己的笼子里跳出来。我给它起了个绰号叫“小蹦蹦”。

可是，我发现最近几天小兔子显得寂寞了。它经常坐到窗口旁，有时突然跳起来用爪子敲窗户。有一次，差点把窗户上的玻璃打碎。要不就跳到地板上，像人似的用爪子敲门，好像在求我们：放开我吧，善良的人们，让我自由！

我可怜起它来了：它长大了，长结实了。显然在我们这儿待不下去了。我和父母决定放它走。于是我把它带到院子里，把它放到地上，看它会怎么样。只见“小蹦蹦”竖起长耳朵，看了我一眼，像是在说：“再见了，兄弟！”然后飞快地跑进了树林。

第七章 四年级素描作文实验教学设计

说 明

四年级着重进行记好一件事的叙事素描，帮助学生扎扎实实地掌握记叙文的基本功，完成从观察作文向命题作文的过渡。通过训练，学生应该能以观察作文或者命题作文的形式，将自己的所见所闻和真情实感如实反映出来，写出思想健康、中心明确、内容具体、条理清楚、语句比较通顺的简短记叙文。

为了达到上述目的，四年级素描作文实验教学设计分为两个单元：第一单元，完整地记叙一件事；第二单元，正确地确定和表现中心思想。每一单元各安排三组训练。

从体例上说，每一组训练包含“例文学习”“素描训练”“命题作文”三个部分。在“例文学习”部分，又安排“例文”、“例文简析”（或者“例文辨析”）、“练习”三项内容。众所周知，知识和技能是能力形成的基础。通过对“例文”的学习和分析，应使学生掌握某一方面的写作知识，例如表达“一件事”的基本要素和基本结构，正确提炼文章中心思想的方法等。而通过“练习”，则应使学生将已经掌握的写作知识转化为初步的写作技能。发展智力是知识、技能转化为能力的关键。安排“素描训练”的主要目的，是进一步发展学生的智力。具体地说，一方面，要继续发展他们的观察能力和形象思维能力；另一方面，要努力训练他们分析、综合、比较、概括等抽象思维的技能，培养他们思维的逻辑性、灵活性和独创性。这样，学生就有可能独立地搜集作文材料，确定中心思想、命题和安排文章的结构，掌握好记叙文的基本功。在每一组训练的最后，还专门安排了“命题作文”的训练，其目的是“从扶到放”，引导学生从集体观察过渡到独立观察，初步形成写命题作文的能力。

每一组训练大约需要六课时，包括学习例文一课时，练习一课时，素描训练二课时，命题作文二课时。因此完成四年级实验教程（包括六组训练）大约需要三十六个课时。它主要提供给各地进行作文教改的实验班试验，也可以供普通班参考，作为完成统编教材或者其他教材中作文训练任务的补充。除四年级外，五、六年级也可以根据需要选择使用。

一、完整地记叙一件事

要　求

记叙文就是将自己的所见所闻和真情实感，有目的、有重点、有顺序地叙述出来，让读者一清二楚，产生身临其境的感觉，从而和作者同喜怒，同哀乐，爱憎忧怨与共。

记好一件事是记叙文的基本功。以叙事而言，只有记好一件事才能记好一天、一次活动或者几件事；以记人而言，要先学会从一件事写人，才能学会从几件事写人；状物也是如此，它往往以写好一件事作为基础。

记叙完整是写好一件事最基本的要求。这一件事发生在什么时间，什么地方，有几个人参加，它有哪些主要情节，这些都要交代清楚，决不能顾头不顾尾，或者含含糊糊。时间、地点、人物和情节是记叙文的基本要素，缺一不可。情节是记叙文的基本内容。一件事情就其发展过程来说，不外乎“起因”“发展”“高潮”“结局”这样几个阶段。在有的文章中，写“起因”之前，还需要“追溯”既往，交代事情发生的背景，对主人公做简要的介绍，或者说明写作的目的，这可以称作文章的“开头”（或者叫“引子”）。这样，就形成了“开头—起因—发展—高潮—结局”这样一个完整的情节结构的形式。有些文章，为了更加生动地表现中心思想，对上述情节开展的顺序可能有所调动，如将“结局”或“高潮”提前，即采取“倒叙”法，以形成文章的波澜和曲折。

四年级学生要练就记叙文的基本功，首先必须学会完整地记叙一件事。具体地说，必须在三年级“素描”训练的基础上，继续抓好观察作文，做到：(1）进一步培养观察的全面性和顺序性，培养思维的逻辑性和条理性，能把“一件事”的基本要素（时间、地点、人物、情节）和基本结构（起因—发展—高潮—结局）表达清楚。(2）抓住主要情节开展观察、思维和想象，把事情的“发展”和“高潮”部分重点表达出来。(3）努力培养思维的灵活性和独创性，初步学会灵活地安排“一件事”的结构。

四年级的叙事素描是从写作的片段训练到篇章训练的过渡，也是从观察作文到命题作文的过渡。因此，在训练“完整地记叙一件事”的能力时，必须注意：(1）把“课内素描”同命题作文紧密结合起来，使学生通过集体观察掌握安排记叙文结构的基本功，然后通过独立观察和命题作文去进一步练就这种基本功。(2）要考虑学生的生活实际和年龄特点，选择既包含教育意义，又富有情趣的写作题材，使学生“言之有物”“言之有情”。

第一组训练

【训练重点】

使学生在记叙一件事时，能把它的基本要素（时间、地点、人物、情节）和基本结构（起因—发展—高潮—结局）表达清楚。

<u>例文学习</u>

【例文】

诚　　实

我家养着一条小黄狗，圆滚滚的身子，短短的腿，要是有熟人来了，就甩尾巴跟在后面，蹦上跳下，真逗人喜爱。每天它都在大门口接我，送我，我俩可要好哩！可是，有一回，我却做了一件对不起它的事。

去年六月的一天，我下午放学回家，家里静悄悄的，没有一个人。我看到煤炉上的水开了，呼呼地冒着“白烟”，就赶快灌起水来。

忽然，“砰”的一声。啊呀，真糟糕！我把那只宝贝热水瓶碰倒了，摔成了碎片儿。

怎么办呢？我再也没有心思灌水了，坐在床沿上望着破热水瓶发愣……

爸爸回来了，要是他发现我做了这件“好事”，准要生气，得快点想个办法。

突然，外边传来小黄狗的叫声，我立刻想出了一个“好”主意。

一会儿，爸爸下班回来了，看见那只宝贝热水瓶可怜地躺在地上，玻璃片儿撒了一地，就气呼呼地问我：“是谁摔的？”

我低着头，红着脸说：“不是我。”

爸爸说：“不是你，那么是谁呢？”

我说：“是小黄狗。”

爸爸真的生气了，顺手拿起一根木棍，打了小黄狗两下。它“汪、汪、汪”地尖叫几声，逃到了院子里，边用舌头舔着那条痛腿，边看着我，好像说：“你怎么冤枉我呀？”

看着受屈的小黄狗，我连忙蹲下去抚摸它，心里真不是滋味儿。吃晚饭的时候，想起小黄狗，我连饭也咽不下去。爸爸问我怎么啦，我再也忍不住了，眼泪滴滴答答落在胸前的红领巾上，羞愧地说：“打碎热水瓶的是我，不是小黄狗。”

爸爸先是一愣，当他知道是怎么一回事后，脸色温和起来了，对我说：“热水瓶不是你故意摔破的，以后当心一点就好了。可是你不应该撒谎嘛！”接着又语重心长地说：“记住，要做一个诚实的孩子，热水瓶再好，也没有诚实的精神好哇！”

如今，小黄狗长大了，恐怕它早已忘掉了那次所受的委屈。可是我呢，摔破热水瓶的事好像是昨天发生的，总忘不了。爸爸说的“要做一个诚实的孩子”那句话，我一直牢记在心上，从那时到现在，我再也没说过谎话。

【简析】

这是一个四年级学生写的文章。它真切地记叙了自己勇于改正错误的一件小事，时间、地点、人物和情节都交代得清清楚楚。打碎热水瓶是事情的“起因”；把错事赖在小黄狗身上，向爸爸撒谎，是事情的“发展”；羞愧地承认错误，明白“热水瓶再好，也没有诚实的精神好”这一道理，是事情的“高潮”;吸取教训，从此不再说谎，是事情的“结局”。

除了记叙完整以外，行文简洁，主次分明，也是本文的特点。打破热水瓶和父亲打狗等情节，都只略略交代几笔，而委过于小黄狗的内心活动，承认错误时的思想斗争，以及爸爸温和而又语重心长的批评，却描写得比较细腻、实在、可信。这样就突出了“诚实”的可贵和重要。

【练习】

一、下面是苏联著名儿童文学作家盖达尔所写的短篇小说《良心》。先将它仔细地读两遍，然后回答下列问题：

1. 小说中写了一件什么事？
2. 尼娜为什么偷偷地跑到小树林里去了？
3. 哪一个情节最生动？这个情节在故事中起什么作用？
4. 最后尼娜为什么要坐在小树丛里哭？什么叫做“公正的良心”？
5. 把这个故事的“起因”“发展”“高潮”“结局”指出来。

良　心

尼娜没有做好家庭作业。她拿定了一个逃学的主意。

要是人家都在工作，在上学，就她提着书包在街上晃荡，别人一眼就能看出她是在逃学的。为了不让熟人发现她逃学，她悄悄拐进了小树林。

她把书包和点心放在一棵小树下，就跑去逮蝴蝶玩了。跑着跑着，忽然撞上了一个小男孩。那小男孩不住用善意和信任的目光打量着她。

由于那小家伙的手里捏着一本识字课本和从课本里露出来的一本皱巴巴的练习本，尼娜一下就猜到这小东西是怎么回事了，她想好要嘲笑他几句。

“倒霉的小逃学！”她一本正经地说。“这么小不点点，就学着欺骗父母和学校了？”

“没有！我没有欺骗！”小家伙惊异地回答尼娜说。“我赶着去上学呢。不料我走过林子的时候，遇上一条大狗。它汪汪汪对我直叫唤，我一逃，就找不到上学的路了。”

尼娜心里怪难受。但这个小东西看着是这样好玩，心肠是这样好，不由得她不动心，于是她拉上小家伙的手，把他领出了林子。

尼娜的书包和点心就这样被留在了小树下，因为她不好意思当着小家伙的面把那两样东西捡起来。那样，小家伙会一下就猜到他们两人哪个才是真逃学。

他们走开后，从枝叶间跳出一条狗来，它没去碰书本，可几口就把点心给吞吃了。

尼娜把小家伙领出林子后，又回到林子里来，她一屁股坐下，哭开了。她不是舍不得她的点心被狗吃了。啊！偏偏是，这时候她头上的林鸟这样欢，乐悠悠地唱得那么动听。

二、阅读下面的习作，说说哪些地方没有交代清楚，遗漏了什么重要情节，然后提出修改意见。（口答）

一把雨伞

有一天清晨，天空阴沉沉的。到了放午学时，下起了倾盆大雨，我发起愁来。

就在这时，一只很温暖的手抓住了我的手。我回头一看，是我班的黄辉同学，他手上拿着雨伞，脚上穿着套鞋。他把雨伞一举，对我大声说："走，我们一起回家去！"

他的伞小，两个幼儿班小朋友合撑还差不多，我们两人合撑就显得小了。于是，他就把雨伞尽量撑在我这边。我看见他淋湿了半边衣服，好几次把伞推向他那边，他不肯，直说："没关系。"

我见他这样关心同学，只觉得热泪在眼眶里滚动。我一句话也没说，只是紧紧地握住他的手，大步地走着。就这样，穿街过巷，大约走了十五分钟，我才回到自己家里。

素描训练

【内容设计】

在放学回家的路上，学生小群斜背着书包，神情懊丧，边走边看手中那张揉皱了的数学考卷，自言自语道："真倒霉，这次数学考试只得了七十九分，妈妈知道了非骂我不可。噢，有办法了！"他拍了拍脑袋，"这次对妈妈保密，再求求阿姨在考卷上签个字，好向老师交账。"

不一会儿，小群走进了家门。妈妈（由女教师扮演）正坐在桌边缝衣服。

妈妈问小群数学试卷发下没有，他先是支支吾吾，后来撒谎说考了九十分！"九十分！还有十分呢？被别人偷去了？哈哈！总的来讲还不错，但要继续努力。"妈妈说完，又低头缝补衣服。

小群走到桌边坐下，正想做功课，抬头猛然看见贴在墙壁上的《小学生守则》第十条："诚实勇敢，不说谎话，有错就改。"他惭愧地低下了头。经过激烈的思想斗争，他终于鼓足勇气向妈妈承认了错误。妈妈并没有骂他，而是语重心长地说："一个人敢于承认错误，就能改正错误。我相信你能从今以后不再说谎。"

听完妈妈的话，小群低头沉思良久，并且打开日记本，把这件事记了上去。

【训练要求】

1. 仔细观察演示的全过程，认真思索事情的前因后果，然后把事情的"起因""发展""高潮""结局"列成提纲，并自拟文章的标题。

2. 在记叙时，不但要把事情的基本要素和基本结构表达清楚，而且尽可能突出"发展"和"高潮"部分。

【习作参考】

提　　纲

起因——小群数学考试只得了七十九分，怕妈妈骂，打算将此事隐瞒下来。
发展——隐瞒不成，就虚报分数。
高潮——重新学习《小学生守则》，开展思想斗争，勇敢承认错误。
结局——把教训写在日记本上。

有错就改

星期二下午，老师把数学考卷发下来。小群一看是七十九分，愣住了：妈妈看了非骂我不可！

放学后，小群没精打采地向家里走去。他一边看着手中那张揉皱的考卷，一边思考：怎么办呢？不告诉妈妈吧，也不行，老师说还要给家长签字呀。突然他眼睛一亮，用手拍了拍脑袋说："有办法了，这回不告诉妈妈，等下一次考好了再对她说。签字么，我去求一下阿姨，请她代签一下，不就得了吗？"

不一会儿，小群走进了家门，正想躲避妈妈，妈妈偏偏坐在门口缝补衣服，真是"冤家路窄"呀。妈妈一见他就问："今天发试卷了吧？"

"没，没有。"小群支吾着说。

"撒谎了吧，我早问过隔壁的小明。考多少分？"

"九十分。"

"九十分！还有十分呢？被别人偷去了？哈哈！总的来讲还不错，但要继续努力。"说完，妈妈低下头继续缝补衣服。小群一听这话，脸刷地一下红到了耳朵根。

小群走到桌边坐下，正想做功课，一抬头猛然看见贴在墙壁上的《小学生守则》第十条："诚实勇敢，不说谎话，有错就改。"他惭愧地低下了头，心想，少先队员不遵守《小学生守则》，能给红领巾增添荣誉吗？想到这里，他鼓足了勇气，对妈妈说："今天老师把试卷发下来，我只得七十九分，怕你骂我，才撒谎的。"

"一个人敢于承认错误，就能改正错误。我相信你能从今以后不再说谎。"妈妈语重心长地说。

听完妈妈的话，小群的心情久久不能平静。只见他打开日记本，用铅笔端端正正地写下了当天的体会，最后一句是："我要永远做一个诚实勇敢、有错就改的好队员。”

命题作文

【题目】

暑假里的一件事

【作文要求】

1. 要认真审题，明确：是记暑假里的事，不是写平时的学校生活；是记一件事，不要写好几件事；这件事，可以是好事，也可以是错事；可以是有意义的事，也可以是有趣的事；可以是自己所做的事，也可以是别人所做的事。

2. 仔细回忆事情的全过程，理解它的前因后果，然后按照“起因—发展—高潮—结局”的顺序列出写作提纲。

3. “暑假里的一件事”是个一般的题目，写作时可根据文章内容自拟一个具体的标题，如“发生在夏令营里的一件好事”“划船”“游泳”等。

【习作参考】

做个诚实的孩子

今年夏天，我到南京舅舅家去过暑假，有一件事深深地留在我的记忆中。

一天上午，舅舅和舅母上街去了，留下我和表哥、表弟在家。舅舅刚走不久，姨妈的女儿小雪和她弟弟小宇来了。

“你们在干什么呀？”小宇问我。我说：“看新书呀！”“好看吗？”小宇瞪着天真的眼睛，歪着头问我。“当然好看！这些都是舅舅刚买的新书。你看，这么多。”“我可以看吗？”“可以。”于是，我们一起看起书来。

过一会儿，我看完手上的一本书，转身见小宇正看得津津有味，他那本书的封面上画着几个孩子，围着一张圆桌追逐玩耍，桌子上还摆着一只漂亮的大花瓶……这本书一定很有趣，我要求小宇让我先翻一翻。“不，我还没看好呢！”见他不肯，我着了急，伸手就去抢书，“嘶”的一声，封面被撕裂了。幸好，表哥、表弟和小雪都没有看见。小宇见书被我抢走了，气鼓鼓地走出房门去找邻家的孩子玩了。

我拿着被撕破的书，茫然不知所措。“你怎么啦？”表姐小雪放下手中的书问我。“哦，没，没什么，啊，今天天气真热啊！”我慌忙翻开书，故作镇静地回答。于是大家又重新看起书来……

“小屹，吃饭了。”中午时分，舅舅和舅母回到家里，招呼大家吃午饭。家里多了几个小客人，大家说说笑笑，一顿饭吃得十分热闹，可我仍然惦记着刚才发生的事。

吃完饭，舅舅回到书房。过了一会儿，他出来了，手里拿着那本撕破的书问我们：“这本新书怎么会破的？”“不知道。”表哥他们说。“表姐刚才还看的。”小宇指着我说。“我，我看的时候书还是好好的，也不知道是谁撕破的。”我辩解道，但脸上感到火辣辣的。“既然没人撕过，那你们就先去睡午觉吧。”舅舅看了我们一眼。

我睡在床上，翻来覆去睡不着觉。我一闭上眼，那本书就浮现在我眼前，仿佛在责问我：“你从我身上学到些什么呢？”原来书中写的是列宁小时候到姑妈家去玩，一不小心把姑妈最心爱的花瓶打碎了，可他勇敢地承认了错误……而我……我只感到脸上滚烫滚烫的。

睡过午觉，我站在舅舅面前说：“舅舅，那本书是我撕破的。刚才我撒了谎，您批评我吧！”舅舅慈祥地望着我的眼睛，微笑着说：“不，应该表扬。你是个好孩子。”

他一边说，一边把表兄妹叫到跟前说：“你们今后要向表姐学习，做个诚实的孩子。”

现在暑假已经过去好多天了，但是“做个诚实的孩子”这句话经常在我耳边回响。

第二组训练

【训练重点】

学会几种写一件事的开头方法（如开宗明义、抒发感情、说明情况、提出问题等）。继续训练完整记叙一件事的能力。

<u>例文学习</u>

【例文】

好事是谁干的

开展“学雷锋”活动以来，我们班上的好人好事如雨后春笋不断涌现，真忙坏了我这个登记好人好事的值日干部。可是，好事是谁干的，我常常弄不清楚。

我们教室门边的地板破了，破洞中塞满了泥土垃圾。可是星期一早晨，大家发现垃圾被掏掉了，地板也被补好了。这是谁干的好事呢？班主任老师叫我调查一下，找出这个同学来。

第二天，我问了很多同学，可他们都否认是自己干的。我把全班同学挨个儿想了想：是潜永红吧？对！班上数她做的好事多。她看见教室的门关不牢，冬天，风常常把门吹开，怪冷的，她就不声不响地从家里找来一块橡皮，把它钉在门框上。这样一来，门可关得严严实实的了。值日生忘了扫地，她就不声不响地扫好了。我想这一次好事可能也是她做的。我找到潜永红一问，可是她矢口否认。那究竟是谁呢？我默默地想着：这件事非要弄个水落石出不可。

噢！我猜到了，是曾雪华。准是她！她虽然沉默寡言，可是她做的好事也不少。这次说不定又是她干的。我兴冲冲地去问她，她说："去！去！这个星期天我根本就没有来过学校，我到外婆家里去了。"

我真有点失望了。但我又想到彭春宁同学。我想：这回该是猜对了，准是她干的！她的家虽然离学校较远，但是她星期天曾到学校关好被风刮得"砰砰"直响的窗户，而且每一次劳动总是任劳任怨的。唉！可她也说真的不是她。

我左思右想，突然想起那个卷头发、扎着羊角辫的钟建华，她过去是女生中最调皮的一个，做作业马虎了事，有时上课还不用心听讲，劳动时躲躲闪闪。可是开展"学雷锋"活动以来，她的变化可大了，不但学习认真，而且劳动积极。比如，那次清除纸浆车间的垃圾，她就受到了大伙的称赞。这次好事大概也是她不声不响干的吧？我用试探的口气问她："建华，门口的地板是你修的吗？"她脸刷地红了，头摇得像个拨浪鼓，连连说："不是，不是。"

唉！真难找呀，学雷锋，做好事，不留名的人实在太多了。

【简析】

这篇记好人好事的文章很有特点。首先是"开门见山"。文章一开头就说："开展'学雷锋'活动以来，我们班上的好人好事如雨后春笋不断涌现，""可是，好事是谁干的，我常常弄不清楚。"这使读者立刻明白，本文的写作目的是赞扬"学雷锋，做好事，不留名"的行动在班集体里已蔚然成风。其次，文章的构思很新颖。作者不是正面列举班上不断涌现的一件件好事，而是以调查一件好事是谁干的为主线，巧妙地把开展"学雷锋"活动以来同学们做的许多好事串联起来。再次，从结构来看，故事的情节也十分完整。发现有人悄悄地掏掉破洞中的垃圾，将地板补好了，这是调查的“起因”。挨个儿地调查班上的先进同学，如“数她做好事最多”的潜永红、“沉默寡言”然而“做好事也不少”的曾雪华、“任劳任怨”的彭春宁，但她们都矢口否认了，这是调查的“发展”。左思右想，突然想起后进变先进的典型钟建华，再满怀希望地向她试探，可是她也连连说“不是，不是”，这是调查的“高潮”。“我”最终没有完成任务，发出了感叹：“唉！真难找啊！”这就是调查的“结局”。根据这个“结局”，作者在文章最后十分自然地点出了中心思想“学雷锋，做好事，不留名的人实在太多了”，与文章开头相互呼应。

【练习】

一、文章开头的形式是多种多样的，一般来说，开头应该尽快地触及要写的人或事，最好几句话一讲就使别人明白你所写的事情。这种开头比较直截了当，也称为“开门见山”。就写“一件事”而言，常见的开头方法有：开宗明义，直接点明文章中心；抒发感情，以渲染文章气氛；说明情况，对事情发生的时间、地点以及主人公做简要介绍；提出问题，吸引读者关注文章的主要内容；展开联想，从某一个物体追溯到某一件事情。可以用一种方法开头，也可以将两种方法结合在一起开头。有的时候还可以“单刀直入”，开头就写事情的“起因”，不必再用其他方法。

仔细地想一想，下面的几篇文章运用的是什么开头方法。

1. 我今年十一岁，小学即将毕业了。从不懂事的小孩到胸前飘着红领巾的少年，在我成长的过程中，有多少值得回忆的事啊！最使我难忘的，是夏老师给我补课的那件事。

（《难忘的一次补课》的开头）

2. 一天，黑板报上登出了我们四（1）班和四（3）班举行足球赛的消息。我们大家都兴奋地猜测着两班胜负。足球队员们也觉得这是为本班争光的好机会，一致表示要好好踢。

（《赛足球》的开头）

3. 虽然蕾蕾有个储蓄箱，但今天储，明天用，所以总是空着。可是最近不知什么原因，储蓄箱渐渐地满了，沉甸甸的。谁知好景不长。一天，妈妈摇了摇储蓄箱，哑了。爸爸掂了掂，轻了。钱到哪儿去了呢？一缕疑云顿时升上了他俩的眉头。他们决定试探一下蕾蕾。

（《储蓄箱空了》的开头）

4. “人的生命是有限的。可是为人民服务是无限的。我要把有限的生命投入到无限的为人民服务之中去。”这是雷锋叔叔的豪迈誓言和崇高理想。他不仅这样说，而且也是这样做的，雷锋叔叔爱同志、恨敌人、大公无私、助人为乐的高贵品质永远鼓舞我前进。

（《在雷锋叔叔精神鼓舞下》的开头）

5. 在我的书房里，挂着一张照片。照片的主人，长着一双炯炯有神的眼睛，显出严肃认真而又和蔼可亲的神色。他约摸三十来岁，叫李仲杰，是位老师。在他没有搬走以前，我们都亲热地叫他李叔叔。我一看到这张照片，就想起一件十分羞愧的往事。

（《邻居》的开头）

6. 每当我给教室里的花浇水，看到那棵翠绿的“万年青”时，总会情不自禁地想起一件不寻常的往事。

（《一个花盆的故事》的开头）

7. 我有一个坏习惯，就是爱睡懒觉，常常是太阳升得很高了才起床。姐姐却不同，她每天都起得很早，到院子里去读书。姐姐经常受到妈妈的表扬，我却总挨批评。我暗暗下决心：要和姐姐比比看，看谁起得早。

（《比赛》的开头）

二、初学写作的同学在文章“开头”上，常犯三种毛病：一是入题太慢，常常从“开天辟地”落笔，啰哩啰嗦，离题太远；二是过于突然，对事情发生的时间、地点、背景及主要人物，未做必要说明；三是生搬硬套，把别人文章的开头拿来就用，不管自己文章的内容如何。

阅读下面的作文，说一说文章的开头犯了什么毛病，并提出修改意见。

1.《暑假里的一件事》的开头：

期末考试结束了，暑假开始了。暑假一共放六个星期，我要充分利用这段时间。一放假我就订了生活计划，包括做作业、看课外书、帮助妈妈干活儿和文体活动四项。我每天都严格地按照计划做。不知不觉就过了一个星期。

在第二周星期一的上午，我正在做假期作业，分别了三年的幼儿园伙伴小红突然出现在我的眼前，我又惊又喜，连忙招呼她坐下，并给她冲了一杯橘子水。小红这次从西安回上海奶奶家度暑假，她用整整一个上午给我讲了旅途中的许多趣事，使我至今难以忘怀。

2.《一次有趣的游戏》的开头：

上个星期天上午，我们中队到虹口公园开展活动。

我们小队刚走到假山边，小队长小王大声嚷了起来：“有一股‘特务’已经窜入我军阵地了，大家赶快歼灭他们！”于是我们立刻分头进行搜索，很快就抓住一个，接着又抓到了第二个、第三个……这些“特务”可坏了，把“情报”和“地雷”都埋在不引人注目的地方，但还是被我们搜查出来了。

3.《我做了一件应该做的事》的开头：

春天到了！和暖的春风，吹散了凛冽的寒风，送走了沉郁的隆冬。池塘里的水，被春风吹得荡漾起碧绿的波纹；堤畔的杨柳，也摇曳着新出的嫩绿枝条。

上个星期天是一个美丽的春日，我做了一件应该做的事。

素描训练

【内容设计】

上课铃刚刚响过，班主任老师走到讲台前。这是一堂班会课，课题是“开展‘学雷锋’活动一个月的小结”。老师用粉笔将课题端端正正地写在黑板上。刚刚写完，少先队中队长捧着一个用红纸包得严严实实的方匣子回到教室，向老师汇报：“刚才在大队部开会时，六（1）班中队长代表全班同学送给我们班这件礼物，并且要求我当众将匣子打开。”

同学们极感兴趣，纷纷猜测匣子里装着什么礼物。学生甲说：“一定是宣传‘学雷锋’的图书。”学生乙说：“我们班在全校乒乓球比赛中名列前茅，他们可能是送一打新的乒乓球鼓励我们。”

于是老师让中队长当众揭开这个谜。只见中队长将包装纸一层一层地撕去（第一层是红纸，第二、第三层是旧报纸），里面是一只旧的粉笔匣，侧面用毛笔端端正正地写着两句诗：“谁知盘中餐，粒粒皆辛苦。”同学们都很惊奇。学生丙说：“这是什么意思？”学生甲说：“快打开匣盖，看看葫芦里究竟装的什么药！”

中队长掀掉匣盖，他“咦”的一声，用两只指头取出半只沾满尘土的脏馒头。全班学生愕然。学生乙失声嚷道：“哼！六（1）班是戏弄我们。”“别嚷嚷！”老师探头朝匣子里一看，随手取出一封信，说：“中队长，你把这封信念一念。”

中队长读信——

亲爱的四（1）班全体同学：

你们好！

我们送给你们这件“礼物”，你们一定很惊奇，是吗？这半只吃剩的馒头是我班同学昨天中午在你们教室的畚箕里捡到的。最近我们经常发现你班有同学倒掉剩饭剩菜，不但有馒头，还有米饭、青菜，甚至有大块的肥肉。

请你们千万别把浪费一点粮食看成小事。“谁知盘中餐，粒粒皆辛苦”，这是我们在一年级就学过的古诗。俗话说，“一粒米，七担水”。这话虽然有点夸张，但十分形象地说出种粮食的艰辛。我们怎么忍心将农民伯伯的劳动果实随便丢弃？我们的国家还不富裕，节约粮食可以促进祖国的建设，如果全国十几亿人口每人节约一两粮食，这点粮食就可以供我们全上海人民吃上十天。此外，爱惜每一颗粮食，养成不挑食的习惯，也有助于培养艰苦奋斗的精神。艰苦奋斗是无产阶级的传家宝，过去搞革命靠它，现在搞“现代化”建设仍然要靠它。我们中间有许多是独生子女，生活条件优裕，但是不能把我们的传家宝也丢了！

我们从广播里经常听到校长表扬你们班上的好人好事，这说明你们在“学雷锋”活动中已经取得很大成绩。今天送上这份“薄礼”，是希望你们更上一层楼。同时，也恳切地希望你们对我们的缺点进行批评和帮助。

致以

少先队员的敬礼

六（1）班全体同学

九月二十五日

听完六（1）班的信，同学们议论纷纷。学生甲说：“这份礼物送得太及时了！”学生乙说：“这份礼比什么礼物都宝贵！”“对！”老师接着说，“六（1）班的批评是雪中送炭，太及时了。我们班虽然在‘学雷锋’活动中取得了一定的成绩，但同先进班级相比，还有一定的差距。我建议把爱惜粮食和培养艰苦朴素的品德作为下一个月‘自动化小队’活动的重要内容。现在各小队小结这个月开展‘学雷锋’活动的情况。”

（注意：除了中队长和学生甲、乙、丙外，别让其他学生事先知道课堂上会发生这段“插曲”，以便他们临场的举止神态自然，能写出真情实感。）

【训练要求】

1. 自拟标题。把班会课上发生的这段“插曲”完整地记述下来。尽可能突出其“发展”和“高潮”部分。

2. 根据文章内容，各人自选一种开头方法。

【习作参考】

1. 为了更加深入地开展“学雷锋”活动，我校在新学期掀起了一个“比、学、赶、帮”的热潮。开学仅仅一个月，“见先进就学，见后进就帮”已经在全校蔚然成风。这里，我要向大家介绍一件生动而又富有教育意义的事情。

（《一堂难忘的班会课》的开头）

2. 上课铃响了。这一堂课是班会课，班主任老师要求各小队总结一下开学一个月来开展“学雷锋”活动的情况。

当老师刚刚在黑板上写完课题，教室门“嘎”的一声打开了，只见中队长小周双手捧着一只红色的方匣，汗涔涔地跑回教室。

（《发生在班会课上的事情》的开头）

3. 班会课刚刚开始，中队长小周兴冲冲回到教室，双手捧着一个用红纸裹得严严实实的方匣子，说六（1）班的哥哥姐姐给我们送礼了。大家高兴极了，都要求中队长将匣子打开，把礼物取出来让大家看看。

只见中队长先剥去那层大红色的纸，又剥去两层报纸，露出一个旧的粉笔匣，侧面用毛笔字端端正正地写着：“谁知盘中餐，粒粒皆辛苦。”他打开匣盖，探头一看，便用两只手指拎出半只沾满灰尘的脏馒头。咦，这算什么礼物？一缕疑云顿时升上了同学们的眉头。

（《礼物》的开头）

4. 过去一提起礼物，我就想，那准是指糖果、饼干、水果，或者是钢笔、图书、玩具。可是在今天的班会课上我经历了一件终生难忘的事，它使我懂得：最珍贵的礼物既不是吃的，也不是用的和玩的，而是能帮助我们纠正思想上毛病的中肯的批评！

（《珍贵的礼物》的开头）

命题作文

【题目】

发生在教室里的一件事

【作文要求】

1. 要认真审题，明确：是记发生在自己教室里的事，不是发生在学校其他地方或者校外的事；是写一件事，不是写几件事。可以写“学雷锋”活动中涌现出来的好人好事，也可以写使同学们从错误中吸取教训的一件事。既然事情发生在教室里，主人公可能有好几个。

2. 把事情的“起因”“发展”“高潮”“结局”完整地记叙下来，尽可能把“发展”“高潮”部分写得具体、生动。

3. 自选一种文章开头的方法，但是要求“开门见山”。

【习作参考】

发生在教室里的一件事

这几天，班上的好人好事真多。同学们印象最深的是一件发生在教室里的事。

一个星期一的早上，同学们陆续走进教室，发现小林和小雯坏了腿的桌子被人用铁丝和钉子修好了。咦，这好事是谁做的呢？同学们正议论纷纷，这时赵毅来上学了。同学们的目光一下子都集中到他身上，好像在他身上发现了什么。许多同学都觉得这件好事百分之九十是他做的。于是大家一窝蜂似的把赵毅团团围住，问他："赵毅，这桌子腿是你装上的吗？""不……不是。"赵毅说。这时张军用审人的口气说："快说真话。"赵毅觉得逃不脱大家的缠问，只好红着脸实讲了。

每当赵毅上课时听到小林和小雯的坏腿桌子发出"吱吱……"的响声时，他总是想抽空给她俩把坏腿桌子修好。他把自己的想法讲给班长小陆听，小陆听了以后连连赞同，并决定星期天带好工具一起来修。他们的谈话被旁边的小刚和小陈听见了，小刚和小陈说也来修坏桌腿。赵毅和小陆同意了。就这样，他们的计划说定了。

星期天，凛冽的西北风呼呼地刮着，天上下着大雨。赵毅拎着工具箱，吃力地顶着呼呼的西北风，冒着大雨，来到学校。他们在一块儿专心致志地干了起来。他们先把木头用刀片削去皮，然后用斧子把桌子的坏腿砍去一截。正在理铁丝的小刚不小心被铁丝戳破了手指，一丝殷红的鲜血流了出来。大家劝他去休息，可他说什么也不肯，又埋头干起来。赵毅把小刚理出来的铁丝和木头绑在一起，然后装在半截桌子腿上用钉子钉住。小陈和小陆在一旁露出了胜利的微笑。可是赵毅把腿装上不久，就掉了下来。这使小刚、小陆、赵毅泄气了。被称为"博士"的小陈想出了一个办法："先把腿钉上去，然后用铁丝紧紧绑住。"他们听了小陈的话，觉得有道理，便干了起来。干啊干啊，终于把桌腿修好了。小刚、小陆、小陈、赵毅他们高兴地围着桌子跳啊，唱啊。

听了赵毅的叙述，同学们打心底里敬佩他们。

好事在我们班里很多，而发生在我们教室里的要算这件事最典型。

第三组训练

【训练重点】

初步学会"倒叙"的写法（即将一件事的"高潮"或"结局"提前的写法）。继续训练完整地记叙一件事的能力。

例文学习

【例文】

记一件有趣的事

我所“驾驶”的汽车正在行驶。忽然，迎面冲来一辆小汽车，幸亏我急忙闪开，不然就要出车祸了。我刚舒了一口气，后面又来了一辆，它开得飞快，向我冲来。我连忙开足马力，谁知与前面的车子碰个正着。“车祸”的地方升起一团烈火……

这是怎么回事？你说有趣吗？原来我不是真的在开汽车，而是在玩一种电子游戏。

五月，妈妈的美籍老师来到上海。在这一段时间，妈妈当美籍老师的向导和翻译，忙得很。一天，妈妈带我陪美籍老师一起到锦江饭店俱乐部去。

那里玩的东西真多，有“宇宙战”游戏机、“太空机”等。听介绍说，这些都是进口的，它能锻炼人的灵敏、机智和勇敢的品质。

这时，我发现旁边“宇宙战”游戏机的位置空着，就坐了上去。我按了一下电钮，荧光屏上立刻出现了一艘宇宙船，我的心情有些紧张。再一按，宇宙船突然发射出一颗炮弹，把正前方的一架“敌机”打掉了，接连又歼灭了好几架。我正有点得意的时候，不料被后面的飞机击中了，从空中掉了下来。我失望地摇摇头。我才发现妈妈和美籍老师在我后面，她们都笑了。妈妈说：“走，我们去玩开汽车吧。”说罢，我们就向玩汽车的方向走去……

当我走出俱乐部大门时，心想：今天玩的电子游戏真有趣。要是在不久的将来，我们也有国产的游戏机，让全国的少年儿童都来玩，那该多好啊！

【简析】

本文记叙了一件十分有趣的事——在锦江饭店俱乐部玩电子游戏。通过记叙，生动地说明电子游戏能够锻炼人的灵敏、机智和勇敢的品质。文章在写作上具有两个特点。一是运用倒叙的方法。文章开头就描写了游戏的惊险场面：一辆汽车受到前后夹击，终于发生了一场“车祸”——汽车化成一团烈火。把“一件事”的高潮部分提到前面写，可以一下子就把读者吸引住，使他们急着阅读下文，欲罢不能。文章中倒叙和顺叙的转换，也很自然。例如描写完“开汽车”游戏的惊险场面后，写了一个过渡段：“这是怎么回事？……原来……是在玩一种电子游戏。”这就很自然地过渡到下边的顺叙。而描写完“宇宙战”游戏后，又写了这样一个过渡句：“妈妈说：‘走，我们去玩开汽车吧。’说罢，我们就向玩汽车的方向走去……”这样就和文章开头写的“开汽车”这一情节相互照应。

语句生动、简练是本文的另一个特点。例如仅仅用了五句话，一百二十个字，不仅把“宇宙战”的过程（击中“敌机—又歼灭好几架—被击落）写得清清楚楚，而且写出作者从“紧张”到“得意”，再到“失望”的心情变化。

【练习】

所谓倒叙，就是把事件的结局或某个最突出的片段提前在前边叙述，然后再从事件的开头进行叙述。倒叙，并不是把整个事件都倒过来叙述，那种叙述是没法进行的。这种叙述，除了把某个部分提前外，其他跟顺叙没有什么区别。使用倒叙，要注意交代清楚起点，顺序与倒叙的转换处要有明显的界限，有必要的文字过渡，衔接要自然。这些地方处理不好，会使文章的脉络不清，头绪不明，反而影响了内容的表达。

下面一篇习作写了一个朝鲜族小姑娘在她舅舅的鼓励和帮助下，克服了种种困难,学会了骑马的动人经过。先把它仔细地阅读一遍,想一想,哪里是文章的“高潮”部分，哪里又是文章的“结局”部分。然后运用“倒叙”的手法将文章改写一遍。可以从“高潮”写起，也可以从“结局”写起，但要注意把顺叙和倒叙的过渡写清楚。

我学会了骑马

我是一个朝鲜族小姑娘，在我们的民族里差不多每个人都是优秀的骑手。今年暑假，我来到了吉林省延边乡下的舅舅家。

舅舅是一个高明的骑手。我每天都缠着他带我去骑马，可他总是不答应。这一天，我又求他了。舅舅看着我，没有答话。他沉默了好一会儿，对我说：“我们民族的骑手是从不向困难低头的，你……”还没等他说完，我就抢着说：“我也要当一个不怕困难的优秀骑手！”舅舅信任地看着我，说：“好，咱们走吧！”表哥拉着我的手，欢天喜地地跟在舅舅身后，不一会儿，我们来到了马棚前。

我挑了一匹大白马。舅舅从马棚里拿出一副马鞍放在马背上，对我说：“骑马要先放好马鞍，然后这样跳上马。”舅舅说着，一手拉住缰绳，一手撑着马鞍，“嗖”地跳上了马背。他回过头来对我说：“懂了吗？”我使劲点点头。

我走到马跟前，摆好架势，准备跳上去。可是那匹大白马好像偏要和我作对，它腾起前蹄，一下子把我摔在地上。当时我疼得站都站不起来了。站在一旁的表哥看我跌成这个样子，怕我泄气，故意冲着我说：“嘻嘻，连马都跳不上去，还想学骑马？”说罢，他还扮了个鬼脸。我听了挺不服气的：什么？你说我跳不上去，我偏要跳上去！我顾不得屁股的疼痛，一骨碌从地上爬起来，又向那匹大白马走去！

这时舅舅走过来，轻轻地理了理马鬃，然后把我扶上马。大白马好像硬要给我来一个“下马威”。它嘶叫着，不停地跳着，想把我从背上摔下来。我死死地拉住缰绳不放。大白马见这一招不成，便向着大草原狂奔了起来。随着速度的加快，我的心就像吊起来一样。我紧紧地拉住缰绳，人紧贴在马背上，眼睛紧闭着，耳边只听见“呼呼”的风声。“它要把我带到哪里去呀？”我心里一阵恐慌，手一松，从马背上摔了下来。还好是摔在草地上，没摔伤。等我从地上爬起来，大白马已经跑远了。

舅舅跑过来，对着远去的大白马吆喝了一声，大白马乖乖地停了下来。舅舅跑过去，把它牵过来，对我说：“骑的时候，千万不能放松缰绳，心里不要紧张！”我点点头。舅舅把我扶上马，又拉着缰绳兜了两圈，然后一拍马屁股，大白马就奔了起来……

看，在蓝天白云之下的大草原上，一匹雪白的骏马在绿毯上飞奔着，马上骑着我——一个已经克服了困难的胜利者！

素描训练

【内容设计】

上课铃响了以后，同学们迅速地坐到自己座位上。

老师慢慢地走到讲台前，弓着背从粉笔盒里拣了一支红粉笔，侧过身去在黑板上画了一个圆圈，又在圆圈两侧加上两个耳朵。然后在圆圈的上半部加了两只眼睛，在眼睛下面画上一张大嘴巴。老师又换了一支白粉笔，给“怪人”画上一顶奇怪的帽子。把粉笔放好后，老师微笑着说：“现在我画好了。”

学生甲说：“老师，还应该画上鼻子，谁没有鼻子，走到街上人们准会笑他！”

学生乙说：“不长鼻子人就无法喘气了！”

老师点点头说：“是呀，人怎么能不长鼻子呢！下面我请同学给他添上一个鼻子，不过有个条件，必须用手帕蒙住眼睛后才能上黑板画，不能把鼻子画到别处去！”

（老师请一名同学用手帕蒙住眼睛上黑板画，听任学生在下面自由议论和哄堂大笑。）

老师总结说：刚才我们玩了“画鼻子”的游戏，大家十分高兴。这种游戏不仅有趣，而且可以培养我们一种空间知觉的能力。我们如果在伸手不见五指的黑夜里操纵机器，或者是行军作战，都需要这种能力。

【训练要求】

1. 运用“倒叙”法，将“画鼻子”游戏的过程完整地记叙下来。

2. 顺叙与倒叙的转换处要有必要的文字过渡，衔接要自然。

【习作参考】

画　鼻　子

“哈、哈、哈”，“哈、哈、哈”，我们四（1）班的教室里人人都在笑，有的笑得前俯后仰，有的笑得抱着肚子，连班主任老师也在放声大笑。欢乐的笑声通过敞开的窗户传遍了整个校园。

我们班上的同学为什么这样高兴？大家在笑什么？原来我们正在老师的带领下玩“画鼻子”游戏。

这一节课是活动课。上课铃响过以后，同学们都端端正正地坐在教室里，等待班主任老师来布置任务。

老师慢慢地走到讲台前，弯下腰，从粉笔盒里挑出一支红粉笔。他侧过身去，随手在黑板上画了一个圆圈；接着，在圆圈的两边，画了两只耳朵；然后，在圆圈的上半部加了一对大眼睛，在眼睛下面又画了一张大嘴巴。老师换了一支白粉笔，在这个人的秃脑袋上，给他戴了一顶方格帽子。

老师走到讲台前，微笑着说：“我现在画好了。”我当时很纳闷：这个人怎么没有鼻子？人没有鼻子，多难看呀！其他同学也看出来了，纷纷向老师提出：“这个怪人没有鼻子。”老师笑眯眯地说：“对！谁给这个怪人添一个鼻子？”同学们纷纷举起手来，争先恐后地要上去添鼻子。老师请张华同学上去给它添鼻子。

张华兴冲冲地走到讲台前，老师先递给他一支粉笔，又把他的眼睛用手帕蒙起来。他在黑板上摸来摸去，摸了好一会儿，最后在怪人的嘴巴下面画起鼻子来。这时，我心里是多着急呀！“往上一点儿！往上一点儿！”我急得几乎叫出声来。但是，他还是把鼻子画到嘴巴下面去了。于是，同学们哄堂大笑起来……

大家足足笑了三分钟。等笑声停止后，班主任老师微笑着说：“刚才玩的游戏叫‘画鼻子’。这种游戏非常有趣，而且可以培养我们一种空间知觉的能力。

如果在伸手不见五指的黑夜里，我们要操纵机器，或者是行军作战，都需要具备这种能力。”噢，原来“画鼻子”是一种十分有意义的游戏！课后，我一定要和同学们展开比赛，争取每一次都把鼻子画在恰当的地方。我暗暗下定决心。

命题作文

【题目】

记一件有趣的事

【作文要求】

1. 要紧扣住题目中的关键词“有趣”来写。“有趣”不同于“难忘”，也不同于“有意义”；所记叙的事不必包含强烈的思想教育意义，但是要具有健康的生活情趣，使人感到身心愉快，或者包含有趣的内容，使人增长见识。

2. 要用“倒叙”的方法写。可以从“高潮”写起，也可以从“结局”写起，但要把顺叙和倒叙的过渡写清楚。

3. 根据文章内容自拟一个标题。

【习作参考】

斗　蟋　蟀

在一只黑油油的蟋蟀盆中，“金头大王”和“黑头司令”紧张地对峙着。忽见“金头大王”来了个突然袭击，在“黑头司令”的大腿上狠命咬了一口。“黑头司令”疼得跳了起来。“金头大王”猛追上去，又要去咬，把“黑头司令”吓得仓皇逃走……“嚯嚯……”“金头大王”发出了胜利的欢叫。

“‘金头大王’胜利了！”“‘金头大王’胜利了！”在一旁观战的小伙伴笑啊，跳啊。我更是满心喜欢，因为今天我的“金头大王”终于战胜汤明的“黑头司令”。

事情得从头说起。前几天，汤明不知从哪儿弄来了一只蟋蟀。这只蟋蟀可真了不起，既勇猛又灵活，别的蟋蟀和它斗不了几个回合，就一败涂地了。这下汤明可神气啦，他做了一面小旗，插在蟋蟀盆上，旗上写着“黑头司令”四个字。他还指着蟋蟀说：“它是司令，我是元帅，你们谁敢来和我斗？”

我挺羡慕汤明的那只蟋蟀，可也有些不服气。想起小林叔叔在郊区工作，我就悄悄给他写了一封信，要他给我弄只最厉害的蟋蟀来，我要……

今天，小林叔叔回来了，真的给我带来了一只金头蟋蟀。这下可把我乐坏了，马上给它做了只漂亮的盒子，又给它取了个名字叫“金头大王”。

下午，我在弄堂口找到了汤明，对他说："汤明，我有蟋蟀啦，我们斗一斗吧！"他斜眼看了看我的蟋蟀，轻蔑地说："哼，这么个灰不溜秋的小东西，也敢和我的司令斗，不是找死？"我气坏了，冲着他说："你别那么神气，斗完了叫你哭鼻子！"他一拍大腿："好，斗就斗！"

听说要斗蟋蟀了，四邻的孩子都围了上来，一大堆小脑袋瓜凑在一起。

开始大战了，只见"金头大王"后腿稍稍弯曲着，半蹲在那儿，两眼紧盯着对方，两根长长的胡须长在油光乌亮的脑袋上，摇摇摆摆地在空中舞动。再看看"黑头司令"，它那雪白的獠牙在盒底上磨来磨去，两根尾巴刺一摇一摆。真是一个跃跃欲试，一个摩拳擦掌。汤明还是那么神气活现，可我却提心吊胆，生怕"金头大王"败下阵来。

双方紧张地对峙了片刻，突然，"黑头司令"两腿一蹬，向前扑来，一下落在"金头大王"身后。不好！"金头大王"要挨打了！我的心简直提到了嗓子眼。只见"金头大王"不慌不忙，用一条大腿对着身后的"黑头司令"猛一蹬，"黑头司令"竟翻了个跟头，慌忙逃走了。大家哈哈大笑起来。我也松了口气，高兴地想："真是一只争气的好蟋蟀啊！"

可是"黑头司令"并不罢休。稍稍休息了一会儿，又气势汹汹地向"金头大王"冲来，用脑袋把"金头大王"顶得后退了几步。又乘机在它前腿上咬了一口，这下可气坏了"金头大王"，它用足力气，要把"黑头司令"顶回去。而"黑头司令"却趁机跳到一边去了。

汤明看到这儿，忍不住又夸耀起来："怎么样？你的'大王'不管用吧？"我不服气地说："哼，等着瞧吧！"

果然，"金头大王"突然发起攻击，把"黑头司令"咬得仓皇逃窜……

在小伙伴的欢呼声中，汤明低下了头，脸涨得红红的，显出一副尴尬相。我见状忙安慰他说："这有什么，蟋蟀跟蟋蟀斗，我们还是好朋友。胜败是常有的事，有机会我们再战一场！"

汤明也笑了，说："好，一定再战！"接着，他用手背擦着满脸的汗水，我也不由地往自己脸上抹了一把汗水。

二、正确地确定和表现中心思想

要　求

能够通过观察把一件事完整地记叙下来是很重要的，就像画人物一样，首先要画完整，使人物具有坚实匀称的骨骼和躯体。但是要把人画活，使他具有鲜明的个性，看上去栩栩如生，就一定要把他的灵魂刻画出来。记叙每一件事都有自己的写作目的和意图，这个目的和意图叫作文章的中心思想，它是文章的灵魂。有了它，文章才神采流动；离开它，文章就黯然失色。正确地确定中心思想，是写好文章的关键。一篇文章，材料如何取舍，结构如何措置，词句如何遣用，乃至标题如何拟定，都要根据表现中心思想的需要加以酌定。所以四年级记叙文训练的第二步，就是培养学生确定和表现文章中心思想的能力。

在确定中心思想方面，应该要求四年级学生：第一，对所观察的内容进行正确的分析、综合、比较、概括和抽象，把中心思想提炼得集中、具体，有积极意义。所谓“集中”,就是一篇文章的中心单一明确,重点突出,不枝不蔓。所谓“具体”，就是中心思想不要定得过大过宽，停留在一些空泛的政治概念上，而是具体说明一个问题,反映一种思想。所谓“有积极意义”,就是思想健康、观点正确，能给人以教育。第二，培养思维的灵活性和独创性，学会从不同的角度确定中心人物和中心思想。第三，增强爱国主义和社会主义的情感，观察生活，热爱生活，学会从平凡的“小事情”中挖掘出它的重要意义。

在表现中心思想方面，应该要求四年级学生：第一，综合运用单项（如自然环境、房间陈设，以及人物的动作、对话、外貌等）素描的技能，具体生动地记叙“一件事”的重点部分（一般是“发展”和“高潮”部分）以表现文章的中心理想。第二，围绕中心用词造句，做到生动明白，朴实无华，详略得当，前后呼应。

第一组训练

【训练重点】

使学生初步学会从一件事中概括出单一而明确的中心思想，并能在记叙时突出重点（即“发展”和“高潮”部分），把这个中心思想表现出来。

例文辨析

【例文】

买　　肉

星期日，我正在做作业，妈妈叫我去买肉。我想妈妈可能是让一家人在今天改善一下伙食吧，所以我高兴地答应了。

我拎着菜篮向菜场走去。啊！今天卖的肉真好，膘儿肥，肉儿鲜，我巴不得立刻能买上，因为我还有好多作业要做呢。可是，再一看，那队伍长长的，起码有三十多人，轮到我得好大一会儿，我心里真有点儿急，一扭头，看见同院的小琴。她正在人缝里半侧着身体，把一只手伸到胸前，半隐半露地暗暗向我打招呼。这下有门儿了，我悄悄地走到她身旁，站在她前边……

这要是在前几年呀，我才不排队呢！买东西不插队，总觉得没本事，像“亏”点什么似的。现在，社会风气正在好转，遵守公共秩序已成为大家的自觉行动。《小学生守则》上也要求我们“遵守公共秩序”。想到这，我站在小琴前边，心里很不是滋味。我把头埋得低低的，总觉得人们都在看着我，指着我的脊背数落我：嘴上学雷锋，行动不对号，还是个少先队员呢！我的心“怦怦”直跳，脸也发起烧来。我赶紧用胳膊肘碰了小琴一下，冲着后边努了努嘴……

我站到了队尾，随着队伍一步一步挪动着脚步，心里逐渐平静下来。我低下头再看看胸前的红领巾，觉得它更鲜艳了，好像把我的脸也映得红彤彤的。

买　面　条

暑假第一天的清晨，我还在睡梦中，妈妈催我起床。“干什么啊，人家还要睡一会儿呢！”我迷迷糊糊地说。妈妈说：“该起床啦，已经六点半了。过一会儿妈妈要上班，家务事还没有做完，你帮我上街去买一斤面条，我做成冷面留着中午吃。”对啦，我不是在暑假计划中写过“要每天帮助妈妈做一件事”吗！于是我一骨碌就从床上跳起来。我向妈妈要了钱，连早饭也顾不得吃，就朝外走。我想，在学校里我是劳动委员，在家里也要养成劳动的习惯。今天我一定要出色地完成这暑假中的第一次劳动任务。

刚来到院子里，五岁的弟弟把我缠住了，硬要跟我一起上街。“真讨厌，滚……”我刚骂出口，忽然想起“爱护弟弟”也是我暑假计划中的一条，于是我拉着他的小手一起来到马路上。一路上弟弟的话真多，见啥问啥，叽哩呱啦的，问个不停。可是对他的每个问题我都耐心地回答了。

不一会儿，我们来到了粮店门口。我一看，哎，人真多，大家都排着队，我也只好排在后面。“小刚！”谁喊我？我探头向前一看，是同学小华。他冲着我又挤眼睛又打手势。真妙，我找到省力的办法了。

于是，我拉着弟弟快步地向小华走去，可是刚走几步，我止住了脚步。我想起《小学生守则》要求我们“遵守公共秩序”，我怎么能违反呢，何况我还是个少先队的干部呢！顿时，我感到脸上火辣辣的。于是，我朝小华摇了摇头，又领着弟弟回到原来的地方，虽然足足排了十分钟的队才买到一斤面条，但是我心里很愉快，因为我没有玷污少先队的红领巾。

【简析】

以上两篇习作都是写帮助妈妈上街买东西，都写到自觉遵守公共秩序的经过，题材很相似。但是阅读以后，大家显然比较喜欢第一篇，为什么呢？

《买面条》是按照时间顺序记叙帮助妈妈买面条的经过。虽然写的是一件事，但第一段写帮助妈妈做家务劳动的决心，第二段写怎样爱护弟弟，第三、第四段又写怎样自觉遵守公共秩序。一篇五百多字的文章，分成三个层次，一个层次说一个意思，哪个意思也没表达清楚。作者在买面条的过程中确实有许多思想活动，也有不少好的表现，但是他不懂得一篇文章只能集中表达一个意思。因此他一面写一面想，任思路跳跃。别人看了只会觉得头绪太多，印象却很浅。正像一个寓言所说的：一个猎人想一下子捉住五只兔子，但五只兔子朝五个不同方向逃跑了，结果一只也没捉住！

习作《买肉》就不同了。作者的写作目的单一而明确：少先队员应该自觉遵守公共秩序，促进社会风气进一步好转。因此，与表达中心无关的材料坚决不写；与表达中心有关但关系不是很大的，就简明扼要地写；能突出中心的，就详详细细地写。文章一共分四段。第一段是“开头”，只对“买肉”这件事发生的时间、地点以及主要人物做简要的介绍。“我正在做作业”这句话不能省略，它为下文中“插队”的原因进行了铺陈。第二段是记叙“插队”这件事的“起因”和“发展”。“今天卖的肉真好，膘儿肥，肉儿鲜，我巴不得立刻能买上，因为我还有好多作业要做呢。”这是插队的主观原因。而同院的小琴，“正在人缝里半侧着身体，把一只手伸到胸前，半隐半露地暗暗向我打招呼”。这是插队的客观原因。插队的条件都齐备了，“我悄悄地走到她身旁，站在她前边”，这是事情的“发展”。在这一段中对插队的原因详细交代完全必要，它可以反衬出下文中改正错误、遵守秩序的可贵。第三段记叙了事情的“高潮”部分，是全文的重点。“现在，社会风气正在好转，遵守公共秩序已成为大家的自觉行动。《小学生守则》上也要求我们‘遵守公共秩序’。”这是作者述说自己的思想活动，很朴实。“我站在小琴前边，心里很不是滋味”，“总觉得人们都在看着我，指着我的脊背数落我”，“我的心‘怦怦’直跳，脸也发起烧来”。这是作者描写自己的内心感受，很细腻。“我赶紧用胳膊肘碰了小琴一下，冲着后边努了努嘴……”这是作者描写自己的动作，很逼真。通过上述描写，一个有错就改、自觉遵守公共秩序的好队员就跃然纸上。第四段是事情的“结局”。“我低下头再看看胸前的红领巾，觉得它更鲜艳了，好像把我的脸也映得红彤彤的”。这一句话形象地概括了文章的中心思想：少先队员应该朝气蓬勃地同自私自利的思想做斗争，自觉遵守公共秩序，为红领巾增添光彩。

通过对上述两篇习作的辨析可以知道，在记叙一件事之前，先要想清楚这篇文章要达到一个什么目的。目的越单纯越好。如果想说的“意思”较多，就需要加以提炼、概括，使它们能集中到某一“点”上。如果这许多意思很难概括、统一，经过梳理之后还是有些“意思”和主要思想“风马牛不相及”，那么，就要坚决舍弃，毫不可惜。其次，在动笔写作时，要围绕中心思想行文，做到“目标始终如一，方寸一丝不乱”。事情发生的经过（即“发展”和“高潮”部分）往往最能表现中心思想，要多用笔墨。另外，对次要问题、枝节问题，不可过多花费笔墨，以免枝节横生，淹没主干，致使中心思想分散。

【练习】

一、如果事先不想清楚，那么记叙一件事就会言不及“义”，即说了半天，也说不清它的思想意义。有的时候事先也确定好一个中心思想，但是一动手写文章，就把中心思想丢到脑后。或者对自己感兴趣的东西大写特写，对自己不感兴趣的东西就不写；或者面面俱到，想把与事情有关的每个枝节问题都说清楚。这样也会造成中心思想分散。

阅读下面的作文，谈谈文章是否符合中心单一而明确的要求，并提出修改意见。（口答）

1.《帮助倩倩料理家务》开头两段

倩倩的妈妈病得厉害，爸爸又出差了。这样，照顾病人和料理家务的担子就全落到倩倩的身上了。我和刘菲商量好，星期天到倩倩家里去帮助干点什么。

星期天早晨，我很早就起来了。像往常一样，我先在院里做了一遍体操，然后便拿了外语书到门外读外语。过了一会儿，忽然有人从背后蒙住了我的眼睛，我一猜，准是刘菲。我拉开她的手回头一看，果然是她。今天，她显得比平时还活泼，像有什么喜事似的。我赶紧放好外语书，同刘菲一起高高兴兴地朝倩倩家走去。

2.《植树》

星期天上午，我和我们小队的队员到宣武公园植树。

正是初春时节，公园里杨柳轻扬，桃花怒放。一位辛勤的园丁正在给花坛上刚刚出土的嫩苗浇水，这不禁使我想起我们的老师。老师就像这园丁一样用汗水浇灌着我们，使我们茁壮成长。

来到公园管理处，一位身材矮小的工人师傅给我们讲解了植树的要求。

劳动开始了，我的任务是挖坑。我觉得这活儿很容易，没想到地很硬，铁锹也不听使唤。我打算换个地方。这时，那个工人师傅走过来，告诉我要迎着困难上，不能见困难就躲；还给我讲了用锹的方法。我按照师傅的要求继续挖下去，终于挖好了第一个坑儿，接着又挖了第二个，第三个……

天近中午，劳动结束了。我的衣服被汗水浸透了，手上起了血泡，可我心里很高兴，因为我不仅完成了挖坑的任务，还懂得了一个道理：只要有决心，有毅力，又讲究方法，困难是可以战胜的。

回家的路上，我又想到了那位师傅。他虽然身材矮小，可是在我的心目中，他显得很高大。他不光教我们植树，还帮我们成长。

二、按照中心单一明确的要求，将前面提到的学生习作《买面条》修改一下。（书面作业）

素描训练

【内容设计】

上课铃响了，这一节是语文课。

教师：现在上课。这一节课我们继续学习记一件事，作文的题目是……（教师拿起粉笔想写板书，只见教室的门开了，学生李明气喘吁吁地奔了进来。）

李明：老师，我……我迟到了。

教师：（双眉紧锁）怎么会迟到的？你是小队长，怎么能带头违反纪律？

李明：（不好意思）我……

学生甲：（男生，从座位上站起来）老师，请不要批评李明。

教师：（疑惑不解）迟到还有理由？

学生甲：是的，刚才上学的时候，我看见他在校外做好事。

教师：（十分高兴）噢，是在做好事，好哇，那就讲给大家听听吧！

李明：（迟疑不决）这……这没有什么好讲的。

教师：（用鼓励的口气）不，做了好事就得让大家知道。

学生甲、乙、丙：老师，李明做好事的情况我们几个人都看见的，让我们来表演给大家看吧！

教师：好，请你们和李明一起来演一出独幕话剧。请大家仔细看。（这时学生甲、乙、丙走到讲台前。学生乙、丙是女生，身材矮小，她俩假装在路边玩耍。学生甲扮盲童，手里拄着拐杖，踌躇不前，仿佛正想穿过马路。而李明背起书包，在讲台前不紧不慢地走着，装成正去上学的样子。）

学生乙：（指着盲童）你看，这个人走路多好玩。

学生丙：啊，他的眼睛瞎了，看不见东西，嘻嘻！

乙、丙：看，他想过马路了。车子这么多，他还想过马路呢！哈哈！哈哈！

李明：（抢步上前，十分热情）小朋友，你想过马路吗？来，我来扶你走。

盲童：（摇摇头，显得很生气）谢谢你，不用了。

（这时候学生乙、丙出现窘态：一个脸红耳赤，低头看着红领巾；另一个搔头摸耳，伸长了舌头。）

李明：（转向小同学）刚才你们说的话对吗？对待行动不便的残疾人不应该取笑，应该主动热情地帮助。许多盲人眼睛虽然看不见，心里可亮堂呢！他们为社会做了不少贡献，心灵是很美的！我们一齐搀扶他过马路，好吗？

乙、丙：好！好！

（三个人一起小心翼翼地搀扶盲童穿过马路。）

盲童：（十分激动，伸出手来想握手）好同学，谢谢！谢谢！

乙、丙：（两人紧紧握住盲童的右手）不用谢！刚才我们错了，请你原谅。

（四位同学回到座位上，演出结束。）

教师：他们演得逼真，我们应该谢谢他们。我们今天的作文就写这一件事吧。

【训练要求】

演示的过程比较复杂，包括课内发生的事和课外发生的事。可以从不同的角度取材，例如可以写成《在上学路上》，也可以写成《在语文课上发生的事情》。取材的角度不同，文章的结构也就不同。要求：1. 确定题目，并根据单一、明确的要求，写出文章的中心思想。2. 按照中心思想，确定想写的事情，并把事情的经过（起因、发展、高潮和结局）列成提纲。3. 写成文章，要求内容具体，重点突出，努力表现文章的中心思想。

【习作参考】

题目：护送

中心思想：通过记叙李明教育小同学尊重盲童、帮助盲童过马路的事例，赞扬少先队员助人为乐的高尚品德。

事情经过：

1. 起因：有一个盲童想过马路，而两个姑娘在一旁取笑。

2. 发展：（1）李明走上前去搀扶盲童，遭到盲童拒绝；

（2）李明严肃地批评教育那两个姑娘。

3. 高潮：李明和两个姑娘小心翼翼地搀扶盲童过马路。

4. 结局：盲童激动得热泪盈眶。

护　　送

十字路口，汽车来来往往，川流不息，人群熙攘。小学生想穿过这几条马路是极其危险的。在这“危险区”里曾经发生过这样一件事。

早晨，李明背着书包，唱着歌儿向学校走去。

他刚穿过大马路，忽然听到了一阵“嘿嘿”的笑声和话语声：“瞧！那个瞎子想过马路！”“嘿！他想过马路，多危险啊！”

“快看，他的样子倒挺好玩。”

“就是嘛，嘿嘿……”

原来，一位盲童正拄着拐杖，一步一步艰难地向前走着。他走到马路边，停住了脚步。李明见了，亲切地说：“小朋友，我来扶你过马路好吗？”

“不，不用，我自己过！”盲童冷冰冰地说。

李明听了这话，心里很不是滋味。他想起刚才两个女学生的话，气愤极了。少先队员怎么能取笑残疾人呢！他急忙折回身子，对两个姑娘说：“少先队员怎么能取笑盲人！我们国家有许多盲人，他们身残心却不残，为我们国家流了不少汗水，贡献了很多力量啊！”

听了李明这番话，那两个同学也觉悟过来了。高个儿涨红了脸，摸摸脑袋，搔搔耳朵，矮个儿羞愧地低下了头。

“来，我们扶他过马路好吗？”李明问。

“好！”两个姑娘异口同声。

他们三个人小心翼翼地搀扶盲童过马路。只见李明握住拐杖在前引路，高个儿拉住盲童的右手，矮个儿扶着盲童的胳膊。

顿时，一股暖流涌进盲童的心房，他激动得热泪盈眶。这些乐于助人的同学，不正是中国少先队员的缩影吗？

命题作文

【题目】

红领巾鼓舞着我

【作文要求】

1. 记叙自己做过的一件事情，可以是受到学校或社会公开表扬的好事，可以是极其平凡却有意义的小事。事情必须真实。

2. 文章的中心思想必须单一明确，反映出在少先队教育下自己在某一方面的成长。

3. 文章的内容必须具体生动，突出重点。要说明“红领巾”对自己的教育，说明自己的思想活动和意志努力。

【习作参考】

红领巾鼓舞着我

这是一个炎热的夏天。知了在树上不停地叫着，窗外的柳树耷拉着脑袋，柏油马路被太阳烤得直冒热气，人们晒的衣服几乎被太阳烤焦了。

我正在家里聚精会神地做作业，忽然觉得太阳消失了，便朝窗外望去。只见，东边的天空慢慢地堆上了蘑菇似的乌云。不多一会儿，乌云像大锅盖似的重重地压在屋顶上。霎时间“呼呼……”地刮起了风，地上的灰尘被风卷上了半空又撒落下来，太阳也躲得无影无踪了。路上的行人疾速地走着。我的耳边突然响起爸爸曾经说过的天气谚语：“雨前先刮风。”我连忙放下手中的笔，把自己家的衣服收了回来，随后关上窗，又做起作业来。突然，我从眼角里发现，有一块白色的东西在飘动。我趴在窗台上一看，呀！原来是小峰家的衣服还没收。我立刻站起来，一口气跑到小峰家的门口，只见房门紧紧地关着。我用手在门上敲了几下，可是没动静。我又在门上重重地拍了几下，嘴里还大声地叫着：“小峰妈开门，要下雨了！”可是还没动静。我暗暗地想，算了，反正他们家没人，也看不见我帮助他们收衣服。于是便迈着轻快的步子走回家。这时，一阵风吹来，吹动了我胸前的红领巾。它好像摇着头说：“你呀！专爱在人们的面前表现自己。要向雷锋叔叔学习，助人为乐。”“对！”想到这里，我情不自禁地叫了一声，连忙转过身子，向小峰家的窗下飞快跑去。一阵阵的风沙，把我的眼睛吹得睁不开来。我紧咬牙关，用双手握紧一根竹竿，用力往上一挑，真妙！衣服顺着竹竿滑了下来。我立刻抱起衣服，放下竹竿，往家跑去。刚进家门，外面就下起了倾盆大雨。

“当当当……”时钟敲了六下。风停了，雨住了，人们都下班回到家里。我双手捧着整齐的衣服来到小峰家，笑眯眯地把前后经过告诉了小峰的爸爸。小峰的爸爸抚摸着我的头说：“你真像小雷锋！”

第二组训练

【训练重点】

使学生懂得，要记好一件事，中心思想既要集中明确，又要十分具体。而且，不仅要根据中心思想筛选材料，突出重点，还要围绕中心思想来用词造句。

例文分析

【例文】

下 军 棋

星期六下午，我回到家，把书包往床上一搁，冲着哥哥大声说：“今晚咱们来杀一盘军棋，比比高低，敢来吗？”哥哥正靠在床上看书，听了这话像触了电似的，一骨碌从床上弹起来落在我身旁，不服气地说：“比就比！”

吃过晚饭，哥哥便拿来军棋，和我对坐着，表哥在一旁做“评判员”。

激战开始，我的“军长”一马当先，一下把他的“团长”俘虏过来了。接着又连续俘虏了他的“旅长”“营长”。这时，哥哥感到不妙，连忙把“司令”调回来，企图一口吃掉我的“军长”来挽救危局。我很快明白了他的用意，赶快把我的“司令”调出来，向对方阵地发动反攻。战斗僵持不下。

忽然，哥哥趁我不备，让他的“军长”向我这边猛冲过来。我一下措手不及，“师长”被吃掉了。糟糕！我后面没跟“炸弹”，很快又被它占了中营。接着，我的“军长”又被哥哥的“司令”吃掉了。我连连败阵，哥哥嚷着要我举手投降。这下我当初的那股扬扬自得的神气不知跑到什么地方去了，感到束手无策。可我并不服输，心想，你能挽救危局，我就不能？要紧的是不能急躁冒进，要稳扎稳打，沉着应战。

我定了定神，装着毫不在乎的样子说：“这有什么。”我竭力稳住自己，右手摸着下巴，仔细考虑对策。突然我把“司令”调了回来。正好，遇到哥哥的

“军长”出营。一怒之下，我把哥哥的“军长”吃掉了。接着，我又用“炸弹”在前开路、“工兵”随后紧跟的策略，一步一步逼近对方阵地，因为我的“炸弹”在前面是疑兵。这下可把哥哥惹火了，他沉不住气了，把守“地雷”的“师长”也拿来跟我的“炸弹”拼。这下好了，我的“工兵”便大摇大摆地冲过去，把它的“军旗”挖掉了。

这盘棋以我的胜利、哥哥的失败告终。它告诉我快失败时不要泄气，快胜利的时候也不应该骄傲，沉着应战，才能取得胜利。

看　下　棋

傍晚，夕阳的余晖照在阳台上。秋风吹来，花盆里的花儿和绿叶轻轻摆动，多好的天气！真是一个下棋的好机会。爸爸和王伯伯在桌上摆开“阵势”，两军对垒，“激战”开始了。

俗话说：当头炮，马来跳。爸爸的“炮”刚摆定，王伯伯的“马”就跳出来迎战；爸爸的“车”才“开”出来助威，王伯伯的“大炮”就拖了出来。两军枪对枪、刀对刀地展开了“白刃战”。我在一旁兴奋得大喊大叫，整个身体几乎全伏在桌子上，屁股撅得老高，脸涨得通红……战斗白热化了，两军的兵马都快拼杀光了，大家都只剩下小兵小卒。爸爸的卒子把王伯伯的“老将头”团团围住。王伯伯被逼得走投无路，爸爸却在一旁老是催促，自以为胜利在握。王伯伯瞅了一个空子，出人意料地用唯一的一个兵把爸爸的帅吃了！爸爸一看，惭愧而又不服气地笑了，我们大家都笑了。快下山的太阳也笑了，它笑得更红，把金光和欢乐留在阳台上。

【简析】

两篇习作，一篇写下棋，一篇写观棋，题材相似，虽然它们都有优点，但是大家一定更喜欢《下军棋》这一篇。

习作《看下棋》的优点是内容具体生动。下棋是“无声的战斗”，文章却把它写得有声有色：“马”会跳，“车”能开，“大炮”也在隆隆响，这样就写出了激烈的战斗气氛。加上写“我”看棋的热闹劲儿，使我们也好像看到了这次“激战”。此外，文章的开头和结尾还对秋日的夕阳做了适当的描绘，渲染了观棋的欢乐气氛。但是读过这篇文章后，我们不会在思想上留下比较深刻的印象。原因是作者只想表现观棋战的欢乐气氛，至于“乐”从何来，哪些地方可以得到启发，整个棋战过程使我们懂得了一个什么道理，作者并没有细细地想过。中心思想确立得笼统而不具体，棋战的过程只能平铺直叙，不能突出重点。文章也就很难触动读者的心弦，使读者在某一方面受到教益。

《下军棋》一文就不同了，它的中心思想很具体，使读者留下较深刻的印象。俗话说，下棋时，“旁观者清，当局者迷”。可是作者不同，他作为参战的一方，头脑清醒，善于在紧张的战斗中吸取经验教训，终于领悟出一个道理：“快失败时不要泄气，快胜利时也不应该骄傲；沉着应战，才能取得胜利。”这个道理明确而具体。以它作为文章的中心思想，“我”和哥哥下军棋的过程就写得脉络清楚：先写“我”初战告捷，扬扬自得；再写“我”遭受突然袭击，连连败阵；接着写“我”克服急躁情绪，终于反败为胜。而且文章的重点部分也很明确：细腻地刻画比赛失败时“我”的内心活动和对策。此外，有了具体的中心思想，用词造句也有了明确的依据。请看，哥哥“像触了电似的”，“一骨碌从床上弹起来”的动作；“我”起初的“扬扬得意”，后来的故作镇静的神情，都写得多么形象！

三年级主要进行片段训练，如能环绕一个中心把事情写清楚，写具体，就算达到了作文的要求。但是四年级主要进行记叙一件事的篇章训练，写文章光有中心还不够，还要将中心定得具体而有意义，使文章能够说明某一个实实在在的道理，使读者得到启发，受到教益。

【练习】

一、中心思想不具体，是同学们在作文中常犯的毛病。说明党的英明伟大啦，反映同学们具有为“振兴中华”而学习的明确目的啦，表现少先队员的心灵美啦，都有积极意义。但是对四年级同学来说，把文章的中心思想定得这么大，这么宽，是很不容易写好的。勉强要写，往往会写成材料分散、内容空洞的文章。阅读下面一篇习作，说说它的主要毛病是什么，然后提出修改意见（口答）。

为振兴中华而努力学习

周涛是我们班的优等生。要说算术，他在全年级数第一。去年全区的数学竞赛，他也得了第二名哩！周涛之所以能取得好成绩，主要是因为他具有为“四化”而学习的明确目的。

一天傍晚，周涛回到家里，打开算术作业本做习题。时值盛夏，坐在屋里像蹲在蒸笼里一样。他做着做着感到有些疲倦了，这时，外面小河边传来一阵笑声，小伙伴们正在玩呢；屋外的大树下，老大爷也正在讲故事。周涛真想立刻出去玩，可是他想：这样贪玩，怎么能为“振兴中华”学到真本领呢？于是他克制了自己。

吃过晚饭后，周涛连一分钟也没有休息，就继续做他的习题。一道，二道，三道……很快他就做好了六道。可是第七道题把他难住了。他苦苦地思索了半个小时也没有做出来。怎么办？他想不做了，留着明天到学校去向老师和同学请教。但又转念一想：“不行，为了‘振兴中华’，我应该‘明知山有虎，偏向虎山行’。”他又钻研了半个小时，终于独立地把这道题做出来了。可是他还不满足，又打开《小学算术难题集》仔细阅读起来，经过分析和比较，他终于又想出两种解这道难题的方法。

习题都做完了，该休息了吧？不，周涛一看有好几道题的字写得歪歪扭扭。他想，为“振兴中华”学习应该一丝不苟，于是又动手将做过的十五道题重抄一遍。

夜深人静，田里的青蛙停止了呱呱的叫声，竹丛里的纺织娘也不再发出吱吱的叫声。在这样的环境里，只听得见钢笔在纸上沙沙地响。周涛不停地写着写着，蚊子叮他，他不驱赶；妈妈叫他睡觉，他也听不见。等到将全部作业工工整整地抄完一遍，时钟已当当地敲过了十一下。

二、要记好一件事，不仅要确定具体的中心思想，还要把它生动形象地表现出来。一方面要根据中心思想筛选材料，突出事情的“发展”和“高潮”部分；另一方面在整篇文章中要环绕中心思想来用词造句。阅读下面一篇短文，想一想它的中心思想是什么，然后把它扩写成一篇五六百字的文章。

小项是邻居家的小女孩，虽然她只有五岁，可是遇事挺爱动脑筋。上星期天下午，我上她家串门，见她缠住爸爸妈妈要上公园玩，于是把她领到我家里让她猜谜语。她很高兴。我给她猜这样一个谜语：“铜钥匙，银钥匙，世上有把金钥匙。金钥匙，真稀奇，能开天，能开地。金钥匙，在哪里？就在你的书包里。”她先猜是英雄牌金笔。我说不对，并且启发她：“能开天”，“能开地”是打比方，比喻可以打开知识宝库的大门。她认真想了一会儿，说：“是书。”我夸奖她聪明。她高兴得手舞足蹈，并且要再猜一个。就这样，一个下午她一共猜了八个谜。

素描训练（看图作文）

【内容】

（第 1 幅图的意思：“我同你们走的不是一条路，我是高山滑雪运动员！”）

【指导过程】

1. 让学生仔细地观察每一幅图，说说图上画了些什么（如画面上的背景是什么，有几个人物，他们在干什么，人物的神态和动作有什么特点，等等）。

2. 让学生想一想，这四幅图告诉大家一个什么道理，能不能用成语来概括这个道理（例如“骄者必败”“自大必臭”“满瓶水不响，半瓶水咣当”等）。

3. 要求学生说出这四幅图在结构上分别表示一件事情的哪一个组成部分（即“开端”“发展”“高潮”“结局”部分）。

4. 让学生讨论一下：为了突出“骄者必败”的道理，如何把文章写得具体生动？例如，如何用景物描写衬托人物的心情？如何描写那个男孩的穿戴、脸部表情、走路姿势和各种动作？能不能写一点对话？

5. 教师把讨论过程中学生提出的好词好句进行归纳，让学生记在作文笔记本上，嘱咐他们在独立思考的基础上选用。例如：

图 1：大摇大摆、扬扬得意、眼睛朝天、不屑一顾……

图 2：神气活现、傲慢……

图 3：趴在地上、嘲笑、惊讶、狼狈不堪……

图 4：蜷缩成一团、把脸藏到大衣领子里、窘态毕露……

【训练要求】

1. 自拟标题，把四幅图所说明的故事完整地记叙下来。可以用第三人称写，也可以用第一人称写。

2. 整篇文章必须表达一个明确的中心思想，并且通过突出重点内容和生动形象地用词造句，将这个中心思想具体地表达出来。

【习作参考】

倒霉的滑雪运动员

彼嘉是俄罗斯一所学校的四年级学生，平时最爱说大话。清晨到校后同学要是问他：“昨天布置的数学题做好没有？”他准会回答：“太容易了，我只用了五分钟就全做完了。”可是教师请他上黑板演算，他就什么都不会做了。

有一次发生了这样一件事情：班上有三个同学去滑雪，半路正好遇到彼嘉。只见他头抬得高高的，眼睛望着天，嘴角挂着一丝得意的微笑。走起路来大摇大摆，活像一只鸭子。

大家热情地喊他：“快过来，同我们一起去滑雪！”想不到他傲慢地回答：“不，我同你们走的不是一条路，我是高山滑雪运动员。”

同学们很不满意地瞧了他一眼，走了。他一个人来到一座小山包跟前，那时有两个孩子正在玩雪橇。

彼嘉打量了一下那两个孩子，然后呼哧呼哧地爬上了山包。他想：“现在让我做个样子给他们看看，好叫他们知道滑雪是怎么一回事。”

他双手叉着腰，站在山包顶上犹豫了好一阵子，终于咬紧牙关向下滑了。

突然，一个小雪堆挡住了去路。他不会绕圈子，于是一头栽进雪堆，一根滑雪板断成两截，另一根飞得远远的。见了彼嘉这副狼狈相，两个孩子情不自禁地笑了起来。

接着孩子们飞快地奔过去把他搀起来，扶上雪橇，打算把他拽回家去。

彼嘉刚刚坐上雪橇，正巧刚才那三个同学走过。其中一个冲着他说：“说大话的人是注定要摔跤的……”彼嘉羞愧极了，拼命地把脸藏到大衣领子里去。他想：是啊，谁叫我平时爱吹牛呢，结果落得这么个下场。

命题作文

【题目】

我最喜爱的一次活动

【作文要求】

1. 记叙自己亲身参加的一次活动，可以是一次游戏，也可以是一次体育比赛或者一次参观活动。

2. 文章不能笼统地反映某一次活动“有趣”或者“好玩”，要表达自己“最喜爱”这次活动的具体道理。也就是说，文章应该有具体而明确的中心思想。

3. 记叙要完整，选材要集中，用词造句要力求生动。

【习作参考】

我最喜爱的一次活动

今天课外活动时，小队长说：“我们做老鹰捉小鸡的游戏。”我一听高兴极了，这可是我最喜爱的活动呀！就主动当了老鹰，小队长当鸡妈妈，其他队员做小鸡。

活动开始了。小鸡一个拉着一个，跟在鸡妈妈背后。我做出一副可怕的样子，咧着嘴，瞪着眼，用双手当翅膀，用力摆动着，嘴里不停地叫着：“老鹰来了！老鹰来了！”小鸡们看着我这副恶狠狠的样子，都有点害怕了，慌张地望着我，小心翼翼地移动着脚步。我更得意了，心里想：“哼，战斗才刚开始，就吓成这副模样，胆小鬼，哈哈！”便飞快地追赶他们。鸡妈妈看见我这样得意扬扬，便对小鸡们说：“别慌，要沉着，老鹰只是吓唬我们，不要害怕！”顿时，那些发抖的小鸡们来了精神，他们跟着鸡妈妈转。小队长很会当“母亲”，她把两手伸直，挡住我。她向右拐弯，我赶紧向右猛追。可是，小鸡们像猜透我的心思似的，马上向相反方向移动。小鸡跟着妈妈左躲右闪，把我弄得晕头转向，无法对付。刚才那股得意劲儿，不知什么时候全没了。

我用手擦了擦头上豆大的汗珠，大口大口喘着气，二话没说，一屁股坐在石阶上，暗暗责怪自己太轻敌了。这时小鸡们高兴地围着鸡妈妈，不住地称赞她机智、勇敢。我羡慕极了，心里盘算着：怎样才能把小鸡捉到手?

这回，我吸取刚才盲目猛追的教训，沉着地望了望小鸡们。我卷起袖管，摆好进攻的架势，鸡妈妈看到我这副样子，倒有点心神不安了，一再叮咛小鸡不要慌。我想方设法消耗他们的体力，一会儿向左跑，一会儿向右跑，一会儿又一连跑了几个圈子。小鸡们经我这样一折腾，脸上冒出了汗，他们解开了衣服，嘴里还喘着粗气。我看着这些疲惫不堪的小鸡，猛地一个转身向尾后的一只小鸡追去。鸡妈妈慌了，马上拐弯，而我却一个箭步，追赶那只尾后的小鸡。还有三步了，两步了，我用力摆了一下手臂，一把抓住了那只正在哆嗦的小鸡。啊！我胜利了！

我禁不住高呼起来。看见小鸡们都目瞪口呆地看着我，我乘胜追击，又抓住了好几只小鸡。

游戏结束了，做小鸡的几个同学都像刚才围住当鸡妈妈的小队长那样围着我。好像他们也赢了似的欢叫着，向我祝贺。不知怎的，我的脸上觉得热辣辣了，头也低了下去……

第三组训练

【训练重点】

使学生初步养成写叙事性观察日记的习惯，学会从平凡的生活中发现和表现不平凡的事情。

例文分析

【例文】

×月×日　星期六

吃完午饭，我刚想躺下睡一会儿，就听见从隔壁传来了“叮叮当当”的做家具的声音，吵得人不得安宁。我气得真想出去骂他几声，可又没有那么大的胆，只得认倒霉。正在这时，忽听从楼下传来一个老太太的声音：“这是谁家呀？敲什么呀！大中午的，大伙儿想歇会儿都不行。”一听这声音，就知道这是住在一楼的居民委员会的委员四奶奶。隔壁的那人听了这喊声，像是有意作对，更加起劲地敲了起来。只听四奶奶扯开了大嗓门喊道：“怎么着？说不了啦！也太不自觉了！”隔壁的那人听了，可能是怕把事情闹大了吧，顿时不作声了。

接着，从楼下又传来了另一位老人的声音：“四奶奶，会都快开始了，怎么还不走呀？”“咳，这不是刚出来就听见楼上当当地响么。唉，这种人……”她们的声音渐渐地远去了。

我的睡意完全消失了。赶快坐在桌前，打开书，默默地读起来。

×月×日　星期五

前些日子，我见胡同的路两旁栽上小槐树，心想：白搭，过去栽过多少树，也没见哪次活过。过了两天，我见公厕旁的一棵小树身上露出了白碴儿，心想：“大不离儿了，小树的末日快到了！”

又过了一天，我见胡同里那些新栽的小树都贴上了小红纸条儿，上面写着“爱护树木”四个字，心想：写上这四个字就能管用吗？

今天早上我去跑步。一出屋门就感到空气格外清新，一看地面都是湿漉漉的，再看窗户，玻璃上挂着一些小泥点，不知昨夜什么时候刮风下雨来着。走出家门，我就起跑。跑到胡同口，见三个学生模样的男孩子拿着铁锹正在给一棵歪倒的小树培土。我的心里一阵“热乎”。我一边跑，一边观察路旁的小树，竟然发现小树已经绽出绿色的新芽。我迎着朝阳跑着，心想：看样子，今年的小树能活了！

×月×日　星期一

我们的老师为了让我们学得多一点儿，学得好一点儿，总是千方百计地动脑筋，想办法。今天语文课上发生的一件趣事，就是一个例证。

上午第二节是语文课，铃声响过后，老师笑容可掬地走进教室说：“同学们，今天我们学习第十四课《江南人民的使者》，我们先学习生字新词吧！”老师指着“警戒”这个词说:“警戒的‘戒’是什么意思呢？”老师在黑板上写了一个“戈”字，对大家说：“中国古代把兵器称为‘戈’。‘戒’字下边有个‘廾’，是指很多人手里拿着兵器,就是‘戒备’的意思;‘戒’字前边又加上个‘警’字,就是警惕戒备。”老师说到这里,停了一下又说:“汉字千变万化,大家不要粗心,不要写错。这个‘戒’字，很容易写成‘成功’的‘成’字，可是只要懂得词义，就不会再搞错了。”

后来，老师叫我们把这个“戒”字组成词语。有的同学说：“这是旧社会里先生打学生用的‘戒尺’的‘戒’。”有的同学说：“这是‘戒严’的‘戒’。”这时候有一个同学笑嘻嘻地站起来说：“这是猪八戒吃西瓜的‘戒’。”顿时全班哄堂大笑，笑声飞出了教室，连我们的老师也笑得那么欢畅。

×月×日　星期二

我们正在吃晚饭，妈妈下班回来了。她来到饭桌前，还没坐定便对正在吃饭的爸爸说：“你说咱们过的生活是不是有点可怜？”这是从何说起呢？不光我和妹妹，连爸爸也有点莫名其妙。妈妈指着桌上的饭菜笑着说：“每天都是如此，圆白菜、大米饭。”说着，接过我盛好的饭就大口吃了起来。我假装生气地说:“我没有那么多闲空儿去买新鲜菜，谁觉得单调谁自己去排队。”妈妈好像没听见我的话似的一边吃一边继续说："人家早上懒觉一睡可以到七点，晚饭后就去河边散步，桌上饭菜花样翻新。咱们呢？别说早上睡懒觉了，晚饭后也得在这闷热的屋子里看书，不到十一二点甭想躺下。"妈妈滔滔不绝地数说着我们全家"可怜"的生活内容，可从她那表情来看，却倒像是在品味着一种幸福似的。这时，爸爸把最后一粒米饭扒拉到嘴里，笑着说："是啊，咱们为什么要把生活搞得这么紧张单调呢？咱们也改变改变，一会儿咱们上小公园遛遛去，带上副扑克打牌……"爸爸一语未了，遭到大家的反对，妈妈先叫起来："不行，今晚我还得听英语呢！"妹妹说："我还有作业。"我嘟囔着："又不是过节，谁有工夫打扑克。"爸爸得意地说："你们都不去啊？这可是你们自己乐意搞得这么紧张单调的。"听出爸爸是开玩笑，大家都乐了。妈妈说："有人就看着咱们的生活'可怜'，他们才真可怜呢！""那不叫'可怜'，应该叫作'无限的空虚'！"妹妹的话音还没落，全家人都大笑起来。

夜晚，我复习完功课，从小际家走出来的时候，妈妈还在陈阿姨家学英文。我走到家门口，只见左邻最里面那个窗户还亮着灯，不用问，一定是那个走读的大学生还在学习。我推开家门，从同单元的刘阿姨、林叔叔家里传来了轻轻念外语的声音。的确，在我们这个大楼里，像这样过着"可怜"生活的又何止我们一家。难道是因为人们不想多睡会儿觉，不爱吃点好饭菜，不喜欢玩一玩、聊聊天儿吗？不，并非如此。只因为人们心中装着更大的目标，他们心中着急，心中有火，他们甘愿把每一分钟贡献给祖国的现代化建设啊！

【简析】

这几篇是观察日记，或记待在家里听到的几声喊叫；或记在胡同里见到的几棵小树；或记上课时老师如何教学一个生字；或记晚上全家在饭桌上的一席谈话。看来这些材料都极平常，但它们却闪耀着思想的亮光。第一篇日记是通过听觉来捕捉生活的，虽然只写了日常生活中听到的几声喊叫，却表现了四奶奶为群众利益敢说敢做的爽朗的性格特点。第二篇，则为胡同里新栽的小槐树做了三次写生，说明少年儿童积极投入绿化祖国活动的主人翁精神。第三篇是写教室里的趣闻，反映了教师为启迪学生智慧所做的努力和学生生动活泼的学习生活。第四篇记叙了一家人对什么是生活乐趣的议论，赞扬了广大群众甘愿过着"可怜"的生活，而把每一分钟都贡献给祖国的高尚品质。

有位作家曾经说过："生活是创作的源泉，哪里有生活哪里就有芳香……"这就启示我们：在看似平凡的生活中，其实蕴藏着不平凡的"芳香"，关键在于人们去发现。在前面，同学们已经初步掌握了记叙一件事的基本功，包括如何完整地记叙事情，如何确定和表现它的中心思想。接着，应该学会写叙事性的观察日记，学会独立地发现和表现平凡生活中不平凡的东西。这样做，不仅可以巩固已经学会的写作基本功，还可以进一步磨练观察能力和思维能力。

写叙事性的观察日记，题材很丰富。可以光写一件事，也可以通过一件事写人。可以反映学校和社会的生活，也可以描写自然景物和科学现象。可以歌颂先进和积极的东西，也可以批评落后和消极的东西。刚刚学写这类日记要求不能太高，但是必须做到以下四点。第一，内容要真实。记录的必须是自己对生活的观察，而不是抄别人现成的东西，或是坐在屋里生编硬造。第二，中心明确。就像上面的四篇日记那样，力求围绕一个具体的中心思想来写。第三，描述要具体生动，结构要比较完整。如果说三年级观察日记的形式是片段描写（如人物的对话、动作、神态描写，静物描写，景物描写），那么四年级观察日记的形式是记叙一件事，即比较完整地记叙事情的起因、发展、高潮和结局。但是对事情的发展和高潮部分必须重点描述。第四，写一点自己的感受。写观察日记，不能三天打鱼，两天晒网。不要今天观察，明天再记录，这样做效果不好。初记时，每周至少记两篇，以后养成了习惯，就可以不再规定数量了。

作　业

【作业内容】

用两周时间写四篇观察日记，要求真实、集中、具体和比较完整。

【参考题材】

霜花、扫雪、为烈士军属做好事、市场见闻、路遇偶感、生活里面学问多、一次比赛、一个 ×× 的人。

【习作参考】

一月 × 日　星期一

今天清晨，我穿好衣服，拉开窗帘，一阵冷空气迎面扑来。

我定睛一看，啊，窗户结满了各式各样的花纹。有的地方厚，有的地方薄。有的像一匹骏马，正在草原上奔跑；有的像一只猛虎，正追逐着一只山羊；有的像一棵参天大树，在雪地上傲然挺立；还有的像一只雄鹰，在万里碧空展翅翱翔……

我的脑子里不由得出现了一连串的问号：为什么玻璃上会出现花纹呢？为什么只出现在里面而外面却没有呢？为什么……我默默地看着，仔细地想着。突然，爸爸打断了我的思索："大原，你在想什么呢？"我回过头来问爸爸："爸爸，为什么玻璃上会有花纹呢？"

爸爸笑了笑，把我拉到怀里，耐心地告诉我："那是霜花，因为空气中含有水蒸气，当温度变化时，水蒸气就会变成霜。窗户上的玻璃受外面的冷空气的影响比较凉，屋子里的较热的水蒸气落到玻璃上就结成了霜。因为空气流动得不均匀，有的地方多，有的地方少。多的地方霜就厚些，少的地方霜就薄些。因此就形成了各式各样的花纹。"

我听了以后，高兴极了："原来霜花就是这样形成的呀！"

太阳露出了鲜红的笑脸，把一缕缕金光洒在窗户上，霜花闪着晶莹的光。金黄、银白……五颜六色，应接不暇。一会儿被太阳照射的地方出现了一个个小水珠，很快，小水珠又径直流下来，仿佛是一幅优美的画被谁乱画了几条粗粗的笔道。

霜花就这样被阳光破坏了。我想，晚上窗户上还会出现更美丽的霜花。

二月 × 日　星期四

雪，不停地下了一夜。早晨起来，往窗外一望：一片银白色的世界。我想，这真是堆雪人的好机会！

太阳出来了。我叫哥哥一起堆雪人，可是他说："咱们还是先把胡同里的雪铲干净吧。要不，一会儿雪化了，行人怎么走路呢？"于是，我们俩各自拿了把锹，走出大门。

街上的雪景真美，地上像铺了一层洁白的厚地毯，树上像开满了白色的梨花。道旁，九个邻家小孩正在打雪仗。我把他们叫过来，在哥哥的领导下，一支"胡同扫雪队"组成了。

大家的干劲可真高，我们先把雪堆成堆，然后，再用筐抬到大树下。老师讲过，这样，既铲了雪，又等于给那些大树浇了水。

哥哥干得最欢，衣服上、帽子上都是雪。我说："哥哥，你成老头啦！"哥哥笑着说："成了老头？好哇！'老将出马，一个顶俩。'干！"在他的带动下，我们只用了一个多小时，就把胡同里的雪全扫干净了。

太阳升高了。哥哥指着一大堆雪说："小妹，刚才你不是想堆雪人吗？咱们就用它来堆吧！""好啊！"我们一齐动了手。不一会儿，雪堆变成了雪人。雪人的样子真滑稽，张大嘴，瞪着两只眼睛，头上歪戴着一顶小纸帽，手指着路。它仿佛在向过路的行人讲："请大家从这儿走，这儿干净！"

午后，雪开始化了，有些路变得很湿。这时，我们上午那一个多小时的劳动成果显示出来了——我们这条胡同很干燥、清洁，来往行人的脸上堆着笑容。

九月 × 日　星期四

刚放学，就觉得有些饿了，一到家，先跨进了厨房。看见迎面的灶架上放着一个盆，一个比盆口小得多的铝制盖子扣在盆里。我想提起盖子看看里面有什么吃的，可是，好像里面有什么东西拽着似的。我使劲，终于拽开了一点，同时听到轻微的咝咝声，就觉得手下有一股气从盖子底下扑了出来，顿时一股酸味直冲鼻子。噢！原来里面装的是一团发面。我心想，这可能就是酵母菌进行发酵时所产生的二氧化碳吧！于是就擦着了一根火柴，慢慢地移到了盆边，只见那火焰慢慢地熄灭了，冒出了一股青烟。见自己的想法得到了证实，我一阵高兴。可又一转念：这些气是怎样聚集在一起的呢？我仔细观察，注意到面团的表面有一片像筛子眼一样的小小的环形山，这才恍然大悟，原来这些气是长时间一点一点地积聚起来的。这时，我想起了周总理说的："长期积累，偶然得之。"感到有必要将这次观察记录下来，于是提笔写下了这件小事。

四月 × 日　星期二

在延庆山区，每当春末夏初之交，总不免要刮上几天大风，直刮得天昏地暗，飞沙走石。

今天下午，外边又刮起了大风。我坐在床上读着一本小说。这时只听见外边咕咚一声响，接着又传来一阵急促的脚步声。我赶紧拉开门一看，只见一只蜂箱被刮翻了，正随着风不停地滚动着，箱里的八块隔板被甩出了四块。养蜂小伙子好不容易才把那随风跑的蜂箱按住并把它搬回来。可满满的一箱蜂已所剩无几了。他急忙翻看着每一块隔板，来回翻了两次，最后竟大声叫起来："不好，蜂王跑了！"我赶紧走过去一看，果然，那只吃得肥肥的深褐色的蜂王不见了。剩在箱里的蜂也好像群龙无首，在那里乱冲乱撞。有几只蜂居然飞了出来，在小伙子的手上和脸上狠狠地蜇了几下。我的手也未能幸免，痛得我几乎叫起来。我赶紧跑回屋去上药，因为怕再挨蜇，就待在屋里不出去了。一直到吃晚饭我的手还是火辣辣的痛呢。

可这时我想起了那小伙子，便向窗外望去，只见他两腿跪在地上，正顺着蜂箱滚过的地方一点一点地向前移动着。当时我觉得十分好笑，一只小小的蜂王，又长着一双翅膀，随着下午的大风飞了，怎么还能找得回来呢？

天慢慢地黑了。当我再一次向窗外望去时，见他仍然跪在地上，借着手电的微光找着找着。我再也忍不住了，推开门准备去把他拉回来。这时奇迹发生了，他倏地从远处一块大石头旁跳了起来，像个小孩似的跳着叫着："找到了！找到了！"他那双沾满泥土的手捧着那只蜂王，激动得浑身都在颤动着。嘴里一边不住地喃喃自语着："你这个小东西，害得我好苦。我说你跑不了嘛！"他捧着那只蜂王回到小屋，小心翼翼地把它放回箱里。那些蜜蜂变得十分安静了，一只只温驯地飞到蜂王的身边。这时我才发现他的脸和手都被蜜蜂蜇肿了，尤其是脸，肿得像被水泡过的馒头，都变形了。可是就在这张脸上，我第一次看到了那种发自内心深处的质朴的微笑。

第八章 五年级实用作文实验教学设计

说 明

五年级学生在初步实现语言的想象、观察和自我表现功能的基础上，需要发展语言的个别影响和自我教育功能。这就需要创设不同环境，让学生练习按交际对象、交际目的来安排交际内容，并在特定环境中转换角色、改变语体。在练习中要使学生明确自己在交际关系中所持有的身份，懂得怎样谈（写）较合适，怎样谈（写）则不宜，能按照与交际对象的关系和亲疏程度来谈（写）适切、得体的话。语言的个别影响功能是训练的重点，它应在促进语言概括和传递信息功能继续发展的同时得到发展。必须在每次训练中都特别强调，不但要谈（写）得清楚，还要谈（写）得动人，使每句话都能起到应有的作用，使信息传递、思想宣传、观念表达都恰到好处，以收到良好的效果。

五年级全学年安排20次训练，每次2个教时。这些训练淡化了篇章和文体的模式，以发展语言功能、培养交际能力为主线来安排，也就是让学生在交际中发展语言功能，反过来又以实现语言功能来提高交际效果，对篇章和文体的要求，只做自然渗透。所安排的每次训练，都是基于学生心理需要和社会交际应用的需要来命题的。而这些命题大都是范围题，以便学生结合生活实际，表达自己最熟悉和最需要表达的内容。从交际角度看，训练分以传递信息为主和以自己的思想感情直接去影响别人为主这两类。像《我第一次 ××》《我的 ××（人）》《介绍生活中的小窍门》《他（她）×× 了》以及写启事、学拟广告、写导游词、写暑期生活交流等，属于前一类，而且大多通过叙事来实现交际目的。像《爸爸（妈妈),您听我说》《向 ×× 借 ××》,以及写自我介绍、自我推荐、小评论、读后感、竞选演说词等，属于后一类。此外，尚有介于二者之间的《生活随记》《尊老爱幼是中华民族的美德》《给 ×× 的一封信》等。

这些命题如按传统作文教学看,介绍（包括人、物与自我推荐)、读后感、演说、评论、启事、广告、导游、书信等都属于应用文的范畴，其他各题基本可划入记叙文的范畴。从表现方法来看，它们包括了记叙、说明、议论、应用等四种。不管什么命题，都是训练的切入口，都要在学生心理需要的前提下同生活联系起来，同社会需要联系起来，使每次训练都让学生在真实的社会情境中，使用真实的语言，进行真实的交际活动，表达真实的思想感情。所以，也可以说不管哪一类命题，都是让学生写具有一定社会意义的实用文。

在每次训练中，要充分重视导语、范例、评议这三个环节。导语是对学生写作兴趣的引爆，要促使其大脑兴奋，思维活跃，以激发他们的表现欲望。范例具有直观性，能引起学生思索，能具体地直接地打开学生的思路。评议，实际是在学生参与前提下教师做指导、点拨、解疑的环节。这三个环节抓得好，一般训练效果也比较好。

一、暑期生活交流

【教学要求】

（一）启发和帮助学生通过片段记叙将暑期生活特点生动而清晰地表达出来，并由此巩固和发展学生介绍自身经历，通过叙事来概括和传递信息的语言功能。

（二）通过暑期生活的交流，增进同学间的友谊，扩大他们的视野和加深他们对生活的感受。

【指导过程】

（一）导语

丰富多彩的暑假生活结束了，让我们交流一下好吗？我很想知道你们是怎么过的。你们互相之间更想知道各人是怎么过的，对不对？你们各选一件感受最深的事来讲一讲，你们就可互相地体验到一些自己尚未经历的情趣，扩大你们的见闻；当然也会增进知识，这不是很有意义吗？你们先用一句话说一说自己暑假生活中感受最深的是一件什么事。好，现在开始。（学生回答做航模、旅游、坐摩托车去 ××、品瓜、到河边戏水、看书画展览、捕蝉、猜谜、钓龙虾……）太丰富了，你们勾起了我对童年的回忆，我真想能快点看到你们关于暑期生活的文章。这是你们又一次通过叙事来传递信息的练习，也是又一次发展语言的观察和自我表现功能的练习。

（二）让学生准备口述（打腹稿）

现在请大家把打算介绍的内容在脑中规划一下，确定先讲什么，后讲什么，突出什么；也就是确定交际对象和目的，安排交际内容，做好和同学们进行口头交际的准备。

（三）范例与评议

1. 指名口头讲述，并让班级集体在“内容同交际目的是否一致，是否具体，有没有情趣”方面做评议。

2. 教师朗读范例。

你们的口述尚好，但在内容的丰满和有情趣上还可提高。下面老师读一篇文章，请你们评议。

捉　知　了

七月中旬的一个星期天，我和妈妈到宝山乡下的外婆家去度假。中午，炎炎赤日把大地烤得发烫，我和外婆坐在电风扇旁，还觉得发闷。知了也在不停地鸣叫：“热死了！热死了！”我心想，捉知了去，那多么有劲！于是对外婆说：“这天实在太热了，这里太闷，我到村外那棵老榆树下乘凉去！”外婆同意了。

我走下楼梯，正巧遇见邻居李刚，他同我一样读四年级。我对他说：“李刚，你听知了叫得多欢啊，我们去捉知了吧！”“好啊！”李刚随声附和。

我们拿起套竿来到老榆树下。抬头细看，唷！几乎每根枝上都有知了，少说也有几十只。我心里说不出的高兴，随手抢过李刚手中的套竿，小心翼翼地用套兜向一只知了套去。我唯恐知了突然逃走，手微微抖动，谁知套竿刚刚碰到树枝，那知了“吱——”的一声长鸣，张开翅膀飞走了。李刚一拍大腿说：“怎么搞的，让它飞了？”他一把夺过我手中的套竿，仰头眯眼，两手稳稳地握住竹竿，向另一只知了套去。看他动作是那么慢。然而，当套兜离知了两三寸时，他猛地一罩，知了惊慌失措，“噗噗噗”在兜里乱撞。

不一会儿，塑料袋中快装满知了了，估计总有二十多只。我就和李刚比赛谁的知了叫得响。我们先各自从袋中摸出一只知了，用大拇指和食指在知了的肚子上一捏，知了就“吱——”地大叫一声。比了两次，双方不相上下。可是当我们拿出第三只时，他的那只像往常一样鸣叫，而我的那只任凭你怎么捏，就是不肯作声。我感到奇怪，但是李刚却两手捂着肚子前俯后仰地笑个不停。我真是丈二和尚摸不到头脑，便问：“你笑什么？”他没有正面回答，只是拿了两只知了，要我比较一下有什么不同。我仔细端详着：“噢！我懂了，我的那只知了比你的这只小，所以不会叫，我养它几天，让它长大，再和你比赛吧！”李刚一边摇头，一边对我说：“问题不是小的不会叫，大的会叫。”说着他把两只知了肚皮朝天，指着两块半圆形的板块说：“这是叫鸣器，你看，你的那只没有叫鸣器，所以不会发声，雄性的知了像公鸡一样会啼鸣，而雌性知了像母鸡一样不能啼鸣。你的那只知了是雌的，所以不会叫。”我听着听着，不由得对李刚肃然起敬。这个农村孩子知识可多呢！

今天玩知了，不仅懂得了怎样捕捉，而且知道了它还有雌雄之分。玩知了真有意义。

3. 让学生按下述问题评议《捉知了》。

（1）《捉知了》这篇文章的交际目的是什么？

（文章告诉大家玩知了很有意义，不仅能懂得捉知了的技术，而且能掌握知了雌雄的知识，从而激起同学观察研究小动物、小昆虫的兴趣。）

（2）这篇文章包括哪些内容？重点是什么？

（这篇文章写了暑期中捕知了的事。重点是怎样捕知了和怎样辨别知了的雌雄。）

（3）你听了介绍有什么感受？从交际效果上衡量，你觉得这篇文章写得怎么样？

（我觉得玩知了很有趣。文章不仅使我知道了捕知了的方法和技巧，而且还使我知道了怎样分辨知了的雌雄。同时我还感到乡下小朋友李刚真能干。

我认为作者的交际对象和目的是很明确的，交际内容和目的是一致的，而且内容较集中，安排也得当。此外，文章告诉大家正确的回忆，是以热爱生活和细致的观察生活为基础的，所以我们平时要做有心人，要认真地体验和观察生活，这样交际内容就丰富了。）

（四）操练与合作

1. 让学生各自把暑假感受最强的一件事在小组内说说。

2. 让学生小组合作，对组内同学口述的内容进行评议。

3. 让学生各自参照同学的意见，把口述的内容写下来。

（五）组织交流

1. 教师在学生初稿中挑选有儿童情趣的，有新意的文章 1~2 篇，指定小作者在班上朗读交流。

2. 对交流的篇目师生共同评点。

3. 学生各自再次修改自己的文章、定稿。

（六）教师总结

今天我们交流了暑期生活。从交流中，我们进一步体会到暑期生活是愉快而有意义的，有着无穷的乐趣。这种交流是向同学传播暑期生活信息的语言交际，是将自己的亲身感受，清晰而准确地表达出来，用生动的语言去打动同学，使之在情感上和自己融合。它充分显示了大家综合实现语言的概括、自我表现和个别影响功能的能力。下一节课，我们将把修改好的文章誊写在作文本上。

（支克文执笔）

二、我第一次 ××

【教学要求】

（一）继续培养学生有条理地按事情发展顺序把一件事叙述完整的能力。

（二）使学生学会抓住“第一次 ××”的特点，写出自己的感受，要求有真情实感，有儿童情趣，以发展语言的自我表现功能和个别影响功能。

（三）使学生在回忆和交流中认识自己的成长过程，懂得“第一次”是成功的第一步，体会到人生必须勇于接受“第一次”。

【指导过程】

（一）导语

同学们，我读一年级时，一次爸爸妈妈有事到外婆家去，晚上，外婆让我独自一人睡觉。那一晚上，我尝到了各种滋味：好奇、自豪、惊慌、恐惧，到现在我还记得很清楚，就像是昨天的事一样。这是我生活中的一个“第一次”。等我渐渐长大，又经历了许许多多“第一次”，就在这些“第一次”中，我长了胆量，长了见识，也长了能力。比如，我第一次游泳，既高兴又紧张；第一次学骑自行车，又害怕又快乐；我还记得当老师第一次站在讲台上讲课，我感到非常自豪，但又像怀里揣着头小鹿似的，心怦怦地跳得厉害。回想这些“第一次”，真有意思，它们都是我成长的足迹啊！我想，你们也一定有许多“第一次”，有的能显示你们的调皮和机灵，有的则反映你们幼稚而可爱，有的或许还能说明你聪明能干呢！今天这节课，就想让你们挑一个有趣一点的“第一次”写一写，交流一下，怎么样？高兴不高兴？现在请你们各自来“自我表现”吧！

（二）板书作文题：我第一次 ××

（三）范例与评议

1. 出示范例

有位五年级同学，他把自己第一次烧饭的过程和感受写了下来，我读给大家听。

第一次烧饭

星期天，妈妈值班去了，让我在家烧饭。

妈妈临走时，再三叮嘱我烧饭要注意这个注意那个。然而我想，烧饭还不容易，我早就看会了。于是，我漫不经心地一口答应。快十点钟的时候，我把妈妈事先放在锅里的米，拿到水龙头前去淘洗。起先，淘米的水很浑，像石灰水似的。连淘了几次，水慢慢地清了。等到一眼能看清米粒了，我就在锅里放些水，端回厨房放在煤气灶上，准备点火烧饭。

可是，我老是点不着火。划第一根火柴时，我将火柴倒着拿，煤气没点着，火却烧到了手上，真疼。第二次划火柴时，我把火柴横着拿，这次手倒没烧着，可是煤气还是没点着。我仔细一看才恍然大悟，原来煤气的开关没有拧开。第三次再试着点火时，我一边把擦燃的火柴横着拿，一边赶紧拧开煤气开关。煤气“嗤”的一声跑出来了，可我拿着火柴的手却又不敢凑上去。唉！我真恨自己太胆小了……

火终于点着了。我看着蓝蓝的火焰，心里真是高兴。过了一段时间，只听见锅里面“噼啪噼啪”地直响。打开锅盖一看，锅里冒着像肥皂沫似的气泡，我赶紧又把锅盖盖上。又过了一会儿，闻到了一股焦味，这才想到把煤气关小些。长长的火苗缩成小青豆那样，煞是好看。慢慢地，锅里的水烘干了。一股香味扑鼻而来。饭煮熟了，我关上煤气开关，对着饭锅长长地吁了一口气。

中午，妈妈回来了。她尝了尝我第一次烧的饭，说：“不错嘛。不过上面的饭太烂，下面又有点焦。以后水要少放些，等饭里的水快干的时候，立即把火关小，不然就会烧焦的。”

我一面点头一面想：饭烧得好可不容易呢。我每天吃着妈妈烧的饭，觉得很平常，没想到其中还有这些学问呢。

2. 引导评议

（1）这篇文章写了什么内容？它的交际目的是什么？内容和目的是否一致？

（2）你觉得哪儿写得真实而且有趣？你最喜欢哪一部分，为什么？

（3）你觉得有没有不足之处？

3. 教师归纳

这种交际的重点内容应该是写过程和心理活动。第一次 ×× 是怎样做的？成功还是失败？做时和做后的心理活动怎样？要写清楚，还要写得有趣。这篇文章过程写得较清楚，但心理活动和情趣还可以写得更好些。总的来说这篇文章不差，作者在文章中通过具体的思想、动作和神态的描写，让别人清楚地知道了他第一次烧饭的情况。最后他还说，有的事情看似平常，做起来里面可有学问呢。这说明他对生活的认识有了提高，实践的本领也比过去大，显示自己已经成长了，这也就是这篇文章的交际目的。

（四）组织交流

1. 教师启发：《第一次烧饭》给了我们很多启发。现在请同学们把记忆的闸门打开，认真再回忆一下自己的生活，筛选出富有情趣的、内容新颖的“第一次××”来。

2. 请学生用一两句话说说自己想写的是什么“第一次”。

3. 学生交流后教师进一步启发。

刚才同学们简单说了自己准备写的“第一次”的具体内容，有撒谎、洗手帕、做实验、当小老师、游泳、出“洋相”、喂妹妹吃饭、给老师写信等，内容还真不少，我听了很高兴。我再提出一些内容供你们参考，或许可以使你们又想起什么。比如，上台表演、参加比赛、通长途电话、做兔子灯、糊纸风筝、栽花、养小动物、使用空调、当“亨特”侦破“案件”、捉知了、看日出、当升旗手等。生活是丰富多彩的，也是充满情趣的。现在请动笔把你的“第一次”具体地写下来，让大家也来感受一下你感受过的情趣。

（五）操练与合作

1. 学生各自写《第一次 ××》，教师巡回指导并挑选范例。

2. 让学生把自己写的《第一次 ××》的初稿在小组内交流，听取同学的评议。

板书：

（1）交际的目的是什么？内容和目的是否一致？

（2）是否富有情趣？感情是否真实？

评议的重点：

（3）过程是否具体、清楚？

（4）语言是否动人？

（六）组织交流

指名1~2人在班上朗读写好的文章，集体进行评议。

（七）教师总结

回忆自己的“第一次”做什么事情，并挑选其中的一次作为和同学们进行交际的内容。这是一种向人叙述自身经历的练习，应该把过程和心理活动作为介绍的重点，并且在叙述中把自己的情趣反映出来。通过练习，我们的叙述能力得到了提高。此外，回忆第一次，也就是回忆我们逐步成长的过程。许许多多的“第一次”构成了我们的成长过程。生活中还将有无数的“第一次”在期待着我们。“第一次”是勇于实践、勇于克服困难的表现；没有“第一次”，也就没有新的感受、新的开拓、新的成就。同学们，让我们去迎接更多的“第一次”吧！

（解国霞执笔）

三、学写“生活随记”

【教学要求】

（一）使学生懂得写生活随记的目的及写作方法。

（二）使学生体会到要写好生活随记，必须学会观察生活，认识生活，并努力去实现语言的各种交际功能。

【指导过程】

（一）导语

同学们，生活是丰富多彩的，生活总是使我们有所发现，有所感受。但生活中那些感人的场面、绚丽色彩或留下的疑问，常常是稍纵即逝，当我们必须去回忆时，却只有一点模糊印象了。那么怎样才能使我们常忆常新，不会淡忘呢？（让学生发言）

讲得对，把所见所闻、所感所思随时记下来。不定日期，不拘格式，有所感受就写下来。这种写作形式我们称为“生活随记”。

写随记不单是个人见闻感受的记录，而且也是和他人交际的材料。把这些见闻、感受的记录内容传播开来，就能起到交际作用。

（二）范例与评议

1. 教师出示范例

下面老师来读一篇六年级大哥哥写的随记，题目是《元旦的来历》。

元旦的来历

再过几天就是元旦了。我却怎么也想不出新年的第一天为什么要起“元旦”这个怪名字。突然我看到桌上有一份昨天刚收到的《小主人》报，我眼前一亮：向它讨教讨教吧，说不定能解开这个谜。

我打开报纸细心地寻找起来，太巧了，在一个角落里我找到了答案。原来“元旦”是个合成词。“元”的意思是第一、开始；“旦”的意思是黎明、太阳升起。它标志着新的一年太阳升起的第一个早晨，也就是新年开始的意思。经考查，最古老的“旦”字写法竟是一幅太阳从山顶升起，中间云雾缭绕的古画；后来“旦”字又发展成现在这种写法，真是形象生动啊！

“元旦”的来历我弄明白了，由此也体会到课上的知识毕竟是有限的。我们还要多读书，读好书，才能从知识的海洋中吸取更多的养料。

2. 引导评议

（1）这个同学怎么会想起弄清“元旦”这个词的意思的？他是怎样解决问题的？

（他在生活中遇到了疑问，迫切希望解决。然后通过自己动手查阅报刊，写出“生活随记”来。）

（2）他把自己从生活中发现问题到解决问题的过程写下来，有什么意义？

（这种“随记”既是自己储备的生活材料，又可以向别人传播新信息，告诉别人：课本上的知识毕竟是有限的，平时要多读课外书报，读好课外书报。因此，多写“随记”可以促使自己的语言交际功能得到发展，特别是有利于概括功能、自我教育功能和个别影响功能的发展。）

3. 教师小结

同学们，写随记的意义我们已知道了。那么写什么呢？怎么写呢？

先说写什么，只要是自己的所见、所闻、所感、所思都可以记下来。从国家大事到家庭琐事，从社会新闻到学校生活都可以写，记人、叙事、写景、状物、批评、表扬、评论、质疑都可以。写什么是没有规定的，所以叫“随记”。怎样写呢？

没有固定的格式，但要记住“随记”既是写给自己看的，也是写给同学、老师看的，是可以不定期地与别人交流的。写“随记”是为了实现语言概括功能、自我教育功能与影响功能。因此，要把事情叙述得清楚而又重点突出，使人们接受你的观点，同意你的看法。

同学们，现在我们也来学写随记，好不好？

（板书：学写随记）

（三）操练与合作

1. 让学生各自挑选一件感受较深的事写一片段。

2. 让学生在小组内交流自己所写的片段，并互相评议。

（四）组织交流

1. 让各组推选代表在全班交流。

2. 引导评议：

（1）能否体现出是有对象、有目的的书面交际？

（2）所记的内容有什么意义？

（3）哪些地方需要修改？

（五）教师总结

今天我们懂了写“生活随记”的意义，这就是：第一，为自己积累生活素材；第二，向别人传播信息；第三，促使自己的语言交际功能得到发展。也懂得写“生活随记”的方法，这就是：第一，不定日期，有感受就写；第二，不定文体，记人、写事、状物都可以；第三，不限题材，大事、琐事都行；第四，不限篇幅，长文、短文、片段都行。

同学们，写“生活随记”也是一种语言交际，但它是运用书面语言来进行交际，所以文字要写得具体、清楚、生动，要尽量让别人能赞同你的观点，分享你的感受。写随记并不难，人人可写，人人会写。希望大家平时注意观察生活，养成写“生活随记”的习惯。你们可以把自己的“生活随记”本装饰一下，拿出你最喜爱的小贴花呀、粘纸呀，再施展你绘画的才能，进行恰如其分的美化。这样，你的“生活随记”将会成为你的心爱之物。

课后请你们各自选定内容，写下第一则“生活随记”。

（朱贤龙、顾尉玉执笔）

四、自我介绍

【教学要求】

（一）使学生懂得自我介绍的实用意义。通过自我介绍的练习，培养和发展他们语言的自我表现功能和影响功能。

（二）让学生懂得自我介绍要有条理性，要介绍自己的长处和短处，介绍自己的性格和爱好，要对自己做客观的评价，使他人能正确地了解自己。

【指导过程】

（一）导语

同学们，如果有一位新同学转入我们班级，你们想不想了解他呀？你们想了解他哪些方面呢？（姓名、年龄、从何处转来、学习情况、优缺点、性格特点、兴趣爱好……）作为新同学本人，他也一定希望自己被你们认识和了解，并且被你们喜欢,是不是？这样的话,他就应该做一件事？对,自己介绍自己,这就叫——

（板书：自我介绍）

那么怎样进行“自我介绍”呢？先请你们听听一位新同学的自我介绍。

（二）范例与评议

1. 教师朗读《自我介绍》的范例

自我介绍

我叫陆男，是从盘古路小学转来的。看我的外貌，大家准会说我是一个文静的女孩。其实不然，我呀，凡是男孩子敢做的事，我都要去试一试；凡是男孩子会玩的花样，我几乎样样都会。什么爬树，翻跟斗，滚铁环，我都在行。要是看到男孩在踢足球，我会赶紧跑上去飞起一脚，把球踢得老远。别人说我一点儿不文雅，可我自己很爱这种性格，为什么呢？这还得从我家讲起。

我两个伯伯家生的全是女孩，奶奶连做梦都希望将出世的我是个小子，可事与愿违。我这个“仙女下凡”，使全家人大失所望，害得全家几天都没笑声。我小时候长得粗粗壮壮，一天到晚手不停脚不停，连睡觉都不安稳，很像个男孩。后来爸爸、妈妈给我起名叫“陆男”。我上学后，爸爸妈妈担心我在学习上赶不上男同学，我不服气，不相信自己不如男同学，因此事事要和男同学比，总想要为女孩子争气。现在，我的学习并不比男同学差，还常常受到老师的表扬。

另外，我很喜欢下军棋，可以说棋艺还很高呢！不信，今后和你们男同学较量较量。

听了我的介绍，大家对我的性格、爱好可能了解一点儿了吧！如果和我相处一段时间，对我将会了解得更全面。

2. 引导评议

（1）听了陆男同学的自我介绍，你认为她的交际目的是什么？

（使大家了解她，对她产生好感，并乐意和她交朋友。）

（2）陆男是从哪几方面介绍自己的？

（板书交际内容：姓名、性格特点、学习情况、兴趣爱好。）

（3）陆男重点介绍了什么？这样安排内容是否合适？为什么？

（重点介绍了性格特点和取名的由来，这样安排使交际内容与交际目的保持一致。）

（4）陆男在语言运用上有什么特点？这主要体现了语言的什么功能？

（板书：语言生动、风趣、坦率，体现了语言的自我表现功能和个别影响功能。）

（5）你认为陆男该怎样修改，交际效果会更好？

（应该把为什么喜爱自己男孩子似的性格说清楚，介绍学习情况最好用具体例子。）

3. 教师小结

大家对陆男的自我介绍发表了很好的意见。自我介绍不要面面俱到，要根据听介绍的对象和自己做介绍的目的来确定介绍内容。一般来说可介绍自己的名字有什么特殊的含义，自己的性格有什么特点，有些什么兴趣爱好，会不会唱歌、弹琴、摄影、操作计算机等，有些什么优点和缺点。总之，要使他人对自己有一个比较正确的了解。

刚才我们是听别人介绍，现在请你们假设一个交际情境，然后做自我介绍。假如你转到新的学校，假如你参加区级夏令营，假如你在运动会上认识了新伙伴，假如你在少年宫活动中交了新朋友，在这些场合你都需要进行自我介绍。

（四）操练与合作

1. 让每个学生假设一个交际情况，准备写《自我介绍》。

2. 让学生们在小组内口头交流各自的《自我介绍》，并相互评议。

3. 让各小组的代表 3~4 人在班上交流《自我介绍》，并组织全班评议。

（五）教师总结

今天这节课，我们练习并初步学会了做自我介绍。自我介绍是社会生活中经常需要的一种交际形式。如果能根据交际的对象和目的，对自己做一番重点而生动的介绍，他人就会对你留下良好的印象，就会愿意同你交朋友，在各方面帮助你。因此，学会自我介绍，能使每个同学的语言充分发挥表现自我和影响他人的交际功能。

（车月芳执笔）

五、爸爸（妈妈），您听我说

【教学要求】

（一）培养学生表达自己想法和愿望、倾吐内心情愫的能力，进一步懂得怎样实现语言的自我表现功能和个别影响功能。

（二）让学生学习按自己和交际对象的关系说得体的话，使学生在表达真情实感的同时，能从某一方面正确认识自身，受到自我教育，也能加深同交际对象的感情。

【指导过程】

（一）导语

老师想问一下，你在平时生活中和谁交际最多，感情最深？（父母）

你是不是希望父母能理解你？想不想向他们说说心里话？为什么？（让学生回答）

是的，同学们，生你养你的父母给了你那么多的爱，你对父母也怀着深切的爱。为了感谢父母为你付出的辛劳，你一定愿意向父母倾吐你的感激之情，你一定也希望父母能理解你。你也许想向父母提出某个请求，也许想向父母诉说心中的某种委屈，但是感到难以启齿，那么让我们学着用书面交际的方式，让父母“听听”自己的心声，好吗？

（二）讨论作文要求

1. 板书作文题：爸爸（妈妈），您听我说

2. 引导学生讨论作文要求：

（1）题目规定的交际对象是谁？对他们要有什么态度？

（对象是父母。父母是长辈，必须尊重。）

（2）各人的父母个性、修养、心情不一样，大家的语言环境也不一样。我们讨论一下，说话时应注意什么？

（面对父母，说话力求得体。如果父母心情不好，我们说话应语气委婉，不要直截了当。如果父母身体不好或在生病，说话就该温柔、体贴。）

（3）你们想得很周到，刚才谈到说话要注意身份、语气和态度，这很好。现在让我们重点讨论，怎样说话才算“得体”。请大家比较下面两段话：（出示板书）

①爸爸，我问你，你为什么动不动就打我？（责问式，口气过硬，会引起家长反感）

②爸爸，我有时很怕你，怕你会突然怒气冲天地训斥我，甚至痛打我，打得我晕头转向。虽然我皮肉受苦，但还是不知道错在哪儿，该怎么办？爸爸，你为什么总爱生气？我知道你身体不好，工作又繁重，所以容易烦躁，是不是这样？（语气委婉，既有同情和理解，又有中肯的批评，家长易于接受）

（三）操练与合作

1. 教师向学生介绍一些题材，活跃学生思维，例如《请把对我的爱分一份给奶奶》《我当小干部有什么不好》《妈妈，您太辛苦了》《爸爸，您不能再赌博了》《爸爸妈妈，你们别吵了》《我没说谎》等。然后让学生各自确定题材，把文章初稿写出来。

2. 让学生在小组内交流自己的作文，并相互评议。

3. 教师指名学生在班上朗读 2~3 篇有代表性的文章，然后开展集体评议。

（四）教师总结

通过今天这节课的学习，我们知道了写《爸爸（妈妈），您听我说》这篇作文，既要大胆申述自己的所思所想，表达自己的真情实感，又要注意尊敬父母，态度诚恳，语气委婉。请你们按照上述要求在课后将自己的文章修改一遍，然后读给交际对象——爸爸、妈妈听听，请他们把自己的感受、想法和意见写在你们作文的后面。

（朱贤龙、顾尉玉执笔）

六、向 ×× 借 ××

【教学要求】

（一）使学生进一步体会到课堂交际练习和社会实际生活的紧密关系，提高学生随机调节语言的能力；在力争打动人的会话设计中，发展他们语言的调节和影响功能。

（二）使学生进一步懂得语言必须和特定的交际情境、交际目的相适应，才能取得良好的交际效果；懂得按一定的社会规范去办事，才能办得成功。

【指导过程】

（一）导语

同学们，你们特别喜爱童话作品。童话可以把你们带入一个神奇的世界，童话可以激发你们的创造思维，童话能给你们美的享受。今天，老师带来一本新版《安徒生童话选集》，我可以借给你们中的一位，谁想借？哟，这么多人想借，那怎么办？这样吧，你们各自说说想借的理由或想法，谁的话最能打动我，我就借给谁。现在请你们说说为什么想借这本书。

（学生发言后老师继续说）

现在我决定把《安徒生童话选集》借给 ×× 同学。因为他的理由最充分，表达得最恳切，而且话语得体，较好地体现了语言的影响功能，体现了他初步具有比较合乎要求的社会交际能力。刚才同学们和我之间的对话，就是一次社会交际活动。将来你们踏上社会，不管是工作、学习还是日常生活，都需要进行这种“借物”和“接受别人借物”的交际，你们应该多加练习。今天，老师打算让你们各自设计一个情境，编一个“借物”的故事，让你们展示一下用语言影响别人的能力和在实际交际中语言的应变、调节的能力。你们愿不愿意进行一次这样的练习？

（二）讨论作文要求

1. 板书作文题：向 ×× 借 ××

2. 引导学生讨论：

（1）向他人借东西应注意什么？

（说明必须借用的原因，表明爱护该物的态度，约定归还的日期。要情真意切，用商量或请求的语气，要注意礼貌用语。）

（2）商借物品应怎样调节自己的语言？

（按和对方的关系说恰当的、符合身份的话。按对方的反应随时调整原有打算，使说话有针对性。）

（3）假设你是少年宫英文打字兴趣小组的组员，你被推选去参加全市小学生英文打字比赛，赛前只剩三天了，你需要加强操练，就决定去叔叔家借一台英文打字机，以便每天晚上练习。你到叔叔家时，见叔叔正在使用这台打字机，你该怎样向叔叔商借？

（4）假设妈妈腰扭痛了，你去阿姨家借按摩器。阿姨说已答应借给邻居了，他们晚上要来取的，要你过两天再去拿，你该怎么办？

（三）操练与合作

1. 要求每个学生确定好向什么人借什么物的情境，然后组织好发言内容，在班上交流。

（要启发他们的发散性思维，尽量避免雷同。如可以因旅游要借照相机，因参加登军舰活动要借望远镜，因中队主题会要借奖状或军功章，因班级与外宾联欢要借盆景等）

2. 让同桌两位学生交替当物主与借物人，进行口头的借物交际训练。

（四）范例与评议

1. 指名两对学生充当范例，当众演示交际过程。然后围绕“情境是否合理”“话语是否得体”“对话是否紧扣交际目的”“是否体现了语言的影响功能和调节功能（一方婉言拒绝，一方力求能借到）”等几方面启发学生进行评议。

2. 教师点拨：

（1）编写这样的借物故事，你心中的读者是谁?

（可以是同学、老师或周围的人——交际对象）

（2）让他们阅读自己所编的故事有什么必要?

（让他们了解自己做事是否得当，是否符合社会规范，自己能否发挥语言影响他人的交际功能。）

（3）编写这类借物故事，必须注意什么?

①创设一个合情合理的交际情境（例如在某种情况下急需某种物品，只得去商借，但是对方或因自用，或已出借，或太珍贵而不能借给你）。

②要用充分的理由和恰当的语气巧妙地说服对方。

③编写中应注意故事的完整性，事情起因要清楚，情节发展要自然，事情结果要合理。要充分显示你们的机智和交际本领。

（五）学生个人操练

让学生按编写要求各自构思和写作，教师巡回点拨指导。

（六）组织交流

1. 指名一中等生和一优等生，读自己编的故事。（如尚未完稿，未写完部分可口述。）

2. 要求全班学生按编写要求，对两名学生编的故事逐一进行评议。

（七）教师总结

今天进行了编写借物故事的练习。你们能按一定的交际目的，在特定的交际对象面前讲恰当的、得体的话，并按在面对面交际中获得的反馈来调节自己的语言，最后取得良好的交际效果。此外，从文章中还可以看出你们对社会上的人际关系已有了初步的认识，初步具备了社会生活的能力。你们有礼貌，有分寸，有的还能有退有进地巧妙地去打动对方，老师感到很高兴。作为社会的成员，同别人打交道的本领是必须具备的。所以今天的练习，不单是表达的练习，也是怎样做一个合格的公民的练习，是很有意义的。从记叙事情的角度上讲，我在巡回中看到，你们大多记叙得有头有尾，层次比较分明，而且内容具体，重点突出。希望你们好上加好，课后再做一次修改，然后誊清交给老师。

（朱贤龙执笔）

七、学写读书笔记——读后感

【教学要求】

（一）学习写心得感想式的读书笔记，懂得写读后感必须“读懂原文抓中心，联系实际说感受，读感结合有重点”。

（二）使学生体会到写读书笔记能帮助我们记住文章的内容，提高思想认识水平和阅读能力，同时认识读书笔记在社会中的实际应用性。

（三）要求学生用概括简练、清晰生动的语言去打动人，发展语言的影响功能。

【指导过程】

（一）导语

我们读了不少书，看了许多文章，如何把所读的书或文章的主要内容以及读了以后的感受告诉同学，这就是今天我们学习的内容：写读书笔记——读后感。经常写读后感有很多好处，它能帮助我们深入领会书中的内容，抓住文章的重点，培养分析问题、解决问题的能力，提高自己的思想认识水平。通过读后感的交流，还可以去影响同学，使同学了解该书或文章的主要内容，知道你对该书或文章的认识和体会，从而受到一定的教育。写读后感，必须做到三点：第一，读懂文章的主要内容和中心思想；第二，对中心思想或主要观点进行评议；第三，谈体会或感受。所谓“读”，是指读完全书或全文，掌握主要内容与中心思想。所谓“感”，是自己的体会。体会要抓主要的，要有侧重点。读后感的表达形式是多种多样的，可以根据各人阅读和思考的不同思路决定。

（二）范例与评议

1. 教师朗读范例

这里有一篇四年级学生写的读书笔记。题目是《希望祖国早日统一》，写的是读《祖国最大的海岛——台湾》这篇文章后的感想。请大家边听边想，这篇读后感是怎样表达的。

希望祖国早日统一
——读《祖国最大的海岛——台湾》

老师发给我一本名叫《祖国最大的海岛——台湾》的书，我拿到书就迫不及待地看了起来。书中的内容深深吸引了我，看着看着，我仿佛到了台湾，游览了花园城——台北。在景色宜人的大屯山风景区，杜鹃花、百合花、野菊花、紫荆花争奇斗艳。在树林花丛间，蝴蝶翩翩起舞，真使我眼花缭乱。来到海边，我观看那奇特的景象：上千条飞鱼一齐飞出海面，海里据说还有鲷鱼、鲔鱼、鲣鱼……真是个鱼的世界。在椰子树下，我喝着又凉又甜的椰汁，与台湾同胞畅叙手足思念之情。又登上了气势磅礴的阿里山，来到美丽如画的日月潭。啊！多么美丽富饶的台湾岛！

书中“历史名城台南市”这个故事，我最喜欢看。它使我了解到收复台湾的是著名英雄郑成功。郑成功于1661年的一天，率领三万多艘战船和两万五千名水陆官兵，乘风破浪向台湾进发。很快攻下了禾寮港，接着又包围了荷兰总督所在地赤嵌城。郑成功采取断绝城里用水的方法，迫使敌人投降了。“战鼓隆隆，战马嘶鸣……”看着这振奋人心的语句，我仿佛听到了那“咚咚”的战鼓声，马儿的嘶鸣声，看到了那些荷兰侵略者被打得屁滚尿流，抱头鼠窜。台湾人民得到了自由，为了纪念郑成功，人们建造了“延平郡王祠”。

看了这本书，我被台湾人民勤劳勇敢、奋勇抗敌的精神深深吸引住了。台湾虽然美丽富饶，但现在还没有与祖国大陆统一起来，被一条海峡人为地隔开了。相信，台湾同胞一定和我们一样，非常希望祖国早日统一。这一天一定会早日来到。那时，我一定要去瞻仰“延平郡王祠”，和勤劳勇敢的台湾同胞一起跳舞唱歌，欢呼祖国统一。

2. 引导学生评议

（1）这篇读后感写了原文的哪些内容？（要告诉学生对原文的介绍不能太多，要以写“感”为主；介绍原文内容应和表达感想结合起来。）

（2）这篇读后感主要写了哪两方面的感想，表达了怎样的思想感情？（要告诉学生感想常是多方面的，要选一两点集中写，即突出重点，不必面面俱到。）

（3）小作者在表现语言的概括功能和影响功能方面做得怎样？（对原文内容的介绍，小作者不是照抄，而是用自己的话归纳。他写风景，语言优美生动，如在眼前；写历史简练形象，重现了历史情境，炮声、马鸣、战鼓，使人如闻其声；

写感受和联想，态度明朗，感情真切。）

3. 教师小结

这篇读后感先用丰富的词语生动形象地描绘了台北的美丽富饶，令人向往。接着介绍了“历史名城台南市”这一可歌可泣的故事，歌颂了爱国名将郑成功收复台湾的英雄业绩，令人敬佩。这篇读后感有时做简要介绍，有时做特写式描摹，最后落实在“希望祖国早日统一”这个中心上，重点突出；表达了小作者希望台湾、大陆早日统一的爱国心愿，有着鲜明的针对性和现实的教育意义。这篇读后感不仅让我们粗略地知道台湾是祖国的宝岛，台南是座历史名城，而且语言深深地打动了我们，显示了小作者运用语言进行概括、自我教育和影响别人的能力。

（三）操练与合作

1. 让学生各自回忆自己读过的书或文章，对最有感受的一篇写出读后感。要求学生写初稿时不要拘泥格式，怎样想就怎样写。可以边摘原文边写感想，也可以先概括地有侧重地介绍原文内容，然后谈自己的意见和想法。

2. 让学生把读后感初稿在小组内交流，并且相互评议。

3. 让学生各自修改读后感。

（四）组织交流

1. 让各小组的代表 2~3 人在班内交流读后感。

2. 师生按照写作要求对公开交流的读后感展开评议。

3. 让学生再次修改自己的读后感。

（五）教师总结

通过今天的课，我们知道读后感是社会交际的常用形式，写读后感必须以“感”为主。“感”就是读了以后产生的想法，可以批评原文，指出原文不合适的地方或错误的观点；也可以谈自己受到的启发和教育，谈获得的知识，表达自己喜爱原文的感情。写感想，需要适当地概括原文的内容，或摘引一些原文的句子。写感想，必须首先认真读懂原文，不单了解其内容，还要了解其中心思想。读是基础，读懂是必要条件。如果读后想法很多，应该拣最主要的写，要集中写一二点，不可面面俱到。读后感的语言要求是清晰而动人，要有意识地去实现语言的概括、自我表现和影响功能。写读后感和其他语言交际一样，首先要明确对象和目的，并据此来组织安排内容。今天我们练习得比较好，为今后写读后感打下了基础。

（支克文执笔）

八、学写启事

【教学要求】

（一）懂得启事的性质、特点和写法，初步会写简单启事，并体会启事的交际价值。

（二）初步掌握启事的语言特点，练习以简练的表述来实现语言的传递信息功能和影响功能。

【指导过程】

（一）导语

今天我们练习另一种形式的交际——写启事。这是日常生活中时常会用到的交际方式。它的形式比较简单，容易掌握，相信你们都能学会。

我校前不久发生了这样一件事：一天午后，五（2）班李兴去上学，在路边发现一只棕色的女式拎包，捡起来打开一看，里面除了一盒化妆品外，还有120元人民币。于是他毫不犹豫地向友谊路派出所奔去，把拎包交给了民警叔叔。后来李兴把这件事告诉了同桌张黎明。张黎明说，失主怎么知道拎包交给了派出所呢？人家怎么能找到失物呢？李兴也不知道怎么办才好了。你们说李兴该怎么办？（写招领启事）对，写招领启事。现在让我们一起为李兴写一张招领启事。

（二）初步操练

1. 通过讨论，使学生明确招领启事的对象和目的（对象是失主和群众，目的是让失主知道到何处去认领失物）。

2. 指名两个学生试写招领启事（板演），并讨论修改成如下的形式：

招　领　启　事

今拾得棕色拎包一只，内有化妆品和人民币若干元。请失主到友谊路派出所去认领。

宝山路小学五（2）班　李兴　五月六日

（三）教师点拨

1. 写启事能够实现语言的什么功能？（传递信息功能和影响功能）

2. 写启事要注意什么？（板书：语言简明，语气平实，文章短小，目的鲜明，内容有针对性）

（四）例文与评议

1. 出示供修改的例文。

（1）

寻 物 启 事

丢失夹克衫一件，请拾到的人还给我。

六（4）班　赵明

（2）

寻 物 启 事

昨天活动课，轮到我班溜冰。因为太热，我把外衣脱下搭挂在铁栏杆上，忘了拿回家。外衣是蓝色的夹克衫，谁拾到请送还给六（4）班赵明。

2. 引导学生评议这两则例文，并按规范将其修改成下列形式。

寻 物 启 事

十一月二十日下午，我在东操场铁栏杆上遗失蓝色夹克衫一件，拾到者请送回。谢谢。

六（4）班　赵明

十一月二十一日

3. 教师归纳。

（1）需要公开向大家说明或者希望大家协助做某件事时，把说明的内容或希望协助做的事，扼要地写出来，张贴在公开场所或登载在报刊上。这种形式的交际，便是“启事”。

（2）不同的交际目的，决定不同的交际形式。写启事，主要目的是传递信息，也可以在一定程度上影响他人的思想行动。因此它的语言不必生动、形象或介入情意，而只要简明扼要和有针对性。

（五）操练与合作

1. 教师指出启事分寻人、寻物、招领、招聘、招生、征文、征订、更换名称、活动改期等许多种。

2. 要求学生参考以下内容拟写一则启事。

（1）杜刚遗失钢笔一支。

（2）××公安局招领自行车一辆。

（3）××（单位或个人）出让一批图书。

（4）第五中学改名“五爱中学”。

（5）小玲玲艺术团演出改期。

（6）新光艺校书法初级班招生20人。

（7）××小学十二月一日举行三年级至六年级演讲比赛。

（8）××小学大队部拟举行“讲国情营火会”，特征集宝山地区史料。

（9）××小学广播站征求“我爱宝山”稿件。

（10）××小学图书馆暂停开放一个星期。

3. 让学生在小组内交流所写启事，并且相互评议。

4. 让各小组代表3~4人在班内交流所写启事，并开展班级评议。

（六）教师总结

今天我们学会了简单启事的写法。启事是大人和孩子在日常生活中都经常要用到的。学会写启事，也就是掌握了一种社会交际的本领。通过初步练习，我们还懂得了启事的语言应该平实、简明，篇幅宜短小，让人一看就明白你想说明什么事或者希望大家做什么事。学会写启事，就能更好地发挥语言的传递信息功能和影响功能。

（朱贤龙、解国霞执笔）

九、自我推荐

【教学要求】

（一）使学生懂得“自我推荐”的用途和撰写方法，初步会写简单的“自我推荐”。

（二）使学生懂得“自荐”必须以“真实”为基础，“自我表现”与“影响他人”的表述应注意恰当、可信。

（三）通过“自荐”激发学生奋发向上、积极进取的精神。

【指导过程】

（一）导语

我们已进行过进入一个新环境或面对新伙伴做自我介绍的练习，今天我们要进行另一种自我介绍的练习。比方说，我校附设的“求知艺术学校”即将开学，它设有书法、绘图、唱歌、舞蹈、体育、趣味作文、手工制作、篆刻等二十几个科目，每个同学可任选一科，报名参加培训。报名方法是请你把要求参加的原因、条件、决心、信心等内容做书面的自我推荐，也就是说把自己介绍给有关老师，说服老师录取你。这就要看你进行语言交际的本领了。这又是一项很有实用意义的练习。为什么这样说呢？（让学生回答）对，今后你们参加工作去应聘时就必须交书面的自我推荐。

（二）范例与评议

1. 板书作文题：自我推荐

2. 出示范例（教师朗读一位学生事先写好的自我推荐）

我一定能出田径成绩

我叫陆男，女，11岁，宝山小学五（2）班学生。我爱体育，我要求参加田径培训班；我连做梦也想在跑道上奔跑，请老师一定批准我。

我有竞争精神。有一次，上体育课要测验爬竿，老师说：“上下五次就可以得100分。”我一听，就想我一定要争取满分。于是，我就数着每个人爬的次数。该轮到我了，我胸有成竹地来到竹竿下，学着猴子的样子，一跃就上去了。我敏捷地爬上了竿顶，又滑了下来。上上下下爬了四次，已经筋疲力尽了。可我一想到要争取满分就又鼓起劲头，坚持再爬，终于爬完了最后一次。一位同学过来向我竖起大拇指，我高兴地说：“竞争嘛，就应该鼓足劲头。你瞧着，我要当一名优秀运动员，参加国际比赛呢！”

现在，我每天早上都跑步。我如果能参加田径班，有老师的指导，再加上刻苦努力，一定能为学校争光，以后还要为国家争光！

我的身体条件不差，体质好，耐力强；腿又长，跑得快，弹跳好。老师，请批准我吧，我一定能出成绩。

3. 引导评议

（1）这位同学的自我推荐包含了哪几方面的内容？这些内容都可信吗？

（教师板书：姓名、性别、年龄、兴趣、竞争精神、身体条件、信心和决心等。）

（2）她这样自我推荐的交际目的是什么？（表现自己的兴趣和才能，使老师了解自己的表现和决心，并录取自己。）

（3）她的自我推荐交际效果如何？（交际内容与交际目的一致，感情真实，语言能打动人。）

（三）操练与合作

1. 让每个学生各自确定报名参加什么科目的培训，然后写一份《自我推荐》（提要式的初稿）。

2. 让学生在小组内交流所写的自我推荐，并且相互评议。

3. 让各小组代表 2~3 人在班内交流所写的自我推荐，并开展班级评议。

（四）教师总结

自我推荐写得是否成功，取决于内容是否充实，感情是否真实，举例是否典型，决心和信心是否表达清楚。此外，语言是否动人也很重要。不管是平实的叙述还是生动的介绍，都要能打动人，使人相信你。写好自我推荐是你们将来进行社会交际的一项基本功。从今天的练习看，你们是认真的，并已初步学会写自我推荐。请你们把文章再修改一遍，然后誊清交给我。

（朱贤龙执笔）

十、我的 ××（人）

【教学要求】

（一）学习通过记事和描写人物的外貌、动作、语言和心理活动来介绍人物的方法。

（二）使学生在褒贬人物的过程中，接受自我教育。

（三）使学生懂得介绍人物也是一种传递信息的活动，应该在介绍中自觉实现语言的影响功能。

【指导过程】

（一）导语

同学们，我出一个考题：请你们用三四句话介绍一位你熟识的人的性格特点。谁来应试？（请 2~3 名学生讲）

讲得不错。现在我出第二个考题：请用三四句话介绍一位你熟悉的人的外貌。（请2~3名学生讲）

好，都可以评个好成绩。我再出一个考题，难度比刚才要大一些，即先说出一个你熟识的人的性格，再假设一个情境，说出这个人在这情境中可能讲的话。例如，杜明，好表现自己，有点骄傲。老师问家长会上谁能表演节目，杜明说："这有什么难的，我来表演钢琴独奏，我会弹贝多芬的《小步舞曲》，巴赫的《创意曲》，肖邦的《波尔卡》，莫扎特的《军队进行曲》，我还会弹电影《渴望》的主题歌，保证可以博得掌声，为班级争光。"

请已经考虑好的同学来应试吧。（指名2~3名学生回答）

不错，从你们大胆应试来看，你们已初步具有通过人物外貌、性格特点和语言来反映人物、介绍人物的本领。我相信没有发言机会的同学也是一样的能干。即兴考试现在结束，我是满意的。

今天的交际练习，就是要你们向大家介绍熟悉的、尊敬的、佩服的、友谊深厚的或讨厌的人物，让大家对你所介绍的人有一定的认识。

（教师板书作文题：我的 × ×）

（二）范例与评议

1. 教师朗读范例

我的同桌刘洪波

我的同桌是一个小姑娘，名字叫刘洪波。她的古筝弹得非常棒。

我跟她是好朋友。她那花朵一般的脸庞，秋水一般的眼睛，逗人喜爱的两个小酒窝，谁见了谁喜欢。她手上戴着假指甲，我好奇地问："戴它做什么呀？"她答道："弹古筝呗！"

有一次，我去她家听她练琴。我呆呆地注视着她，见她双手灵巧地在筝上拨动着，突然问道："你整天这样弹呀弹的，不觉得苦吗？"她边弹边说："苦！怎么不苦？苦中有乐嘛！"

弹完练习曲，她又弹了一曲《高山流水》。那曲调和谐、悦耳，时而低沉，时而高亢，时而清脆，时而雄浑……个个音符似乎变成了轻纱般飘动的云朵，变成了艳丽夺目的彩带。突然，又似一股清泉从高而陡的大山上落入水潭，那水花飞溅的声音，如同大珠小珠落玉盘那样。我好像站在水潭旁正仰头欣赏银带般的泉水……不知不觉中她弹奏完了。

她歇了歇，我跷起大拇指说："可真棒呀！" 她又翻出了《渔舟唱晚》的曲谱。我问："这曲子表达什么呀？" 她说："这曲子表达了渔夫在傍晚划着小船赶回家中的情景。" 说着，她又弹起来。开始，音调平缓悠扬，娓娓动听。我仿佛看见晚霞照在碧绿的湖面上，渔夫望着一篓篓活蹦乱跳的鱼儿，无比欢喜。继而，音调激昂起来，充满欢声笑语，渐渐又平缓下来，好像渔夫回到了家中。

一首首动听的乐曲，在刘洪波的手下，一拨而出，使我沉浸在琴声之中，似乎忘却了一切……

我眼前仿佛展现出一个新型的舞台，刘洪波正在台上演奏古筝，台下观众都陶醉在演奏之中。

2. 引导学生评议

（1）这篇文章的交际目的是什么？

（让我们知道刘洪波是个勤奋好学，不怕艰苦和富有音乐才能的女孩子。从她身上我们可以得到启示：不管学什么，都是艰苦的，只要投入进去，就会苦中有乐。）

（2）小作者选用了哪些交际内容？

（为同学弹琴的事和人物的外貌、动作和语言。）

（3）你觉得这篇文章的效果怎样？

（效果很好，刘洪波的爱好、苦练古筝的毅力以及非常突出的音乐才能都显示出来了。读了文章，我们似乎见到了这个人，听到了她演奏的琴声。）

（4）这样的效果是怎样取得的？

（学生答后教师归纳：①内容的挑选和安排都符合交际的目的。描写人物的外貌、动作、语言和心理活动是介绍人物的重要内容。这四点中小作者写了三点。②介绍人物应该通过一件事或几件事。小作者着重写了为同学弹奏古筝和琴艺非凡这一件事，写得比较具体。③小作者能自觉实现语言影响功能，文字写得比较生动，描写乐曲意境的语言很优美，表达他的联想的最后一节，能引起我们的共鸣。）

（三）操练与合作

1. 教师启发：你们打算介绍谁？为什么要介绍他（她）？你们的交际对象是谁？这些都清楚了吗？好，现在你们开始写《我的 ××》初稿。

2. 让学生在小组内交流所写的《我的 ××》，并且相互评议。

3. 指名 1~2 名学生在班上读自己的文章，并开展集体评议。

（四）教师总结

介绍人物，反映人物的特点和表现，这是日常生活中经常用到的一种交际形式。那么，可以从哪些方面着手介绍呢？可以通过一件事或几件事情来介绍，可以介绍人物的特点，介绍人物的外貌、动作、语言和心理活动。要根据交际目的突出重点，要充分实现语言的影响功能。语言有感染力才能打动人，才能使人产生和你一样的感情和认同你的观点。今天我们的练习，只要求从某一个方面介绍人物，不必面面俱到。此外，我们介绍人物，或者表扬，或者批评，这对提高我们思想认识有作用，我们要在介绍别的人物时教育自己。今天就练习到这儿，请大家课后按小组意见和范例评议认真修改自己的文章，力争取得较好的交际效果。

（漆罗英、赵建芳执笔）

十一、介绍生活中的小窍门

【教学要求】

（一）学习以叙事来传递信息的交际，懂得叙事必须“过程具体，重点突出”，才能获得良好的交际效果。

（二）要求以叙事清楚为前提，力争语言生动有趣，以发展语言的传递信息功能和影响功能。

（三）懂得介绍小窍门是属于一种助人的行为，培养学生为他人服务，为社会服务的意识。

【指导过程】

（一）导语

这堂课又要进行交际练习了，先请同学们帮助老师解决两个生活中的小难题。第一个小难题是：星期天，我一边备课一边煮饭，结果把一锅饭烧焦了，以后我碰到这样的情况，该怎么办呢？

（学生发言后提出第二题）没想到糟糕的事情又来了，我煮了一些鸡蛋，谁知，我家的小弟弟不懂事，把这些熟鸡蛋全都放进生鸡蛋堆里。同学们，你们能帮我想想办法吗？

（学生发言后教师继续说）谢谢同学们，你们运用积累的生活小常识、小窍门为我做了服务，帮我解决困难。我想如果你们想好一个小窍门，把怎样运用这个窍门去解决生活中小困难的过程写下来，和同学或其他人进行书面交际，让他们也像老师一样获得你们的帮助，这不是很有意义的吗？你们以为怎样？

（二）揭示作文题

1. 教师板书：介绍生活中的小窍门

2. 请同学们用一句话把自己知道的一种小窍门和同学们交流一下。

（三）范例与评议

1. 出示范例

同学们知道的生活中的小窍门真不少，你们真是有心人。但是，怎样才能比较好地把小窍门清楚地具体地介绍给别人呢？下面请你们先听老师读一篇文章。交际对象是同学，交际目的是让同学们体会到，向周围的人学习和自己动手实践是很有必要的，使同学知道以后碰到类似情况也可以学着试一试。作者是上一届的五年级同学张明，我把原文压缩了一下。现在读给你们听：

装糖的小窍门

一天，妈妈买来两斤食糖，想把糖装到两个瓶子中去。我觉得瓶子小了些，估计装不下，可妈妈却蛮有把握地说："能装下。"妈妈边装边用筷子戳瓶子中的糖，并说："这样就可以把四周、中间压紧了。"装着装着，她又拿起瓶子轻轻地在桌子上敲，使糖颗粒中的空隙变得更小。瓶子快满的时候，我看还剩下一点糖没装进去，就得意地对妈妈说："你看，还是装不下吧！"妈妈说："糖装进瓶子前是松散的，但装到瓶子里戳结实后，体积就小了。"说着，她又拿起瓶子在桌上轻轻地敲了几下，结果，一斤糖正好装满一个瓶子。于是，我就按照妈妈的方法，把另一斤糖装进了另一个瓶子。我想，妈妈真聪明，真能干。借助筷子把糖装进瓶子，就是妈妈在生活实践中发现的小窍门。

2. 引导评议

张明的文章读完了，我先考考同学们听清楚了没有，然后再来评议。

（1）张明的文章向我们介绍了一个什么小窍门？

（2）张明是怎样介绍的？主要内容有哪些？过程是否清楚？

（边谈话边板书交际内容：事情起因，运用小窍门过程，运用效果。）

（3）这三项内容中哪一项该是介绍的重点？为什么？

（重点应该是"运用过程"，教师随即在该项板书的左上角加上★。）

（4）你认为张明的文章是否具有较好的交际效果？我们可以从哪几方面来衡量？

教师可启发学生按下述各项评议：

①交际对象和交际目的是否明确？

②叙述是否具体、清楚？

③交际内容与交际目的是否一致？

④交际内容安排是否得当？

⑤语言交际功能体现得怎样？

3. 教师归纳

经过评议，大家都认为张明的介绍是比较好的，但叙述得简单了些。原文开头有张明和妈妈有趣的对话，两人的许多心理活动，以及运用小窍门的详细过程。由于我想省一点时间，所以对原文做了压缩。但是你们在介绍小窍门的时候，一定要尽可能地具体些、生动些，争取获得良好的交际效果。

（四）操练与合作

1. 让学生各自选定一项小窍门并做口头交流准备。（可以同桌互助）

2. 指名一中等学生口头介绍生活中的小窍门，并组织全班同学评议。

3. 让学生各自在组内口述，并相互评议。

4. 让各小组代表 2~3 人在全班口头交流，并开展班级评议。

（五）教师总结

今天我们练习介绍生活中的小窍门，这种交际是向他人传递信息的交际。我们知道必须重点说清楚小窍门的操作过程和实际效果，此外，语言也要具体生动，要能影响别人和打动别人。同时，我们还把这样的交际，作为一次为他人服务的实践，所以，这样的练习很有意义。课后，请大家按获得良好的交际效果的要求，将口述的内容写成文章。

（朱贤龙、赵建芳执笔）

十二、看哑剧编故事

【教学要求】

（一）通过按照生活“镜头”或“片段”，加上合理的想象和补充连缀成故事的练习，促使学生语言的观察、想象、传递信息、影响等功能得到综合发展。

（二）使学生懂得叙事是日常交际的常用形式，是人们社会生活必须具备的基本能力，从而调动他们练习写叙事作文的积极性。

（三）强调所编故事一定要有教育意义，使学生在编写中受到一次自我教育。

【指导过程】

（一）导语

同学们，看过哑剧吗？哑剧是有动作有情节但不讲话的一种表演。故事怎样发展，剧中人说什么话，全由观剧人去想象。我想，你们一定很想看看哑剧表演的。我已约请同学做了准备，过一会儿就让他们表演给大家看。你们或许会感到奇怪，心想“今天是交际练习课，难道让我们练习用动作、姿态来交际吗？”不，用体态来交际，不是我们学习的内容。可我也不让你们白看表演，我要让你们表现一下自己的才能，即发挥语言的想象功能；运用创造性思维去编出对话和情节，并写成一个可供人阅读的故事。这样做有什么作用？它的作用可大啦！这是和不十分确定的对象之间的交际，可以发展你们语言的观察、想象、自我表现、影响等功能，也是作文的一项基础训练。这样的练习既有趣又有意义，试一试怎么样？

好，看你们跃跃欲试的神色，我很高兴。现在就请你们看哑剧表演。

（二）观看哑剧表演

请一名男生和两名女生到讲台前表演，内容如下：

1. 甲生（女）在伏案写什么，写得很认真，还不时侧头思考，左右端详着写的那张纸。

2. 乙生（男）上甲生处看她的那张纸，显出高兴和钦佩的神色。他拿起纸，举高了观看。只见纸的上方写着“贺卡”两个字，下方画着一间小屋，门口有一只狗。乙生一会儿点头，一会儿摇头，和甲生在说着话。后来乙生回到自己的座位，也去写什么。

3. 甲生继续写，突然她显得不耐烦，把那张贺卡揉成了一团，又拿出另一张纸开始写。但不一会儿又把这张纸推开，从书包里翻出一张彩照，左看右看，露出了笑容。把照片放下后，她又拿出第三张纸写起来。可是不久她又把纸往旁边一推，一个人生起气来。

4. 丙生（女）从教室外进来，走到甲生处喜形于色地和甲生讲话，接着又拉甲生到教室外面去。

5. 甲生把桌上的纸和照片杂乱地塞进书包，跟丙生走出教室去了。

6. 乙生举起一张刚画好的贺卡自己在欣赏。贺卡画得很漂亮，看起来也比较精致，他满意地笑了。

（三）讨论作文内容与要求

1. 组织学生议论

哑剧表演完了，这是一件什么事呢？三个同学之间讲了些什么话呢？这件事的中心是什么呢？有什么教育意义呢？你们一边看一边想象，脑子中已经勾勒出故事的轮廓，甚至三个人对话的内容也想得很具体了。你们怎么想的，请先保守秘密，等写出故事时再公开。这样，这个故事就是你们个人的“产权”了。老师要请你们讨论的是以下两个问题：

（1）甲生在画贺卡，乙生受启发后也去画贺卡，你认为他们为什么要做贺卡？贺卡可能送给谁？他俩送的对象相同吗？

（应启发学生做多向思考，做贺卡的原因可以多种多样：节日到了，某人生日了，某人大病痊愈了，老师获奖了，哥哥姐姐结婚等。）

（2）丙生来拉甲生出去，这是为了什么？

（也可做多角度思考，例如游戏中缺少一个人，去看舞蹈排练，请来的新指导老师即将来给合唱队上课了，市里首长来看望小朋友们，外宾来了，田径比赛开始了等。）

2. 启发学生思考

你们的想象能力很强，思维很活跃，很好。想象的天地无限宽阔，你们可以自由驰骋。下面我再提出四个问题，可你们不必回答，只要思考。

（1）甲生左右端详那张纸在想什么？是满意、自我欣赏，还是困惑、不知怎样才好？

（2）乙生为什么看了甲生的贺卡显出钦佩的神色？后来怎么会又点头又摇头呢？他俩在说些什么？

（3）甲生为什么把贺卡揉成一团？为什么两次把纸推开？看了照片怎么又有了笑容？这是什么照片？她生什么气？

（4）你打算怎样来编写故事？怎样使这个故事有中心思想，有教育意义？如果请你把所编的故事作为交际内容让人阅读，那么，你的交际目的是什么呢？

3. 明确作文要求

请你们不要忘了任何交际都应该有对象有目的，并且要按照交际目的来安排交际内容。编故事是为了让人阅读，这也是一种交际。故事的交际对象一般不是个别人，而是一个群体或是广大群众。你们可将对象确定为本班同学。为了便于编故事，允许你们只挑选几个情节来写，而省去表演中的某个或几个“镜头”，但故事必须编得符合要求。

（教师板书：故事有意义　内容完整　情节合理　意思连贯　语言通顺　力争打动人）

此外，还要为你的故事定一个合适的题目。

（四）学生个人操练

让学生各自编写故事，教师巡回点拨，并确定范例。

（五）范例与评议

大多数同学已完成了初稿。你们想象力比较丰富，有的还编得情节曲折有趣。现在老师请一位同学读一读他的作品，但必须说明，他编的故事是他的创造，老师要保障他的“专利权”，别人不可套用他构思的情节。现在请 ××× 读他的故事，大家听后按板书的作文要求发表评议。

（六）小组合作操作

学生各自在小组内读所编故事或讲主要情节，让同组同学进行评议，提出修改意见。

（七）教师总结

你们编的故事都很有教育意义，而且内容完整，有开头，有发展，有结尾，情节的变化也都符合生活实际。这是因为你们对哑剧观察得仔细，并且把哑剧和现实生活结合起来思考的缘故。今天练习，主要运用了交际中常用的叙事方式，这是一种传递信息的基本形式。叙事能力是社会交际的基本能力。这样的练习既有趣味又能发展能力，今后你们可以自己尝试编写一些生活故事，在同学中交流。如果愿意拿给老师看，我会十分高兴的。我还将挑选好的作文在班级墙报上发表和推荐给大队广播站。今天的练习就到这儿，课后将初稿誊抄后交给我。

（戴伟芳执笔）

十三、尊老爱老是中华民族的美德

【教学要求】

（一）使学生懂得尊老爱老是我们民族的美德，引导学生关心老人，尊敬老人。

（二）使学生认识到采写有关对待老人的社会见闻或编写有关故事，就是参加颂扬尊老、贬斥和制止虐待老人恶行的社会宣传活动。

（三）让学生练习用夹叙夹议的方法来正面表达自己对所叙事例的观点，明白向社会宣传，必须尽力实现语言的影响功能。

【指导过程】

（一）导语

同学们，我们年级组里有十五个女孩子。她们三年来每逢节假日总要到宝山敬老院去看望那里的爷爷奶奶，帮他们梳理洗濯，为他们唱歌跳舞，给他们带去温暖和快乐。这样的行为是一种什么行为？（让学生发言）

你们说得对，尊老爱老是我们中华民族的美德。我们在生活中，一定看到过许许多多的老人在小辈们的照料下，过着幸福的晚年生活，能举些例子吗？（请2~3名学生说）

很好，这是我们社会的主流。可是也还有一些老人晚景凄凉，孤苦无援，甚至遭受虐待与折磨。谁能举出这方面的例子？（请2~3名学生说）

这在我们这个社会主义社会里是不允许的，对这种现象应该批判、谴责。因此，我们这堂语言交际课，要请大家把自己看到的有关这方面的事情反映出来，向社会做宣传，鲜明地表达我们提倡什么和反对什么的态度，你们说好不好？（让学生发言）

大家积极性很高，很好，我们做这件事等于参加一次社会活动，为社会主义的精神文明建设做出一份小小的贡献。

（二）板书作文题：尊老爱老是中华民族的美德

（三）讨论题材内容

1. 解释题目范围："尊老爱老是中华民族的美德"是一个总题目，只是规定宣传的中心和范围，你们可按总题目自己定一个具体的题目。这里我提出几个题目，或许对你们有所启发：（出示小黑板）

真是老有所乐；老少和煦乐融融；老人病了以后；孤老不孤；爷爷过80岁生日；奶奶笑眯了眼；一套西服的来历；奶奶房里装了空调；她为什么流泪；人"老"有什么罪；她是痴呆吗；一幕"悲剧"；有子有女的孤老；何时再现笑容。

2. 启发学生选好题材。

这些题目可能使你们回忆起某些生活中的情境。在《爸爸（妈妈），您听我说》的交际练习中，有位同学写了《妈妈，你叫奶奶一声妈妈吧》，从文题到内容都十分真切动人，读来催人泪下。请你们打开记忆的仓库，翻出可以作为宣传用的事例来。也可把零星的几个场面、镜头组合起来，编成一个完整的故事。就是说宣传的内容可以是真人真事，也可以是根据零星的真人真事编创的故事。如果是编创，请你在文题旁注明"编创"两字。

3. 让学生各自思考，确定作文题材和题目，然后概括成两三句话在班上交流。

（四）讨论写作方法

作文题目与内容确定了，怎样才能取得良好的宣传效果呢？还必须讨论以下几个问题。

1. 大家已根据“尊老爱老是中华民族的美德”这样一个总题目选择了有关的交际内容，谁能把自己的交际目的说得具体些？

（例如，①表明我们提倡尊老爱老，反对虐待、折磨老人的态度；②指出尊老爱老是我们民族的美德，给那些仇视自己年迈父母的人击一猛掌，呼唤他们快快醒悟；③呼吁全社会一起来颂扬尊老爱老的事迹，谴责虐待老人的丑事；④宣传人老是自然现象，老人们完成了抚养子女的任务，对社会做出了贡献，现在体力衰退了，理应受到尊敬和爱戴；⑤指出不爱年迈父母的人，是自私的忘恩负义的人，是思想境界低下的人，一定会受到社会的谴责；⑥赡养年老的父母是子女的责任和义务。）

2. 我们这次交际的对象可以是什么人？

（社会群众、个别不爱父母的人以及同学或家中的亲人等）

3. 用什么方法写作交际效果最好呢？

（夹叙夹议，即不只是客观地介绍一个事例，讲一个故事，而是在介绍和讲述中自然地表明自己的态度或插入自己的观点。）

4. 这里有两个夹叙夹议的片段，请大家分析一下它们的写作方法。

（1）赵登气呼呼地对妈妈说：“下次奶奶来，不能再把奶奶气走了。报纸上、电视中不是都说要尊敬老人吗？”妈妈听了儿子的话，不觉一阵脸红，好像悟到了什么，呆呆地注视着儿子。儿子的话触动了她。

（2）目前不少人家已达到了小康水平，但能装空调的还为数不多。李家好不容易积攒起钱来买了一台空调机，谁也没料到，竟是替奶奶安装的。邻里都说李家奶奶好福气，儿子媳妇这样的孝顺。那李奶奶笑得嘴也合不拢了，逢人便说：“我儿子媳妇好，我享福了。”的确，李奶奶在家里受到了全家人的尊敬和爱戴，是享福了。

（在这两个片段里，夹叙夹议自然、贴切。从中可以知道，“议”可以夹在“叙”的任何地方，一般是一两句话。如果用第一人称叙述，那么“议”可以作为自己的心理活动写出来。）

（五）学生个人操作

让学生独立作文，教师巡回指导，并挑选范例。

（六）范例与评议

1. 教师指名 1~2 名学生（巡回中选定的范例）朗读作文。

2. 引导全班学生按下述问题评议范例：

①观点是否鲜明？②故事是否合理、动人？③夹叙夹议是否自然？④能否获

得较好的宣传效果?

3. 让学生在小组内交流所写作文，并相互评议。

（七）教师总结

这堂课既是一堂语言交际练习课，也是一次有益的社会实践活动。你们写了生活中的事例或富有意义的故事，这些都可以向社会做宣传，为社会主义精神文明建设出力。在编写中你们尝试用夹叙夹议的方法进行表达，增强了交际效果。总之，今天的实践促使你们发挥自己语言的影响功能，增强尊老爱老的道德观念。课后请将初稿修改誊清。

（朱贤龙、顾尉玉执笔）

十四、学写竞选演说辞

【教学要求】

（一）使学生初步学会写竞选演说辞，并体会这种交际形式的社会价值。

（二）激发学生为集体服务的思想感情，激励学生积极进取、奋发向上的精神。

（三）通过学写演说辞，进一步发展学生语言的自我表现功能和影响功能。

【指导过程】

（一）导语

我们班快要改选班干部了，不少同学向老师表示愿意为大家服务，愿意为把班级建设成一个更好的集体而出力。这说明我们班的同学热爱自己的集体，都有不断进取的精神和朝着新目标迈进的雄心壮志，都有为他人服务的好思想。这次改选我们将采用竞选的方式。

班干部的种类很多，比如中队长、中队委员、小队长、小组长、课代表、红十字会会员、墙报编辑、图书管理员等，你想干什么，你就竞选什么。你可以通过竞选演说，表达你的愿望，并要打动大家，让大家投你的票。这种形式的交际，必须着力于发挥语言的自我表现功能和影响功能。今天，我们就练习写竞选演说辞。

（二）板书作文题：学写竞选演说辞

（三）操练与合作

1. 小组交流与互助

（1）小组内每个学生口述准备竞选何种职务，为什么要竞选这种职务。

（2）一个学生口述后，其他同学帮助他补充竞选理由和条件。

（3）如有学生拿不定主意，其他学生应向他提出建议。

2. 全班交流及评议

（1）指名发言交流，要求讲清楚竞选理由、条件和自己的决心。

（2）启发学生围绕“理由是否清楚、感情是否真实、总体上是否能打动人”进行评议。

（3）教师归纳：

小组和大组交流，体现出大家为集体服务的积极性很高。所竞选的职务，都比较切合自身的实际，竞选的理由、条件、决心都讲得比较清楚，都做到了真实地恰当地表现自己和尽量打动他人。这些都是写竞选演说辞的必要条件。你们可参照“自我介绍”和“自我推荐”的写法，把口头交流的内容具体化并连贯起来，也可插入例子写下来。这就大体上像一篇竞选演说辞了。但一定要注意理由要充分，条件要可信，感情要真实，语言要活泼，要在打动人上下一些功夫。

3. 让学生各自尝试写演说辞，教师巡回，发现适合于当范例的就做重点指导。

（四）范例与评议

1. 对文章整体的评议。

（1）指名一学生读自己的演说辞。

（2）启发学生按照以下几点进行评议：

①他的演说辞是围绕什么中心点来展开的？

（学生发言后教师指出，写竞选演说辞的中心点就是“我竞选当 ××，我能把工作做得非常好，请相信我，选举我”。发表竞选演说的目的是为了让别人了解自己，信任自己，进而投自己的票。）

②他的演说辞的交际内容有哪几方面？

（学生发言后教师指出，竞选演说辞的内容一般可包括：对工作的认识和竞选的理由，做好该工作的有利条件，当选后的打算和对未来的展望，搞好工作的信心和决心。（边说边板书）但不必面面俱到，可重点突出一两个方面。）

③他的演说辞表现了他的什么精神？

（学生发言后教师指出，演说辞要表现出自己的热情、激情和一往无前的精神，要表现出在困难面前具有不动摇的意志、不退缩的决心和必定成功的信心。要有展示才干的气概，要使人相信该项工作自己做是最合适的。当然，你只要突出一两点，让人信服就可以了，不必为自己定下过高的要求。同时所讲的话都要以“真实”为前提，花言巧语，虚假表态，人家是不会拥护的。）

④你觉得他的演说辞的语言组织得怎样？

（学生发言后教师指出：演说辞的语言应该充分地实现自我表现功能和影响功能，一般要带有鼓动性、感染性，要活泼，要多用短句；可以插入风趣和幽默的话，可以引用名人的话，也可以用一些比喻、夸张、对偶、排比、呼应等修辞手法。）

（3）再请另一名学生读自己的演说辞，并让大家自由发言做评议。

2. 对文章“开头”“结尾”的评议。

为了让你们把自己的竞选演说辞修改得更好一些，也就是更好地发挥语言的自我表现功能和影响功能，老师读几篇演说辞的“开头”和“结尾”，供你们参考、评议。

（1）开头

①班级卫生流动红旗被夺走已一个月了，怎么办？夺回来！谁来夺？全班同心协力一起夺！谁来带头做这个工作？我来！我 ××× 来！！

②大家叫我“小滑头”，我并不讨厌这个雅号。滑头，就是反应快、灵活聪明，碰到事情都能解决得好。我能随机应变，能出“花花点子”。其实，你们别叫我“小滑头”，叫我“小机灵”不更好吗？今天，我这个“小机灵”要竞选中队委员，怎么样？够不够条件？我的好朋友们，你们可得选我啊！

③我喜欢英语，英语成绩也比较好。以前英语老师常委托我帮助学习有困难的同学，我总是很乐意的。今后，我愿意更多地为班级做些工作，因此我竞选英语课代表。

（2）结尾

①我的打算是否合适？我提出的展望能否实现？请放心，我不说大话，不说空话，别人不行，我一定行！只要你们投我的票，让我当选，我保证让流动红旗在我们班里生根，谁也别想再拔掉它，保证我们班成为卫生先进班。同学们，投我的票吧！谢谢！

②怎么样，我的办法不少吧！我的设想不错吧！我善于和大家合作，善于发动人，我还具有决不后退的决心。给我为大家服务的机会吧，如果不选我，你们将后悔；你们能选我，就是为班上做了一件好事。谢谢大家！

③课代表工作的好坏，会影响同学们的学习。我相信我当英语课代表最合适，我会配合老师促进同学们学习英语。请投我的票！

（学生发言后教师指出，开头要响亮，像放鞭炮似的一下子就打动人；结尾要与开头呼应，要有力，给人留下深刻的印象。这些“开头”和“结尾”都是比较好的，基本上体现了写竞选演说辞的要求，可以作为你们修改演说辞的参考。）

（五）教师总结

竞选演说和自我介绍、自我推荐有相同的地方，同样是把自己介绍给他人，使人了解自己、认识自己。但自我介绍用在面对新伙伴时，重点介绍自己的性格特点和优缺点。自我推荐是用在争取工作或申请参加某种学习时，重点谈自己的特长、能力或兴趣爱好。而竞选演说是用在当众争取担任某种职务时，重点讲自己的抱负、设想、担任某职务的条件和决心等，由于交际目的的不一样，所以交际内容的侧重点和语言组织也不一样。

今天我们练习的竞选演说辞和自我介绍、自我推荐一样是社会上常用的交际形式。长大后你们去应聘工作时，用人单位除了要你交上“自荐书”外，常常还要经过面试，这就要用上“竞选演说”的本领了。你们要同许多应试者竞争并且取胜，掌握今天在学校里学习的这种交际本领，将会起极大的作用。所以说学写竞选演说辞不单是为了今天班级工作的竞选，也是为了长大后更好地为祖国、为人民出力。

今天的练习，使我们明确了竞选演说辞的交际目的是让人了解自己，信任自己，说服和鼓励他人投自己一票。它的内容一般包括对工作的认识、竞选理由、竞选条件、当选后的打算以及自己的信心和决心等。演说辞的开头要响亮动人，结尾要有力，可做适当呼应，以带有鼓动性。演说辞的语言宜用短句，可适当用一些修辞手法，要充分实现语言的自我表现功能和影响功能。

今天的练习就到这儿，老师准备再给你们一节课的时间做修改。你们可以在小组内互助合作，充分听取各种意见，然后再誊抄。

（朱贤龙执笔）

十五、他（她）××了

【教学要求】

（一）通过“他（她）××了”的练习，使学生接受一次自我教育，更好地辨别是非和坚持真理。

（二）学习用叙事来传递信息和反映人物思想感情的写法。

（三）要求学生在作文时语言活泼生动，更好地发挥语言的影响功能。

【指导过程】

（一）理解范例

1. 教师朗读范例（题目不读出来）

他笑了，却流泪了

金志远说什么也不会想到，他竟然没被批准参加少年宫的合唱队。他盯着大队部布告栏里那份公布出来的名单，说不出什么滋味。他想：准是那倒霉的数学“开红灯”坏了大事。金志远特别爱唱歌，他嗓子好，声音像银铃般动听。每次上音乐课，他总是喜滋滋的，精神百倍。课上少不了要他出来独唱几首，让他表现一番。

少年宫老师来招生时，听了他的歌声，好像发现了稀有矿石似的高兴得不得了。可谁知录取名单里却没有他。他懊丧地回到教室里，坐在座位上独自发呆。

是不是因为数学成绩差他才被刷下来的？是的。少年宫招生简章规定，语、数、英三科成绩中有一科不及格就不能被录取。

为了这件事，金志远像变了个人。他脸上的笑容消失了，性格变得像小姑娘似的文静。看样子，他已下定决心要发奋学好数学。果真，他书包里多了几本《小学数学辅导》《五年级数学习题集》等书籍，和数学老师也显得亲密起来。课后还常常去办公室请老师帮助解题，或者缠着数学课代表不放。

事情已过去一个多月了。一次班主任王老师来到班上，向大家宣布好消息：由于近阶段金志远的数学平时测验已经消灭“不及格”，这次期中考试又得了78分，少年宫已同意接收他为合唱队的插班生。话音未落，全班爆发出一阵热烈的掌声。大家目光都集中到金志远的身上，只见他站立起来向大家鞠了一个躬，脸上笑得那么开心，突然又热泪盈眶，哭出声来。过了不久，他拭去涌出来的泪水，激动地说：“谢谢！谢谢老师！谢谢同学们！”

从此，他和往常一样活跃了，脸上常常挂着笑容，有时一边走一边还会情不自禁地哼起歌来呢。

2. 启发谈话

（1）你觉得金志远是怎样的一个孩子？文章怎样反映出来？

（金志远是个有追求、肯努力的孩子，这是通过少年宫合唱队从不录取他到中途接收他这件事反映出来的。）

（2）金志远为什么笑了，却又流泪了？

（他的愿望终于实现了，既高兴，又激动。）

（3）这篇文章的交际目的是什么？

（发扬勇于追求、不灰心气馁的精神。）

（4）你能为这篇文章定个题目吗？说说为什么这样定。

（题目可确定为《他笑了，却流泪了》。这个题目可概括交际中将展开的主要内容，也可预示人物思想情感的变化。）

（5）请同学们按生活中的事例，拟一些“他 ×× 了”的题目。

（例如，他想通了、他成功了、他失败了、他哭了、他笑了、他改正了、他醒悟了、他后悔了、他获奖了、他进步了、他变了、他发愁了、他愣住了……）

3. 教师小结

人都有喜怒哀乐的情感变化，这些变化又总是和某一件事情联系着，比如，获得成功、遭受失败、愿望实现或事情出乎意料等。同学们所提出的“哭了”“笑了”“愁了”等各种现象在生活中会经常遇到，而产生这些哭、笑、愁、乐的事情，常常又能说明一定的道理。我们选择这一类有代表性的事例作为交际内容去宣传，就能发扬某种精神，歌颂某种品质或谴责某种坏思想、坏行为，达到说服人、教育人的效果。

今天我请同学们以“他（她）×× 了”为题作文，进一步培养叙事能力，发挥语言的自我教育功能和影响功能。

（教师板书作文题：他（她）×× 了。）

（二）明确写作要求

1. 教师举例，进一步启发学生打开选材思路。

（1）见到敬老院老人手工洗衣，同学们回校后开展捐款和收集废品卖钱活动，终于凑足钱买了一台洗衣机送到敬老院。老人们笑了。

（2）身材矮小的王刚报名参加 800 米赛跑，中途不慎摔了一跤，可他爬起来继续跑，坚持跑到终点，大家向他鼓掌。运动会结束时，他得奖了，得了“风格奖”。

2. 指名 5~6 个学生用两三句话交流自己选定的内容。

3. 引导学生讨论写作要求。

（1）通过老师的举例和同学们的交流，你们认为该在生活中选取怎样的事例写作呢？

（事例要新颖，要能说明一定的道理，有一定的教育意义。）

（2）这次作文交际内容的重点应该是什么？

（重点应该是形成“他（她）×× 了”的原因和过程。比如说写“×× 笑了”，就应该讲清楚某人先前为什么没有笑，那时他在想什么，追求什么；他是怎样追求的，有些什么努力的表现；当努力无效或事情的发展使他失望时，他又有些什么心理活动；后来又怎么会成功的，愿望的实现使他的情感发生了什么变化。）

（3）要使文章获得好的交际效果，还需要注意什么？

（要把情境写具体；要恰当地描写人物的神态和心理活动；既可以用顺叙法在结尾点题，也可以用倒叙法在开头点题；语言要活泼，要有童趣。）

（三）学生个人操练

1. 教师启发。

下面请同学们确定交际对象并和他们进行书面交际。写的时候不要先考虑写作方法，而要无拘无束地把自己选好的事例一股脑儿地“倒”出来，写下来。写完了才回过来考虑什么地方可做修改。

2. 让学生各自写作文，教师巡回，发现适合于当范例的就重点指导。

（四）范例与评议

在完稿的学生中挑选 1~2 名的文章做范例，请学生在班上朗读，然后由同学按写作要求评议和提出修改意见。

（五）小组合作操作

让学生在小组内朗读自己的作文，互相评议，互相修改。

（六）教师总结

今天我们的交际练习，是记叙“他（她）× × 了”，通过具体事例来说明道理，表扬或批评某种思想行为。写这样的文章既可以教育别人，也可以教育自己。要写好这篇文章，必须把形成“他（她）× × 了”的原因和过程讲具体，把当时的情境和人物的神态和心理活动反映出来，要尽力实现语言的影响功能。记叙引起人物感情变化的典型事例来说明道理，是社会交际的重要形式，你们必须认真学习。课后请将作文初稿修改誊清。

（漆罗英、朱贤龙、解国霞执笔）

十六、向你介绍一种报刊

【教学要求】

（一）学会如何向他人介绍报纸、杂志或其中的一个版面。

（二）练习用“既表述又评议”的方法传递信息，发展语言的影响功能。

（三）激发学生读书、读报的兴趣，培养将所得信息向他人介绍的积极性。

【课前准备】

提前一周告诉学生：准备将常读的报纸、杂志或其中的一个版面、一个副刊、一个专栏介绍给大家。

【指导过程】

（一）导语

同学们都爱读书看报，这是非常好的习惯。谁能说说你们为什么爱读书看报？

（让学生回答）

对，书报中有神奇的世界、丰富的知识，它可以带给我们无穷的乐趣。如果大家把自己读到的内容和自己的感受互相介绍，不就能扩大自己的阅读面了吗？这是十分有意义的事。

上周曾经请你们选一种报刊向大家介绍，你们都选好了吗？今天你们可以介绍一份报纸、一种刊物或者介绍报纸、杂志中的一个版面、一个副刊、一个专栏。介绍得好，也是一种交际本领。掌握这种本领，对我们今后在社会上工作和生活是很有帮助的。现在我们就来学一学，练一练。

（教师板书作文题目：向你介绍一种报刊）

（二）讨论写作要求

1. 让学生在班上交流自己打算介绍的内容。

2. 引导学生议论。

（1）谁来说说，作文题目中的“向你介绍”的“你”是指什么？

（交际对象：本班同学、老师以及其他人。）

（2）向谁介绍已经明确了，那么我们再来讨论一下，为什么要这样互相介绍呢？

（交际目的：传播知识，扩大同学的知识面；让同学分享自己得到的乐趣；使同学获得新的信息；使同学知道书报对我们有什么帮助；激发同学的阅读兴趣。）

（3）交际的目的有各种各样，你们可以各自确定一点。那么如何根据交际目的选择交际内容呢？

（交际内容：书报名称，书报的内容及其在题材、形式、知识性、趣味性、可读性方面的特点；读后的感受和体会，简单的评议。）

（三）范例与评议

1. 教师在课前对两名中等生进行指导，让他们先行写出介绍报刊的文章，并请他们在课上朗读。

2. 学生按写作要求对两名中等生的文章进行评议。

3. 教师小结。

要取得较好的交际效果，除了要按交际目的确定交际内容外，还必须注意以下几点：

①文章开头要有吸引力；

②语句通顺，条理清楚；

③重点部分要具体叙述；

④要表露出对所介绍报刊的喜爱之情。

（四）操练与合作

1. 让学生在小组内口头讲述自己介绍的内容，并相互评议。

2. 让学生把自己的口述写成文章。

3. 指名在全班朗读，并开展集体评议。

（五）教师总结

今天的作文课上你们又学会一种新的本领，就是向大家介绍自己所喜爱的报刊。我们懂得了先要确定交际目的，然后根据目的来确定交际内容。懂得在撰写内容时，要有条理，有重点，还要注意运用夹叙夹议的方法。从今天的交流可以看出，你们的学习是认真的，你们的初步尝试是成功的。你们在实现语言的传递信息、自我教育和影响功能方面又有了新的进步。

（朱贤龙、卢曦、车月芳执笔）

十七、学写小评论

【教学要求】

（一）使学生懂得小评论在生活中的作用，并初步会写浅显的小评论。

（二）使学生体会到平实清楚的语言也可以实现语言的影响功能。

（三）通过有针对性地写小评论的练习，提高学生明辨是非的能力，培养学生觉察生活中好坏苗头的敏锐性。

【指导过程】

（一）导语

同学们：有几件事请你们谈谈看法，但一定要讲真话。

上课时，大家都在全神贯注地聆听老师讲课，教室里鸦雀无声。突然，有人叫了一声“报告”，大家一看，原来是张星又迟到了。请说说你是怎么看待这件事的？（让学生自由发言）

再请你们听另一件事：

上届五年级梅韵晓同学买体育奖券，得奖金一千元。他把奖金的一半赠给了学校少先队大队部。这件事你怎么看？（让学生自由发言）

好，你们对这两件事做了评论，观点都很明确。我再请你们判断一件家务事。俗话说“清官难断家务事”，我看你们这些“清官”能断不能断。小红的舅舅从北京写信给小红的妈妈。邮递员送信来时，妈妈正在厨房里忙，叫小红先放着。这时正在看报的爸爸让小红把信拿给他看。小红说：“这是写给妈妈的，又不是给你的。”爸爸说:“我又不是外人，妈妈没空就由我来拆看。”小红还是不肯。爸爸不高兴了，说小红不听话。妈妈听到后从厨房里出来，摸着小红的头笑了。

上面这件事，请你们来断一断：谁对谁不对？为什么？（让学生自由发言）

今天，你们对老师提出的三件事发表了自己的看法，也就是做了评论。在日常生活中，我们常常会遇到一些事情，使我们产生肯定或否定、赞叹或反对的想法；有时我们还会随口把自己的想法说出来，表明自己的态度。比如：“张星是怎么搞的，上学常迟到，常常打断老师的讲课，打断我们的思路。怎么这样缺乏时间观念，不为自己想，也该为大家想想啊！”这就是说，在生活中，我们常常会不知不觉地对某件事或某种现象做评论的。我们人人都有这种做评论的需要和能力，可能我们自己还没有发觉。口头评论在日常交际中时时有，在书面交际中也有一种简便的评论方式，我们称为“小评论”。今天，我们交际练习的内容就是学写小评论。

（二）板书作文题目：学写小评论

（三）分析题意

1. 谁知道“小评论”的“小”字该怎样理解？

（短小，对一件事、一种现象或一个观点、一句话谈简单的看法。）

2.“评论”的含义是什么？

（针对某件事发表是对还是错的看法，分析是好还是坏的原因，表明是赞成还是反对的态度。评论一般有表明肯定、否定、不置可否三种态度。）

（四）引导选材

1. 启发提问。

你们打算对什么事情或观点做评论？请大胆地说出来。

学生发言后，教师可补充一些实例让学生评论，以活跃他们的思维。例如：

①五名被选送到市里参加华罗庚杯少年数学竞赛的同学，全都是戴眼镜的。

②伟伟数学期终考试得了 95 分，他爸爸买了一辆自行车作为奖品送给他。

③来实习的两位新教师离去时，不少同学哭了，新老师也哭了。

④我校合唱队在区级比赛中得了一等奖。

⑤一位父亲带儿子乘公交车不给儿子买票。

⑥旅游胜地的一座古刹的墙上写着“××到此一游”。

⑦班长受到老师批评后哭了，有的同学在暗暗高兴。

⑧班主任生病后，其他老师来代课，大家仍旧学得很认真，纪律也很好。

⑨李云生日，她的同学赵灵送给她一块价值20元钱的石英表。

2. 教师小结

生活中可以评论的事是很多的，刚才我已指出，我们常常在不知不觉地做着评论。但也有一些人不关心是非，对什么事都糊里糊涂的。这种人必须改变一下，今后要关心生活，要学会分辨是非。

现在，请大家试写小评论，要针对一件事、一种现象或一个观点、一句话，围绕自己的交际目的做评论。交际对象一般是一个集体，也可以是广泛的群众。交际内容的安排可以先举例再做评论，也可以先谈看法再举例，不必拘泥于固定的格式。你对事物是怎样看的就怎么写。不一定要讲好多的理由，只要突出一两点，能充分地证明你的观点就够了。

（五）范例与评议

1. 学生写完初稿后，教师出示板书，提出小评论要做到：观点鲜明、态度明朗、语言简洁平实。

2. 教师朗读事前准备的范例。

拾物不能占为己有

有人认为捡到东西可以归于自己，有人则认为捡到东西应该归还失主或者交公。你是怎样想的？

大前天，我和唐××同学回家。她捡到了一副太阳镜，觉得非常高兴，戴着它向四周眺望，好不得意。我让她到人群里问问是谁丢了，她不愿意；我说明天交给老师，她说老师也找不到失主的。她决定将太阳镜留着自己使用。她的行为真使我吃惊。

拾物交公是幼儿园小朋友都懂的道理，她为什么明知故犯呢？这是她的贪心在作怪。太阳镜不是父母给的，也不是自己劳动得的，戴着它不感到惭愧吗？我们是未来的公民，应该具有高尚的道德和情操。贪小便宜，把别人的东西占为己有，这太不像话了。社会上的确有各种各样的人，有些人思想很差劲，但我们要向谁学习呢？不管是否能找到失主，我们都不能把捡到的东西占为己有，这是我们少先队员应该有的品质。

不久前，一位从台湾来的老爷爷雇车去南浦大桥观光，他兴奋得无法平静，下车时不停地说："太伟大了！太伟大了！"谁知竟把随身携带的提包忘在车上了。过了一个多小时，司机才发现这只提包，一看里面装着巨款。他急忙去寻找这位老爷爷，可毫无下落，只得把提包送到了公安局。后来，公安局把提包归还给老爷爷。老爷爷激动得热泪双流，说："你们太好了！大陆人太好了！"读了这个拾金不昧的事例，我想，唐 ×× 应该受到启发了吧！请和唐 ×× 有同样想法的同学注意，拾物不能占为己有！

3. 启发学生对范例做评议。

①作者评论的是什么事？

②作者的观点是什么？态度是否明朗？从哪儿看出？

③作者所评论的事情在文章的哪个部分？（中间）

④作者在评论中除了说理，还用了什么方法？（举出实例）

⑤你觉得这篇小评论的语言主要实现了什么功能？（语言的影响功能）

4. 教师小结。

写小评论主要是讲清楚自己的认识和观点，对一件事是反对还是赞同，态度要明朗。说理时可以用事例，也可引证名人的话，但一定要针对被评论的事实。小评论的语言不必讲究生动、华丽，而应该平实、简明，要清清楚楚地叙述事实，明明白白地讲清道理，可以用一些设问、反问、感叹的句式来加强影响人的力度。

谁愿意读读自己的小评论，让大家帮你评议评议？

5. 再请一名学生朗读习作，由集体评议。

（六）小组合作操练

请学生在小组内交流自己写的小评论，并且互相评议，互相修改。

（七）教师总结

今天我们初步懂得了小评论的作用，并初步学会写小评论。小评论是一种武器，一种工具，它可以发扬正气，扶植先进，促使人们及时提高认识，明辨是非，促进集体健康发展。这种交际形式短小方便。一事一议，是人们比较喜欢运用的。报纸刊物上的小评论，人们很爱阅读，因为它贴近生活，道理又明白浅显，读起来费时不多。我建议，今后我们班的墙报上，要经常发表小评论。今天做的练习誊抄后交给我，我将挑选好的文章交给班上出一期"小评论专辑"。

（朱贤龙、戴伟芳执笔）

十八、学拟广告

【教学要求】

（一）初步懂得广告的作用，学习拟写简短的文字广告。

（二）练习用简练的、生动活泼的语言去打动人，懂得只有充分发挥语言的自我表现功能和影响功能，才能写好广告。

【指导过程】

（一）导语

今天这堂课将是很有趣味性的，我们将学习一种新的交际形式。它不单要求你们充分发挥语言的各种功能，而且要求你们展示创造的才能。是什么形式呢？一会儿你们就知道了。

（二）范例与评议

1. 教师朗读自己编写的广告《多用神魔沙发》。

不是神话，不是幻想，这是千真万确的事实：它可以让您像鸟儿一样在空中自由飞翔，它可以帮助您飞速地从甲地驶向乙地。它是什么？它是为民公司新近推出的尖端产品“多用神魔沙发”。这种沙发有十分奇妙的功能，它既是供坐、靠用的普通沙发，又是特殊的交通工具。它柔软而富有弹性，使人感到特别舒服。使用“多用神魔沙发”可以免去挤公交车的烦恼，节省宝贵的时间，它的造型美观，质量可靠，价格只有摩托车的一半，功效却兼有座椅、飞机和汽车三种。拥有它吧，它会成为您的最佳伙伴，使您感到方便快乐！

2. 讨论问题。

（1）这篇文章的交际目的是什么？

（使人们了解“多用神魔沙发”的各种功效，并激起人们购买它的欲望。）

（2）你觉得这篇文章的语言有何特点？文章包括哪些内容？这种文章叫什么名字？

（文章语言简练、活泼、有感情色彩，内容主要是商品的名称、结构和功能。这种文章叫“广告”。广告是介绍商品、指导消费用的，形式有图画、照片、文章及演小品、做口头介绍等多种。配画面的电视广告语言十分简明，几句话就可以了。登在报刊上的书面广告，要写成一篇短文。）

（3）谁能说说广告这种交际形式的对象、目的和内容？

（交际对象：广大消费者。交际目的：使人们了解商品，获得该商品的知识并产生购买的意愿。交际内容：商品的名称、外形、功能、结构、质量、价格、购买地点和维修办法等。）

（三）操练与合作

1. 教师板书作文题目：学拟广告。

2. 请每个学生像老师一样设想一个全新的产品，并拟写一则广告。

3. 让学生在小组内交流自己的习作，并相互评议。

4. 让 3~4 名各小组的代表在班上交流习作，并进行全班评议。

（四）教师总结

今天你们发挥了各自的聪明才智，设想出许多世界上还没有的商品。不管什么发明创造，都是从想象开始的。说不定若干年后，你们设想的产品会通过你们的手制造出来呢！今天你们还学习为自己的“产品”拟写广告，大家都写得不错。广告是社会上广泛应用的交际形式，学会写广告，对将来是很有用的。写广告必须围绕“让人了解商品，激起购买的愿望”这一目的来展开；内容要短小精悍，突出商品的功用，语言要简练、生动、活泼、有趣，充分发挥语言的自我表现功能和影响功能。课后请你们将自己写的广告修改誊清。我将挑选一些写得较好的广告在班上举办一个“广告展览会”。

（朱贤龙、卢曦执笔）

十九、给 ××× 的一封信

【教学要求】

（一）复习书信格式并使学生进一步懂得写信必须情真意切、内容集中、语言清楚并且得体感人。

（二）使学生明白写信是社会生活的必需，是一种重要的交际形式，激发学生练习写信的积极性。

【指导过程】

（一）导语

同学们，四年级时大家已学过怎样写信，今天再来做一次练习。你们知道书信能打破空间的阻隔，把自己和离别的人的心连在一起。书信是日常生活、工作中不可缺少的交流思想的一种方式，既方便又灵活。随着社会的发展，人们的交际日益广泛。你们今天在一起学习，将来战斗在各自的岗位上，并且还会结识很多朋友。那时，天南地北、国内国外都有你们的熟人、亲人，写信便会成为你们经常性的活动，比如祝愿、劝勉、问候、忠告、交流观点、商讨问题等都需要借助书信。你们想想，今天练习写信是多么必要！

（二）板书作文题：给 ××× 的一封信。

（三）明确写信要求

1. 要求学生明确写信的对象和内容。

虽然是练习写信，但要根据你们生活中真实的通信需要，比如爸爸在外地，表姐去了日本，好朋友转学了等。每个人都有属于自己的小秘密，有许许多多真挚的心里话，想对亲友诉说，也有一些美好的心愿和设想想向亲友倾吐。你们可能想谈谈自己的家庭生活或汇报自己的学校生活情况；可能想谈谈自己的见闻，介绍社会新气象；也可能有什么建议、疑问，需要告诉有关部门，向某位领导反映。请你们确定一个对象，确定信的内容。

2. 让学生用两三句话说说自己写信的对象和内容，先小组交流，再全班交流。

3. 教师小结。

同学们的想法真好。你们的交流中有向远方的亲人汇报自己的学习和生活状况并给他们道平安的，有对长辈表达自己的思念之情和深深的祝福的，有给老师、同学讲自己在学习中遇到困难的，也有以"新中国小主人"的姿态去关心学校和社会性问题的。从中，老师看到同学们都长大了，我很高兴。

那么怎样才能恰到好处地写信，达到比较好的交际效果呢？简单地说，就是按照交际目的来安排内容，表达时要突出一两个重点。就像面对面交谈一样，要把想讲的话倾吐出来。句子要通顺，要有真情实感，尽量去打动对方。

（四）范例与评议

1. 教师朗读一位同学写给老师的信。

老师请戒烟吧

李老师：

您好！

此刻已是半夜了，您一定又在"开夜车"了。我可以想象得出，一定还有一支烟在伴随您，一缕袅袅青烟缠绕在您的周围。噢，我猜对了吧！李老师，您养成吸烟的习惯已有几十年了。您那常积满烟灰的烟灰缸，您那总是焦黄的手指，可谓是最好的见证了。您默默地备课时，批改作业时，思考问题时，总要燃起一支香烟，在您的面前总是腾着烟雾。

多少个日日夜夜，您都在烟雾缭绕中度过。也许，在您看来，吸烟可以消除您工作的疲劳。您可曾想到，烟草有毒，它含有一种致癌物质，吸烟对身体有害啊！

在我的心目中，您是我最钦佩的一位老师，因为您有闪光的心灵，不平凡的品格。为了工作，您经常废寝忘食，牺牲自己的休息时间。这本来已经使您的身体疲惫不堪了，您再无休止地吸烟，身体怎么能受得了呢？您关怀我们无微不至，经常告诉我们：无论做什么，都要有健康的体魄，嘱咐我们要锻炼好身体。而老师，您却让自己的身体受到烟草的毒害和折磨。对您大量吸烟，同学们都看在眼里，愁在心里。李老师，我真希望再也见不到你的烟灰缸，再也闻不到您身上的烟草味。

老师啊，为了实现您的誓言“继续为教育事业再奋斗”，请您立即戒烟吧！——这是您的学生、一个刚上初中的孩子从内心深处迸发出的强烈愿望。

祝您

健康

学生　李婷

6月1日

2. 评议书信内容。

信念好了，你觉得信中包含着什么样的感情？这感情是否真诚？你是怎样感受到的？这封信是围绕哪一点来写的？按师生的关系来看，信中的语言是否得体？信中语言主要实现了什么功能？

3. 复习书信格式。

（1）称呼：单独成行，顶格写。

（2）向收信人表示问候：单独成行，空两格写起。

（3）询问对方情况：另起一段。

（4）内容重点：谈自己的事，或对对方的希望、要求（可分段陈述）。

（5）结尾：一般写表示祝愿或敬意的话。祝愿的话可因人而异，单独成行，空两格写“祝”，换行顶格写祝语。

4. 教师归纳。

写信和写其他文章一样，都要做到对象和目的明确，内容和目的一致，内容安排要得当，要较好地实现语言的自我表现和影响功能。

李婷的这封信内容集中，格式正确，从对老师的深厚感情出发，规劝老师戒烟。文章晓之以理，动之以情，文字简练而富有感情，较好地实现了语言的自我表现功能和影响功能。

（五）操练与合作

1. 让学生动笔写信，教师巡回，发现宜做范例的信重点指导。

2. 指名两名学生在全班交流，然后集体评议。

3. 让学生在小组内交流，互相评议和修改。

（六）教师总结

今天我们练习写《给 ××× 的一封信》，复习了书信的格式，进一步懂得了写信必须感情真实，内容集中，说话得体，要尽力实现语言的自我表现和影响功能。你们写的信条理清楚，重点突出，能以真挚的感情去打动对方。这说明你们的交际本领又进一步增强了。今天的练习，老师是满意的，请在下节课上修改、誊抄自己的作文。

（赵建芳执笔）

二十、学写导游词

【教学要求】

（一）学习围绕旅游景点的特点、形成过程和传说等几方面来介绍旅游地的方法。

（二）培养学生运用口语语体写讲话稿的能力和促进学生实现语言传递信息、影响、调节等功能。

（三）通过对旅游景点的回忆与介绍，加深学生对祖国河山之美的感受，使学生受到热爱祖国的教育和审美教育；并在假想的景点介绍中，培养学生社会交际的热情和为他人服务的积极性。

【指导过程】

（一）导语

上星期老师让你们回答了："你到过哪些地方旅游？什么地方留给你的印象最深？"从你们的回答中，我知道了你们都曾经游览过祖国的名山大川，瞻仰过许多名胜古迹。在旅游中你们领略了美丽的湖光山色，听到了许多故事传说。你们开阔了眼界，增长了知识，旅游是很有意义的活动。今天，我想让你们交流一下，但不是让各人讲自己的游记，而是讲一篇导游词。即假想自己是一名导游，带着同学们（也可以是其他人）去自己印象最深刻、感受最多的地方旅游，向他们介绍那里的景色特点和故事传说。你们想试试吗？谁先来说说，你想为谁导游？去什么地方游览？

（二）揭示作文题目：×× 导游词

（三）出示范例

这儿有一篇导游词，我把第一部分读给大家听。

北京颐和园导游词

同学们，颐和园已经到了。这儿人挺多，熙熙攘攘的，请紧紧跟上，别掉了队。你们看，前面就是颐和园大门，大门上那块大匾“颐和园”三个字写得多么雄健有力，相传这是乾隆皇帝的亲笔。颐和园原来是清朝的皇家花园，普通百姓是无法进去的。这座园林规模十分宏伟，全园周长 8.24 千米。园里由昆明湖和万寿山两部分组成，有名贵的奇花异草，有参天的葱郁古树，有构建奇巧的亭台楼阁，加上湖光山色，风景十分优美。好，请同学们进去吧。不，跟着我。同学们，我们的左边就是昆明湖，你们看，水面多么开阔！那儿有一座长桥横卧在水上，你们数一数，它共有几个桥孔？对，这是有名的十七孔桥。告诉你们，桥栏杆上有几百根柱子，每根柱子上都有石刻的狮子，可是没有两头狮子的姿势是相同。等会儿我们要通过它去湖心小岛，你们可仔细欣赏欣赏它的建筑艺术。现在我们先游览长廊吧。请看，它是分成一间一间的，每一间都是红漆柱子、绿色栏杆，这一间一间不用墙隔开，它们连成一条长长的廊道。长廊的特点第一是长，你们向前望去，看不到尽头吧，它共有 273 个小间 728 米长呢！第二是长廊中每一间上方的门楣上绘有各色各样的彩画，有西湖风景、山水人物、历史故事、神话传说共 8000 余幅，每一幅都是各具特色，没有相同的。真叫人赞叹不已。请大家就从这儿开始顺着长廊一直向前，看累了，走累了，你可随时坐下来休息。到了长廊的尽头，我们再一起上万寿山，到佛香阁去观赏一番。你站在佛香阁前面向远处眺望，不单能看到昆明湖平静得像面镜子，绿得像块碧玉，还可以隐隐约约地望见北京城的城楼和白塔。这会儿是下午一时三十分。大家自由地观赏这长廊和长廊两旁的花木，到二时三十分我们在长廊的那一端集合，然后登万寿山游佛香阁，再去观赏十七孔桥。

（四）讨论写作要求

1. 导游词和游记有什么不同？

（导游词是带领他人游览名胜古迹时的讲话稿，是处身在当时情景中面对面的口语交际。游记是个人游览名胜古迹后的回忆，是对游览过程中感受的记载，交际对象是不在场的人，是书面交际。）

2. 导游词的交际对象应该是什么人？

（是身旁的旅游者，可以是大人也可以是儿童、少年，可以是群体也可以是个别人。）

3. 导游词的交际目的是什么？

（指点和介绍好的旅游景点，激发旅游者的观赏兴趣，启发体会景色的特点，使旅游者了解景点形成的过程和有关传说。）

4. 导游词的交际内容应该包括哪些？

（去景点怎样走，景点美在何处、有何特点，有关的历史故事和传说。）

（五）学生个人操练

让学生各自尝试写导游词，教师巡回指导。

（六）组织全班交流

1. 请 1~2 名学生口述自己的导游词。

2. 对班内交流的导游词按下述要点进行评议。

（1）介绍是否具体、清晰，是否突出重点？

（2）交际内容是否需要补充？

（3）是否具有口语语体特征？

（4）语言的影响功能、调节功能实现得怎样？

（七）小组合作操作

让学生在小组内口述导游词，并互相评议、补充与修改。

（八）教师总结

长大后，你们不一定去当导游，但在社会生活中向周围的人介绍某地景色特点和故事传说是经常需要的。你们练习写导游词，是学习一种交际形式。这有利于发展你们语言的传递信息功能、影响功能和调节功能，有利于你们长大后更好地参加社会生活。另外，热爱祖国的河山是爱国主义的表现；热爱大自然的美，是一种高尚的情操。写导游词可以使你们重新回忆起游览时的情境和进一步体验愉悦的心情。如果真有机会在景点现场向人介绍，不也是一种为他人服务吗？所以练习写导游词还可以增强为人民服务的观念。今天大家练习得很认真，也很有成效。读了一篇写得较好的导游词，必然会有身临其境的感觉，像自己也去了某个旅游地似的。下堂课请你们交换阅读各人写的导游词，这多么有意义！现在请大家好好修改，定稿后誊清交给老师。

（朱贤龙执笔）

第三编　小学作文教学改革论文

中小学作文训练序列研究方法浅析[①]

中小学的作文训练应是通过有目的、有计划、有指导的写作实践，提高学生语言文字表达能力的活动过程。探索和建立作文训练的科学序列，是提高作文教学效率的迫切需要，是当今语文教学科学化的重大课题。

近年来国内外对中小学作文训练序列的研究十分活跃。有些学者主张写作教学必须走工程化的道路。所谓写作工程，是指应用写作的原理和规律，使写作者写作能力按照定向要求达到不断提高的目的所采用的训练技术体系。写作工程具有应用性、整体性、综合性、标准化四个特点，力求克服传统写作训练的随意性、重复性和盲目性。另一些学者反对写作教学走工程化的道路，因为写作的主体是人，不是机器，写作训练不能太机械。他们主张写作教学应该走“农业化”的道路，即教师应该像园丁，为写作准备好适当的“阳光”“土壤”“空气”“水分”，引导学生逐步提高写作水平。但是他们也不否认农业操作要符合客观规律，写作训练也要有一定的顺序。虽然学者们的观点很不相同，但大家都努力地从宏观角度剖析写作的全过程，探索作文的规律和作文训练科学化的序列。

作文训练的序列，指的是培养学生作文能力全过程的科学安排。从系统论来看，作文训练本身是个大系统，包

① 本文刊于《教育研究》1988 年第 7 期。

含着语言文字训练、心理能力训练以及知识经验积蓄等子系统。当今国内外的学者在确定具体的训练序列时往往从上述众多的子系统中确定一个作为主线，将其贯穿于训练的全过程。由于研究的角度不同，所确定的主线也不同。当前国内外中小学作文训练的序列可概括为下述六种基本类型。

（一）知识技能型

有不少学者认为语文学科是工具学科，主要任务是培养理解和运用语言文字的能力，而语言文字的知识技能则是语言能力的基础。因此他们主张以作文的知识技能作为主线贯穿作文训练的整个过程。

具体地说，“知识技能型”的训练序列，是按文章的结构单位和文章体裁的种类排列训练内容的先后次第。如小学按字、词、句、篇排列，分为小学低年级段的连词成句训练，中年级段的连句成段训练，高年级段的篇章综合训练。小学重点进行记叙文训练，初中按顺序进行记叙、说明、议论三种文体的训练，高中也按顺序进行比较复杂的记叙、说明、议论三种文体的训练。我国现行的中小学语文教学大纲对这种类型的序列做了充分的阐明。但是不能说我国的中小学语文教学大纲就是纯粹的“知识技能型”大纲，应该说它们是既十分重视传授语文知识技能又十分重视完成语文教学其他任务（特别是发展认识能力）的“综合型”的大纲。

（二）心理能力型

有些学者也承认语文学科是工具学科，应该发展学生的语言能力。但是他们认为一般心理能力（包括智力、情感和意志活动的能力）是发展语言能力的心理学前提，因此主张“两条腿走路”，即既发展语言能力，又发展一般心理能力，而关键是发展一般心理能力。根据强调的侧重点不同，心理能力型又可以分为智力型和个性型两种。

智力型的作文训练强调以“发展智力”作为训练的主线。例如我国有人对小学阶段的作文训练做了这样的设计：一、二、三年级从发展观察能力入门，四年级着重发展想象力，五、六年级着重发展抽象思维和创造性思维能力。北京的高原和刘朏朏则是中学阶段“智力型”序列设计的代表。他俩认为“作文能力应包括认识与表达两个方面”，而“认识能力（又可分为观察能力与分析能力）正是表达能力的基础”。他俩确定的训练序列如下：初一着重培养观察能力，写观察日记（侧重练习记叙与描写）；初二着重培养分析能力（侧重练习议论与说明）；

初三着重提高表达能力，写表达随笔（综合练习各种表达方式）。

在国外，“智力型”序列设计的最著名代表是苏联教育家苏霍姆林斯基。他说传统的作文教学存在着语言脱离思维的重大弊病。“学生日复一日，年复一年地重复着别人的思想,却没有表达自己的思想。”他们所写的,“是一些硬挤出来的、笨拙的、背诵下来的句子和词组,它们的意思连儿童本人也是模糊不清的”。因此，他主张一开始不让学生写记忆性的命题作文,而是写观察作文,进行“实物写生”。他认为，学生观察实物易于产生鲜明的表象，产生写作的激情，也有助于独立地思考事物之间千丝万缕的相互联系。并且在观察中，每个学生总是用自己的眼光来看待事物之间的成百上千种联系，所以各人的思想不会雷同，他们的语言表达必定“带有深刻的个性”“具有自己的独创性”。

苏霍姆林斯基曾在著作中公开推荐他所设计的巴甫雷什中学一至十年级的233个作文题。其中数量最多的是观察作文题（共有116篇，约占50%）。它们又分成两类，一类是艺术性的描写文，例如《学校附近的花》《晚霞》《树林里的冬日》。描写大自然的美景，可以最有效地进行审美教育。另一类是科学性的描写文，例如《燕子筑巢》《小麦是怎样抽穗的》《蚂蚁的生活》。写这一类文章，目的在于培养学生抽象思维的兴趣和能力，同时使他们获得有关大自然变化规律的科学基础知识。在作文题目中，读书笔记的数量占第二位（一共有98篇，约占42%）。它们又分成两类，一类是对课文中人物形象的分析和评价，另一类是对课文中的格言或有代表性的言语开展议论。把读书笔记列为作文的重要内容，可以使学生借以进行爱国主义和思想品德的自我教育，发展想象和创造性思维的能力。从观察作文入手，逐步发展学生的形象思维、抽象思维和创造性思维的能力，正是苏霍姆林斯基作文设计的精髓所在。

个性型是另一种心理能力型。个性型的作文训练序列强调以“发展个性”作为训练的主线。其最著名的代表是苏联心理学家赞科夫。现在有不少人认为赞科夫是智力型的代表，其实是误解。赞科夫所提出的各项教学原则，虽然注重包括观察、思维和实际操作能力在内的智力的发展，但是绝不忽视包括情感和意志在内的个性的全面发展。他说：“就我们对待教学法的观点来说，其最大特点是克服了片面的唯智主义以及与之密切联系的形式主义，这种片面的唯智主义和形式主义乃是传统教学法的典型特征。”赞科夫认为作文教学的一个重要目的，在于“使学生的个人特点及完整的个性得以充分发展”。因此，他反对用复述和列提纲的传统方法进行写作指导。他主张教师出题目后，放手让学生去写，谁爱写什么就写什么，能写几句就写几句。学生没有框框，“自由创作”，有充分的余地来表达自己的真情实感。

有人认为赞科夫的作文教学法是放任自流，不能提高学生的写作水平。赞科夫说，按照传统方法写作文，可能看起来是相当“严谨”而“有条理”的，但是这种“严谨”和“条理”都是教师预先安排的，不是学生自己的东西。他认为任何一种现成的篇章结构都无法容纳生动活泼的思想，相反会限制这些思想的自然表达。只有在根据个人的特点对现实生活全面而深刻地认识之后，学生才能把所感知的现象的各方面有机地结合起来，在头脑中形成认识和感受的系统性，写出来的东西才会有条理。

（三）写作能力型

有些学者认为在中小学作文训练中光强调传授知识技能，或者光强调培养心理能力，都是片面的。作文训练的主线应该是培养独立的写作能力。所谓独立写作能力，就是作文的知识技能和心理活动（首先是智力活动）在作文过程中的辨证统一。这些能力既可以根据作文的全过程逐一地分解出来，又可以分阶段地、有重点地逐一地加以培养。

在苏联最具有权威性的、被教学大纲承认的中小学作文教学体系，就是一种“写作能力型”的训练体系。这个体系是教学法专家拉德任斯卡雅经过长期实验后创立的。

拉德任斯卡雅通过分析写作过程的智力活动，研究各种教学法著作，以及调查学生作文各种典型的缺点，认为最基本的写作能力共有七种：（1）审题能力；（2）表现中心思想的能力；（3）搜集材料的能力；（4）系统地整理材料的能力；（5）修改文章的能力；（6）语言表达能力；（7）选择文章体裁的能力。这七种能力中，前六种属于一般的写作能力，而安排文章体裁的能力则是特殊的写作能力。这些能力的培养根据“先一般后特殊”的原则分成两个阶段。第一阶段是四、五年级。这是学生打好写作基础的关键时期，应该重点培养一般写作能力。其中四年级重点培养审题和表现中心思想的能力，五年级重点培养搜集材料和整理材料的能力。第二阶段是六、七、八三个年级，应该重点培养用各种体裁来写作的能力。七种写作能力中有两种不单独安排训练：一是语言表达能力，它可以通过文学课和语法课的教学逐步形成；二是修改文章的能力，它应该通过作文教学的各个阶段逐步形成。

那么怎样处理培养一般写作能力与文体训练的关系呢？拉德任斯卡雅认为，按照“第一，记叙文；第二，描写文；第三，议论文”的顺序教学太机械了，因为各种体裁的文章都有难有易，决定难易的因素绝不是文体本身。作文题目的深浅固然是一个因素，更重要的是各类作文对一般写作能力（如审题、表现中心思想、搜集材料和整理材料）所提出的要求。她认为，可以用对一般写作能力的要求作为标准，将各种文体中同样难度的类型放在同一年级教学，也就是说安排上不搞“单打一”，而是齐头并进。这样安排不仅有利于学生的学习，而且有利于发展他们的个性特点。因为有的学生擅长于抽象逻辑思维，有的擅长于具体形象思维，多种文体同时教学，他们就能各得其所。

近年来国内著名的教学法专家也对写作能力的结构要素做了不少研究。他们在吸取国外的理论和国内的经验基础上，提出了一些各具特色、自成体系的观点，并且正在努力探索符合我国国情的“写作能力型”的中小学作文训练序列。

（四）语言交际功能型

美国和苏联的一些学者认为中小学作文训练应该着重培养独立作文的能力，但是决定作文能力结构的不应该是写作的过程（如审题、立意、选材、组材、谋篇、布局），而应该是语言交际功能发展的年龄特点。他们认为语文学科不是一般的工具学科，而是交际工具学科；语文学科的本质特点是它的社会交际工具性。

这些学者认为语言的交际功能分为处理信息功能和调节活动功能两大类。具体地说，又可分成概括和传递信息、自我表现、根据不同对象施加影响、自我教育、创造新信息等功能。这些交际功能是相互联系的整体，不可分割。但是在小学生个体成长的过程中，这些功能的发展是有先有后的，因此可以分阶段地、有重点地加以培养。学者们认为，在每个年龄阶段，语言的发展由这个阶段的主导活动所决定。主导活动不同，语言的交际功能也就不同；语言的交际功能不同，为它们服务的语言能力的内容也就不同。例如，儿童在六七岁以前（学龄前）的主导活动是游戏。为了进行游戏，他们需要同伙伴交往，逐步形成语言的调节功能。这时他们应该掌握口头语言，而且主要是日常生活中的口头语言。但是进入小学后，学习书本知识成为儿童的主导活动，语言的概括信息和交流信息的功能就迅速形成。这时候语言的书面形式（如语言成分、词汇、简单的语法规则和文章的基本结构）就应该成为儿童的认识对象。但是光教学记叙文体是不够的，还应该结合各门学科的教学，让他们掌握科学性的文体，例如学会记听课笔记、做文章摘要、写书评等。学生进入初中以后，除了学习书本知识，还积极参加各种课外和校外活动，参加团队活动和社会公益劳动，他们的交际跳出了家庭和学校的范围，人与人之间的联系成为他们的主导活动。这样就促使根据不同对象施加影响的语言功能得到发展。因此在初中阶段更不能满足于教学记叙文体，必须同时让学生掌握说明、议论、应用等文体。在口头训练方面，要特别重视教会学生讲演和辩论。此外，还要教会学生在交际进程中“审时度势”，根据对方的反应灵活地进行语言表达。进入高中以后，职业定向活动逐渐成为学生的主导活动。语言的自我教育功能和创造新信息的功能不断发展。这样，就应该要求学生十分熟练地掌握口头语言和书面语言，而且逐步形成语言的个人风格。

苏联教育心理学家达维多夫和语言心理学家玛尔柯娃是“语言交际功能型”序列设计的代表。他们认为少年期是语言发展的最佳年龄期，应该循序渐进地培养语言的各种功能。因此，他们反对传统语文教学把“阅读”“语法”和“作文”相互割裂的做法,主张以培养语言的交际功能作为主线,把“语法”“作文”和“阅读”的内容有机地组织在一起，建立一门带综合性的语文课程——“语言表达理论”课。十分明显，这样组织教材是以学习语法理论和阅读作为基础，以作文作为中心的。

根据达维多夫和玛尔柯娃设计的四至八年级的实验教学大纲，四年级应着重教学构造“句子复合整体”（即片段）的能力，以发展语言传递信息的功能。特别要教会学生掌握片段的基本思路结构。五年级应着重教学表达“主观态度”（即中心思想）的能力，以发展语言的表现自我的功能。例如，应让学生掌握下述语言手段：（1）丰富多变的语调（怀疑、惊讶、讽刺、自信等）；（2）表示强调的词序颠倒；（3）表示语气强度和语气延续的重复；（4）各类表态词和表态句，如语气词、感叹词、插入语和插入句；（5）各种修辞格，如倒装句、设问句、反问句、夸张、比喻；（6）根据表达的意图划分段落（小节）；（7）潜台词；等等。到了六、七年级，应着重教学根据不同对象施加影响的交际功能。例如，应让学生掌握反映日常生活的口语体裁、正规的应用文体、政论性文体、科学性文体，掌握描写、记叙、议论、说明等表现手法。特别要教会学生演讲，使他们在演讲时能抓住中心议题，善于站在听众的角度思考问题，注意语言的连贯性。

（五）科际联系型

有些学者认为，传授知识技能，发展心理能力，培养写作能力，这些都只是作文训练的形式方面，而决定作文训练序列的，首先应该是作文内容，必须根据内容和形式相统一的观点看问题。他们认为从教学法角度看，作文的过程是运用语言文字对思想内容进行整理、加工的过程。通过语言文字的综合训练，一方面可使学生掌握审题、立意、谋篇、布局、用词、造句的写作能力；另一方面，可使学生掌握观察、想象、分析、比较、抽象、概括等认识能力。但由于作文是中小学生对自己所见、所闻、所思、所感的表达，因此不能光注意它的表现形式，也要重视它的思想内容，也就是说，必须站在教学论高度分析问题。从教学论角度看，作文训练还具有两方面的作用：第一，它必然要运用学过的各学科知识，可将这些知识巩固、加深、改造和系统化，并促使儿童进一步猎取自然界和社会生活的知识；第二，通过自我情绪体验，作文可以陶冶儿童的审美感情，激发他们的求知欲，培养他们热爱祖国、热爱科学以及忠诚、正直等思想品德。总之，作文不仅是培养学生语言表达能力的工具，而且应该成为加深理解各学科的教学内容、发展学生创造能力的手段。

苏联教学论专家斯卡特金和聂恰耶娃是“科际联系型”序列设计的代表。为了加强作文训练与各科教学的联系，充分发挥它对整个小学教学的作用，这两位专家在实验教学中把小学阶段的作文分为以下三类：第一类是具体形象的记叙文，包括童话故事、想象性的描写以及对真人真事的片段记叙；第二类是看图作文和听音乐作文；第三类是读书笔记。

（六）训练途径型

上述的五种序列类型，都是从作文训练的目标系统考虑问题的，即从诸多目标（如传授知识技能、发展心理能力、培养语言交际能力、加深和拓宽各学科的知识）中选择一个重点目标作为主线来安排训练顺序。“训练途径型”则是从达到目标的训练途径考虑问题。我国有许多学者乐于用训练途径来表述作文训练的序列。他们认为这样表述不仅言简意赅，而且可以保留不少传统的提法，好懂好记，便于应用。目前最常见的“训练途径型”作文序列，有以下五种：

1. 从说到写。这主要是指小学作文训练的大体顺序。它包含两层意思：第一是作文训练的过程和形式，即从看图说话到看图写话，再到命题作文。第二是一堂课的作文指导，即先训练学生说话，然后让他们动笔写文章。在低年级，可以让学生把说过的话写下来；在中高年级仍然可以让学生在作文之前先说一说，使他们对要写的东西更加明确，表达的顺序更有条理，也就更有把握写好作文。

2. 从述到作。“述”就是口头或书面的复述。“述”的内容是学生自己阅读的或别人朗读、讲述的材料，它的题目、内容、词汇和组织顺序都是现成的，学生只要用自己的语言、不歪曲原意地把原材料转述出来。而“作”就是口头或书面的作文。学生在作文时往往只有题目，至于材料、中心思想、组织顺序、表达方法以及词汇，要靠自己独立观察和独立思考来确定。十分明确，“从述到作”是逐步培养学生作文的独立性和创造性的训练顺序。

3. 从仿到创。“仿”就是仿作，即主要依据范文的写作方法习作。“创”不是指文学创作，而是带有创造因素的独立习作。“仿”是手段，“创”是目的；“仿”是条件，“创”是结果。从“仿”到“创”是中小学生学习作文的规律，因为学生原来不会写作，通过模仿和借鉴，他们就能逐步掌握书面表达的要领，把范文的表达技能转化为自己的、能运用自如的表达技能。

4. 从放到收。这是我国传统作文教学的一条重要经验。“放”就是让学生自由写作，写“放胆文”，即由学生根据自己的经验和感受，或自定题目，或自选题材，有时连作文的时间和场合也不严格规定。“收”就是在教师的指导下按照规定的顺序和方法，严格地进行作文训练。例如，北京景山学校认为小学三年级是作文的启蒙阶段，应通过写“放胆文”让学生把文章写“开”，把笔头写“顺”，同时写出真情实感，不抄袭，不假编，不瞎套，不硬挤。四年级是掌握规律、严格作文训练的阶段，应教会学生如何写人、记事、状物。五年级是运用规律、提高作文水平的阶段，应使学生写出夹叙、夹议、夹抒情的富有儿童情趣的作文。另外还有学者提出这样的设想：小学应放，初中后半段开始收，记叙性文章至高中毕业要写得通顺、流畅；同时，要让学生在论说性文章的写作上“放言高说”，至高中毕业只略作“收束”即可；大学要强化两类文章的训练，不仅收好而且要把重点转到“论文”写作上来，使其进入写作的“自觉”阶段。很明显，先放后收就是先解决“写什么”的问题，后解决“怎样写”的问题，先激发写作的兴趣，后掌握写作规律，这基本上符合学生习作的心理规律。

5. 从部分到整体。从简到繁，从易到难，循序渐进，这是学习的客观规律。中小学作文训练也是如此，可以把文章结构单位和文体的技能训练，独立写作能力和各种心理能力的训练，先分解成一个一个的单项，然后按照“从部分到整体”的规律进行训练。我国对“从部分到整体”序列的研究在小学语文界尤为活跃。这种研究目前不仅在向纵深发展，而且形成了许多自成体系的流派。教学法专家张田若最早将小学作文训练概括为“三步走”：第一步，口语训练（一年级）；第二步，写话训练（二年级）；第三步，作文训练（三至六年级）。后来山东烟台市的李昌斌、马兆铭等同志对这个序列做了补充。他们认为三年级是由一、二年级说话、写话训练向高年级作文训练过渡的年级，以段的训练为主，应单独作为一个训练阶段，可以叫作“片段训练”（或叫“过渡训练”）。这样，就将“三步走”改成“四步走”。不久，笔者和上海市贾志敏等同志又对“四步训练”做了发展。我们认为不宜让四年级学生立即着手写命题作文，因为四年级开始进行简短记叙文的篇章训练，而要学生掌握简短记叙文的基本结构，把文章写得条理清楚、中心明确，还必须由老师“扶着”走一段路。也就是说，四年级也应该单独作为一个训练阶段，可取名为“半独立的篇章训练”。因此，比较科学地说，小学作文应该分成五步训练：一年级，口语训练；二年级，写话训练；三年级，片段训练；四年级，半独立的篇章训练；五、六年级，独立的命题作文训练。

以上介绍了“小学作文分步训练”的各种做法。此外，东北农垦总局的语文教师还提倡“小学作文分格训练”。所谓“格”，就是单一的基本训练单位。具体地说，他们从说话、写话、片段训练到篇章训练，从写景状物到写人记事，从审题立意、选材组材到开头结尾，从培养观察能力到发展语言、思维能力，把众多的作文难点分解成一个一个具体训练的“格”，然后按照“从部分到整体”的原则循序渐进地训练。

近年来国内外对中小学作文训练序列的研究呈现出“百家争鸣”“百花齐放”的繁荣景象，以上介绍的仅仅是较具典型性的六个流派。从介绍可以看出，跻身于研究行列的，不仅有语文教学法专家，还有教育心理学、语言心理学和教学论的专家，他们都根据本学科领域的最新研究成果，从不同的角度来探索作文教学科学化的问题。他们的研究启示我们要确立科学的中小学作文训练序列，至少要注意下面两个研究方法。

1. 运用系统方法进行研究。

中小学作文训练序列应是系统设计的结果。系统方法认为，任何系统都是由诸多要素（或称子系统）组成的整体。整体性是系统方法最基本的原则和出发点，整体的性质和规律只存在于各要素之间的相互联系、相互作用之中。整体性不是各要素的简单相加，而是各要素的相关性。只有找到各要素之间的内在联系，形成互相联系、互相作用的整体，才能形成最佳结构，达到“组合质变”的效果。

中小学作文教学是一个复杂的系统，包含着众多的子系统，诸如语言能力形成系统，一般心理能力（包括智力、情感和意志活动能力）形成的系统，字、词、句、篇和各种文章体裁知识技能形成的系统，语文学科同其他学科相互影响的那一部分知识能力形成的系统等。在设计作文训练的序列时，首先必须确定序列的主系统（即起主导作用的系统），同时还要考虑主系统与副系统、纵向发展与横向联系、主体直进与循环渐进、单项训练与综合训练的关系。其次还必须考虑训练的阶段性。从小学，到初中，到高中，乃至到大学各阶段都有作文训练的任务，必须有全过程的设计方案。即使在小学阶段，还需根据不同年级具体规划训练的项目与任务，既要防止无效的重复，又要防止前后脱节，破坏连续效应。从技能形成和掌握的角度看，还得注意有上升的循环，波浪式的渐进。再次必须实现可操作化。作为训练序列的最低层次，应该是可以具体实施的、分解的步骤和动作。作为每一个训练项目，应该是可以详细描绘并能检查效果的，不能只是空泛的“作文知识讲座”。作文能力的提高只有经过写作实践过程才能实现，所以知识技能的掌握要落实在“操作”过程中，心理能力的发展也要融合于“操作”过程中。

2. 把经验总结同自然实验结合起来。

必须先从教师的先进经验中得到启发，提出关于中小学作文教学体系的各种科学假设，然后在课堂上进行控制条件的各种实验，并且客观地统计数据，记录效果，进行科学分析。接着再将实验成果放在群众实践中去检验和发展。这样做，就能避免许多偶然因素（例如只有重点学校才能出好成绩），而能找到作文教学结构（教学思想、教材和教法）同教学效果之间稳定的联系。现代教育科学发展的基本趋势之一是，许多基础理论学科（如德育论、教学论、课程论）都变成了实验科学，像作文教学法这样的应用科学更应该成为实验科学。从当今国内外的情况来看，任何一个有生命力的中小学作文训练序列的确立，虽然包含着理论分析和经验总结，但无一不是长期而艰苦的实验的结果。

当然，无论是研究的方法还是具体的成果，上面所介绍的任何一种中小学作文训练序列，不是也不可能是一个完美的模式，我们不能机械地照搬。认真借鉴这些作文训练序列的理论和实验，同时坚定地走自己的路，探索符合我国国情的作文教学体系，这是摆在广大中小学语文教师和教育科研工作者面前的重任。

小学作文起步训练的几个问题[①]

作文训练是小学语文教学中的一个重点，也是一个难点。近年来，全国各地小学作文教学的研究比较活跃，初步呈现出百花齐放、百家争鸣的新局面。但是作文训练要从“必然王国”走向“自由王国”，还必须通过教学实验和经验总结，对一些重大问题进行心理学的研究。

按照教学大纲规定，小学生写作文主要是从三年级开始，而三年级主要进行“段”的训练。这里所说的“段”不是以退格形式表示的自然段（即小节），也不是结构比较复杂的篇章，而是能反映一定独立意思的句群，相当于日常所说的“片段”。片段训练是作文的起步训练，属于篇章训练的范畴。人们不禁要问：在进行书面的片段训练之前，是否一定要经过二年级一年的写话训练？书面的片段训练能否提前进行？进行这种训练是用复现型方法效果好，还是用创造型方法效果好？应该保留传统的“教师一言堂”的教学形式，还是采用师生合作教学的形式？……本文想对这些问题做一点粗浅的心理学分析。

一、要研究口头语言和书面语言的差别

现今的小学为发展书面语言制订了“从说到写”的战略。这个战略是正确的，因为从语言的发展顺序来说，口头语

① 本文刊于《教育研究》1989 年第 11 期。

言的发展是走在书面语言的前面，说是写的先导和基础。一个人在将思想写出之前，必须先在头脑中将思想组织成有条理的、连贯的内部语言。可是，小学低年级学生内部语言的发展不够完善，所以在思想写出之前必须用外部的口头语言来代替内部语言发挥作用，即将内部语言“外化”为口头语言，借助口头语言来控制和调节自己的思想。现在有一个突出的倾向是不少同志不理解口头语言和书面语言存在重大差别。他们认为说出来的是口头语言，写下来的就是书面语言，说得好就一定写得好。由于把书面语言仅仅看成是口头语言的记录，所以既推迟了开始书面语言训练的时间，又不能给这种训练以科学的组织。

书面语言和口头语言无论在功能上还是在结构上，都存在本质的差别。人的书面语言是在交谈对象不在场的条件下产生的，因此它是独白语言，只能用语言手段来表达信息的内容，并且运用视觉符号；口头语言是在交谈者双方在场的情况下，直接交际的情况中产生，因此它是对话语言，可以用非语言手段来表达信息的部分内容，并且运用听觉符号。苏联心理学家维果茨基对口头语言和书面语言的差别做了深刻的研究。他说：“从产生语言功能的心理本质来看，书面语言是完全不同于口头语言的另一种过程。书面语言是语言的代数学，是有意的、自觉的语言活动中最困难、最复杂的形式。”

小学生是如何掌握书面语言的呢？在识字教学的阶段，他们的书面语言只能是他们口头语言的翻版。用维果茨基的话说，在这个时期书面符号只是“第二顺序的符号”，即它们所代表的并不是思想和意义的本身，而是表达思想和意义的词的声音。儿童们发现，“不仅可以画物体，而且可以画语言”。一年级儿童的书面表达具有口头语言的各种特征是毫不奇怪的，因为它是转述和描摹口头语言、记录口头语言的方法。随着写字和阅读过程的自动化，书面语言从“第二顺序的符号”变为“第一顺序的符号”。像口头语言一样，在判断所有事物时，书面语言已经成为直接的符号体系。换言之，随着写字和阅读技巧的形成，书面语言逐渐地从口头语言中解脱出来，开始具备它所具有的各种比较特殊的品质。

根据许多语言心理学家的研究，能诊断小学生书面和口头语言差别的，主要有下述四个参数。

1. 情境性。这是口头语言的特殊品质，指处在同一情境中的交谈者双方，他们语言表达的个别成分被省略。情境性具体表现为口头语言中具有两类情境成分：一类是非语言手段，包括动作、声调、脸部表情等；另一类是代用成分，包括第三人称代词、指示代词、副词、连接词等。无论哪一类情境成分，它们的共同特点是根据表达的上下文无法解释，而只能根据说话人所处的具体情境才能理解。情境成分进入书面语言，就表现为根据文章上下文无法解释的省略和代用成分。可以用“情境率”来表示“情境性”这个参数的值，即情境成分的数量／省略和代用成分的总数。不言而喻，口头语言的情境率会大大高于书面语言的情境率。

2. 词语的多样性。这个参数的值是：语言表达中不重复的词的数量／语言表达中词的总数。美国学者米勒（A.G.Miller）在心理语言学的著作中把这个参数值叫作“不重复词的取样率”，并缩写成 TTR（Type Token Ratio）。法国学者弗雷斯（O.Fraisse）等后来都运用这个参数对书面语言和口头语言做比较研究。他们的结论是书面语言中词语的丰富程度明显地超过口头语言。学者们认为，为了比较两种语言的 TTR，应选定词数相同的，并且不少于 150 个词的片段或者文章作为样本。

3. 对客观事物质量特征的反映。大家知道，客观事物形式多样、内容丰富，主体不可能把它的各个方面都详尽无遗地反映出来。主体如何反映它，取决于一系列的因素，其中最主要的是动机和语言活动的条件。对话者直接参与交际的情境，往往使说话者感到没有必要描写他说话对象的各种特征。可是在书面表达的时候，写作者必须详细描写对象的各种特征，否则，这个对象对读者来说，就是一个没有个性的、空洞无物的概念。可以用“鉴定率”来表示这个参数的值，即反映客观事物本质特征的词语数／语言表达中词的总数。

4. 对客观事物积极面的反映。可以用“积极率”来表示这个参数的值，即语言表达中动词的总数／语言表达中词的总数。各国学者经过研究都确定书面语言的积极率要比口头语言高。

从上述分析可以看出，真正的书面语言是上下文一致（即情境成分很少）、词语丰富、能很好地反映客观事物质量特征和积极面的语言，它同口头语言有明显的差别。可是现在小学生低年级的作文教学能不能使儿童掌握书面语言呢？苏联学者曾经在小学二年级下学期中，对一部分儿童进行了一项诊断书面语言和口头语言差别的实验。实验的结果是：两种语言情境率的平均值都是 0.12。书面语言 TTR 的平均值是 0.54，而口头语言则是 0.55。书面语言的鉴定率略高于口头语言（分别为 0.015 和 0.012），然而经过统计处理它们无显著差异。书面语言和口头语言积极率的平均值，都是 0.25。学者们认为，到二年级下学期，绝大多数学生的写字和阅读已经自动化，已具备独立作文的基础。因此，他们书面语言和口头语言如此相似的现象，只能够被看作是他们书面语言的发展被耽搁了。造成这种现象的主要原因，在于把小学生的书面表达降低为口头表达的记录，没有为他们创造发展书面语言所必需的特殊条件，也没有安排符合这些条件的训练顺序。

虽然我国的学者还没有进行过类似的诊断性实验，但是经验表明，我国小学生书面语言的情况同苏联的很类似。例如，三年级学生作文中的情境率也很高。要他们写一篇《参观动物园》，他们往往会写出这样的句子："这个人瞅一瞅熊猫是不是在那里？""这个人"是指谁？"那里"是什么地方？读者根据文章的上下文无法理解。当然这两个词的含义作者心里是清楚的，可是他不明白书面表达与口头表达的功能不同，误认为读者同他一样清楚。为了使小学生掌握真正的书面语言，我认为目前我国小学二年级进行的写话训练并不是真正的作文训练。从二年级起（至少从二年级下学期起）应该进行属于作文篇章训练范畴的片段训练，并且让它同句子训练有机地结合起来。二年级能不能进行作文起步训练？能。理由是：（1）从 1958 年以来，我国的"集中识字""分散识字""注音识字、提前读写""部件识字""循环识字""多种形式识字"等试验，都取得了显著的成效。根据现行的各种小学语文课本，二年级学生一般可识字 1500~1700 个，而用集中识字的课本则可识字 2200~2400 个。有关资料表明，识字 1500 个，覆盖率即可达到 95%。识了这么些字，写字又初步实现自动化，学生便可借助字典进行作文的初步训练。（2）二年级学生一般都读完了 100 多篇课文和大量的课外读物，这就从阅读方面为片段作文打下初步基础。（3）各种识字教学试验都在提前作文方面创造了成功的经验。例如，黑龙江省拜泉县育英小学的"注音识字、提前读写"实验班，在第二学年内共写命题作文 36 次，人均用字量为 14590 字，加上看图作文、课内素描以及小练笔等，共计用字量平均 21280 字，而且这些作文一般能做到上下文一致，具有中心，内容具体，层次清楚，错别字率也仅在 0.9%。当然，提前作文仅仅为小学生掌握书面语言创造了前提条件，要使他们掌握真正的书面语言，还必须制订周密的计划，对他们进行"一步一个脚印"的严格训练，使他们的书面语言具备上述四个方面的品质。

二、要比较复现型训练和创造型训练的效果

大家知道，现今的小学生作文教学遵循"从述到作""从仿到创"的基本途径，把复述、仿写、看图作文、观察实物作文等作为小学生作文起步训练的主要方法。这些方法都是向学生提供现成的材料（包括文章、图画和实物），要求他们用文字复现出来。它们都属于复现型的训练方法。经验证明，这类方法对小学生掌握书面语言是有效的，应该在整个小学作文训练体系中占有重要地位。但它们是不

是作文起步训练的最好方法？不是。理论研究和教学实验都已证明，小学作文起步训练的最好方法是创造型的训练方法。这里所说的“创造”，不是指文艺创作，而是指儿童简单的语言创作，即创作简短的童话、故事、短诗和微型剧本。

为了比较复现型训练和创造型训练的效果，苏联语言心理学家列乌杜斯和涅枯列 1983 年曾在莫斯科第 146 学校一、二年级进行了一项有趣的诊断性实验。他们让这些学生试看三部电影后完成四个作业：两个复现型作业（叙述指定的故事和描写指定的景物）、两个创造型作业（续写一个已知童话和新编一个童话）。实验结果表明，从词的总数、句子的总数、句子的平均词数、句子的深度、句子的连贯性和上下文的一致性等 6 项参数的值看，新编童话和续写已知童话的效果最好，叙述指定故事的效果次之，而描写指定景物的效果最差。十分明显，在这个实验中，两个复现型作业都是观察作文，而两个创造型作业都是想象作文。为什么在小学低年级写创造型想象作文效果比写复现型观察作文好？

根据发展心理学的研究，人的心理形成过程的发展是不平衡的。某一种心理形成物的发展存在潜伏期和突破期。后者在心理学中又被称作形成期。对每一种心理形成物来说，形成期是它的最佳发展时期。因此教师的高度教育机智就表现为：掌握儿童心理发展的“时刻表”，施加一切教育影响去发展那些处在形成期的心理结构。对学龄初期的儿童来说，虽然知觉（观察）是亟待发展的一种心理结构，但他们产生意义（这个词的心理学含义是思想、意向、情感、需要等）的主要心理结构却是想象和幻想。他们正是借助于幻想来理解他们生活在其中的世界并研究和解释这个世界的。用神话的方式来观察和解释世界是儿童固有的特点。因而，学龄初期是创造性想象的形成期。让学龄初期儿童写创造型的想象作文，正是顺应他们心理发展的规律，必然促使他们的心理功能和语言能力都得到发展。

写创造型的想象作文，不仅顺应儿童心理发展的规律，也有助于他们作文能力的整体培养。小学生作文能力的种类很多，但是概括起来主要是两种：产生文章思想内容的能力和表达文章思想内容的能力。前者又包括选题、审题、产生材料、选择材料和安排文章结构等具体能力。后者又包括选词、选句、保证语言表达前后一致和句子间语气连贯等具体能力。实践证明，复现型的训练方法（特别是复述和仿写）只能培养表达文章思想内容的能力，不能培养产生文章思想内容的能力。而后一种能力正是学生写好作文的关键所在。例如，著名心理学家皮亚杰曾经做过一个实验：让学龄前的儿童再现一篇童话故事。尽管这个童话的情节十分简单，但被试者都不能正确而充分地将它的内容复述出来，其主要原因是学龄前儿童尚未掌握童话内容的内部结构，因而不可能在复述时重新构拟这个童话。

毫无疑问，任何一篇文章都由许多成分组成，各成分之间存在着因果、时间、对比、条件等各种联系。这些联系组成了文章的内容结构。要想正确而充分地复述一篇文章，必须根据它的内部结构重新组合它的各种成分，而这样做的关键是具有丰富的表象活动。小学低年级学生在复述时极难在心理上产生有意重现的活动，原因在于他们不会积极地去变换由文章内容所引起的各种表象的结构。有关的实验证明，创造型的语言训练（创作童话或故事），既是作文能力的整体化训练，也是想象和记忆能力的整体化训练。各种训练的第一阶段要求学生产生文章的思想内容，即鼓励学生进行创造性想象，使他们头脑中产生尽可能多的日常生活的表象，并引导他们对这些表象进行比较、选择、抽象和排列，这就有效地培养了他们变换表象结构的能力。训练的第二阶段要求学生表达文章的思想内容，即教会他们将头脑中形成的表象结构通过选词和选句见诸文字，掌握书面叙述的一般规律。总之，创造型的语言训练，无论对发展书面语言本身，还是对发展学生包括思维、想象、记忆在内的各种智力技能，都是十分成功的。虽然复现型训练中写观察作文的方法，也能丰富学生的表象活动，但是这一类作文只是让学生复现与他们有直接关系的周围生活，不可能使他们非常充分地展开表象的活动，也不可能将产生表象和表现表象这两种能力区分开来单独培养，因而与想象作文比较，仍然具有一定的局限性。

从上述分析可以得出结论，小学作文起步训练的最好方法是写创造型的作文，而不是写复现型的作文。目前国内已经有许多学校进行这方面的试验。例如，湖南湘西土家族苗族自治州凤凰县箭道坪小学，在 1983 年就办了一个“童话引路”实验班，全面发展学生的听、说、读、写能力。几年的实践证明，“童话引路”教学具有旺盛的生命力。实验班学生到一年级结束时，一般能看图说一段完整的话，写 100 个字左右的童话作文。二年级即产生一个飞跃，全班学生每学期人均写 12000 字左右的文章，每篇作文平均 400 字，不但都有一个完整的故事，而且内容较具体，条理较清楚，中心较明确，语言较通顺。三年级时，每学期人均写 18000 字左右的文章，而且文章大都想象丰富，语言生动，情节曲折，读来有轻松愉快之感。测试表明，实验班三年级的作文水平远远超过普通班四年级的作文水平，而且实验班学生写童话与一般记叙文是同步发展的。

三、要分析师生合作教学和“教师一言堂”的利弊

小学作文的起步训练应该如何组织？目前我国不少地方仍然采用“教师一言堂”的教学形式，即作文指导是教师讲，学生听；作文过程是教师看，学生写；作文讲评是教师评，学生改。在“教师—学生”的系统中，这种“一言堂”的教学形式是建立在权威和服从的基础上，即“我是教师，是作文知识、技能的代表者。我向你们讲解这些知识技能，你们应该仿照我讲的去做”。在“学生—学生”的系统中，这种“一言堂”的教学形式造成了所谓“鲁滨孙现象”。教师不停地命令学生：“不准交头接耳！”“不准看旁边同学的文章！”每个学生只能像漂泊在孤岛上的鲁滨孙那样，各自孤独地进行写作活动。一个班级虽然有 40~50 个学生，但坐在一个教室里写文章，就像一堆 2~3 岁的幼儿在一起游戏，不会合作，不会相互帮助。十分明显，这种“教师一言堂”的教学形式，只能造成作文起步训练的“少”“慢”“差”“费”现象。

与“教师一言堂”相对立的是师生合作的教学。产生“一言堂”现象的原因，在于把“作文活动”理解成学生个人的掌握作文知识和能力的活动，即强调作文活动的“个体性”和“认识性”，这种理解无疑是片面的。对“作文活动”的科学理解应该是：第一，作文过程是学生和教师以及学生和学生的共同活动；第二，作文活动的目的不仅在于掌握作文的知识和能力，而且在于发展积极的社会主义的个性，包括让学生掌握人们合作与交往的经验；第三，在小学作文教学的各个阶段，合作和交往都是学生学习的主要推动因素。简言之，应该强调“作文活动”的“群体性”和“人文性”。鉴于这种新的认识，目前我国有不少小学开展了用合作教学进行作文起步训练的试验。例如，上海市宝山区江湾中心小学，从 1988 年起在二年级进行了写想象性作文的实验。通过实验，该校摸索出合作教学的下述五个步骤：（1）师生整体合作，即由教师和学生共同完成整篇文章；（2）师生分步合作，即由教师写文章中最难写的部分，而由学生完成其余部分；（3）小组自发结合，即由 3~5 个学习成绩不同的学生编成一个小组，在写想象性作文时，让每个学生尽其所能发表意见；（4）小组自觉合作，即在小组写作时，每个学生必须从文章构思到文字表达全面进行思考；（5）个人独立思考基础上的自觉合作，即每个学生先独立写出文章，然后在小组内彼此交流、评议和修改。通过合作教学，实验班学生不仅形成了作文的自我调节机制，而且迅速而全面地提高了作文的质量。测试表明，该校实验班二年级学生的作文水平远远超过普通班三年级学生的作文水平。

合作教学为什么优于"教师一言堂"教学？首先，它可以使学生产生具有社会意义的写作动机。大家知道，在"教师一言堂"的教学中，学生写作是一种个人的学习活动，写作动机局限在个人认识活动的范畴里。在合作教学中，学生的个人活动是班级活动和小组活动的组成部分，其活动必须受到班级和小组成员的检查、评估和认可。因此，对每个学生来说，作文不仅仅是个人的认识活动，同时也是满足社会要求的活动。合作活动本身就是对每个学生的一种激励，可以激发学生自我确认、自我完善和相互竞争的动机。马克思在《资本论》中说："且不说由于许多力量融合为一个总的力量而产生的新力量。在大多数生产劳动中单是社会接触就会引起竞争心和特有的精力振奋，从而提高每个人的个人工作率。"在作文的起步训练中，合作教学就能够引起学生"特有的精力振奋"。

合作教学还可以迅速地提高个性社会化的程度。社会主义的学校要重视发展学生的个性，但是世界上没有抽象的个性，个性总是在一定的社会条件下形成并且服从这个社会发展需要的。合作教学可以使学生形成与别人合作共事的心理承受能力，形成虚心听取别人意见和合理地思考各种问题的习惯，发展社会化的智力。如果学生学会彼此间协同活动，那么那些经过概括的互相合作的方式就会成为他们稳定的心理结构，使他们终身受用。

合作教学对学生掌握作文的智力技能也是十分有利的。苏联心理学家加里培林认为，"智力活动是外部的、物质活动的反映"，"是外部物质活动向反映方面——向知觉、表象和概念方面转化的结果"。这种转化过程经历了这样五个阶段：（1）活动（动作）的定向阶段；（2）物质或物质化活动阶段；（3）出声的外部语言活动阶段；（4）不出声的外部语言阶段；（5）内部语言活动阶段。合作教学为形成智力技能的各个阶段的活动，特别是出声的外部语言活动提供了充分的条件。教师和学生以及学生和学生在一起通过讨论揭示文章的题意、编写文章提纲、安排文章情节，把作文能力的基本结构一步一步地揭示出来，并用外部语言固定下来，这样就为作文智力技能的顺利形成架了桥，铺了路。传统的"教师一言堂"的教学，由于忽视学生本身的外部语言活动，就很难形成他们熟练的作文技能。

上面我对小学作文起步训练的三个问题做了粗浅的心理分析。之所以谈这三个问题，除了想让孩子们掌握真正的书面语言外，最主要的原因是想充分激发和培养孩子们的作文动机。提倡提前让孩子们写意思完整的片段，不同于传统的强调句子训练的做法。这样做，是先激发孩子的作文动机，而后让他们去明确作文的具体目的。正如著名心理学家阿·尼·列昂捷夫所说："要把相应的目的变为探索未知的动机。换句话说，要激起兴趣，用不着先指出目的，然后再在动机上去证实这个目的方面的行动，而是相反，要形成动机，以后便有可能在这种或那种物体内容中找出目的。”提倡用创造型训练代替复现型训练，让孩子们写童话和故事，是因为这样做符合他们的天性，能使他们畅所欲言地表达自己对世界的理解和向往。提倡用合作教学代替“教师一言堂”教学，是因为这样可以扩大孩子们作文动机的范围，使他们不但形成认识性的动机，而且形成社会性的动机，培养积极的符合社会需要的个性品质。我认为，充分揭示小学生作文动机形成的心理规律，是构建我国小学语文学科教学论和迅速提高小学生作文质量的当务之急。

用活动心理学原理指导小学作文教学改革[①]

最近，一些同志在《教育研究》杂志上就小学生作文应否提倡虚构展开了激烈的争论。我认为，这场争论所涉及的绝不只是作文教学的方法问题，而且涉及它的性质、任务、序列和策略等一系列根本问题。要解决这些问题，光是依靠作文教学法原有的理论是不够的，还必须借鉴现代教学论、语言心理学、发展心理学、教育心理学，特别是活动心理学的研究成果。

从 1978 年起，我国各地小学作文教学的研究开始活跃起来，大家都把作文教学的规律和作文训练的序列作为主要研究课题。但是，迄今为止，我国作文教学的研究仍有两个重大缺陷：一是离开了人们的交际活动去研究作文教学，使作文教学变成脱离社会需要的教学；二是离开了儿童在各年龄阶段的主导活动和心理特点去研究作文教学，使作文教学变成脱离儿童身心发展需要的教学。因此，要使我国小学作文教学的改革有新的突破，用活动心理学的原理去改造作文教学的旧体系是当务之急。

本文试以活动心理学原理和有关的心理学理论去分析我国小学作文教学中的几个根本问题。

---

① 本文刊于《教育研究》1993 年第 8 期。

一、发展儿童的语言交际能力是小学作文训练的主线

（一）语言的交际功能决定语言文字的表达形式

小学作文教学必须培养学生语言文字的表达能力。现在有不少人认为，培养语言文字的表达能力，主要就是培养语言文字表达的知识技能；他们按照语言文字本身的逻辑体系，强调低年级进行句子训练，中年级进行片段训练，高年级进行篇章训练。我认为，这种理解抓住了小学作文训练的主要任务，但是，仅此是远远不够的，还必须了解如何才能完成这个主要任务。小学作文训练是个十分复杂的系统，它包括许多子系统，诸如语言交际能力发展的系统，语言文字知识技能训练的系统，心理能力训练的系统，以及思想内容积蓄的系统。在这些子系统中，有一个是起主导作用的系统，可称为主线（或主系统）。只有了解什么是小学作文训练的主线，了解这条主线同其他子系统的关系，才有可能了解按照什么顺序和运用什么方式去培养学生语言文字表达的知识技能。

我认为，儿童语言交际能力发展的系统是小学作文训练的主线，这是由作文教学的特殊性和活动心理学的基本原理所决定的。大家知道，语文学科不是一般的工具学科，而是进行社会交际的工具学科；作文教学要求培养的是用语言文字进行交际活动的能力。那么，什么是交际活动呢？维果茨基认为，交际活动是人类所特有的解决社会联系任务的活动。语言是交际的工具，它贯穿在一切交际活动之中。具体地说，运用语言可以进行概括信息、传递信息、表现自我、对别人施加影响、自我教育以及创造新经验等活动。这些不同的语言活动，也就是语言的不同交际功能。

从哲学角度看，表达语言文字的知识技能属于形式和手段的范畴，而语言的交际功能是人们为了实现某种交际目的而进行的语言活动，它属于内容和目的的范畴。内容决定形式，目的决定手段。每一种语言的交际功能都具有相应的语言形式和手段；语言功能的改变，必然导致语言的形式和手段发生变化。例如，书面语言、口头语言和内部语言这三种语言形式（句子结构）是不同的。书面语言最完备，最准确，它的主语和谓语是充分展开的；口头语言可能只有谓语；内部语言则只有谓语。因此，在这三种语言中，谓语的作用依次递增。这种结构的变化源自三种语言具有不同的功能。书面语言的形式，是供处在不同情境中的人进行交际用的。口头语言之所以可以压缩，是因为交谈者往往处在同一情境中，彼此对谈话的主语是清楚的。而内部语言则发生在人们自己的头脑中，它的主语是不言而喻的。由此可见，在小学各个阶段采用什么作文训练形式，教学生掌握哪

些语言文字表达的知识技能，首先不是取决于语言文字知识本身的逻辑体系，而是取决于学生从事哪一类语言活动，发展哪一种语言的交际功能。

（二）各个年龄阶段的主导活动决定语言交际能力的发展

活动心理学认为，在每个年龄阶段，心理的发展由这个阶段的主导活动所决定。从一个年龄阶段向另一个年龄阶段过渡，也是由主导活动的改变造成的。新的主导活动出现后，就会产生新的心理生成物，即新的个性和心理活动的结构。这些新的心理生成物，就是划分儿童心理发展年龄期的标准。如同其他心理现象一样，儿童语言的发展也可以划分阶段。因为各年龄阶段的主导活动决定语言交际能力的发展；主导活动改变了，语言的功能和形式也会随着改变，产生新的生成物。根据这种新的生成物，可以从质上把语言发展的不同阶段区别开来。

我认为，我国小学生的语言能力的发展基本上可以分为低年级、中年级和高年级三个阶段。这三个阶段，由于主导活动不同，语言交际能力的发展具有较明显的年龄特征，语言表达形式的训练也应各有侧重。

小学低年级（一、二年级）的学生主要从事读、写、算入门的活动和游戏活动，也从事一定的劳动活动和人际交往活动。通过这些活动，学生对周围世界形成初步的、综合性的认识，并掌握最简单的学习工具和做人的基本道理。因此，在这个阶段，学生主要发展初步的概括信息、交流信息和表达自己真情实感的语言能力。作文训练要促进这些语言能力的发展，一是要充实学生主导活动的内容，即不能让学生仅仅坐在教室里复述教科书和看图说话、看图作文，而应该让他们有充分的时间去听广播，看电视，阅读儿童报刊、童话故事和浅显的科普文章，参加各种游戏活动、兴趣小组活动和自我服务劳动，以便让他们尽可能多地了解人类社会和自然界变化的一般知识，初步形成一些基本的道德品质。二是选择最恰当的作文训练形式。实践证明，在这个阶段写童话体作文最能激励儿童积蓄思想内容，发展他们概括、交流信息和自我表现的语言能力。所谓童话体作文，就是通过丰富的想象，运用拟人、夸张等手法，塑造假想和象征的形象反映生活的作文练习。在童话体作文中，主人公一般都是儿童喜爱的各种动物、植物和玩具。儿童将这些动物、植物和玩具人格化，用自己的知识和经验去描绘它们的所作所为，用夸张的手法去展开故事的情节。多写童话体作文对儿童的思想是个大解放，因为他们可以综合运用写实和虚构的手法，无拘无束地表现自己的所见所闻和所思所感。这种作文训练反过来将促进儿童吸取各种知识和经验，确定自己的道德准则和价值观念。

小学中年级（三、四年级）的学生主要从事比较系统的读、写、算学习活动，也从事一定的人际交往、劳动和社会实践活动。通过这些活动，学生从不同的侧面、不同的角度对世界有比较深入的认识，掌握基本的学习工具和遵守《小学生守则》所规定的道德规范。因此，在这个阶段，学生主要发展比较系统的概括信息、交流信息和表达自己真情实感的语言能力。从中年级开始，小学生的作文主要写真人真事，表现他们周围的生活。写实的作文训练要发展学生的语言能力，一是充实学生的科学知识和生活领域的知识，充实他们的常用词汇。这要求加强作文训练与各科教学的联系，指导学生认真积累在阅读、自然常识、音乐、体育、美术等科目中学到的基本知识和专门名词。二是进行专门设计的素描训练。大家知道，按照美术教学的经验，要画好人物，首先要通过"素描"来训练造型基础。同样，作文中要把人物和事件写好，第一步就应该让学生学会独立地观察和描写周围生活的各个局部，包括静物、动物、自然景物、房间陈设，以及人物的外貌、动作、对话等。这样，可以使学生懂得人有哪些常见的动作和表情，春、夏、秋、冬如何变化，风、雨、雷、电是什么状态，房间的结构如何，有哪些陈设，各种家畜的生活习性怎样，等等。只有对周围生活的各个局部具有丰富的知识并积累与此有关的一定数量的词汇，学生才能顺利地叙述，从中表达自己的真情实感。三要丰富学生校内外的生活。在中年级，作文训练也是思想品德教育的有力手段。在安排学生的各项活动时，除了要考虑逐步加深学生对周围生活的认识，还要考虑逐步加强他们对自我情绪的体验，以陶冶他们审美的情感，激发他们旺盛的求知欲，提高他们热爱家乡、热爱人民、热爱祖国的思想觉悟。例如，上海市有些小学结合本市重大工程建设，写建筑物素描《雄伟的南浦大桥》，写动作素描《太浦河工地一瞥》，写叙事素描《淮海路商业街建设中的一件小事》，等等。

小学高年级（五、六年级）的学生除了系统地学习书本知识外，还积极参加各种课外和校外活动，参加少先队活动和社会实践活动，他们的交际超出了家庭和学校的范围，人际联系逐渐成为他们的主导活动。通过这些活动，学生要更加深入地认识社会，熟练地掌握基本的学习工具，同时要初步学会用正确的思想和道德准则来处理人际关系。根据主导活动的特点，这一阶段学生主要发展根据不同对象施加影响和自我教育的语言能力。为了发展这些语言能力，一是要教会学生写各类实用性的作文，包括写比较复杂的记叙文（如从几件事写人），写书信、书评、读书笔记、讲演稿等应用文，写简单的说明文和议论文。二是要有目的地组织各种人际交往活动，帮助学生积累人际交往的经验，在活动过程中学写各类实用性作文。教师可以经常根据情况确定一些综合性的教学主题，让学生围绕主题组织各项活动。另外，教师还可以根据具体情况随机组织单项的人际交往活动，并让学生将交往活动写成作文。例如，请求别人做一件事（如《爸爸，请别再抽烟了》），请求别人原谅一件事（如《老师，请你原谅我》），请求别人接受自己的意见（如《××，请听听我的心里话》），等等。

总之，根据活动心理学的原理，应该以发展学生的语言交际能力作为小学作文训练的主线，即根据小学生在各个年龄阶段不同的主导活动，发展各种不同的语言交际能力，并且组织各种相应的语言文字表达的训练。

二、逐步培养学生的各种智力技能是小学作文训练的保证

人的语言交际能力的形成与思维技能的发展紧密联系不可分割。维果茨基曾说："语言活动是交际和概括的统一。"他认为，有意识地表现思想和体验的交际，必然要求一定的手段系统，即把所表达的内容列入已知的现象群中。这就是说，交际需要概括。而人的思维可以实现这种概括。"人所固有的高级心理交往形式有可能存在，只是由于人可以通过思维概括地反映客观现实。"因此，小学作文训练要发展学生的语言交际能力，首先必须培养学生以思维为核心的各种智力技能。

（一）小学低年级要通过创造性的想象活动培养学生重现表象的技能

小学低年级学生思维的特点是具体形象性和进行初步抽象概括的可能性。也就是说，儿童此时的思维主要是依赖事物的具体形象或表象以及它们的彼此关系来进行，并不主要依靠对事物的内化本质或关系的理解，凭借概念、判断和推理来进行。

既然低年级儿童思维的主要特点是具体形象性，那么，他们主要是依靠哪一种心理过程来开展形象思维活动的？有人认为是观察。当然，观察是产生形象和表象的源泉。但是，低年级儿童观察的目的性、持续性、细致性和概括性都比较差，因此，仅依靠对事物的观察，他们的形象思维活动不可能十分活跃。现在有许多心理学家认为，小学低年级儿童产生意义（包括思想、意向、情感、需要等）的主要心理结构是想象。他们正是借助于想象和幻想来理解他们生活的世界，研究和解释这个世界。用神话的方式来观察和解释世界是他们固有的特点。因此，低年级要发展儿童概括信息、交流信息和自我表现的语言能力，最佳的作文训练形式既不是复述，也不是看图作文和观察作文，而是创造型的想象作文——童话体作文。

在低年级主要进行童话体作文训练，不仅是根据儿童思维发展的一般规律，而且也是根据儿童学写作文的特殊心理规律。我们知道，小学生的作文能力主要是两种：产生文章思想内容的能力和表达文章思想内容的能力。在这两种能力中前者是写好作文的关键所在。那么，产生文章思想内容能力的心理机制是什么？是有意地重现表象的技能，包括在头脑中有目的地产生丰富的表象，确定表象之间的逻辑关系和积极地变换表象的结构。大量的教学实践和实验证明，童话体作文既是作文能力的整体性训练，也是重现表象的训练。只有这种训练，才能激励学生在头脑中产生尽可能多的日常生活的表象，并引导他们对这些表象进行比较、选择、抽象和排列，有效地培养他们变换表象的能力。

在小学低年级，通过童话体作文培养重现表象的技能，包括下述三个方面的任务：

1. 培养想象的流畅性。即能畅通无阻、灵敏迅速地进行想象，能在短时间内产生较多的表象。

2. 培养想象的变通性。即想象时能随机应变，触类旁通，不受消极定势的桎梏，不仅能迅速确定表象之间的逻辑关系，而且能积极变换表象的结构。

3. 培养想象的独创性。即善于从表象之间发现新的关系，能够从中得出别具一格的、符合事物情理的答案来。

应该指出，创造性想象是人类高级的心理活动。小学低年级学生的创造性想象，水平是很低的，只是刚刚萌芽。然而，这种萌芽，无论是对他们将来成为具有创造精神的社会主义的建设者和接班人，还是对形成作文所需要的重现表象的技能，都是十分重要的，应该积极地培养。在我国，从20世纪80年代开始，已经有不少学校运用童话体作文训练，在学生重现表象的技能方面进行了有效的实验探索。例如，湖南湘西土家族苗族自治州凤凰县箭道坪小学、上海市青浦区朱家角小学、上海市江湾中心小学、上海市实验学校、浙江金华市将军路小学等。这些学校开展童话体作文课所用的都是自编教材，如上海市江湾中心小学自编的二年级作文教材包括8项训练内容，共有10种课型：（1）根据故事开头写童话；（2）模仿已有故事的结构写童话；（3）根据多幅或单幅图编写童话；（4）童话续编；（5）童话新编；（6）归纳情节提纲编写童话；（7）用“架桥法”编写童话；（8）听音响编写童话；（9）观察某一个生活现象编写童话；（10）命题编写童话。这些训练逐步发展学生创造性想象能力和重现表象的技能，并运用图画、故事、音响、谜语、梦境等儿童喜闻乐见的写作素材，极大地激发了学生的作文动机。

（二）小学中年级要通过观察活动培养学生形成典型表象的技能

中年级学生思维的特点是从具体形象思维向抽象概念思维过渡，即一方面，学生思维仍然带有明显的具体形象性；另一方面，他们使用概念、判断和推理的抽象思维形式得到一定的发展。在中年级，学生的观察能力迅速发展，表现为观察的目的性、持续性、细致性和概括性有较大的增长，能通过观察比较正确、全面、深入地感知事物的特点。观察力的发展也是学生具体形象思维和抽象概念思维逐步取得均衡发展的重要标志。如果说低年级是学生想象能力发展的最佳时期，那么，中年级就是学生观察能力发展的最佳时期。

在中年级，学生必须从写童话体作文转向写观察作文。作文过程的智力训练也必须从形成重现表象的技能转变为形成典型表象的技能。这样做不仅是顺应学生心理发展的规律，也是完成小学作文教学的任务需要。大家知道，小学作文教学的主要任务不是教会学生“虚构”，而是教会他们用语言表达自己的所见、所闻、所思、所感。当然，在低年级教会学生写创造型的童话体作文是完全必要的，这样可以充分激发他们的作文动机，使他们初步形成重现表象和安排表象结构的作文心理机制。但是，当学生的观察能力已经发展到一定的水平时，则必须教会他们通过观察去写真人真事，进行写实性记叙文的初步训练。

小学生作文（主要是记叙文）能力的心理机制，是在头脑中将鲜明的表象同准确、生动的语言紧密地结合起来。低年级的童话体作文训练使学生初步形成这种心理机制，但中年级的写实性记叙文训练则要求发展这种心理机制，即使学生具有形成典型表象的技能。所谓典型表象，就是那些最能够反映事物本质特点的知觉形象。它们一旦在头脑中形成，文章的中心思想就可以从中概括出来。另一方面，也只有用语言生动地描述这些典型表象，文章才能“让事实说话”，以形感人，以情动人。可以说，感知、理解和表现典型表象，是记叙文写作过程中形象思维和抽象思维相互转化的“转轴”，必须十分重视这方面的训练。

实践证明，中年级观察作文的最佳形式是素描训练。所谓素描训练，乃是以观察实物作为途径，以片段和简短的篇章作为形式，将描写和叙述结合起来反映周围生活的记叙文训练。当然，除素描外，观察日记和参观访问记也是观察作文的形式，它们都有助于学生积累鲜明的感性表象。但是，观察日记往往失之于对象太分散，教师不易指导；参观访问记又因为对象复杂，干扰因素多，学生不容易仔细观察。而素描训练则在课堂里进行，可以设计演示的内容，使观察的对象集中明确，动静易于控制，这对学生形成典型表象很有帮助。

在小学中年级，通过素描训练培养学生形成典型表象的技能，包括下述三个方面的任务：

1. 让学生获得丰富而鲜明的感性表象。

众所周知，观察是获取感性表象的唯一渠道。就作文来说，观察的对象可以是实物，也可以是图画。素描主要以实物作为对象。实物具有形状、颜色、声音、气味、硬度等属性，这些属性能同时作用于学生的各种感觉器官；它们是活生生的东西，比图画更生动、具体，能在学生头脑中留下鲜明而牢固的表象。具备了丰富而鲜明的感性表象，词语训练也就具有了坚实的基础。

2. 帮助学生从五光十色的感性表象中，"筛选"出典型的表象。

进行素描训练，由于观察的对象比较集中，观察的时间比较充裕，教师可以从容地进行指导。首先，教师必须教会学生掌握最基本的观察方法（如主次顺序法、方位顺序法、分析综合法等），使他们对所观察的对象或过程形成完整而丰富的感性表象。其次，教师必须指导学生进行重点观察，帮助他们从五光十色的感性表象中将典型表象"筛选"出来。例如，进行人物素描，应集中观察人物的动作、神态和语言，以理解人物的内心世界；进行叙事素描，应集中观察事情"发展"和"高潮"部分的典型变化，以理解蕴涵在事情中的思想意义；进行状物素描，则应集中观察静物、景物和建筑物具有典型意义的特征，以体会这些事物本身具有的美的价值。再次，教师还应该引导学生运用准确、鲜明、生动的文字去"强化"各种典型表象。

3. 让学生通过想象，生动地表现典型表象。

素描虽然是写实性的记叙文训练，但无论是叙事、写人还是状物，要生动地表现典型表象，一点也离不开想象。例如，要形象地描绘某些细节，需要运用比喻、拟人或夸张的手法；要生动地刻画某个人物，需要对他的心理活动做某些合理的推测；要深刻地揭示某一事物的象征意义，需要展开丰富的联想。如果说通过观察形成典型表象，这是提炼和表现文章中心思想的基础，那么，通过想象生动地表现典型表象，就可以深入地表现这个中心思想。

写童话体作文和写素描作文都需要进行创造性想象，而且这种想象必须具有一定的逻辑性。但是，两者又有所不同。前者可以虚构故事情节，可以将动、植物和非生物拟人化，具有极大的自由度；后者不能虚构情节，只能依据观察的对象合理地想象，自由度较小。

（三）小学高年级要通过思维训练培养学生归纳推理和演绎推理的技能

高年级学生思维的特点是，抽象概念思维开始成为思维的主要形式。所谓抽象概念思维，就是使用概念，通过判断、推理等思维形式达到对事物本质特征和联系的认识过程。此外，学生到高年级开始进入少年期，这时人际联系成为他们的主导活动，他们的自我意识迅速增强。

与学生的智力发展和心理发展相适应，高年级的作文训练应该从写观察作文转向写实用性的命题作文和自由命题作文，包括写中心明确的记叙文，写简单的议论文和说明文，写各种应用文和读书笔记。写各类实用文必须依靠具体形象思维和抽象概念思维的协同活动，但其主要心理机制是归纳推理和演绎推理的技能。归纳是“从特殊到一般”的认识过程，而演绎则是“从一般到特殊”的认识过程，两者相互补充，相互联系。掌握了这两种智力技能，写记叙文就能够正确地概括中心思想和生动地表现中心思想；写说明文就能够初步抓住事物的本质特点，并分别从形状、结构、功用、成因等方面进行解释；写议论文，就能初步做到论点明确，论据充分，论证正确。

培养学生归纳推理和演绎推理的技能可以从下述两个方面进行：

1. 通过记叙文训练，初步培养学生归纳推理和演绎推理的技能。

小学高年级的记叙文训练，主要是写命题作文，要经过审题、搜集材料、确定和表现中心思想、整理材料、用词造句、修改文章等过程。教师可以根据教学的需要，分阶段地进行写作过程的专题训练，培养学生归纳和演绎的技能。

教师要告诉学生写作文首先要立意，即要分析作文的全部材料，将自己的各种感受归纳成一个集中而明确的中心思想。中心思想是作文的核心和灵魂，文章中每一个材料都要服从它，每一句话都要表现它。

教师不仅要训练学生运用归纳推理来确定中心思想，而且要训练他们运用演绎推理来表现中心思想，即教会他们根据中心思想选择材料和遣词造句。

2. 通过简单的议论、说明等实用文体的训练，进一步培养学生归纳推理和演绎推理的技能。

试以简单议论文的训练来说明这一点。一开始，可以让学生学写最简单的议论文，即回答作文题目所提出的简单问题，如“你最喜欢哪一位教师？为什么？”“你最喜欢哪一门课程？为什么？”等。这类训练可以使学生掌握议论文的一般概念和结构特点，学会归纳法议论和演绎法议论。归纳法议论，是从若干个别的、具体的事例中推论出一般规律的议论方法；演绎法议论，则是从一般规律推论到个别事物的议论方法。在写议论文时，运用得最多的是演绎法，有时还要把演绎法和归纳法综合起来运用。

议论文教学的一项重要任务，就是培养学生的辩论能力，即能够针对某一客观现象有根有据地确立和坚持自己的观点，有力地驳斥相反的观点。因此，在教会学生写最简单的议论文——回答作文题目所提出的问题后，必须教会他们写辩论性的议论文。这类议论文最显著的特点就是把有争论的问题作为文章的题目，例如“××同学的这个行为对不对”“××同学是一个真正的朋友吗”，而对题目的回答就是文章的论点所在。进行这类议论文训练的关键是要选好题目，题目要符合两个条件：第一，必须是当前学生最关注的，或者最感兴趣的问题；第二，确实能够引起争论，使大家能阐发不同的见解。

三、“从动机走向目的”是小学作文训练的重要策略

前面已经说过，必须以发展儿童的语言交际能力作为小学作文训练的主线。在发展儿童语言交际能力的过程中落实语言文字的知识技能训练，完全符合活动心理学所揭示的“从动机走向目的”的心理学规律。

（一）确定作文训练的形式要符合“从动机走向目的”的心理学规律

小学语文教学大纲规定，小学低年级应以句子训练作为重点，中年级应以段落训练作为重点，高年级则应以篇章训练作为重点。我认为这里所说的“重点”，是指小学各阶段作文训练的主要目的。而要达到这些目的，必须运用一定的训练形式去充分激发学生的作文动机。但是，不少教师不懂得这一点，因而在低年级单纯地进行句子要素和句子类型的训练，在中年级单纯地进行段落的训练，结果学生觉得索然无味，甚至产生厌恶作文的心理。

根据列昂捷夫创立的活动心理学理论，动机和目的是既有区别又有联系的两个概念。动机是“为了什么”，是回答原因的问题；而目的则是“达到什么”，是回答结果的问题。列昂捷夫认为，动机和目的是经常不相符合的。因此他指出：“实现活动的那些动作是由动机的激励而指向目的的。”①

动作包括两个方面，一是意向方面（应当达到的目的），二是操作方面（用什么方法可以达到目的）。所谓操作，就是实现动作的方式。“动作与目的相关联，操作与条件相关联。”②

根据列昂捷夫的活动心理学理论，要把小学作文训练变成一项真正的由动机支配的活动，就必须让学生从低年级起就写成篇的文章。大家知道，学生进行语

①② 阿·尼·列昂捷夫．活动·意识·个性［M］．上海：上海译文出版社，1980.

言表达，其动机是根据一定的需要进行社会交际，包括概括信息、传递信息、自我表现、对别人施加影响和自我教育等。虽然词、句子、句群都是语言表达的单位，但是能够完整地体现语言的社会交际功能的，不是词、句、句群，而是成篇的文章。因此，要充分激发学生的作文动机，在小学低、中年级必须变句子训练和段落训练为篇章训练。

学生写成篇文章的活动，又包含两个基本动作——产生文章思想内容和表达文章思想内容。每个动作，又包含着一系列的操作。当教师让学生学写完整的文章时，作文活动中的各种操作都被激励起来，自发地进行着。但是，其中有些操作立即遇到了困难，甚至停止进行。例如，低年级的学生句子写不通顺或者不会给文章打标点符号，中年级的学生不会根据内容组织适当的句群。即使是这样，这些操作仍然保持着动作的水平，即它们是由动机的激励而指向目的的。由于学生具有强烈的动机去学习这些操作，所以，当他们经过多次写文章的实践和教师的帮助，他们就能用比传统教学快得多的速度去学会这些操作。必须指出，让小学低、中年级学生写成篇的文章，并没有改变教学大纲规定的低、中年级语言文字训练目的。低、中年级的篇章训练，是指让学生用文字完整地表达自己的所见所闻和真情实感，并不要求他们掌握系统的篇章结构知识，这和高年级的篇章训练是不同的。这样做，是遵循“从动机走向目的”这个心理学的规律，采取“从整体到局部”“从内容到形式”的作文训练方法。具体地说，首先必须鼓励低、中年级学生写“放胆文”，使他们产生强烈的作文兴趣。而到作文评讲时分别以句子训练和段落训练为重点，让学生体会到写完整、通顺、前后连贯的句子和段落分明、条理清楚的文章，能增强表达效果，是十分必要的。

由上述可见，确定小学作文训练形式，有两种截然不同的方法。传统的方法是从局部着手进行训练的，即先指出目的，然后再在动机上去证实这个目的方面的动作。科学的方法则是从整体着手进行训练，即要先形成动机，然后由动机的激励而指向动作的目的。

（二）安排作文训练的步骤要符合“从动机走向目的”的心理学规律

不仅确定作文训练的形式要符合“从动机走向目的”的心理学规律，安排作文训练的步骤也要符合这一规律。传统的作文训练课一般这样组织：教师先宣布作文题目，并板书作文要求。例如，题目是“记一件偶然发生的事”，写作要求是：（1）题材必须紧扣“偶然”这个关键词，中心思想要具体明确；（2）写清楚时间、地点、人物和事情的起因、经过、结果；（3）内容具体；（4）句子要通顺，不写错别字。然后让学生逐条讨论作文要求，并说一些诸如“要认真观察周围生活”“要下苦功学习语言”等大道理教育学生端正作文态度，接着就让学生书面习作。这种教学过程不符合学生作文的心理规律，无法激发他们的作文兴趣，只能使他们对作文望而生畏。科学的训练过程应该是教师先通过生动的谈话或创设有趣的情境，来激发学生认识、交往或自我实现等高层次的表达需要，然后因势利导地和学生一起确定作文题目和要求，让他们充满兴趣地进行写作。

认真学习语文课程标准，在小学作文教学中努力培育学生的创造力[①]

一、语文课程标准对小学作文教学中培育学生创造力的要求

（一）语文课程标准对小学作文教学中培育学生创造力的要求

在语文教学中，特别是在作文教学中，培育学生的创造力是语文课程标准提出的一项新要求。语文课程标准第二部分“课程目标”要求：“在发展语言能力的同时，发展思维能力，激发想象力和创造潜能。”在“课程目标”的“阶段目标”中，第一学段（一、二年级）要求学生“对写话有兴趣，写自己想说的话，写想象中的事物，写出自己对周围事物的认识和感想”；第二学段（三、四年级）要求学生“能不拘形式地写下见闻、感受和想象，注意表现自己觉得新奇有趣的或印象最深、最受感动的内容”；第三学段（五、六年级）要求学生“珍视个人的独特感受”“能写简单的纪实作文和想象作文，内容具体，感情真实”。

语文课程标准第三部分“实施建议”中，“教学建议”部分要求“正确处理基本素养与创新能力的关系”，即“语文教学要注重语言的积累、感悟和运用，注重基本技能的

① 本文刊于江苏教育出版社《小学语文研究》2004 年第 2—3 期。

训练，给学生打下扎实的语文基础。同时要注重开发学生的创造潜能，促进学生持续发展”。在“教学建议”部分又指出，“写作是运用语言文字进行表达和交流的重要方式，是认识世界、认识自我、进行创造性表述的过程”，还指出写作教学的重要策略是“激发学生展开想象和幻想，鼓励写想象中的事物”“为学生的自主写作提供有利条件和广阔空间，减少对学生写作的束缚，鼓励自由表达和有创意的表达。提倡学生自主拟题，少写命题作文”。此外，“评价建议”部分也指出，“写作评价要根据各学段的目标，综合考虑学生作文水平的发展状况……对有创意的表达应予鼓励”。

（二）培育学生创造力的要求反映了语文课程的性质与基本理念

为什么在小学作文教学中如此重视学生创造力的培育？首先，进入 21 世纪以后，科技进步日新月异，“全面推进以提高国民素质为根本宗旨，以培养学生的创新精神和实践能力为重点的素质教育”已经成为我国各级各类教育机构改革与发展的必然抉择。其次，是因为我们对语文课程的理念已经开拓更新。这些新的理念是：

1. 工具性与人文性的统一是语文课程的基本特点。什么是语文课程的基本特点？过去有人说是思想性与工具性的统一，也有人说是发展性与工具性的统一，现在概括为人文性与工具性的统一，这一概括比较科学。人文性体现了素质教育的总要求，强调人文性是为了反对语文课程的“唯工具性”。但是人文性不是仅仅指情感陶冶和品德修养，也包括开阔文化视野（文化性）、发展智力（发展性）和发展创造能力（创造性），也就是以人的发展为本，全面提高人的素养。而工具性是语文课程的特殊性，是区别于其他课程的特点，也是绝对不容许忽视的。工具性与人文性是特殊性与普遍性的关系，是相辅相成的。学生是在掌握语文工具的过程中提高人文素养的，反过来人文素养的提高又促进对语文工具的掌握。课程标准把学生在语文课程中获得的听说读写能力和形成的人文素养统称为“语文素养”，创新精神是学生语文素养的重要组成部分。

2. 语文学习具有个体差异性。语文课程丰富的人文内涵对学生精神领域的影响是深广的，学生对语文材料的反应又是多元的。因此，应该重视语文的熏陶感染作用，注意教学内容的价值取向，同时也要尊重学生在学习过程中的独特体验。独特体验即与众不同的体验，这也是创新意识的体现，应在作文教学中得到充分的尊重。

3. 学生是语文学习的主体。语文课程必须遵循学生身心发展和语文学习的特点，关注学生的个体差异和不同的学习要求，爱护学生的好奇心、求知欲，充分激发学生的主动意识和进取精神，倡导自主、合作、探究的学习方式。作文教学也不能例外，应该积极引导学生自主地、合作地发现问题、分析问题和解决问题，培养创新精神和创造能力。

4. 语文课程的建设应该开放而有活力。语文课程应植根于现实，面向世界，面向未来。应拓宽语文学习和运用的领域，注重跨学科的学习和现代科技手段的运用，使学生在不同内容和方法的相互渗透和整合中开阔视野，提高学习效率，初步获得现代社会所需要的语文实践能力。就作文教学而言，应拓宽学生的生活领域和知识领域，使学生能运用现代技术搜集和处理信息，初步会写具有独立见解的研究性文章。

二、对当前小学作文教学抑制学生创造力的思考

（一）当前小学作文教学抑制学生创造力的表现

尽管作文教学是为全面提高学生素质打基础的一项重要工作，有关小学作文教学改革的理论研究和实践探索也有很多，但是从目前学校作文教学的实际情况看，教师怕教作文，学生怕写作文的状况仍然没有得到根本改变，小学作文教学还存在许多问题，尤其是抑制学生创造力方面的问题还比较突出，现概述如下：

1. 作文教学定位不准，要求过高。不少教师把小学生作文当成“文艺创作”，常常用报刊文章、成人作品的标准来要求学生：内容要“新、奇、巧”，结构要中心明确、条理清楚，语言文字要生动、优美。而学生的作文往往显得稚拙、浅显，不那么合乎标准。教师恨铁不成钢，经常把它们批得一无是处。久而久之，学生感到写作文“高不可攀”，认为这是一种“苦差”，讨厌作文，惧怕作文，产生谈“文”色变的压抑心理，渐渐丧失对作文的兴趣。学生借助于语言文字表达心声的动机受到严重抑制，作文教学的重要目的之一——使学生的个人特点及完整个性得以充分发展——必然会受到影响，作文教学的发展性和创造性功能也由此大打折扣。

2. 命题脱离学生生活实际，显得十分机械。受应试教育的左右，有些教师为了让平时的作文训练契合升学考试作文的要求，就反复进行相关训练。例如，作文的升学考题常常是写“一件事”，教师就反复让学生写《我做了一件好事》。不少学生写不出来，只好凭空编造所谓的“五子登科”故事，即帮助邻居带孩子，帮助奶奶拎菜篮子，帮助过路人推车子，上交捡来的皮夹子，清洁卫生抹桌子，而且每次都写同样的内容。其实小学生在日常生活中做好事不多，做坏事更少，

做错事倒有很多。教师不顾及这些，会间接地“逼使”学生以成人腔说假话、套话、空话。学生不能“我口说我心”，吐露真情实感，他们的理智感、道德感、审美感就不能很好地发展，作文缺乏儿童应有的情趣和创见也在情理之中了。

3. 作文指导的方法机械。现在教师指导学生作文习惯用两种方法：一是机械地模仿范文，例如教过课文《松鼠》，就要学生按照描写松鼠身体各个部位的顺序来描写小白兔；二是根据现成提纲作文，即老师根据作文题自己列出提纲，或者经过集体讨论列出提纲，然后让学生开始写文章，这样，先写什么，后写什么，都有了框框，更有甚者，老师把作文要用的词语全都抄给学生。用这两种方法写出的作文可能看起来相当“严谨”“有条理”，但是，这是教师预先安排好的，不是学生自己的东西，学生写出的作文千篇一律，千人一貌，严重压抑学生的创造思维和个性发展。例如，有文披露，在某小学毕业会考的一袋语文试卷中，作文的题材、文笔雷同的竟有25份（共30份）。作文模式化，学生没有自己鲜活的思想，这样的情况屡见不鲜，着实令人担忧。

4. 文体训练的形式单一。不少教师从三年级到六年级只让学生写记叙文，把学写记叙文“为主”变成“唯一”，应用文和其他各类实用文体（如说明文和议论文）的启蒙教学都被当作额外的任务，少教或者不教。记叙文自有它不可替代的作用，而只教学生写简单的记叙文还不足以容纳、表达他们生动活泼的思想。他们也需要学会运用多样的表达形式来反映自身独特的感受，进行简单的状物言志，说服论理。这样做，对简单记叙文的教学也大有裨益。

（二）当前小学作文教学抑制学生创造力的原因

小学作文教学出现上述种种阻碍学生创新意识、创造能力和创造性人格形成的问题，并非偶然，它是作文教学理念陈旧和作文教学实践畸形发展的结果。具体地说，原因有如下几个方面。

1. 升学率指挥棒使然。许多教师为让学生在升学考试中取得好成绩，讲求“近期效益”，普遍采用教学生套题、强迫学生死记硬背范文或者将不同类型作文的开头、结尾及各种场面的描写抄给学生以应付考试的办法，而不注重丰富学生的生活积累。这就使得作文教学侧重于命题作文的指导，重形式，轻内容，习惯于教师讲、学生写。学生往往围着《优秀作文选》和教师的指挥棒转，无论是选材立意，安排结构，还是用词造句，常常依葫芦画瓢，小心翼翼，不敢越雷池一步。教师僵化、机械、刻板地训练学生的思维，而没有“源”“流”并进。作文成为无源之水，学生当然写不出有创意、有生活气息和儿童情趣的作文。

2. 作文教学违反学生作文的心理规律。我们知道，语言的条理性来源于观察的顺序性和思维的逻辑性，而思维的逻辑性又来源于意识的系统性，并且，非智力因素是智力因素发展的动力。因此，学生作文的规律一般是从“言之有情”到“言之有物”，再到“言之有序”。而事实情况常常是：教师非常重视学生所写文章的结构和词语（言之有序），却不去注意学生是否有丰富的生活和独特的情感体验（言之有物，言之有情）。这样，经常出现的局面是学生无话可说，却要硬写；写不出，教师就启发，包括提供提纲、词语，实际上是变相地让学生“你照着我的意思写”。当然，也有一些教师主张作文教学要“从观察入门”和“从内容入手”，强调发展学生的观察力、想象力和思维力。但是他们在培养学生个性的非智力因素（动机、情感、意志、性格等）方面做得不够，学生作文中仍然出现“小孩子说大人话”、缺乏“童心”的现象，作文反映不出学生的个性特点。

3. 作文教学的理论忽视了对作文活动的主体——儿童的身心发展和语言发展的研究。活动心理学研究表明，每个年龄阶段的主导活动决定了儿童在该阶段心理的发展。同理，儿童在不同年龄阶段中运用语言这种交际工具所具有的功能以及实现该功能的手段是不同的。我们必须根据儿童的年龄特点和语言活动类型拟定比较科学的作文训练序列，循序渐进地发展他们的各种语言功能，并让他们形成相应的作文知识和能力。可是，目前不少作文教学研究对于儿童在各年龄阶段的主导活动和语言发展特点缺乏深入、系统、细致的研究，使作文教学没有足够科学、丰富的理论可依据，作文教学容易出现随心所欲的做法。

三、在小学作文教学中培育学生创造力的重要策略

（一）必须根据语言交际功能发展的年龄特点开发课程资源，丰富作文题材，激发创造动机

我认为，作文教学要培育学生的创造力，作文题材要符合学生语言交际功能发展的年龄特点，以充分激发学生创造的需要和动机。

我们知道，小学作文训练是一个十分复杂的系统，它包括许多子系统，诸如语言文字知识技能训练的系统、心理能力训练的系统、思想内容积蓄的系统以及语言交际功能发展的系统。在这些子系统中，儿童语言交际功能发展的系统是起主导作用的系统，是小学作文训练的主线。从哲学角度看，表达语言文字的知识技能属于手段和形式的范畴，而语言的交际功能是人们为了实现某种交际目的而进行的语言活动，它属于动机和内容的范畴。动机决定手段，内容决定形式。每

一种语言的交际功能都有相应的语言形式和手段。因此，在小学各个阶段教学生哪些表达语言文字的知识技能，首先不是取决于语言文字知识本身的逻辑体系，而是取决于学生从事哪一类语言活动，发展哪一种语言的交际功能。

小学阶段可以分为低年级（一、二年级）、中年级（三、四年级）、高年级（五、六年级）三个阶段，这三个阶段由于主导活动不同，语言交际功能的发展具有较明显的年龄特征。这个方面，前文已有论述，在此不多赘述。

（二）必须根据学生思维发展的年龄特征确定作文训练的形式和培育创造力的要求

语言活动是交际和概括的统一。交际需要概括，而人的思维可以实现这种概括。小学生主要学写记叙文，也应兼学其他各种简单的实用文体。他们的作文能力可以有多种，概括起来是两种：产生文章思想内容的能力和表达文章思想内容的能力。在这两种能力中，前者是写好作文的关键所在，它的心理机制是将鲜明的表象和准确、生动的语言结合起来，以及正确地运用归纳推理、演绎推理和发散性思维。因此，在小学作文教学中要根据儿童思维发展的年龄特征确定各种不同的作文训练形式，以逐步培养各种作文的智力技能和创造技能。

小学低年级主要进行想象作文，同时适当地进行纪实作文，重点培养学生重现表象的技能。

低年级儿童思维的主要特点是具体形象性。许多心理学家认为，低年级儿童产生意义（包括思想、意向、情感、需要等）的主要心理结构是想象。他们借助于想象和幻想来理解他们生活的世界，研究和解释这个世界。因此，低年级要发展儿童初步的概括信息、交流信息和自我表现的语言功能，最佳的作文训练形式既不是复述，也不是看图作文和观察作文，而是创造型的想象作文和童话体作文。通过童话体作文，可以培养学生有意地重现表象的技能，包括在头脑中有目的地产生丰富的表象，确定表象之间的联系和积极地变换表象结构。童话体作文教学，应着力培养想象的流畅性、变通性和独创性。

小学中年级主要进行纪实性的观察作文，同时适当地进行想象作文，重点培养学生形成典型表象的技能。

在中年级，学生的观察能力迅速发展，表现为观察的目的性、持续性、细致性和概括性不断加强，能通过观察比较正确、全面、深入地感知事物的特点。观察力的发展也是学生具体形象思维和抽象概念思维逐步取得均衡发展的重要标志。可以说中年级是学生观察能力发展的最佳时期。此外，作文教学的主要任务不是教会学生“虚构”,而是教会他们用语言表达自己的所见所闻所思所感。因此，中年级要发展儿童比较系统的概括信息、交流信息和自我表现的语言功能，最佳的作文训练形式是观察作文（素描作文），即以实物、音乐、表演、图画语言等手段创设情境，引导学生学会观察，激起儿童内心的感受和情致，形成表达的愿望。儿童需要观察，犹如植物需要阳光、空气和水一样。因为儿童靠观察去认识周围世界，观察为儿童的思维、想象活动积累了表象。有许多创造发明就是在实际观察中，从某一现象中得到原型启发而成功的。所以，通过观察存储表象，是培养儿童创造性思维的首要步骤。在观察情境的过程中，教师应让学生获得丰富、鲜明的感性表象，帮助他们从五光十色的感性表象中“筛选”出典型的表象，并让他们通过想象生动地表现该典型表象。

小学高年级主要进行实用型的纪实作文，同时适当地进行想象作文，重点培养学生归纳推理、演绎推理和多角度、多侧面地进行发散性思维的技能。

高年级学生思维的特点是抽象思维开始成为思维的主要形式。此外，高年级的学生开始进入少年期，他们的自我意识迅速增强，人际交往开始成为他们的主导活动。因此，要发展他们根据不同对象施加影响和自我教育的语言功能。作文训练应该从观察作文转向实用型作文，包括写中心明确的记叙文，写简单的议论文和说明文，写各种应用文和读书笔记。其间，也要依靠具体形象思维和抽象逻辑思维的协同活动适当地进行想象作文训练，或者鼓励学生在前述文体中展开想象。写各类实用文必须培养学生归纳推理、演绎推理的技能以及发散思维能力。

各年级的作文训练形式和培养创造力的目标

年级	主导活动	语言交际功能的发展	作文训练形式	创造力培养目标
低年级	读写算入门和游戏活动	初步的概括信息、交流信息和自我表现功能	想象作文为主，纪实作文为辅	以形成重现表象技能为基础，初步培养学生的创新意识和发散思维品质
中年级	比较系统的学习活动	比较系统的概括信息、交流信息和自我表现功能	情境观察作文为主，想象作文为辅	以形成典型表象技能为基础，发展学生的创新意识和求异思维能力
高年级	人际交往活动	个别影响和自我教育功能	纪实作文为主，想象作文为辅	以初步形成归纳推理、演绎推理技能为基础，进一步培养学生的求异思维能力

四、根据培育创造力的要求科学地确定小学作文序列

（一）小学作文教学中培育学生创造力的含义和突破口

所谓创造力，是为了一定的目标，运用已知信息，产生出某种新颖、独特、具有社会和个人价值的产品的能力。这种产品可以是新观念、新设想、新理论，也可以是新技术、新工艺、新作品（包括创造性作文）等。它的最本质含义就是“新”，一般可以分为三个层次：第一层次的“新”是对人类社会来讲是新的，是前所未有的，通常将这一层次的创造力称为“特殊才能的创造力”；第二层次的“新”是对社会某一个特定群体来说是新的，而对于社会来说可能并没有新的含义，通常称之为“群体比较的创造力”；第三层次的“新”是对每个个人自己来说是新的，是前所未有的，而并不要求其他，通常称之为“自我实现的创造力”。在一定条件下，这三个层次的创造力可以相互转化。小学作文教学要培育的，主要指第三层次的创造力。我们判断学生的习作是否具有创造性，是以他个人（或同龄儿童）的经验和知识范围为依据的；只要能摆脱常规经验和现成答案的影响，独立体验，独立思考，表述自己的独特感受和独特见解，这样的习作就算具有创造性。

在小学作文教学中培育学生的创造力，其核心是培养创造思维能力，同时也要激发创造意识和逐步形成创造性个性品质（如主动、好奇、自信心、独立性、变通性、独创性等）。

我认为，根据语文课程标准，当前小学作文教学应从以下五个方面突破，以实现培育学生创造力的目标。

——在作文命题上培育学生的创造力，提倡学生自主拟题，少写命题作文。提倡写简单的研究性文章。

——在作文材料来源上培育学生的创造力，除了纪实作文外还应将想象作文列入教学计划，鼓励学生写想象中的事物。

——在作文体裁上强调学生的创造力，要求不拘形式，淡化文体，灵活运用记叙、说明、议论、抒情等表现方法。

——在作文指导上培育学生的创造力，对作文的立意、构思、用词、造句都要求开阔思路，自由表达，发展求异思维能力。

——在作文评价上培育学生的创造力，对有创意的表达应予鼓励，并要求学生通过自改和互改，取长补短，促进相互了解和合作，养成独立思考的习惯。

（二）对小学作文序列的具体建议

在全面学习了语文课程标准中对作文教学的要求，特别是培育创造力的要求之后，我结合自己多年的教学实验，经过反复思考，提出一个比较具体的、可供操作的小学写话和作文的序列。这个序列的特点是以学会作文方法、培养良好写作习惯为重点，从材料来源、命题方法和思维深度三个方面编排作文教材。根据语文课程标准，教学序列要整体考虑知识与能力、情感态度与价值观、过程与方法的综合。这三个维度中，能力是知识的灵活运用，学生掌握知识和能力的集中体现就是学会方法。习惯是人的需要的表现，也是学会方法的表现，因此是情感与能力的“合金”，是提高学习效率的保障。如果将方法和习惯的培养作为重点，并渗透在教学过程和教学方法中间，就能实现语文课程标准提出的三个维度的综合。

这个作文序列表述如下：

一年级至二年级　主要发展学生初步的概括信息、交流信息和自我表现的语言功能，通过听故事、看图和观察实物等，重点进行童话体写话训练，让学生学习简单的想象方法和将句子写正确、写连贯的方法，养成用连贯的语言写自己想说的话的习惯，以及在写话中乐于运用阅读和生活中学到的词语的习惯。写话从一年级下学期开始，每学期 20 次，三学期共 60 次，其中童话体写话不少于 30 次。

三年级至四年级上　主要发展学生比较系统的概括信息、交流信息和自我表现的语言功能，让学生对静物、小动物、房间陈设、大自然一角，人物外貌、动作、对话等分单元进行“片段素描”，学习简单观察和在观察中想象的方法、用连贯的语言写各类最常见的“段”的方法、通过课内外阅读分类积累优美词语的方法，养成留心观察周围事物和乐于表达自己觉得新奇有趣或最受感动的观察内容的习惯。习作每学期 8 次，三学期共 24 次。其中以纪实作文为主（16~18 次），想象作文为辅（6~8 次），学生自主拟题作文为 1/3（8 次）左右，以小组合作为主的研究性文章每学期写 1 篇。

四年级下至五年级上　继续发展学生比较系统的概括信息、交流信息和自我表现的语言功能，让学生从“片段素描”过渡到“叙事素描”，学习有顺序、有重点的观察方法，分段表述一件简短事情的方法，有意识地丰富自己的见闻、积累习作素材的方法，养成留心观察周围人和事的习惯、把事情写清楚写具体的习惯、主动修改习作中的内容和词句的习惯。两学期共 16 次习作，其中以纪实作文为主（11~12 次），想象作文为辅（4~5 次），学生自主拟题作文为 1/3（5~6 次）左右，以小组合作为主的研究性文章每学期写 1 篇。

五年级下至六年级　主要发展学生个别影响和自我教育的语言功能，让学生从记一件事的篇的习作过渡到记几件事的篇的习作，学会写简单的纪实性实用作文，写读书笔记和一般书信。学习根据交际对象、交际目的灵活运用记叙和简单的议论、说明的方法，根据习作内容表达的需要分段表述的方法，养成努力表述个人独特感受和独立见解的习惯，把表达内容写得重点突出、有条理的习惯和主动与他人交换修改习作内容的习惯。三个学期共 24 篇习作，其中以纪实作文为主（18~20 次），想象作文为辅（4~6 次），学生自主拟题作文为 1/3（8 次左右），以小组合作为主的研究性文章每学期写 1 篇。

小学低年级的作文训练要实现四个转变[①]

近年来，全国各地小学作文教学的研究显得比较活跃，呈现出百家争鸣、百花齐放的新局面。特别是在让学生理解作文的社会意义，激发他们的作文动机，以及对他们进行作文能力的整体化训练方面，涌现出大量的教学实验和经验总结。但是这些实验和总结主要是在小学中、高年级进行的，相对来说，小学低年级的作文教学改革仍然是个薄弱环节。在学习了国外一些心理学家和教学理论专家的研究成果，以及湖南省凤凰县箭道坪小学“童话引路”的教改经验，我深感要使小学低年级的作文教学有新的突破，必须在作文训练上实现四个转变。

一、变写话训练为写文章的训练

现在有不少同志认为说出来是口头语言，写下来就是书面语言；说得好就一定写得好。这是不理解口头语言和书面语言存在着重大差别。当然，口头语言是书面语言的必要条件。从语言发展的顺序来说，口头语言的发展是走在书面语言的前面，说是写的先导和基础。再说小学低年级学生内部语言的发展不够完善，所以在思想写出之前须用外部的口头语言来代替内部语言发挥作用，即将内部语言“外化”为口头语言，借助口头语言来控制和调节自己

① 本文刊于《小学童话体作文教学》，云南少儿出版社1991年7月第1版。

的思想。因此在一二年级进行说话和写话训练，将有助于学生写好作文。但是必要条件不等于充分必要条件，说得好未必一定写得好。书面语言和口头语言无论在功能上还是在结构上，都存在本质的差别。人的书面语言是在交谈者不在场的条件下产生的，因此它必须是独白语言，只能用语言手段来表达信息的内容，并且运用视觉符号。但是口头语言是交谈者在场的情况下，在直接交际的情境中产生的，它是对话语言，可以用非语言手段（如动作、声调、脸部表情）来表达信息的部分内容，并且运用听觉符号。苏联心理学家维果茨基说："从产生语言功能的心理本质来看，书面语言是完全不同于口头语言的另一种过程。书面语言是语言的代数学，是有意的、自觉的语言活动中最困难、最复杂的形式。"

根据许多语言心理学家的研究，书面语言和口头语言在下述四项参数的值上有重大差异：①情境率，即情境成分的数量／省略和代用成分的总数；②词语的不重复率，即语言表达中不重复的词的数量／语言表达中词的总数；③鉴定率，即反映客观事物本质特征的词语数／语言表达中词的总数；④积极率，即语言表达中动词的总数／语言表达中词的总数。简言之，真正的书面语言是上下文一致（即情境成分很少）、词语丰富、能很好反映客观事物质量特征和积极面的语言，它同口头语言有明显的差别。可是已经进行的诊断性实验表明，小学低年级学生的书面语言和口头语言，在上述四项参数的值上无显著差异。这说明现在低年级的写话训练，仅仅是记录口头语言的训练，并不是真正的书面语言的训练（即写文章的训练）。如果用很长时间进行写话训练，势必延误作文训练的时机。因此在小学低年级要"两条腿走路"，即既要克服"重写轻说"的倾向，加强说话训练；又要克服"用写话代替作文"的倾向，进行写连贯的文章的训练，使学生书面语言表达的基本功日臻完善。

二、变句子训练为篇章训练

众所周知，语言的本质特性在于它是社会交际的工具，只有亲身体验语言的各种交际功能以及它的社会效益，儿童才能自觉地去学习语言、掌握语言。虽然词、句子、句群和篇章都是语言表达的单位，但是能够完整地体现语言社会交际功能的不是词、句、句群，而是成篇的文章。只有文章才能够充分发挥语言的传递信息、表现自我和个别影响等各种交际功能。因此只有让低年级学生写成篇的文章，完整地表情达意，才能激发他们强烈的作文动机。当然，低年级要加强句子训练，让学生写完整、通顺、前后连贯的句子。但这只是作文训练的具体目的，而不能成为学生写作文的动机。如果把目的变成动机，成天让学生进行单调的句子训练，他们便会对作文索然无味，结果连写句子也训练不好。反过来，从篇章着手进行训练，充分激发学生的作文动机，让他们放开胆子写文章，而到作文评讲时又以句子训练作为重点，学生就会感到这种句子训练能提高表达效果，十分必要，而且联系作文实际，有血有肉，易于理解，收效很快。

必须指出，这里所说的篇章训练，是指让学生用文字完整地表达自己的所见所闻和真情实感，不是要求学生掌握许多篇章的知识，诸如记叙的几个要素，写一件事的几个环节，如何开头，如何结尾，等等。这和中、高年级的篇章训练是不同的。“变句子训练为篇章训练”的提法，并没有改变低年级作文教学的重点是加强句子训练，而是强调从篇章入手，先激发儿童的作文动机，而后让他们去明确句子训练的具体目的。正如著名心理学家阿·尼·列昂捷夫所说：“要把相应的目的变为探求未知的动机。换句话说，要激起兴趣，用不着先指出目的，然后再在动机上去证实这个目的方面的行动，而是相反，要形成动机，然后才有可能在这种或那种物体内容中找出目的。”

三、变复现型训练为创造型训练

现今的小学把复述、仿写、看图作文、观察实物作文等作为作文起步训练的主要方法。这些方法都是向学生提供现成的材料（包括文章、图画和实物），要求他们用文字复现出来，因此都属于复现型的训练方法。这些方法对小学生掌握书面语言有一定效果。但是理论研究和许多教学实验都已证明，小学作文起步训练的最好方法是创造型的训练方法。这里所说的“创造”，不是指文艺创作，而是指儿童简单的语言创作，即写简短的童话体作文，写短诗和微型剧本。

根据发展心理学的研究，人的心理过程的发展是不平衡的。某一种心理形成物的发展存在潜伏期和突破期。后者在心理学中又称作形成期。对每一种心理形成物来说，形成期是它的最佳发展时期。对学龄初期的儿童来说，虽然知觉（观察）是亟待发展的一种心理结构，但他们产生意义（这个词的心理学含义是思想、意向、情感、需要等）的主要心理结构却是想象和幻想。他们正是借助于幻想来理解他们生活在其中的世界，研究和解释这个世界。用神话的方式来观察和解释世界是儿童固有的特点。因而，学龄初期是创造性想象的形成期。让学龄初期儿童写创造型的想象作文，正是顺应他们心理发展的规律，必然促使他们的心理功能和语言能力都得到发展。

写创造型的想象作文，不仅顺应儿童心理发展的规律，也有助于他们作文能力的整体培养。小学生作文能力的种类很多，但概括起来主要是两种：产生文章思想内容的能力和表达文章思想内容的能力。实践证明，复现型的训练方法（特别是复述和仿写）只能培养表达文章思想内容的能力，不能培养产生文章思想内容的能力。但是后一种能力却是学生写好作文的关键所在。从心理学角度看，产生文章思想内容的能力包括产生丰富的表象活动、安排表象结构以及确定表象之间因果、时间、条件、对比等相互关系等能力。不具备这种能力，即使根据现成材料复述，儿童也感到困难。著名心理学家皮亚杰曾做过一个实验：让学龄前的儿童再现一篇童话故事。尽管这个童话情节十分简单，但被试者都不能正确而充分地复述它的内容。其主要原因是学龄前儿童尚不能通过表象活动掌握童话内容的内部结构，因而不可能在复述时重新构拟这个童话。而创造型的训练却首先鼓励儿童进行创造性想象，使他们头脑中尽可能地产生各种日常生活的表象，并引导他们对这些表象进行比较、选择、抽象和排列，这就有效地培养了他们确定和变换表象结构的能力。

四、变“教师一言堂”的教学为师生合作的教学

小学作文的起步训练应该如何组织？目前有不少学校仍然采用“教师一言堂”的教学形式，即作文指导是教师讲，学生听；作文过程是教师看，学生写；作文评讲是教师评，学生改。产生“一言堂”现象的原因，在于把“作文活动”理解成学生个人的、掌握作文知识和能力的活动，即强调作文活动的“个体性”和“认识性”。这种理解无疑是片面的。对“作文活动”的科学理解应该是：第一，作文过程是教师和学生以及学生和学生的共同活动；第二，作文活动的目的不仅在于掌握作文的知识和能力，而且在于发展积极的个性，包括让学生掌握人们合作与交往的经验；第三，在小学作文教学的各个阶段，合作和交往都是学生学习的主要推动因素。简言之，应该强调“作文活动”的“群体性”和“人文性”，用教师和学生以及学生和学生的各种合作形式，来代替“教师一言堂”的教学。

实践证明，合作教学优于“教师一言堂”教学。首先，它可以使学生产生具有社会意义的作文动机。在“一言堂”的教学中，学生写作文是一种个人的学习活动，他的作文动机局限在个人认识活动的范畴里。可是在合作教学中，学生的个人活动是班级活动和小组活动的组成部分，这种活动必须受到班级和小组成员的检查、评估和认可。因此对每个学生来说，作文不仅仅是个人的认识活动，它也是满足集体和社会要求的活动。合作活动本身就是对每个学生的一种激励，它可以激发学生自我确认、自我完善和相互竞争的动机。其次，合作教学可以迅速提高个性社会化的程度。学校要重视发展学生的个性。但是世界上没有抽象的个

性；个性总是在一定的社会条件下形成，并且服从这个社会发展的需要。合作教学可以使学生形成与别人合作共事的心理承受能力，形成虚心听取别人意见和合理思考各种问题的习惯，发展社会化的智力。再次，合作教学对学生掌握作文的智力技能也十分有益。苏联心理学家加里培林认为，智力活动"是外部物质活动向反映方面——向知觉、表象和概念方面转化的结果"。这种转化经历物质或物质化活动、出声的外部语言活动、不出声的外部语言活动和内部语言活动等阶段。合作教学对形成智力技能的各个阶段的活动，特别是出声的外部语言活动提供了充分的条件。师生在一起通过大声讨论揭示文章题意，编写文章提纲，安排文章情节，把作文能力的基本结构一步一步地揭示出来，并用外部语言固定下来，这样就为作文智力技能的顺利形成铺了路，架了桥。

鉴于上述想法，从 1989 年 2 月起，我和语文特级教师周品仙在上海市宝山区教育局、教育学院和江湾乡政府的支持下，同江湾中心小学领导、教研员及语文教师紧密配合，在该校二年级开展了"用合作教学的形式写童话体作文"的实验。该实验包括 18 次作文训练，需用 36 个课时，具有教学大纲、教材、教学方法、教学组织形式，以及用各项参数来检验实验成果的方法。该实验所规定的作文训练有四个明显的特点：一是交际工具性，即不是让学生为作文而作文，而是把作文训练放在一项特殊的交际活动中，如为幼儿园的孩子们或自己的家长编写童话故事。这就使学生感到作文是为了满足社会的需要，并能品尝到成功的喜悦。二是创造性，即主要不是发展学生记忆范文和观察图画、实物的能力，而是发展学生的创造性想象能力，为此实验大纲规定了 10 种激发学生创造性想象活动的方法。三是整体性，即不是只教授语言表达的个别技能，而是把产生思想内容和表达思想内容这两种能力的培养有机地结合在一起。实验大纲规定每一篇作文都用两个课时完成，第一课时让学生畅想和构思作文的思想内容，第二课时让学生对作文内容进行文字表达和修改。四是合作性，即不是让学生单个地、孤独地写作文，而是实现教师与学生及学生与学生的合作。实验大纲规定合作教学必须经过师生整体合作、师生分步合作、小组自发合作、小组自觉合作和个人在独立写作基础上的自觉合作等五个阶段。从实验结果看，实验班的学生不仅在作文能力的各项参数的值上明显超过了对照班，而且在作文动机的范围和性质、变换表象结构的能力以及时间想象能力等方面，也明显地超过了对照班。

小学二年级童话体作文教学实验报告

上海市宝山区江湾中心小学、宝山区教科室
作文教改联合实验组①

课题的提出

目前，全国各地的小学作文教改已出现百花齐放、争奇斗艳的局面。但纵观整个小学作文教学现状，还有一些问题没有引起人们的足够重视。

首先，语文界对中、高年级的作文教改探索、研究比较多，而对低年级作文起步训练的研究相对显得薄弱。在低、中年级之间，写的训练缺乏必要的衔接。近几年，虽然在一、二年级开设了说话课，但这还谈不上是作文的起步训练，因为它偏重于说，而且大多停留在听后复述或看图说几句话的层次，而忽视指导学生运用连贯的书面语言来表达自己的所见所闻与真情实感。因而到三年级开始书面作文时，学生感到一下子要跳上几个台阶，很不适应，甚至对作文产生畏惧心理。

其次，目前的小学作文教学存在着偏重表达思想内容

① 本实验由吴立岗教授担任总指导，由上海宝山区语文特级教师周品仙担任顾问。实验组由葛家栋、张中韧、高龙英、时为群、侯龙法、陆山玉等领导和夏庆莲、单纫秋、李文娉、蒋秀珍、张蓓、周龙兴等教师组成。实验报告由吴立岗、周品仙、周龙兴执笔。

本文刊于《小学生童话体作文教学》，云南少年儿童出版社 1991 年 7 月第 1 版。

能力的训练，而忽视产生思想内容能力的培养。我们认为，从整体而言，要学会作文，不外乎是要能产生丰富的思想内容和恰当地表达思想内容，而前者又是后者不可缺少的基础。然而，反思以往的作文起步训练，无论是有关提早作文的实验，还是常规的从三年级开始的片段训练，都是复现型的训练，即运用复述、仿写、看图作文等形式。这种复现型的训练方式是提供内容，要求学生用文字复现出来，因而不能有效地培养学生产生思想内容的能力，只能较好地培养学生表达思想内容的能力。但如果缺乏产生思想内容的能力，显然会给独立作文带来一定的困难。那么，究竟以何种方式来解决这问题呢？需要进行一些探索性的研究。

其三，作文起步训练普遍存在着片面追求规范的倾向。教师们从一开始就要求学生写有规有格的文章（包括片段），但学生们却难以做到。教师便肯定得少，否定得多，使学生渐渐地丧失了作文的自信心。在写作内容上，教师的要求也是划一和单调的。这固然便于指导，但学生却未必人人都对同一事物有同一的感受与兴趣，因而他们对作文感到乏味，无话可说，只好揣摩老师的意图写，甚至笔录老师或别的学生的口头作文。由于不能写自己想写的事，不能按自己所希望的去写，学生始终把作文视为苦差事。因此，如何使学生一开始就对作文产生浓厚的兴趣，并保持下去，这是一个亟待研究的问题。

其四，现在小学生书面作文，一般都到三年级才开始，这是否一定符合儿童心理发展的规律？根据现在儿童的心理发展水平，书面作文是否可以提前呢？这方面的研究显得不够。黑龙江省“注音识字，提前读写”的实验对小学生提前作文做了有益的探索，但除此之外是否还有更好的途径呢？

心理学研究提出了儿童心理发展的“最佳期”（即“敏感期”）理论。许多心理学家认为，在这样的“最佳期”进行相应的心理能力和心理品质的培养，可以取得事半功倍的效果。而在作文教学中，如何利用心理学理论做指导，长期以来一直被忽视，尤其是如何根据儿童的心理特点采取相适应的方式进行作文起步训练，更是一片亟待开垦的处女地。

根据上述分析，针对小学低、中年级学生的心理特点，我们设想，如果采用童话体作文为起步训练，并且提前在二年级进行，那么，就有可能解决上述问题，为小学的作文教学改革打开新局面。于是，我们便在一所普通的乡中心小学开始了为期一学年的小学低年级说、写童话体作文的教改实验。第一轮实验已于1990年1月底结束，现将第一轮实验的情况汇报如下。

实验的对象与方法

1. 实验对象的选取

以整群取样法抽取某乡中心小学的一个普通教学班——二年级（2）班为实验班，人数为40人。

2. 实验方法

采用对照实验法。我们通过小学教研员的协助，选取了两个师生水平相当的乡中心小学的平行班，以及一个城区小学的层次略高于乡中心小学的平行班，共三个班级作为对照班。

实验的时间、内容与步骤

1. 实验时间：1989年2月—1990年1月。

实验班利用原有的每周三节的说话课进行童话体作文训练。具体安排为双周上作文课，每次二课时。单周的说话课改为阅读指导课或童话故事演讲课。对照班则仍按常规上说话课，每周二节。

2. 实验的内容与步骤

第一阶段：根据故事开头和模仿故事结构说、写童话（三次）。

第二阶段：看画面说、写童话（四次）。

第三阶段：童话续编和童话新编（二次）。

第四阶段：归纳情节提纲写童话（二次）。

第五阶段：用架桥法写童话（三次）。

第六阶段：听音响编写童话（二次）。

第七阶段：观察生活现象和命题写童话（二次）。

（作文训练系列详见附件）

实验因子的操纵

1. 实验班将说话课改为作文课，采用自编的童话体作文教材进行作文提前教学，要求学生先说后写，并加强写的要求。对照班上说话课，按说话教学大纲要求进行训练。

2. 实验班借鉴合作教育学的理论，根据教学内容的难易和循序渐进的原则分别采用“师生整体合作”（师生共编童话，以扶为主），“师生分步合作”（教师仅对学生感到困难的地方进行点拨，有扶有放），“小组自发合作”（在一个学习小组中由一名同学主编故事，其余同学各尽所能地进行补充和修改）和“小组自觉合作”（小组成员人人都编好童话故事后进行交流，互相指正修改）等教学组织形式进行童话体作文训练。对照班则按照常规教学形式组织说话训练。

3. 实验班每周进行一次课外阅读指导与交流，以开阔学生的知识面。

4. 实验班成立不定员的故事组，选择编写得较好的童话故事，由作者本人到一年级、幼儿园、学校红领巾广播台演讲，以充分体现作文的交际功能。

无关因子的控制

1. 设对照班。所选择的对照班在学生来源、语文教师的资历、学历、业务能力以及学生的知识基础诸方面均不差于实验班，个别班还略高于实验班。所选的实验班在本校同年级平行班中，学生的基础略差于其他班。

2. 实验班与对照班在语文课时上相等，学生课外书面作业量大致相等。

3. 实验班不向家长动员，不要求增加家庭辅导。

4. 实验后实验班与对照班分别进行终期效果测试，数据经统计处理，并进行差异显著性检验。

测试项目为：（1）总字数（全班篇平均字数）；（2）词汇量（动词的不重复率、形容词数等）；（3）句子（篇平均句子数、句子的结构等）；（4）题材的广泛性；（5）子题材的数量；（6）文章的思想性。

5. 检测试卷由区教科室命题，统一评分标准，并组织阅卷，统计上述各项目的数据。

实验结果

首轮实验为期一学年。结束后，我们在同一时间内分别对实验班和对照班进行了同一内容和要求的测试。

1. 测试内容：看图想象编写童话故事（这主要考虑到对照班未经其他形式的童话体作文训练，唯有看图作文他们经常接触而比较熟悉）。

图的画面是：在空白的背景上，画着一只小猴子，它的头上有一个很大的包。

统一的指导语言和要求是：

①仔细看图，从多方面进行想象：小猴头上的包是怎么来的？有哪些可能性？请你把所想到的各种可能性一一写出来，每一种可能性用两三句话简单地写明就行了。

②请你从自己所想到的几种可能性中选一种，编写成一个完整的童话故事。要把故事是怎样发生的、怎样发展的、结果怎么样都写清楚。

2. 测试时间：60 分钟。

测试后，我们对前述各项数据做了统计处理，现将其结果逐项汇报如下。

从表一中可知，实验班在文章容量上远大于对照班。虽然对照班 A 比实验班平均每篇多 10 个字，但该班文章的文字显得啰唆、拖沓，即有许多内容可有可无。因而从字数看是稍多了几个，但从有效子题材（后文专门介绍）数量看，这些字多得无价值。即使如此，对照班 A 与实验班在篇平均字数上无明显差异（p>0.5），说明表面差异纯属偶然因素所致。然而实验班与其他两个对照班比较，它的篇平均字数大大多于对照班，两者存在着极其显著的差异。

表一　每篇文章平均字数统计结果

	$\bar{x}$	σ	z	p
实验班	229	75.9		>0.5
对照班 A	239	98.4	0.49	
对照班 B	172	65.4	3.698	<0.005
对照班 C	170	67.8	3.795	<0.005

表二　动词的多样性抽样分析统计

	不重复的	重复的	总量	不重复%	x^2	P
实验班	193	256	449	43%		
对照班 A	62	301	363	17%		
对照班 B	71	354	425	16.7%	109.37	<0.001
对照班 C	87	331	418	20.1%		

表三　形容词使用情况的抽样分析统计

	形容词数	x^2	P
实验班	44		
对照班 A	22		
对照班 B	34		
对照班 C	25	9.43	<0.05

表四　好词语使用情况统计

	$\bar{x}$	σ	t	p
实验班	3.8	3.5		
对照班 A	0.89	1.33	3.23	<0.005
对照班 B	0.9	0.93	3.73	<0.001
对照班 C	1.65	2.13	2.80	<0.01

表二、表三、表四的数据，我们是采取分层取样后分析、统计出来的。各班从总体中抽取相等数量的文章作为样本（N>20），其中好、中、差水平的比例为 1 ：2 ：1，优等生与后进生均由任课老师提供。

所谓的好词语，并非指花哨的词语，也不一定是形容词，而是指用得准确贴切，而且是学生尚未从课文中学到的词语。通过对这一项目的统计分析，可以看到实验班的学生由于经过童话体作文的训练，对词汇的吸收较快。

以上三项数据说明，提前进行童话体作文训练可以丰富学生的词汇，促进学生书面语言的发展。数据统计表明：在动词与形容词的掌握和使用上，实验班均显著优于对照班，从统计学角度看两者存在着极显著的差异。一般来说，作文中词汇丰富与否，主要体现在动词与形容词的掌握与使用上。现在实验班学生通过此项实验，大大地丰富了词汇，这对他们今后准确、生动、具体、形象地表达文章的思想内容无疑会有很大的帮助。

表五　句子结构复杂程度情况统计

	一级句	二级句	三级句	x^2	P
实验班	142	58	41		
对照班 A	126	71	15		
对照班 B	150	55	20		
对照班 C	129	72	23	19.77	<0.005

表五中的数据我们也是抽样统计取得的，取样方法与数量如前所述。我们将句子的结构按其复杂程度划分为三级，即将最简单的主、谓、宾（或主谓）结构

的句子定为一级句；如果在主、谓、宾结构中加有一个修饰语，无论是定语、状语、补语，便定为二级句；如果一个句子中加有两个或两个以上的修饰语，或者是复句，或者是复杂的单句，均定为三级句，三级句是一种较高水平的句子。对病句我们不做统计。从此表中可以看出，实验班学生三级句的数量远远超过所有的对照班，从统计学角度看，两者呈现出极显著的差异。

我们还就三级句一项做了对照分析，其结果如表六。

表六　实验班与对照班三级句子平均数差异检验

	$\bar{x}$	s	t	p
实验班	2.05	1.66		
对照班 A	0.83	1.01	2.63	<0.01
对照班 B	0.08	0.89	3.11	<0.005
对照班 C	0.90	1.31	2.51	<0.01

表七　题材广泛性情况统计

	种类（不含重复）	x^2	p
实验班	34		
对照班 A	12		
对照班 B	16		
对照班 C	15	15.05	<0.005

为了科学地进行对比，表七中各班人数是相等的，即我们以最小的班级的学生数为基数，其余的班随机抽取与之数量相等的学生的作文做统计分析。

前文已交代过，在测试时我们有一个要求——看图思考：小猴头上的包是怎么来的，有哪些可能性，并将这些可能性一一写下来。测试完毕，我们将学生写出的各种可能性进行统计，将属于同一类的题材归并为一类。从表七中我们可以看出，实验班的题材种类远远超过三个对照班。从统计学角度看存在着特别显著的差异。这表明实验班学生思维活跃、思路开阔，思考的角度多种多样。而对照班学生的思维则大多雷同。

表八　文章中有效子题材数量的统计

	$\bar{x}$	σ	z	p
实验班	10.9	3.44		
对照班 A	7.4	2.36	5.22	
对照班 B	7.2	2.04	5.97	<0.005
对照班 C	5.69	2.44	2.40	

文章中的子题材是指包含在记叙文情节线索中的主人公的事情或行为，换言之，它是文章主要情节的构成成分或发展环节。所谓有效子题材，是指在故事情节发展中不可缺少的情节成分。统计数量时，应扣除那些与主要情节无关的（即多余的）情节数量。文章中的有效子题材的数量，既是文章内容容量的重要数量指标，又可以反映故事的曲折程度，反映学生构思故事的能力。从表八中我们可以看到，实验班文章中有效子题材数量明显地高于对照班，两者之间的差异特别显著。

表九　文章思想意义的比较统计

	有明显思想意义（篇）	无明显思想意义（篇）		
实验班	14	6		
对照班 A	2	18		
对照班 B	2	22	33.21	<0.001
对照班 C	2	22		

我们以相同的比例（好、中、差之比为 1 ∶ 2 ∶ 1）从总体中分别抽取好、中、差三类水平的文章（占总体的 50%）进行统计分析，将就事论事的文章定为“无明显思想意义”，将能通过故事反映某一方面明确的、积极的思想意义的文章定为“有明显思想意义”。从表九中可以看出，实验班绝大多数的学生不仅能编写故事，而且还能赋予故事一定的思想教育意义。而对照班中绝大多数的学生只是为编故事而编故事。

实验效果的分析与结论

1. 从童话体作文起步，适应了儿童的心理特点，能促进儿童想象力的发展，激发儿童的创造性思维活动。心理学的研究证明：四五岁的儿童正处于无意想象时期，而七八岁的儿童则正处于由无意想象向有意想象过渡的阶段。按照心理学"最佳期"理论的观点，学龄初期儿童的心理发展正处于想象力培养的"敏感期"，这时如采取恰当的手段施以经常的刺激和训练，则能收到事半功倍之效。

对于学龄初期的儿童，虽然其观察（知觉）也是亟待发展的一种心理结构，但他们产生意义（其心理学含义是思想、意向、情感、需要等）的主要心理结构是想象和幻想。他们正是借助于想象来理解世界上的一切的。用神话的方式来观察和认识世界是儿童固有的特点，他们常常自觉或不自觉地把非生物当成生物，赋予它们生命和情感。因此，采用童话体作文的形式进行作文的起步训练，让儿童自己说、写童话，正是投其所好。儿童不仅乐意为之，而且可以极好地发展自己有意想象的能力和创造性思维的能力。

2. 童话体作文训练，可以极大地丰富儿童的表象，促进其产生文章思想内容之能力的发展。"巧妇难为无米之炊"，写文章首先要有内容。如果缺乏产生思想内容的能力，则表达将焉附？众所周知，儿童的思维活动必须借助于表象进行，要他们构思文章，首先就必须唤起他们头脑中的表象。现在我们进行童话体作文训练，让每个儿童说童话、写童话，互相交流，这就促使他们头脑中的表象日益丰富，选择表象和安排表象结构的能力日益提高。

大家还知道，作文是一个复杂的心理过程。在这一过程中，学生要经历感知、回忆、比较、分析、概括等一系列的心理活动。而学龄初期儿童由于受生活经历、认识水平、知识经验等限制，不可能在一节作文课内对周围的人、事、物进行精心选择，组合成一篇圆满的文章，即他们在产生文章思想内容时会受到一定的限制。不少教师因此在作文时向学生提供现成的内容，但是学生又不可能人人对这内容感兴趣。"依样画葫芦"的次数一多，学生就会觉得作文是一件令人厌烦的事，产生畏惧心理。而写童话体作文，学生可以放开缰绳，让想象纵横驰骋，而不再为文章材料的不足而感到苦恼。此外，为了能说、写出新奇的童话，他们会去看书，观察生活，汲取素材，这对他们以后写反映真人真事的记叙文会有很大帮助。

3. 童话体作文训练，有助于学龄初期儿童作文能力的整体发展。学龄初期的儿童正处于从口头语言迅速地向书面语言过渡的时期。以前低年级的说话训练，对儿童书面语言的发展虽也起到了一定的促进作用，但因为它主要是复述，儿童在学习中缺乏主动性与创造性，所以临到书面写作时他们的笔头不"顺"，写不

“开”。现在让学生放开胆子写童话，他们的积极性高，又能做到说写结合，这样既克服了以前低年级“以说代写”的倾向，又克服了目前低年级“以写话当作文”的倾向，提前让学生写出意思完整、语言连贯的文章。从前面的表二、表三、表四和表五，我们可以看到实验班学生词汇的丰富性和句子结构的复杂程度都大大超过对照班，这说明他们书面语言的发展速度明显地超过同年龄段的儿童。

此外，童话体作文的训练既从内容入手，又提供了学龄初期儿童所乐于接受的表现形式，克服了以前作文教学中“重形式轻内容”和当前的“重内容轻形式”的片面做法，使产生文章思想内容和表达文章思想内容这两个能力同时得到培养和训练。而且由于写童话体作文时，故事总具有开端、发展、高潮和结局，因而学生能在无意中熟悉一般记叙文的基本结构。这种从内容到形式的训练是“前有铺垫，后有发展”的训练，能帮助学生到中高年级时迅速地掌握谋篇布局的作文能力。

4. 让学生说、写童话，能充分体现作文的交际功能和社会意义，使学生得到“自我实现”的满足，从而也强化了学生的作文动机。作文固有的功能是进行社会交际，即向人们宣传作者的所见所闻、所思所感。而以往的作文教学恰恰忘记了作文的这个主要功能，让学生为掌握作文技能而作文，或者是为取得好分数而作文。因此学生缺乏作文的社会动机，视作文为苦差事。现在我们的实验把作文训练放在一种特殊的交际活动中：为一年级和幼儿园的小朋友、为自己的家长编写童话故事，这就使学生感到作文是为了满足社会的需要，从而产生了强烈的作文欲望。另一方面，就低年级学生而言，在他们的学习活动中，兴趣尚占主导地位。只有好之，方可乐之。而童话体作文训练，除了前面所说的适应儿童的心理特点，还可以使儿童获得心理上的满足。7~9 岁的孩子好表现自己，他们也有一定的“自我实现”的需要。美国著名的人本主义心理学家卡尔·罗杰斯和亚伯拉罕·马斯洛认为：“自我实现”的需要是一种内驱力，它推动人去发现更适当的自我表现方法，实现一个人的潜力，发展更大程度的有效性和能力。如果这种需要经常受到刺激并且得到满足，继续学习和成长就会发生。想象性的童话体作文，给了学生以充分发挥智能的机会，他们可以凭着自己的所知、所感、所爱和所憎去塑造种种形象，满足心理上的需要，得到一种愉快感。而“儿童对能带来愉快感的事物会感到更大的兴趣”（日本心理学家晨野千寿语）。我们让学生在童话体作文训练课上充分地说、充分地写、充分地评，在这种过程中，学生始终是主角。每当他们把自己所构思的故事讲给师生们听的时候，或者在向幼儿园、一年级小朋友或在红领巾广播台演讲的时候，他们体会到了作文的社会效益，并且品尝到了成功的愉快和喜悦，这就进一步强化了自己的学习动机和成就动机，使作文成为他们乐而为之的事。

5. 低年级说、写童话体作文有利于渗透德育。众所周知，童话故事是对儿童进行思想品德教育的有效工具，这是因为儿童对他周围的人和事，包括对他们自己的评价总是直接的、具体的。而童话故事总是以生动具体的形象来揭示出对人有益的道理，使儿童乐于接受。同样，说、写童话体的作文，学生也会将自己的所憎所爱或良好的愿望融进故事中，这不仅使听者和读者受到感染，而且也使他们受到自我教育。通过反复说、写童话的训练，学生的道德认识日益丰富，道德评价水平逐渐提高，道德情操不断地得到陶冶，而且，这种思想教育是春风化雨式的，是学生自觉地参与的，其潜移默化的作用更大。同时，又和作文训练非常和谐地融为一体。

从我们抽样分析的试卷中也可以看出（见表九），实验班学生的作文都具有明显的思想意义，而且其主题思想相当丰富。例如：不该欺侮人，莽撞会闯祸，作恶将会自食其果，骄傲必败，同伴间应互相帮助，要尊重残疾人，要认真学习，等等。

6. 采用合作教学的形式进行童话体作文的教学，有利于创设民主和谐的教学环境，发挥学生的主体作用。我们以往的作文教学，总是老师讲，学生听；老师评，学生改；老师改，学生抄。学生总是处于被动状态，教学是封闭型的。老师只重视学生学习的结果——写出来的文章，而忽视学生学习的过程，包括学习动机的激发、思维能力的培养和人际交往经验的总结积累。这不利于调动学生作文的积极性与主动性，不利于他们的个性发展。现在我们采用师生合作的教学组织形式，将以往那种学生机械地接受命令——完成任务的教学过程变为创造型的教学过程。在这一过程中，学生的参与性和自主性可以得到充分的体现，他们相信自己的学习能力和创造能力，并且渴望在学习中充分表现和发挥这些能力。同时，由于师生平等合作，学生之间互相合作，班级成为一个互相激励的学习集体，每个成员的行为、动机、思想和情感等，互相暗示，互相启发，互相影响，会在作文训练中产生一种“共生效应”，使整个学习集体的作文水平、思想水平和智慧、能力都迅速地提高。

问题讨论

1. 可能有人会提出“提前进行篇章训练是否会加重低年级小学生的负担”的问题。我们认为，第一，小学生学习必须有一定的负担。没有负担，他们就不能掌握必需的知识技能，不能发展包括思维能力在内的各种心理能力。第二，学习的负担要恰当。负担恰当的衡量标准有二：一是学习内容要符合学生身心发展的水平，即要让他们在心理和生理两方面都能承受；二是学习内容要能够促进学生身心的进一步发展。

美国心理学家布鲁姆根据一项跟踪研究得出结论：假如一个人在 17 岁时的智力水平为 100%的话，那么 4~5 岁的智力水平已发展到 50%，到 8 岁时可以达到 80%，9~17 岁，逐步发展到 100%。这说明儿童学习的潜力是相当大的。从我国的情况来看，现在的小学生以独生子女为主体，家长普遍重视智力早期开发，儿童的营养普遍较好，生理发展也有所提前。这些都说明低年级儿童提前进行作文训练是具备物质基础的。再从语言发展来看，在正常情况下，儿童 6 岁时通过口语可掌握 3000~4000 个字词。二年级的小学生,他们已具备了一定的复述能力，学会了四五百个汉字，特别是比较熟练地掌握了汉语拼音这个识字工具。因此，要求二年级小学生写童话体作文并不是过高的要求。从效果来看，实验班的学生乐于说、写童话，尽管他们每两周要写一篇童话，每篇 200~300 字，但他们并不感到“吃不消”，而是感到十分喜欢，并且写出了许多反映他们真情实感的十分精彩的文章。因此，这个实验没有加重学生负担。

我们认为，看二年级学生作文负担重与否，不能仅看对他们进行句子训练还是篇章训练。负担有心理负担和生理负担之分。如果不能激发学生的作文动机，作文内容不符合学生的心理发展水平，那么，即使对他们进行句子训练，他们也会厌恶，感到这是一种沉重的心理负担。因此，我们当前要注意减轻学生的负担，不仅要减轻学生的生理负担，还要减轻他们的心理负担。

2. 我们认为，尽管我们的实验是变句子训练为篇章训练，但是句子训练仍然是不可放松的一个重点。但就句子训练方面而言，我们的实验尚缺一个比较清晰的系列。训练的项目太少，训练也不足。从实验测试的结果看，实验班学生在词语的丰富性和句子结构的复杂性方面已明显优于对照班，但在句子的连贯性和正确率方面，与对照班无甚差异（连贯率：实验班为 99%，三个对照班分别为 100%、99%、97%。正确率：实验班为 92%，三个对照班分别为 89%、95%、95%）。这说明实验班学生产生思想内容的能力提高较快，智能也发展得比较好，但如何加强他们语言的基本功，使他们能更好地表达较为丰富的思想内容，还是一个有待我们继续深入研究的课题。

3. 还有一些课题也有待我们做进一步研究。例如，童话作文的训练对学生创造能力的作用如何？它对创造能力中哪些因素有促进作用？它对学生良好思想品质的形成有着怎样的影响？它对学生掌握人际关系有哪些作用？对上述的影响和作用应确定哪些具体的评估标准？……

[附件]

童话体作文训练系列

二年级第一学期

一　课型：根据故事开头说、写童话故事
　　课题：《小蚂蚁得救了》
二　课型：根据故事开头说、写童话故事
　　课题：《狐狸医生》
三　课型：模仿已有故事的结构说、写童话故事
　　课题：《田鼠的下场》
四　课型：根据五幅图编写童话故事
　　课题：《聪明的小猫》
五　课型：根据两幅图编写童话故事
　　课题：《小铃铛》
六　课型：根据一幅图编写童话故事
　　课题：《小猴菲菲上哪儿去了》
七　课型：根据一幅图编写童话故事
　　课题：《白色的乌鸦》
八　课型：童话故事续编
　　课题：《狐狸和乌鸦》
九　课型：童话故事新编
　　课题：《狼和小羊》

二年级第二学期

一　课型：归纳情节提纲写童话故事
　　课题：《小白兔搭桥》
二　课型：归纳情节提纲写童话故事
　　课题：《小燕子拜师》

三　课型：根据两个毫无内在联系的物体写童话故事
课题：《机器人和小老鼠》
四　课型：根据两个毫不相干的词语写童话故事
课题：《狗和照相机》
五　课型：一字开花编写童话故事
课题：自选
六　课型：听音响编写童话故事
课题：《狂风声、狗吠声、飞机声》
七　课型：听音响编写童话故事
课题：《滴水声、重物坠地声、敲打声》
八　课型：观察某一个生活现象写童话故事
课题：《米饭和青菜的对话》
九　课型：命题写童话故事
课题：《我做了一个神奇的梦》

素描教学的心理学根据[①]

小学生以学写记叙文为主，而记叙文的写作过程是一个复杂的心理活动的过程。搜集材料是写作的第一步。所谓搜集材料，主要是通过观察和形象思维获得与写作有关的感性表象和典型形象，并且积累各种与知觉形象相结合的常用词语。有了材料，学生就可以概括文章的中心思想，整理材料和安排文章的结构。完成这些程序，主要是依靠分析、综合、比较、抽象和概括等抽象逻辑思维活动。但是抽象的概括要从生动丰富的感性材料中孕育，它的每一个步骤都必须有鲜明的表象作为感性支柱。经过充分的构思，接着就要选择适当的表现手法和词句来描绘各种形象（人物形象、景物形象或者事物形象），表现文章的中心思想。在这个阶段，形象思维再度活跃起来，并且上升到更加高级的阶段。这样，形象思维转化为抽象思维，抽象思维再转化为形象思维，这就是记叙文写作过程中思维活动的辩证法。

因此，按照写作过程思维活动的规律，小学作文教学必须首先抓好观察能力和形象思维能力的训练。这样做，也完全符合小学生的心理特征。根据大脑发育的科学资料，综合许多心理学家的研究成果，小学阶段（七岁至十二三岁）是培养观察力、发展形象思维能力的最佳年龄期。

传统的小学作文教学虽有宝贵的经验可以借鉴，例如

① 本文刊于《吴立岗作文教学研究文集》，广西教育出版社 1990 年 11 月第 1 版。

提倡“多读多写”“读写结合”，重视语言实践，但是它也有一个明显的缺点，就是忽视形象思维的训练，表现为偏重命题作文，忽视观察作文，把“审题”“立意”“选材”“组材”“谋篇”“布局”等抽象思维的训练，作为小学作文起步训练的主要内容。按照传统方法训练，学生的作文可能中心比较明确，条理也比较清楚，但是内容空洞，言之无物。有人曾经对上海市几所小学三年级学生的作文做过一次调查，发现中心明确、内容具体、语句通顺的文章，占 20% ~25%，思维混乱、语病较多的占 10% ~15%，而余下的 60% ~70%，虽然条理比较清楚，语句比较通顺，但是内容空洞、言之无物。原因何在呢？一是学生不会观察，不会想象,即形象思维能力十分薄弱;二是他们的生活知识和常用词汇十分贫乏。例如，对其中某所小学的一个三年级班级做了一项看图作文的实验，画面上是某中队在公园里举行队日活动的情景：孩子们分别进行爬山、划船、唱歌、讲故事和搜集昆虫标本等五种活动。结果 60%的学生只会概括地叙述，不会具体地描写，有的简直把作文变成了造句。例如这样写:“有一天下午阳光灿烂,同学们在公园里玩,有的爬山，有的听故事，还有的在唱歌。看他们玩得多么快乐！”据统计，能够仔细观察五种活动，并能写出它们特点的学生只有 3 人，占全班的 9%；而观察笼统、只能写出活动名称的却有 28 人，占 80%。能够大胆展开联想、运用比喻或者拟人手法的只有 2 人，占 6%;而完全没有联想的却有 22 人，占 63%。同时，学生的词语也显得十分贫乏，绝大多数学生只会用“阳光灿烂”“悦耳动听”“恋恋不舍”“有趣”等四五个修饰语。能够用三个以上生动、贴切的修饰语的学生只有 9 人，占 26%；而一个修饰语也不会用的有 6 人，占 17%。至于关联词，全班学生都只会用一个“有的……有的……还有的……”。

实验教学证明，素描训练既可以发扬传统作文教学多读多写、重视语言实践的长处，又可以充分发展学生的形象思维，克服传统作文教学的弱点。

素描可以使学生获得鲜明的感性表象

观察是获取感性表象的唯一渠道。就作文来说，观察的对象可以是实物，也可以是图画。素描主要以实物作为对象。实物具有形状、颜色、声音、气味、硬度等属性，这些属性能同时作用于学生的各种感觉器官。它们是活生生的东西，比图画更生动，更具体，能在学生头脑中留下鲜明而牢固的表象。具备了丰富而鲜明的感性表象，词语训练也就具有坚实的基础。学生在小学读六年书，学了三千多个汉字，近万个常用词语。其中绝大多数词语他们能读，能写，有时还能凑合着造句，可是能真正运用的词语，为数却很少。例如学生从语文课本中学过不少辨色的词语，可是实际的辨色能力很差。某小学有个四年级班级，能辨认12种以上色彩的学生占30%，而有8%的学生连7种基本颜色也识不全。后来进行自然景物素描，教师把班上学生带到校园里去观赏秋景。面对绚丽多彩的自然景色，学生一边观察，一边学词，只用了半个小时，就识记了“蔚蓝”“碧绿”“火红”“金黄”等近二十种颜色。事后检验，有90%的学生能够在文章中准确地表达景物的各种色彩，而有70%的学生，能正确无误地说出12种以上的颜色。由此可见，感性表象是词语的内核，词语则是感性表象的外壳。经过对实物的素描训练，学生们就能够在头脑中把词语和感性表象联结起来，进行生动的形象思维。

素描有助于学生形成典型形象

所谓典型形象，就是那些最能够反映事物本质特点的知觉形象。它们一旦在头脑中形成，文章的中心思想就可以从中概括出来。另一方面，也只有生动地描述这些典型形象，文章才能“让事实说话”，以形感人，以情动人。可以说，感觉、理解和表现典型形象，是记叙文写作过程中形象思维和抽象思维相互转化的“转轴”，必须十分重视这方面的训练。

观察日记、参观访问记以及素描，都是观察实物的作文训练形式，它们都有助于学生积累鲜明的感性表象。但是观察日记往往各写各的，失之于对象太分散；写参观访问记又因为对象复杂，干扰因素多，学生不容易仔细观察。而素描训练则在课堂里进行，可以设计演示的内容，使观察的对象集中明确，动静易于控制，这对学生形成典型形象很有帮助。例如，进行人物素描，可以集中演示人物的动作、神态和语言，以表现人物的内心世界；进行叙事素描，可以着力表现“发展”和“高潮”部分的典型变化，以表现蕴含在事件中的思想意义；进行状物素描，可以挑选特征明显的静物、景物和建筑物作为观察对象，让学生体会这些事物本身具有的美的价值。此外，由于观察的对象比较集中，观察的时间比较充裕，教师可以从容地进行指导。不仅可以教会学生掌握最基本的观察方法（如主次顺序法、方位顺序法、分析综合法），还可以具体地帮助学生从五光十色的现实形象中将典型形象“筛选”出来，并且用准确、鲜明、生动的文字去“强化”它们。例如有一位教师带领学生到校园内观察蔬菜丰收的景象，她发现学生对白菜、丝瓜和扁豆的印象最深刻，就引导学生做四项练习：（1）用数量词和叠词来说明蔬菜的丰收。例如，描写扁豆的豆荚结得多，可以用“一串”“一串串”“一串又一串”“一大串”“成串”等。（2）加上形容词，描写蔬菜的颜色和形态，并组成完整的句子。例如，可以这样描述大白菜：“眼前是一片绿油油的菜地，一行行大白菜又嫩又绿，真惹人爱。”（3）变换句子成分的位置，以突出蔬菜丰收的特征。例如把描述大白菜的句子改成“眼前是菜地，绿油油的一片，又嫩又绿的白菜一行行，真惹人爱”。（4）在句子中再加上比喻成分，把蔬菜写得更加具体形象。例如“丝瓜棚上开着一朵朵小黄花，真像一个个金黄色的小喇叭”“那细嫩的小丝瓜躲在叶子底下，好像害羞的小姑娘”。这样的指导，把发展形象思维同语言文字训练有机地结合在一起，可以收到事半功倍的效果。

素描可以激励学生展开想象的翅膀

所谓想象，就是改造旧表象以形成未曾亲见的新表象的心理活动过程。小学生写记叙文，无论叙事、记人、状物，一点也离不开想象。例如要形象地描绘某些细节，需要运用比喻、拟人或夸张的手法；要生动地刻画某个人物，需要对他的心理活动做某些合理的推测；要深刻地揭示某一事物的象征意义，需要展开丰富的联想。想象是写作过程中又一种形式的形象思维活动。如果说通过观察形成典型形象，这是提炼和表现文章中心思想的基础，那么，展开想象活动，就可以深化和深入表现这个中心思想。

素描训练为小学生展开想象的翅膀提供了广阔的空间。

心理学的研究表明，小学儿童的想象，不论是再造想象或创造想象，最初都有很大的具体性和直观性，以后概括性、逻辑性才逐渐发展起来。素描以实物或者以人物的动作演示作为观察对象，这就为学生展开想象活动提供了感性支撑。一开始，可以在设计素描的内容时，故意安排一些可供想象的成分，激励学生迈出想象的第一步。例如有位教师要求学生当堂描写自己“正在批阅考卷”。她故意凝神看一份考卷，轻轻地叹了一口气，鼓励学生展开各种联想。结果，有的学生认为这叹气表示了老师十分惋惜的心情：“唉，真可惜！差一分就是满分。”有的认为这是赞叹：“啊，陈 × 真棒，又是个一百分！”还有的认为这是感叹：“语文基础很差的王 ×，这次居然也能考到九十分，真是‘功夫不负有心人’啊！”经过几次类似的训练，学生就可以初步养成大胆想象的习惯。接着，可以在安排各类素描训练的计划时，都专门列入一项“想象性的描写”，以培养学生想象的逻辑性和独创性。例如，在人物外貌素描中，让学生写《十五年后的 ××× 同学》；在人物对话素描中，让学生写《宇宙里有人吗》；在房间陈设素描中，让学生写《我理想中的校舍》，等等。写这一类文章，孩子们兴味盎然，浮想联翩，表现出丰富的想象力。

叙事素描的训练程序[①]

从 1979 年起，我们先后在上海市虹口区第三中心小学、市实验小学、上海师院附小以及卢湾区的几所小学开展了素描作文的实验教学。五年的实践证明，素描是小学作文起步训练的一种好方法。

素描训练可以分为片段素描和叙事素描两种。三年级重点进行片段素描，即通过对静物、小动物、房间陈设、大自然一角，人物的外貌、动作、对话等分单元进行描写，重点发展学生有顺序的、精确的观察能力和大胆合理的想象能力，同时帮助学生掌握“段”的写作技能，积累各个局部的知识和常用词汇，使他们能写出思想健康、内容具体、条理比较清楚、语句比较通顺的一段话或几段话。到了四年级，则应该从片段素描过渡到写好一件事的篇的素描，从观察作文过渡到命题作文。在继续发展学生形象思维能力的同时，要注意发展他们抓住中心、突出重点的抽象逻辑思维能力，帮助他们掌握记叙文的结构特点和综合描写的技能，使他们能写出思想健康、中心明确、内容具体、条理清楚、语句比较通顺的简短记叙文。

这里着重介绍四年级叙事素描训练的四个阶段。

仔细观察，把一件事完整地记叙下来

记叙文包括叙事、写人和状物，其基本功在于完整地

① 本文刊于《吴立岗作文教学研究文集》，广西教育出版社 1990 年 11 月第 1 版。

写好一件事。以叙事而言，只有记好一件事，才能记好一天、一次活动或者几件事；以写人而言，先要学会从一件事写人，才能学会从几件事写人；状物也是如此，它往往以写清楚一个事物的来龙去脉作为基础。因此，叙事素描的第一步，应该训练学生仔细观察，把一件事完整地记叙下来，初步形成安排记叙文结构的能力。

四年级儿童的抽象逻辑思维在逐步发展，但是仍然带有很大的具体性。他们比一、二年级儿童善于控制调节自己的情感，但还不够稳定，容易外露。这些年龄特点很自然地反映在他们的作文当中。有个实验班在叙事素描训练前，曾让学生写一篇观察夏令营活动的作文：《记暑假里的一件事》。结果只有 30%的作文文章结构比较完整，其余的文章出现下述各种毛病：1. 不懂得什么叫作“记一件事”，因而把自己感兴趣的事（如在公园里玩“抓特务”、划船、回到家里包馄饨）一股脑儿都写上了。2. 记了一件事，但结构明显残缺。例如有个同学写“抓特务”的游戏，他简单地交代了时间、地点、人物后立即就写：“班长小王大嚷一声：‘有一股特务已经窜入我军阵地了，大家赶快歼灭他们！’于是我们立刻分头进行搜索，很快就抓住一个，接着又抓到了第二个、第三个……这些‘特务’可坏了，把‘情报’和‘地雷’都埋在不引人注意的地方，但还是被我们搜查出来了。”很明显，这件事缺了“开端”部分，即忘记交代“抓特务”的游戏该怎样玩，因此文章骤然提到埋“情报”和埋“地雷”，读者就会感到丈二和尚摸不到头脑。3. 结构比较完整，但是主次不分。例如有个同学写“划船”，是这样开头的：“一走进虹口公园，我不禁被景色迷住了。绿油油的草坪上，老人们在打太极拳，一旁的小树亭亭玉立，鲜花把公园点缀得分外地美，甚至连天空中飘浮的白云也似乎停下来观赏这美景。”可是对划船活动的经过和结果却写得十分简单，甚至对个别同学不慎掉入水中的紧张场面也只是一笔带过。

针对学生存在的问题，老师们抓了如下三点：

第一，通过分析范文，讲清楚简短记叙文（记叙一件事）的结构特点。在部编教材第七册、第八册中，有许多课文是记叙一件事的范文，这些老师仔细地分析了七八篇，告诉学生：文章的结构是客观事物内在联系的反映。一件事情，就其发展过程来说，不外乎“开端”“发展”“高潮”“结局”这样几个阶段。写起文章来，往往在“开端”之前，还要做一些必要的交代，“追溯”既往，或者说明有关的时间、地点、人物，这可以称作文章的“引子”。这些就是安排记叙文结构的客观依据。

第二，让学生通过观察，把一件事完整地记叙下来。例如，有位老师结合“五讲”“四美”活动，把学生中的好人好事改编成几个小故事，进行演示。一共安排了五次叙事素描：《吃零食是坏习惯》《知错就改，讲究礼貌》《乱抛纸屑不是小事》《写字姿势要端正》《一串钥匙》。每一次演示完毕，老师并不要求学生生搬硬套记叙文的四个“要素”和四个“环节”，而是着重帮助他们理清文章的思路，使他们逐步做到：(1)思维顺序清楚，能从开端说到结局，从原因说到结果，有条不紊；(2)思维重点突出，能把事情的“发展”和“高潮”部分重点表达出来；(3)思维细密周延，能考虑句、段之间的相互联系和开头、结尾的相互照应。经过反复训练，学生思维的逻辑性和条理性有了明显的增强，不到半小时就能把一件事完整地记叙下来。

第三，训练学生灵活安排文章的结构。教育心理学理论告诉我们，在教学过程中应该运用变式，从各个不同的方面揭示事物的本质特征，以避免概念的片面性。素描教学也应该如此，只有让学生不仅学会“顺叙”，而且也学会“倒叙”和“插叙”，才能真正掌握记叙文的结构特点。

认真思考，正确地提炼和表现中心思想

能够通过观察把一件事完整地记叙下来是很重要的，就像画人物一样，首先要画完整，使人物具有坚实匀称的骨骼和躯体。但是要把人物画活，使他具有鲜明的个性，看上去栩栩如生，就一定要把他的灵魂刻画出来。中心思想就是文章的灵魂，有了它，文章才神采流动；离开它，文章就黯然失神。正确地确定中心思想，是写好文章的关键。一篇文章材料如何取舍，结构如何措置，语言如何遣用，以至标题如何拟定，都要根据表现中心思想的需要加以酌定。所以叙事素描训练的第二步，就是培养学生提炼和表现中心思想的能力。

由于思想认识、知识经验和智力发展水平所限，要四年级儿童正确地提炼和表现中心思想并不是一件容易的事。有一次过中秋节，实验班举行了一次晚会，内容丰富多彩。老师让学生写一篇观察作文《中秋晚会》。从提炼中心思想来看，学生们有四种水平：(1)只能概括某一局部的思想意义，不能概括整体的思想意义的，占20%。例如，第一段写“分发月饼”，表现同学之间的团结友爱；第二段写“欢快的座谈”，表现师生之间深厚的情谊；第三段写“文艺演出和智力竞赛”，表现同学们在德、智、体几方面都得到发展。一段一个意思，全文没有中心。(2)能够概括整体的思想意义，但是十分笼统的，占50%。例如，有的说：“这次中秋晚会反映了少年儿童愉快的学校生活。”有的说：“这次中秋晚会反映了全班同学‘好好学习，天天向上’的精神面貌。”(3)能够集中地概括一件事的意义，但思想不够健康的占4%。例如有个学生重点写某个“小胖子”如何贪吃月饼，大伙都逗引他取乐，有的还搞了“恶作剧”。他主观上也想反映同学之间的团结友爱，客观上却使人产生了低级庸俗的感觉。（4）能够集中而正确地概括中心的，占26%。例如有的重点记叙师生共同聚餐和联欢，“表现了学校开展‘五讲’‘四美’活动后出现的尊师爱生新风貌”；有的则重点记叙文艺演出和智力竞赛，“反映学校开展教改实验后同学们在德、智、体几方面得到了显著的进步”。

中心思想确定之后，能不能将它表现出来呢？学生们也表现出三种不同的水平：（1）抽象思维和形象思维脱节，文章完全离开中心的占，20%。典型的特征是从排座位准备开会写起，一直写到班长宣布晚会结束，“大事小事全写上，好像一篇流水账”。也有些学生为了使老师“满意”，就用一个空洞的句子作为结尾，如“这次中秋晚会开得真有意义啊！”（2）抽象思维和形象思维结合得不够紧密，文章只能部分地表现中心的，占56%。例如有的学生想着重表现师生之间深厚的情谊，可是在主体内容后面，却用很大篇幅描写同学们在回家路上如何观赏月色。（3）抽象思维和形象思维互相渗透，紧密结合，文章的字字句句都能紧扣中心的，占24%。

根据学生的实际情况，实验班的老师抓了如下三点：

第一，讲清提炼中心和表现中心的要求。通过上专题课，分析范文和学生的习作，告诉学生：中心思想应该提炼得集中、具体、有积极意义。所谓“集中”，就是一篇文章的中心单一明确，不枝不蔓，重点突出，不能贪大求全。所谓“具体”，就是中心思想不能定得过大过宽，停留在一些空泛的政治概念上，而要具体说明一个问题，反映一种思想。例如写观察作文《打雪仗》，如果把中心定为“表现少年儿童认真锻炼身体，时刻准备保卫祖国的优秀品质”，人们就会感到材料和中心不相符合，“头小帽子大”；如果定为“表现少年儿童不怕严寒、不畏风雪的坚强勇敢精神”，人们就会感到宽窄适度，恰到好处。所谓“有积极意义”，就是思想健康，观点正确，能给人以教育。老师同时还告诉学生，提炼中心还不是目的，目的是把这个中心表现出来。要把一件事的中心思想表现出来，关键在于突出重点（即事情的“发展”和“高潮”部分）和用词造句。

第二，选择一些情节简单、思想含义明显的事件（或片段）让学生观察，培养提炼和表现中心的基本功。例如在亚太区的足球决赛中，中国队以“三比〇”战胜科威特队，消息传来，各小学的校园都沸腾了。这时实验班正好赶上语文期中考试，老师就以“三比〇的喜讯传到我校后”和“三比〇的喜讯传到上海后”为题，让学生选一题写作文。学生小徐作文成绩一向很好，可是这次却审错了题，被扣掉30分（作文一共35分），感到十分懊丧。老师就让小徐上台表演他领到考卷前后的神态变化。观看表演后，学生们很快就确定：“被扣掉 30 分，感到出乎意料”，这是事情的“开端”;“不知道错在哪里，感到十分懊丧”，这是“发展”;“看到老师的评语，心里亮堂起来”，这是“高潮”;“决心吸取教训，争取好的成绩”，这是“结局”。不仅如此，大家还毫不困难地指出这件事情的中心思想：学习必须一丝不苟，不能粗心大意。可是一写下来，情况就不同了。有的学生能够通过外貌和内心活动的描写，突出“发展”和“高潮”部分，把中心充分表现出来。有的也想表现中心，但是不会描写，不会用词造句，感到力不从心。教师就及时印发两篇典型的习作，引导学生自己去比较和评议，以明确突出重点和用词造句对表现中心的重要作用。

第三，选择情节比较复杂、思想含义比较丰富的事件让学生观察，进一步提高确定和表现中心思想的本领。例如新学期开始后，实验班响应团市委号召，积极开展“自动化中队”的活动。教师就让学生仔细观察九月份中队组织的一系列活动，如实现“自动化”主题队会、国庆聚餐会，要求每个学生选择一项活动，写一篇观察作文，做到：(1) 中心集中、明确；(2) 选择一件最典型的事情来说明中心;(3) 编拟写作提纲,说明运用哪些描写方法来突出事情的“发展”和“高潮”部分。到十月初，教师专门安排了一节课，让学生交流自己的写作提纲。这项任务具有一定的难度，但由于事先经过训练，而且要求比较明确，因此课上学生发言十分热烈，内容也很生动活泼。请看两位同学的发言。

小王　我打算重点写中秋晚会上的击鼓传旗游戏。那游戏真有趣：鼓声一停，旗子传到谁手里谁就得抽签表演节目。一次正好轮到丁老师表演，他从中队长手里抽过一张签，看了一下，“哈哈”大笑一声就坐下了。大伙不依，非要他表演一个节目不可。只见他把纸一扬，神气地说：“你们瞧，纸上不是明明写着让我表演‘笑’吗？”说完，又忍不住“哈哈”大笑起来，同学们也咧开了嘴跟着他笑，笑声响彻整个教室。这件事反映了我校丰富多彩的课余生活和亲密无间的师生关系。我打算着重描写丁老师的神态、语言和同学们各种笑的姿势，突出事情的“高潮”部分。

小余　我认为国庆节师生聚餐会最有意义，它说明通过“五讲”“四美”活动，学校出现了尊师爱生新风貌。我打算分三段写：第一段写同爸爸妈妈有趣的谈话，追忆聚餐会，这是运用倒叙写法。第二段写聚餐会准备的经过。那一天同学们从家里带来了许多菜，有鱼，有肉，有蛋，还有色拉面包。我要着重描写这些菜的色、香、味，表现家长和同学们尊敬老师的感情。第三段写聚餐会的盛况，这是全文的重点。那天，各小队分别把班上的任课老师请了来，大家忙着向老师敬菜，老师们笑得合不拢嘴。马老师年纪大了，牙齿掉光了，为了不辜负我们的盛意，嘴一努一努地尽力吃菜。而陆老师年轻力壮，可以大口大口地吃菜。整个教室里到处可以听到悦耳动听的礼貌用语："请，请""谢谢，谢谢"。聚餐会结束前，各位老师还语重心长地向我们提出了要求和希望。我要通过对话、神态和动作的描写，把师生间这种深厚情谊表现出来。

大胆"求异"，从不同的角度提炼和表现中心

大家知道，在学习心理学中有"求同思维"与"求异思维"的理论。传统的教学，获得知识乃是一个重要的目标，因此重点发展学生的"求同思维"，即要求他们从同一个方面进行思考。但从20世纪50年代以来，由于科学技术日新月异地发展，学习心理学强调创造能力的激发，教学的重点便转向发展学生的"求异思维"，即引导学生从不同的方面探索客观真理，发挥自己的创见。

在叙事素描训练中，发展学生的"求异思维"是十分必要的，这不仅有助于培养儿童思维的灵活性和独创性，而且有助于从各个方面挖掘材料的思想意义。因为在一件事情中，很可能有两个以上的人物。从不同的角度看问题，就能确定不同的中心人物和中心思想，写出来的文章也就不相同了。此外，只有发展"求异思维"，儿童才能真正形成独立的记叙能力。什么叫作记叙能力？它是记叙文的知识同智力活动在写作过程中的结合，其核心是智力活动。就培养记叙能力而言，传授知识是基础，而发展思维的灵活性和独创性则是关键。传统的作文教学只注意传授知识而忽视发展"求异思维"，结果学生吃了不少亏。

为了发展学生的"求异思维"，实验班也由易到难地专门安排了几次训练。例如，先让学生观察一项熟悉的活动——"解难题"。演示的内容是：在自习课上，小王遇到一道比较复杂的算术题，百思不得其解，就向同桌小张求教。小张用各种方法耐心地帮助他分析题意，小王终于自己解出了这道难题。学生们兴致勃勃地观察了小王和小张一连串的对话、动作和神态，然后展开热烈的讨论，竟提出了两个中心思想：一是小张乐于助人的精神；二是小王虚心求教、刻苦钻研的精神。两种意见相持不下。老师热情地赞扬了大家，因势利导地指出：同样的材料，从不同的角度思考，可以确定不同的中心人物，得出不同的中心思想。但是，不论从哪个角度思考，都必须根据全部材料做出正确的概括。接着，她又要求学生根据各自确定的中心，自编作文题目。结果，学生们一下子编了"攻关""一道难题""耐心帮助”等十几个题目。

经过这一次训练，同学们的思想都开了窍。不久，这位老师又设计了一次生动有趣的叙事素描，情节是这样的：上课后，老师让全班同学默读课文，教室里没有一点声音。突然，从小金的桌子里传出“咪呜”“咪呜”几声猫叫，教室里顿时骚动起来。同学们先是窃窃私语，接着，讲话声、嘲笑声、不满的责问声充满了教室。小金局促地站了起来，支支吾吾，欲言又止。经过老师耐心的启发，小金终于说明了情况：邻居张奶奶家最近发现了老鼠，好多东西被咬坏了。老人家正为这件事犯愁。于是，这天一清早，他到同学家讨了一只小猫，想送给张奶奶捕鼠。了解了事实真相，同学们对小金的举动既有肯定，又有批评，做了实事求是的分析，并建议他把猫寄放到教师办公室去。小金心服口服，一场风波平息了。由于安排得十分巧妙，全班同学都不知不觉地进入了“角色”，充当了“演员”。“演出”结束后，教师要大家独立地确定中心人物和中心思想。学生们都从不同的角度考虑问题，思维十分活跃。

发挥想象，进行虚构情节的训练

在写作中要不要让小学生进行虚构？回答是肯定的。理由有三条：第一，发展智力是各门学科的共同任务，作文教学自然不能例外。想象能力是智力的重要组成部分，它对儿童日后从事各行各业的工作具有重要意义。列宁曾经说过：“有人认为，只有诗人才需要幻想，这是没有理由的，这是愚蠢的偏见！甚至在数学上也是需要幻想的，甚至没有它就不可能发明微积分。”第二，写好一件事是记叙文的基础，而虚构情节的训练，有助于儿童独立地提炼中心思想、命题、安排文章结构和表现中心思想，扎扎实实地掌握写好一件事的基本功。第三，中小学生以写真人真事为主，但是他们的叙事、写人和状物，一点也离不开想象。例如要形象地描绘某些细节，需要运用生动的比喻、拟人或夸张手法；要完整地刻画某个人物的形象，需要对他的心理活动做某些合理的推测；要深刻地揭示某一事物的象征意义，需要展开丰富的联想。古人说：“寂然凝虑，思接千载；悄然动容，视通万里。”（意思是：静心思考，能够联想到千年之前的人物；面容稍变，好像观察到万里以外的事物）这是对想象的作用形象化的描绘。善于开展想象，就可以超越时间、空间的限制，使文章的内容丰富多彩，使文章主题鲜明深刻。此外，想象的形象总是伴随着各种情绪体验；创造性想象活动往往能激起学生作文的需要和动机。因此，要写好真人真事，也必须借助于虚构情节的训练来丰富想象力，开拓思路。

基于以上认识，从不同角度提炼和表现中心思想的训练结束后，实验数学又转入“虚构情节”的训练。第一项工作是上好专题课。老师告诉学生，所谓“虚构情节”的作文，就是根据某一个观察到的片段、某一幅图画或者用文字叙述的某一个情节，运用想象的方法把整个事件补充完整。写这类作文必须注意两点：一、想象必须以客观实际作为依据。例如，为了表现一位少先队员捡到数百元的银行存折后急于寻找失主的迫切心情，有个同学在文章中写道：“他使劲地蹬着踏脚板，自行车从武宁路桥上飞驰下来，掠过了身旁一辆辆的载货卡车。”这是不符合事实的，因为在下坡过程中，自行车骑得再快也超不过大卡车。如果想当然，就会闹笑话。因此，平时必须多看多读，认真地观察体验。只有对客观事物“烂熟于心”，写作时才能展开丰富的、符合客观实际的想象。二、想象既要丰富生动，又必须切题。例如三年级语文课本中有一个看图作文练习《小八路挑水》。有些学生想象这件事发生在春天，他们详细地描绘了“明媚的阳光”“和暖的春风”“清澈的河水”“婀娜多姿的垂柳”，甚至描绘了“欢唱的画眉鸟”和“蹦蹦跳跳的野兔”。一个开头就写了二三百字，结果主要情节只能一笔带过，草草了事。这样的想象再丰富也是没有用的，因为它离开了文章的中心思想。

接着，实验班又根据想象过程中独创性成分的多少，由易到难地安排了三类习作。

第一类习作是通过演示，提供一个概括性的情节，让学生进行扩写。由于中心思想和故事结构已经大体上确定，学生的任务主要是充实故事内容，写出一篇中心明确、内容具体、结构完整的文章来。例如，有一位老师设计了这样一个情景：这是上午第三节课，上课铃已经响过，老师开始点名。突然教室门推开了，学生小徐满头大汗地走了进来，气喘吁吁地说：“老师……对不起……我迟到了……”话音未落，教导主任也跨进了教室。“× 老师，请不要批评他！”教导主任显得十分高兴，“这名同学刚才课间休息时在大操场捡到一串钥匙，他急人所急，开动脑筋，很快就找到了失主。详细情况等下了课告诉你。”“演出”结束后，老师要求学生通过想象，把小徐寻找失主的过程写出来。首先，学生们很顺利地确定了这件事的中心思想和结构成分。他们说：小徐捡到一串钥匙，是“起因”；他急于寻找失主并且开动脑筋想办法，是“发展”；小徐找到失主后的一席对话，是“高潮”；课后师生们的赞扬以及小徐谦逊的回答，是“结局”。然后，老师通过一系列启发性的问题帮助大家充实这些情节。例如：(1)这串钥匙有什么特征？小徐判断它是小同学掉的还是老师掉的？(2)小徐捡到钥匙后有哪些内心活动？他为什么着急？(3)他想出哪些迅速找到失主的好方法？他选择了哪一种？为什么？（4）失主发现钥匙遗失后的心情和神态怎样？（5）当失主从小徐手中接过钥匙后可能说些什么话？小徐会说些什么呢？他会不会留下自己的姓名？等等。老师特别强调要抓住小徐的性格特点，运用外貌、动作、心理和对话的描写，把“发展”和“高潮”部分写具体。经过这样的启发，学生们充分地展开了想象的翅膀，写出来的文章有血有肉、生动活泼，而且风格各异。

第二类习作是通过演示或图片提供一个“开头”或“结尾”，让学生续写全文。由于故事的其余环节都需要学生自己构思，因此写这一类作文需要更多地展开创造性想象。例如，实验班的老师设计了一幅图画《在病床边》，让学生写作。画面上有两个女孩子，一个卧病在床，另一个坐在一旁陪伴她。请看这位老师是怎样指导的。

师　同学们，现在要求你们根据这幅画虚构一个故事。画面的内容就不分析了，因为你们一看就懂。你们想一想：画面所描绘的情节可以作为故事的什么成分？是当作“开端”，当作“高潮”，还是当作“结局”？

生　我认为这幅画的内容反映了故事的“高潮”。可以这样设想，躺在床上的这个姑娘（就叫她“小英”吧）已经病倒了两个星期，另一位姑娘是小英班上的中队长（就叫她“小红”吧）天天来给她补课。这一天，小红自己也患了感冒，头疼得厉害，可是仍然赶来给小英补课。小英感动得说不出话来。

师　想象得很合理。的确，要根据一幅图画虚构一个故事，可以把画上的内容当作故事的“高潮”。还有其他的设想吗？

生　我这样设想：小红和小英是最要好的朋友。这天晚上，小红从电视机里看到中国女排战胜日本女排夺得世界冠军的动人场面，就连夜赶到卧病在床的小英家里报喜。画面反映了这一对好朋友沉浸在幸福之中。

师　很好，你的想象不但合理，而且反映了同学们学习“女排精神”的强烈愿望。现在请你们考虑，不把画面作为故事的“高潮”，而当作其他成分行不行？

生　可以作为故事“开端”：“还有一个月就要参加小学毕业考试，可是我突然病倒了，怎么办？”小英正犯着愁。这时她的好朋友小红赶来安慰她，保证帮她补上落下的功课。

生　也可以作为故事的“发展”部分：小英患小儿麻痹症后瘫痪了，小红天天来背她去上学。这天，小红兴冲冲地来找小英，告诉她某医院有位老中医能用针灸治好瘫痪，明天就背她去找这位老爷爷。

生　我想把这幅画当作故事的“结局”：一天，小英放学回家，见一个四岁的小男孩突然窜到马路中央捡皮球，她奋不顾身地把那孩子拉回人行道，自己却被自行车撞伤了。这天下午，校长在校会课上表扬了小英舍己救人的好思想，号召全校同学向她学习。图画上画的，是中队长小红赶到小英家里向她祝贺时的情景。

师　很好。你们完全可以按照自己的想象去写作。但是不管把画面看作什么成分，都必须周密地构思，把文章写得中心明确、重点突出、结构完整。

经过这种“求异”的训练，学生的形象思维十分活跃，写出来的文章情趣横生，引人入胜，而且越写越想写，越写头脑越活。

第三类习作是用文字提供一个范围，让学生虚构全文。应该说，这一类习作已经离开直观材料，属于命题作文的范畴了；同第一、第二类习作相比，它要求儿童的想象具有更多的独创性成分。写这一类习作，可以充分运用部编教材中的课文。例如第八册教材中的《我和狮子》，它记叙了乔伊·亚当孙在岩石缝里抱来一只死了妈妈的、出生才两三天的小狮子爱尔莎，同它共同生活了三年。后来，乔伊运用各种办法训练它捕获食物，使它学会在野生状态中独立生活。乔伊的目的终于达到了，课文就以她的自述作为结尾：“就这样，我把爱尔莎交回了大自然。”于是，教师就以“爱尔莎回到大自然以后”为题让学生作文。学生们兴味盎然，写出了许多富有情趣的习作。请看其中的一篇。

雌狮子爱尔莎和女科学家乔伊·亚当孙共同生活了三年，终于回到了大自然。

这是一个宁静的夜晚。爱尔莎睡了整整一个白天，现在它要出去散散步，找点吃的啦。森林里，猫头鹰扑扇着翅膀，声音老远都听得到；胡狼可怕的嚎叫声，令人毛骨悚然。爱尔莎可不管这些，它慢慢地走着，脚上厚厚的肉垫使它不发出一点声音。突然，它停住了，警惕地向四周望去。远处有一团黑影在移动，同时一股浓烈的狮子味迎面扑来。嗬，是同族！爱尔莎飞快地跑向那头狮子。原来，那是头雄狮子。两头狮子碰头了，互相上下打量一番，低沉地吼叫几声，然后，共同走向森林深处……

几年后，亚当孙又率领考察队来到森林。刚搭好帐篷，就看见两头狮子并肩向这儿走来，后面还跟着三头可爱的小狮子。“是爱尔莎！”亚当孙又惊又喜，连忙飞跑上去，迎来了这几位“稀客”。瞧，它们的小宝贝——三头小狮子，也来看望“外婆”了。小家伙们长得真像“妈妈”！亚当孙用肉和牛奶盛情地招待了它们，然后恋恋不舍地同它们分别了。亚当孙的科学实验真的成功了，爱尔莎过上了幸福的生活。

以上介绍了四年级叙事素描实验教学的程序：第一阶段训练安排记叙文结构的能力，第二阶段训练提炼和表现中心思想的能力，第三阶段训练“求异思维”的能力，第四阶段训练创造性想象的能力。但是这个程序是相对的，不是绝对的，因为任何一种能力的形成都离不开其他三种能力的配合。同时，在各个阶段还要继续发展观察能力，培养用词造句和修改文章的能力。列宁说过：马克思主义的精髓和活的灵魂是对具体情况的具体分析。考虑每个阶段应该训练些什么内容，安排多长时间，各个阶段又如何交叉，如何衔接，都要从学生的实际出发，不能生搬硬套。既要突出重点，又要兼顾一般，不能顾此失彼。

“素描”是作文教学的基础

——小学中年级作文教改实验报告[①]

“素描”教学法的根据

作文是学生思想水平和文字表达能力的具体体现，是字、词、句、篇的综合训练。作文教学一直是语文教学中一个相当重要而又十分困难的课题。“九层之台，起于垒土”，要从根本上提高中小学生的写作能力，首先必须抓好小学中年级（三、四年级）的作文训练，因为中年级是由低年级的看图说话、看图写话向命题作文的过渡阶段。

中年级作文训练的关键是什么？有些同志认为主要是抽象逻辑思维的训练。这种意见恐怕不够全面。我们曾经对虹口区第三中心小学、市实验小学和师院附小三年级学生的作文做过一次调查，发现中心明确、内容具体、语句通顺的占 20% ~25%，思维混乱、语病较多的占 10% ~15%，而余下的 60% ~70%，虽然条理比较清楚，语句比较通顺，但是内容空洞、言之无物。由此可见，学生写作的主要毛病还是内容空洞、言之无物。这是什么原因造成的呢？一是观察能力和形象思维能力薄弱；二是生活知识和常用词

① 本实验首先于 1979 年度第二学期在虹口区第三中心小学三（3）班进行，由笔者吴立岗、林佩燕老师和王文衡副校长三人参加实验工作。从 1980 年度第一学期起，实验扩大到市实验小学三（3）班和师院附小三（1）班。师院谢淑贞讲师、实验小学殷国芳老师和袁璐副校长、师院附小朱逸兰老师、周琼老师和林法太校长等六人也参加了实验工作。

本文刊于《吴立岗作文教学研究文集》，广西教育出版社 1990 年 11 月第 1 版。

语很贫乏。相对而言，学生的抽象逻辑思维能力却并不很差。例如师院附小三（1）班学生做看图作文测试，有 20 篇作文条理比较清楚，占 57%；有 21 篇语句比较通顺和连贯，占 60%。师院附小是一所非重点小学，学生的来源和学习质量都极其一般，它的情况很具有典型性。

我们的调查和实验证明，中年级的作文教学固然要发展学生的抽象逻辑思维能力，但是首先必须发展他们的形象思维能力，引导他们运用形象思维去开阔视野、丰富知识、积累词语、掌握写作的技能技巧。这个要求也完全符合儿童心理发展的序列。根据大脑发育的科学资料，综合许多心理学家的研究成果和实际工作中的许多实例，我们可以知道儿童智力发展有两个关键期：五六岁左右和十四岁左右。而小学阶段（七岁至十二三岁）是培养观察力，丰富和发展形象思维能力的最佳年龄。作文教学应该利用这个年龄阶段，充分发挥儿童形象思维的优势，同时也相应地发展儿童的抽象逻辑思维，使这两种思维相辅相成，相得益彰。

传统的小学作文教学具有宝贵的经验，例如提倡“多读多写”“读写结合”，重视语言实践。同时也注意用词造句和谋篇布局能力的培养。但是它的训练方法有三个比较明显的缺点，不利于儿童形象思维的发展。一是偏重叙述忽视描写。所谓记叙的六个“要素”（时间、地点、人物、事情、原因和结果）固然要让学生掌握，但是更重要的是教会他们描写。叙述是学生对文章中的人和事所做的综合的、概括的说明和交代，而描写是对人物、事物、环境等做仔细的刻画、渲染和烘托，从而塑造出像生活本身那样生动的形象，使读者产生一种音容笑貌如在眼前的感觉。叙述可以发展学生的抽象逻辑思维能力，而描写则可以发展他们的观察能力和形象思维能力。二是偏重篇的训练忽视片段训练。片段写不好，篇必定写不好。按照美术教学的经验，要画好人物画首先要通过“素描”训练造型基础。不学会“素描”，画起脸来五官安不妥，画起人来身体站不稳，人物形象就塑造不好。同样的道理，作文中要把完整的人物和事件写好，首先要学会观察和描写各个局部，包括动物、静物、自然环境、建筑物，人物的外貌、动作、对话，等等。如果头脑中对各个局部形成丰富的表象，文章就能写得有血有肉。三是命题大而空，忽视儿童的生活实际，使儿童无法表述自己的真情实感，视写作为苦差事。古人说：“情动于中而发于外。”情感是思维和言语的动力。要点燃儿童形象思维的火焰，使儿童浮想联翩，欲罢不能，命题一定要符合儿童的生活实际和年龄特点。由上述可见，要发展儿童的形象思维能力，必须在训练方法上有所突破，有所创新，当然也要吸取传统教学的各种长处。

近年来，我国广大中小学语文教师和教育科研工作者，在落实字、词、句、篇、知识、技能的同时，注重学生智力的发展和能力的培养，创造了许多行之有效的作文教学方法。例如北京月坛中学刘朏朏等创造的“观察教学法”、江苏省南通市特级教师李吉林创造的“情境教学法”、上海市昌邑小学贾志敏创造的“游戏教学法”，等等。他们把心理学的科学成果引进语文教学，充分发挥情感因素和智力因素在作文训练中的作用，使我们深受启发。此外，我们还阅读和翻译了一些外国的资料，其中苏联《俄语课上作文教学的体系（四～八年级）》一书，使我们耳目为之一新。除了记叙文和议论文外，《体系》还把描写单独列为一种体裁，叫作“描写文”。这种文体要求学生用生动的语言去描绘对象的主要特征，并且表述自己的真情实感，使读者产生鲜明的形象，受到一定的感染。《体系》认为在现实生活中纯粹的描写文是没有的，在科学著作中描写总是同议论紧密地结合在一起，而在文艺著作中，它又总是记叙文的一个组成部分，例如作者经常用景物描写来衬托主人公的内心世界。但是就学生学习写作而言，有必要把描写文单独列为一种文体，因为它有助于培养学生精细的观察力和丰富的想象力，有助于学生熟悉客观世界的各个局部，积累各种语言材料。因此，我们决定“博采众说，成一家之言”，借用美术教学的专用名词，创设一种叫作“课内素描”的教学方法。

什么叫作“课内素描”呢？按照我们的设计，这种方法包含四个方面的内容：第一，它是一种在教室内或者校园内进行的观察作文，观察的对象是各种静物、小动物、房间陈设或者师生们简单的演示，重在发展儿童的观察、想象、抽象思维和语言表达等各种智能。第二，它必须尽可能地把儿童丰富多彩的生活带进教室，创设诱人的情境，激发儿童的写作动机，使儿童有话想说，有情想抒。第三，它必须进行写作的“双基”训练，帮助儿童循序渐进地积累各个局部的知识和词汇，扎扎实实地掌握段和篇的写作技能。第四，它必须当堂作文，当堂讲评，培养学生独立写作、独立修改的能力和干净利落的文风，减轻师生负担。

“课内素描”的分年级要求如下：

三年级　重点进行片段训练。通过上、下学期两次循环，对静物、小动物、房间陈设、大自然一角，人物的外貌、动作、对话等分类进行描写，着重发展学生有顺序的、精确的观察能力和大胆、合理的想象能力，同时帮助学生掌握段的写作技能，积累各个局部的知识和词汇，使他们能写出思想健康、内容具体、条理比较清楚、语句比较通顺的一段话或几段话。

四年级　从片段训练过渡到写好一件事的篇的训练，从观察作文过渡到命题作文。在继续发展形象思维能力的同时，注意发展抓住中心、突出重点的抽象逻辑思维能力，帮助学生掌握记叙文的结构特点和综合描写的技能，使他们能写出思想健康、中心明确、内容具体、条理清楚、语句比较通顺的简短记叙文。

我们设想，如果中年级能够通过“课内素描”打好基础，那么到五、六年级就可以从写一件事过渡到写几件事，例如记叙某一天、某一次活动或者某一个人物，进行比较复杂的记叙文训练。同时注意开拓学生的思路，通过深入观察生活、提炼中心和选材组材，逐步发展学生的创造性思维能力。

思想统一以后，我们就将这一套“课内素描”的设计方案付诸实践了。

“课内素描”的初步成效

到今年七月，市实验小学三（3）班（殷国芳老师执教）和师院附小三（1）班（朱逸兰老师执教）已经实验了整整一年。而虹口区第三中心小学四（3）班（林佩燕老师执教）则已经实验了一年半，实验结果是比较令人满意的。

据实验班师生和家长反映，“课内素描”的好处很多。

第一，“课内素描”可以就地取材，简单易行。例如“动作素描”，教师事先围绕一个简单的情节想好几个动作，如“拨正墙上挂歪的图表”“寻找钢笔准备点名”，然后由教师（或指定个别学生）充当临时“演员”，站在讲台前将这些动作准确而连贯地表演一番，再让学生“临摹”。一堂课四十分钟，让学生观察几分钟，再写二十分钟，留下十几分钟开展交流和讲评，课外可以不留作业。

第二，“课内素描”极大地调动了学生写作的积极性。过去学生总感到作文无内容写，因此对作文有畏难情绪，甚至“谈文色变”。拿到作文题目后不是回家请家长“代笔”，就是虚构情节，吹一通牛。现在搞“课内素描”，描写对象历历在目，不愁没有东西写。而且当堂写，当堂评，激起学生相互学习和竞赛的积极性。由于观察内容简单，师生的帮助又很实在，学习上的“后进生”也满怀信心，后来居上。虹口区第三中心小学四(3)班有个学生原来一篇文章只能写一百多字，现在二十分钟就写二三百字。“课内素描”实在是缩短学生成绩差距的好办法。

第三，“课内素描”有助于培养学生的观察力、想象力、思维能力和语言表达能力。毫无疑问，老师应该带领学生到野外去观察大自然，但是一开始就要儿童描写他所看到的河流、海滨或者公园，他们会被许多细小情节弄得手足无措，而不能找出最本质、最典型的东西。“课内素描”则可以避免这个缺点，因为它的对象简单易懂，有助于由浅入深地培养学生各种良好的观察品质（例如观察的目的性、循序性、全面性、精确性和深刻性等），有助于启发学生简单地联想和想象，开展形象思维活动。语言是智力活动的工具。在写作中随着观察、想象和思维活动的展开，学生迫切要求理解语言，从自己看过的小说、报纸甚至歌词、台词中搜寻自己所需要的语言材料，扩大自己的词汇储备。例如描写人物的眼睛，过去学生只掌握“炯炯有神”一词。通过交流和归纳，学生明白就颜色而言，可选用“乌黑的”“灰褐的”“蓝蓝的（外国人）”等词，就动作而言，可选用“骨碌碌地”“正视”“打量”“东张西望”等。每个学生准备一本词语手册，每进行一个专题的“素描”练习，就增加一批词语。日积月累，他们的词语日益丰富。

第四，“课内素描”有利于进行写作的基础训练。例如，按照教学大纲的规定，三年级以词和句的训练为重点，重视连句成段，连段成篇。“课内素描”由于内容简单，对句、段练习十分有利。如果情节设计得比较完整（如“小李回答问题对答如流”“语文课上的最初十分钟”），或者要求在描写的基础上再补叙一件事情，那么就可以从段的练习自然地过渡到篇的练习，过渡到命题作文，不仅可以做到段落分明，条理清楚，而且可以进行审题和表达中心思想的抽象逻辑思维的训练。

在三年级第一学期结束时，师院附小和实验小学的实验班曾分别做过一次作文的对比检查（与学期初对比），前者让学生根据同一幅图画（《队日活动》）看图作文，后者则根据不同的图画作文（学期初写《学游泳》，期末写《丢三落四》），结果如下。（检查标准详见附件）

师院附小三（1）班看图作文的前后对比

项目/时间/成绩	观察		想象		文章条理		用词	
	开学	期末	开学	期末	开学	期末	开学	期末
良好	9%	69%	6%	60%	57%	79%	26%	57%
一般	80%	20%	31%	34%	17%	21%	57%	43%
差	11%	11%	63%	6%	26%	/	17%	/

项目/时间/成绩	造句		标点		字数	
	开学	期末	开学	期末	开学	期末
良好	60%	89%	68%	77%	292 字	414 字
一般	31%	11%	29%	23%	133 字	225 字
差	9%	/	3%	/	51 字	107 字

实验小学三（3）班看图作文的前后对比

项目/时间/成绩	观察		想象		文章条理		用词		造句		字数	
	开学	期末	开学	期末	开学	期末	开学	期末	开学	期末	开学	期末
良好	9%	69%	6%	60%	57%	79%	26%	57%	65%	85%	550 字	650 字
一般	80%	20%	31%	34%	17%	21%	57%	43%	29%	15%	302 字	461 字
差	11%	11%	63%	6%	26%	/	17%	/	6%	/	140 字	310 字

应该说明：师院附小三（1）班与实验小学三（3）班情况不同，前者学生是“就近入学”的，学生质量极其一般，而且入学后从未受过发展智力的训练。后者学生是“择优入学”的，在二年级又接受了发展观察力和逻辑思维能力的训练。但是对比表说明，不论原来基础如何，只要接受“课内素描”的训练，学生就可以比较迅速地提高观察能力、形象思维（想象）能力以及用词造句和谋篇布局的能力。

由于初见成效，“课内素描”已经在三所小学的有关年级全面推开。不但孩子们喜爱，家长也欢迎。他们说：“过去孩子看到作文就头疼，写出来的东西空空洞洞。现在不仅文章写得有血有肉，回到家里还自觉地写观察日记。”

“课内素描”的设计、指导和讲评

“课内素描”的实验工作如何进行？我们主要抓住设计、指导和讲评三个环节。

（一）精心设计“课内素描”的内容

“课内素描”是按照描写对象分单元进行的，在设计每一单元的内容时要注意下述两个方面。

第一，选择生动的内容，激发学生写作的动机。

苏联著名的心理学家维果茨基说过：“每一个句子、每一次谈话之前，都是先产生语言的动机，即‘我为了什么而说’，这一活动是从哪些情绪的诱因和需要的源泉而来的。口头语言的情境每一分钟都在创造着谈话和对话的动机。”作文也是如此，首先需要创设适当的情境。只有当儿童出于内心的诱因而需要写作的时候，才能最有效地发展书面语言的能力。

好动是儿童的年龄特点。儿童一般都喜欢描写人物的动作和各种小动物，不喜欢描写静物。但是如果熟悉他们的日常生活，同样可以设计出生动有趣的静物“素描”来。例如每个孩子的家里都有小闹钟，它们的外形各不相同，但是都很有趣。它们是家长“铁面无私”的好助手，严格地督促孩子们有规律地学习和生活，不论是听话的孩子还是顽皮的孩子，都可以从闹钟联想起自己生活中的一些趣事。此外，每个孩子也都有自己心爱的文具（如钢笔、文具盒等）和玩具。这些东西或者造型别致，惹人喜爱；或者玩法新颖，使人爱不释手；或者是家长馈赠的节日礼物，令人十分珍爱。实验小学的殷国芳老师根据儿童的特点设计了静物“素描”的内容：第一次，写《小闹钟》；第二次，写《我的一个文具》；第三次，写《我的一个玩具》；第四次，写《心爱的小玩意》。由于把丰富多彩的生活引进了课堂，儿童们的文章异彩纷呈，充满着生活情趣。例如计文浩同学根据自己的小玩意，当堂写了这样一篇“素描”。

“小　和　尚”

我有一个石膏做的“小和尚”，他秃着头，脑袋光溜溜的。两根眉毛又细又长，眉心还画着一个红色的小痣。胖乎乎的脸上长着一张小巧玲珑的嘴巴，双唇鲜红，加上两只招风耳朵，外形十分可爱。

“小和尚”身披大红色的袈裟，穿一条绿色的裤子，双手牢牢地捏着一串黑色的佛珠。身旁那金色的香炉脚边，放着一只黄色的木鱼。他就整天歪着身子靠在香炉上睡觉，睡得又香又甜，梦中还露出甜蜜的微笑呢！

有一次，我那迷信的奶奶胆囊炎又犯了，她叫爸爸把“小和尚”供在桌上，自己摆上斋饭，在那香炉的小孔中点上三支清香，然后拜了几拜，说：“阿弥陀佛，菩萨保佑。”睡了一夜，病居然好了。奶奶就高兴地对我说：“你看，拜佛也要有本事。我一拜病就好。”我听了忍不住笑出声来。

从此，我更喜欢这个有趣的“小和尚”了。

在日常生活中有时会出现一些很能激发学生写作动机的情景。这时候就不能拘泥于原定的写作计划，应该及时“捕捉”住这些情景，让学生进行“课内素描”。例如在虹口区第三中心小学实验班的教室里，辟有一个供学生观察的“生物角”，其中有一只大龙虾最受大家珍爱。一天早上，同学们突然发现大龙虾不见了，都急得像热锅上的蚂蚁，四处寻找起来。最后终于在墙角找到了它。于是林佩燕老师当机立断，马上让学生写《大龙虾到哪里去了》，进行记一件事的篇的“素描”。大家感情真切，观察得十分细致，语言表达也很生动。请看徐剑同学的文章。

有一天，班上的小萍第一个来到教室。她放好了书包，想打开窗户透透空气。刚走到窗子旁边，她突然发现中队饲养的一只威武的大龙虾不见了，急得眼泪在眼眶里直打转。没过多久，同学们陆续来了，听到这个消息，心里都万分焦急。班主任老师来后，大家七嘴八舌地把这件事告诉了她。老师想，大概是谁喜欢大龙虾，把它拿回家了吧。可是问了好几个同学，他们都摇摇头。大龙虾到哪里去了呢？谁也不知道，这真是一个疑团呀。

一会儿，教数学的施老师来了，她以前饲养过龙虾，有一定的饲养经验。她说："大龙虾可能从瓶子里爬走了。"听她这么一说，教室里马上骚动起来。同学们三个一组五个一堆地分头寻找。有的翘着屁股，有的像只小狗似的在地上东钻西爬。施老师把铅桶一翻，只见那只大龙虾威风凛凛地爬了出来。"大龙虾找到了！"小严第一个叫起来。这时，全班同学心里的一个大疑团解开了。

第二，全面安排，循序渐进，确保个性发展和语文基础知识双落实。

在设计每个单元的片段"素描"或者篇的"素描"时，我们都强调树立整体发展的观点，考虑三个"结合"：一是把发展智力同落实"双基"结合起来；二是把发展观察力、形象思维能力同发展抽象逻辑思维能力结合起来；三是把发展智能与发展情感、意志结合起来。

例如，设计对话"素描"时，殷国芳老师结合"爱科学月"的活动，选择学生感兴趣的科学常识内容，安排三次练习。第一次写对话：《蚂蚁和大象比力气》。对话表演两次，让学生凭借记忆记叙对话，并适当地加上一些神态、动作的描述。要求正确掌握提示语在前面的对话形式。第二次写对话：《鲸是鱼吗》。对话只表演一次，让学生在理解的基础上记叙对话的要点，并且通过观察认真描述人物的动作和神态。第三次写对话：《宇宙的奥秘》。要求展开想象，写人物的心理活动，并且学会灵活运用对话的四种形式（提示语在前面、提示语在中间、提示语在后面、提示语省略）。

再如，设计记叙一件事的篇"素描"时，林佩燕老师结合"五讲""四美"活动，把学生中的好人好事改编成生动而富有教育意义的故事情节进行演示。她一共安排了七次练习：《吃零食是坏习惯》《知错就改，讲究礼貌》《乱抛纸屑不是小事》《写字要有个好姿势》《一串钥匙》《谁该得第一》《他为什么迟到》。第一、二次练习，让学生通过观察，把事情完整地记叙下来，掌握记叙一件事的结构特点（起因、发展、高潮、结局）。第三、四、五次练习，要求学生正确而鲜明地概括事情的中心思想，并且综合运用局部"素描"的写法，突出事情的"高潮"部分。第六、七次练习，要求学生从不同的角度概括中心思想，并能独立地选材和组材，突出重点。除了顺叙外，还鼓励学生运用倒叙和插叙的写法。

（二）认真做好“课内素描”的指导

第一，选好范文，引导学生在模仿的基础上独创。

“从仿到作”是中年级作文的一条规律。为了使阅读教学和写作教学紧密结合，开学初，我们和实验班的老师先将全册语文教材通览一遍，然后归类排队，做出一学期“课内素描”的通盘打算，并拟定训练程序。

以三年级上学期的片段“素描”为例：

1. 人物动作“素描”。以《八角楼上》《周总理的睡衣》《课间十分钟》等课文做范文。

2. 人物对话“素描”。以《三只蝈蝈》《“你们想错了”》《会摇尾巴的狼》等课文做范文。

3. 人物外貌“素描”。以《亮亮》《我的弟弟》等课文做范文。

4. 小动物“素描”。以《翠鸟》《壁虎》等课文做范文。

5. 景物一角“素描”。以《三味书屋》《瑞雪》《富饶的西沙群岛》等课文做范文。

运用范文的目的，不仅仅是让学生学一点语言和写作技巧，更重要的是激发学生的独创精神。因此，我们注意做到：（1）每个单元不只分析一两篇课文，至少分析四五篇（包括课外教材），使学生相信，对同样一些对象，作家们的描绘是千差万别的，因为每个作家都有自己的思想感情、自己观察世界的方法和自己的语言。这样就能启发学生重视独立思考，写作时做到“言必己出”。（2）尽可能挑选一些学生的习作做范文，因为这些文章无论在写作方法上还是语言上，都使学生感到亲切，可以激励他们自己去创造。（3）对有些文质兼美、比较典型的范文，结合写作反复学习。例如林佩燕老师在教学《爷爷》一课时，先让学生通过朗读、表演，加深理解课文中有关段落，体会作者是怎样通过人物的外貌、神态的描写来表达中心的。在此基础上，她针对学生实际，由易到难地安排了四次人物外貌“素描”：第一次，看照片“素描”（写自己或别人）；第二次，面对面观察“素描”（不写姓名，写好后用猜谜方法评定优劣）；第三次，写家里人，进行记忆“素描”；第四次，写十年后的一个同学，进行想象“素描”。每次练习完毕，她都要求学生对照《爷爷》进行讲评。

第二，明确要求，鼓励学生进行“求异思维”。

在传统的作文教学中，每一次指导所提出的要求，往往多而全，结果学生无所适从，什么要求也做不到。我们认为每一次“素描”的要求应该明确、集中，例如对智力活动提出一项要求，对掌握语文的“双基”提出一项要求。在指导时既要保证让这一两项任务落实，又要鼓励学生举一反三、触类旁通，培养思维的灵活性和独创性。

例如对小动物的片段“素描”，训练的要求明确、单一：培养学生观察的顺序性。师院附小朱逸兰老师在指导课上先结合《松鼠》等范文的分析，介绍了从头写到尾的自然顺序法和从主要特征写到次要特征的主次顺序法。然后把一只美丽的野鸭标本抱进教室，要求学生有顺序地描绘。观察的顺序可以各不相同，但是必须描写得有条有理，把野鸭的主要特征都表现出来。学生们兴趣盎然。他们在观察中不仅运用了自然顺序法和主次顺序法，有的还运用了由远及近的方位顺序法以及“整体—部分—整体”的分析综合法。请看李菁同学用方位顺序法写的“素描”。

绿　头　鸭

讲台上放着一只小动物的标本，远看上去像个阿拉伯数字“2”。它是什么？哦，是一只美丽的野鸭。

野鸭比家鸭漂亮多啦！它的头上披着深绿色的羽毛，闪着亮光，好像裹着一条绸的头巾，所以大家给了它一个“绿头鸭”的美名。它的脖子上长着一圈雪白雪白的羽毛，犹如戴上了一串精巧的项链。它的胸部是深咖啡色的，而腹部和背部却是乳白色的，就像系上了一块干净的餐巾。

野鸭头和脚的形状都很特别。它有一张又扁又宽的大嘴，要是仔细看，可以在上面找到两个很小的鼻孔。它的一双眼睛长在头顶上，瞪得圆圆地望着天，显得十分傲慢。它的脚有四个脚趾，三个向前，一个向后，上面连着一张像梧桐树叶子似的薄膜，叫作蹼。野鸭就是利用蹼来划水的。

野鸭还长着一对强劲有力的翅膀，羽毛十分华丽。我看着，看着，仿佛那对翅膀展开了，一上一下地拍打着……为追赶自己的伙伴，这只野鸭很快就消失在半空中了。

记叙一件事的“素描”也是如此。头几次训练，老师要求学生正确地概括中心思想，把事情完整地记叙下来。一次，林佩燕老师让学生观察一项熟悉的活动——跳绳。演示的内容是：小沙不会跳，小王热情指导，最后小沙学会了。学生们兴致勃勃地观察了小沙和小王一连串的动作和神态，然后展开热烈的讨论，竟提出两个中心思想：一是小王乐于助人的精神；二是小沙不怕艰苦学跳绳的精神。两种意见相持不下。林老师认为两种概括都是正确的，热情地表扬了大家。

她指出：同样的材料，从不同的角度思考，可以得出不同的中心思想。但是不论从哪个角度思考，都必须根据全部观察材料做出正确的概括。接着，她又要求学生根据各自确定的中心，编拟作文题目。结果，学生们一下子编了“教跳绳”“刻苦锻炼”“热情帮助”等 17 个题目。

（三）有效地进行“课内素描”的讲评

第一，当堂讲评，鼓励质疑。

“课内素描”，大家写的是同一个对象，谁写得好，谁写得不好，哪里不符合事实，哪里用词不当，同学们都看得清，评得出，听的人也会口服心服。因此，在训练中，老师总是坚持当堂讲评。片段“素描”，通常用一节课（指导课除外）。课上让学生观察几分钟，习作二十分钟，余下十几分钟开展交流、讲评，最后让学生回家（或在自修课上）自己修改、誊清。篇的“素描”，通常两节课连上。第一节课让学生观察和习作，第二节课开展交流、讲评，并让学生修改、誊清，当堂交卷。

讲评不能面面俱到，要紧扣各次训练的中心要求。这个中心要求，既是“素描”前指导的依据，也是“素描”后讲评的依据。所以讲评与指导应该前后联系，彼此呼应。通常在学生习作的时候，老师开展紧张的巡视，及时发现学生的进步与问题，然后选读两三篇比较典型的作文，组织集体讲评。

思维永远是由问题引起的。在集体讲评时，应该鼓励学生发扬质疑精神。讲评得成功不成功，关键就在于老师能否抓住要害问题，鼓励学生争论个水落石出。例如有一次讲评动作“素描”，林佩燕老师让作文基础较差的王海山读了自己的习作。

一天，小周轮到值勤，拿了一把扫帚在认真打扫走廊。扫着扫着，只见同学小黄走了过来。他一边走，一边从口袋里掏出一颗糖来吃，随手就把糖纸摔在地上。小周见了，连忙上前拉住小黄的胳膊，说：“你怎么不讲卫生？”小黄很生气，又故意剥了一颗糖，把糖纸摔在地上。小周并不发火，他耐心地解释：“当前正在开展‘五讲’‘四美’活动，保持环境整洁是我们每个少先队员的责任，再说，吃零食也是坏习惯……”说着说着，小黄的头低了下去。突然他把口袋里的几颗糖全掏出来摔在地上，用脚踩成了糖饼，并且夺过小周手中的扫帚扫起地来……小周看了夸（翘）起了大拇指，连声表扬了小黄。

同学们都为小王的进步而高兴，纷纷指出文章的优点。同时，也在用词造句方面提出各种不同的意见。该让学生集中讨论什么问题呢？林老师决定讨论三个“摔”字的用法，因为动作“素描”的重点，是培养观察的精确性和学会辨析近义动词的不同用法。学生们兴味盎然，提出了“摔”字的许多同义词，如“扔”“抛”“掼”“丢”等。争论到最后，大家认为第一个“摔”字应该改成“扔”或者“抛”，因为丢糖纸是小黄随手所做的动作，没有用力；第二个“摔”字不必改，因为被小周批评后小黄生了气，故意把糖纸丢在地上，动作很有力；第三个“摔”字也不必改，它很形象地表示了小黄改正错误的决心。这次讲评虽然只讨论了三个“摔”字，却使学生悟出一个重要的道理：描写人物动作一要仔细观察，二要揣摩人物的心理活动，为表现文章中心思想服务。

对讲评中学生提出的各种看法，有些应该引导他们通过讨论统一认识，有些则不能强求一律，要允许他们各抒己见，进行独创。例如，有一次殷国芳老师演示点名动作，对她皱着眉头走进教室的神态，学生们有各种写法。有的写：“老师今天怎么不高兴了呢？大概是我们昨天作业簿上的字写错了吧！会有我吗？我越想越害怕，坐在位子上低着头，闷闷不乐。”有的写：“今天老师脸上没有一丝笑容，她怎么啦？教室里鸦雀无声，同学们用淡淡的目光注视着老师的一举一动。”在讲评时发生了争论。而殷老师却对这些写法一一加以肯定，因为这些想象都是合理的，而且道出了孩子们的真情实感。

第二，自己修改，坚持不懈。

讲评是手段，不是目的。讲评的目的在于启发学生对文章进行修改和完善。学习“素描”包含着互相联系的各个环节，学生不仅要从指导、习作和讲评中学习，也要从修改中学习。“教是为了不教”，只有教会学生自己修改文章，他们才能形成完备的独立写作能力。但是传统的作文教学忽视这一点，它把修改文章的任务全部推给老师。结果老师花费了许多时间和精力，学生却得益甚微，甚至在写作中滋长出一种依赖思想。

为教会学生修改文章，我们做了三件事。

1. 说清修改文章的重要性。三所小学的实验班都上了“认真修改文章”的专题课，说明“好句时时改”的道理。老师介绍了许多大作家的创作经历。例如，鲁迅先生写过一个短篇小说《肥皂》，只有 7000 字，可是他修改了 150 多处；俄国大作家果戈理写过一个脍炙人口的剧本，叫《钦差大臣》，为了写好这个剧本，他修改了整整 7 年。此外，老师也列举了学生中不少动人的事例，说明修改文章不仅能有效地提高写作水平，而且可以磨炼意志。

2. 教会学生修改文章的方法。鲁迅先生说过，文章“写完后至少看两遍，竭力将可有可无的字、句、段删去，毫不可惜”。这是对作家提出的要求。对于初学写作的学生，要求应该更高些。实验班的老师规定学生写完文章，至少修改三遍：第一遍默读，修改文章的内容和结构；第二遍轻声读，斟酌用词造句是否确切；第三遍朗读，从内容到语言做全面检查。老师还编拟了一套修改文章的统一符号，逐步教会学生，以节省修改的时间。此外，还规定每一篇作文誊清后必须连同草稿一起交，评分时要参考修改文章的努力程度。

3. 鼓舞学生修改文章的信心。实验班的老师从不全盘否定一个学生经过独立修改的“素描”，而往往把所有作文中最好的地方集中起来，拿到班上朗读，作为表扬和示范。例如初次写动作“素描”，由于难度较大，许多学生产生畏难情绪。殷国芳老师就把所有习作中最精彩的段落，巧妙地凑成一篇，拿到班上很有感情地读出来，对全班学生鼓舞很大。

擦　黑　板

“滴铃铃”，下课铃响了，同学们三三两两地走出教室去玩了。孔炜翔捏着橡皮筋，连蹦带跳地从自己座位上走出来。突然她瞅见黑板上密密麻麻的粉笔字，停下了脚步。“我是擦黑板还是去玩呢？”她眨巴着水灵灵的大眼睛，“应该立刻把黑板擦干净，否则下一节课老师就不能板书了！”于是她把橡皮筋塞进口袋，拿起黑板擦使劲地擦了起来。（孔蔚）

擦呀，擦呀，半块黑板擦干净了，可是黑板上部的字迹她擦不到。她踮起了脚，伸长了手臂，还是够不着。“唉，只怪我的个子长得太矮了。”她搔搔头皮，心想：“算了吧，我已经尽自己的力量了。”可是转念一想：“不行，不能半途而废，一定要把这件事做好。”（焦颖洁）

她耷拉着脑袋，东张张，西望望，突然眼睛一亮。（吴浩）“有办法了，有办法了。”她快步走到自己的座位旁，把椅子搬到讲台前，垫在脚下，终于把整块黑板都擦干净了。（俞海英）见到原先像个“大花脸”似的黑板现在乌黑发亮，她的心上仿佛落下了一块石头，于是她放好椅子，掏出了橡皮筋，向教室门口走去。（贾凌）正在这时，上课铃响了。她连忙回到座位上。这次课间休息，她虽然没有捞到玩，但心里感到甜滋滋的，因为自己为集体做了一件好事。（谈国斌）

有些学生基础差，刚开始学习“素描”只能写寥寥数行。只要他们认真修改，哪怕文章中有一点可取之处，教师都加以表扬。结果他们信心倍增，产生了浓厚的写作兴趣。正如苏联教育家苏霍姆林斯基所指出的，“如果学生愿意学习而不会学习，就应当帮助他哪怕前进很小的一步，而这一步将会成为他的思维的情绪刺激（认识的欢乐）的源泉”。

结论

（一）“课内素描”是培养小学三、四年级学生写作能力的一个成功的方法

什么叫作写作能力？它是一种综合地、创造性地运用语文的知识、技能去进行写作的本领，因而它是语文的“双基”同智力活动在写作过程中的辩证统一。其中落实“双基”是基础，而发展智力则是关键；智力是“双基”转化为能力的催化剂。一个成功的作文教学方法，应该赋予儿童最佳的写作能力结构，包括最佳的智力结构和最佳的“双基”结构。对小学三、四年级学生来说，“课内素描”教学法具有强大的生命力，因为它有助于发展学生的观察、形象思维、抽象思维和自我监督等能力，尤其适合小学生的年龄特点，能够充分发挥他们形象思维的优势；另一方面，它有助于循序渐进地落实段和篇的写作“双基”，有助于扩大学生的视野，丰富他们的生活常识和日常词汇。此外，它具有直观性的特点，有助于创设吸引人的情境，激发学生的写作动机。由于它把激发情感、发展智力和落实“双基”有机地结合在一起，可以说，它比较集中地吸取了新旧各派作文教学法的优点，而且避免了它们各自的片面性。

（二）“课内素描”成效的大小，关键在于教师的水平

“课内素描”法是一种科学的教学工艺，不是个别教师的教学艺术。实践证明，只要具有中等水平的语文教师就可以掌握它，运用它取得成效。但是成效有大有小，关键在于教师的业务水平。“课内素描”从设计、指导到讲评，要求教师：第一，钻研教育科学，掌握一定的教育心理学知识；第二，博览群书，在文学和语言方面具有一定的修养；第三，经常“下水”，具有比较扎实的写作基本功。当然，要达到这些要求是不容易的。但是，“课内素描”本身也为教师创造了条件。长期以来，批改作文是语文教师的一面枷，他们整天埋头于批改本子，无暇博览群书和“下水”写作。现在采用“当堂讲评，互评自改”的办法，学生作业中的主要问题都在课上解决了，教师在课外只要花很少的时间去批改和评分，就可以把主要精力用于扩大视野、提高业务水平和认真备课上。

（三）作文教学法应该成为一门实验科学

经过一年半的实验，我们体会到研究作文教学方法，应该注意两条。首先要研究国内外历史上各派的作文教学理论，“网罗众说，成一家之言”。尤其要注意运用心理学研究的最新成果，根据智力与“双基”、智力与能力，以及智力与情感、

意志的相互关系，提出作文教学的一系列指导思想。这样的研究不仅具有广阔的理论背景，而且具有历史的制高点。其次，要把经验总结同自然实验结合起来。可以先从优秀教师的先进经验中得到启发，提出有关作文教学体系和方法的科学假设，然后在课堂上进行控制条件的各种实验，并且客观地统计数据，记录效果，进行科学分析，接着再将实验成果放到教学实践中去检验和发展。这样做，就能避免许多偶然因素（例如只有重点学校才能出好成绩），而能找到作文教学结构（教材、教学思想和教法）同教学效果之间稳定的联系。现代教育科学发展的基本趋势之一是，许多基础理论学科（如德育论、教学论、课程论等）都变成了实验科学，像作文教学法这样的应用科学更应该变成实验科学。

我们的实验刚刚开始，在方法上是不完备的，成效也是很有限的，还有不少问题留待进一步探讨，例如学生的形象思维能力要挖掘，抽象思维能力也要挖掘，在“素描”训练中究竟如何处理两者的关系？“课内素描”如何同平时的讲读教学以及课外阅读紧密结合起来？如何从“素描”作文过渡到命题作文？等等。

教育实验是教育科学的生命线。我们相信，只要坚持科研人员、教师和行政干部三结合，从实际出发，勇于实验，善于总结，我们一定能够在不远的将来探索出一套行之有效、言之成理的小学作文教学的方法来。

【附件】

看图作文的检查标准

一、观察

1. 良好：观察得正确、全面、有顺序。对重点观察的部分能够抓住特点。

2. 一般：观察得正确、有顺序，但是比较笼统，而且主要情节稍有疏漏。

3. 差：内容有重大差错，或者主要情节有重大遗漏。

二、想象

1. 良好：能够运用联想、比喻或者拟人的方法大胆展开想象，内容充实，而且比较合理。

2. 一般：在个别地方能够展开想象，但是内容贫乏，或者不尽合理。

3. 差：根本没有联想，或者联想完全不合理。

三、文章条理

1. 良好：段落分明，层次比较清楚，重点比较突出。

2. 一般：段落分明，但层次不够清楚，重点不够突出。

3. 差：语句颠倒，内容前后重复，文章没有重点。

四、用词

1. 良好：正确无误或者只有个别差错，具有 3 个以上生动、确切的修饰语。
2. 一般：用错 2~3 个词语，具有 1~2 个生动、确切的修饰语。
3. 差：用错词语在 3 个以上，好词一个也没有。

五、造句

1. 良好：句子通顺、连贯，或者只有个别病句。
2. 一般：有 2 个病句，或者有 1~2 处不连贯。
3. 差：病句在 3 句以上。

六、标点符号

1. 良好：正确无误，或者只有个别错、漏。
2. 一般：有 2~3 处错、漏。
3. 差：错、漏在 3 处以上。

七、字数

1. 良好：本栏记录全班最长的一篇作文的字数。
2. 一般：本栏记录全班作文的平均字数。
3. 差：本栏记录全班最短的一篇作文的字数。

正确处理习作教学中自由表达与语文基础的关系①

——小语专家吴立岗教授谈习作教学的把握与改革

吴立岗，上海师范大学研究员，原上海师大教育科学研究所所长、教育科学学院副院长，现任上海师大小学语文教学研究中心主任、《外国中小学教育》杂志主编，全国小学语文教学研究会副理事长，上海市小学语文教材（实验本，上海教育出版社出版）主编和上海市实验学校语文教材（人民教育出版社出版）主编。1985 年至 2002 年独立完成科研成果 10 项，合作完成科研成果 10 项。完成的主要科研项目有："七五"国家社会科学基金研究课题"中小学教育体系整体性改革实验"（为项目第二负责人）；1989 年至 1993 年上海市高教局文科重点科研项目"中小学作文教学改革的理论和实验"（为项目第一负责人）。主要专著有：《小学作文素描教学》、《苏联教育家改革语文教学的理论和实验》、《吴立岗作文教学研究文集》、《小学作文教学论》（获 1995 年上海市第五届教育科研优秀成果一等奖）、《教学的原理、模式和活动》（获上海市 1996 年至 1997 年哲学社会科学著作类二等奖）、《现代教学论基础》。主要译著有：《苏联的作文教学》《小学作文教学心理学研究》。主要论文有：

① 本文刊于《中小学教材教学》2004 年第 1 期，记者为郭利萍。

《苏联对作文教学科学化的探索》《中小学作文训练序列方法浅析》《小学作文起步训练的几个问题》《用活动心理学原理指导小学作文教学改革》《面向21世纪的课程改革探索》。1999年他荣获上海市教育“育才奖”。

记者　吴老师，您是小学语文界的著名专家，特别是在作文教学研究上有不少独到的见解。今天，您能否结合《全日制义务教育语文课程标准（实验稿）》（以下简称《语文课程标准》）和当前的课程改革实践谈谈您对小学语文课程改革中有关作文教学方面的想法及对课程标准精神的把握、理解？

吴老师　与以往教学大纲相比，新的《语文课程标准》对习作提出了全新的要求，这就是提倡自由表达，提倡想象作文，提倡表达个人的独特感受，注重培养学生写话和习作的兴趣、自信心和创新能力。这些要求体现在如下五个方面。1. 在习作命题上，提倡学生自主拟题，少写命题作文。提倡写简单的研究性文章。2. 在习作来源上，除了要求纪实作文，还要求将想象作文列入教学计划，鼓励学生写想象中的事物。3. 在习作体裁上，要求不拘形式，淡化文体，灵活运用记叙、说明、议论、抒情等表现方法。4. 在习作指导上，无论是立意、构思、用词、造句都要求开阔思路，自由表达，发展求异思维能力。5. 在作文评价上，要求鼓励有创意的表达，并让学生通过自改和互改取长补短，促进合作和相互了解，养成独立思考的习惯。现在全国各地的学校都在努力学习和贯彻这些要求，注重学生的自由表达和表达真情实感，注重让学生写想象作文，“新概念作文”的出现就是这一教学思想和实践的代表，极大地激发了学生习作的兴趣和积极性，开创了习作教学生动活泼的新局面。

记者　在作文教学中不管是提倡自由表达，让学生说自己想说的话，还是要求学生习作要有些新意，其实都是在培养学生的创造精神或创新意识，新的课程标准也对此做了要求。但现在不少教师对在教学中要培养小学生的创造力感到茫然，认为创造力与小学生的日常学习有些搭不上边。对此，您怎么看？

吴老师　为什么要在小学作文教学中如此重视和强调学生创造力的培育？这首先是社会经济发展对语文课程的必然要求，其次也是语文课程理念拓展更新的需要。创造力最本质最重要的含义就是“新”，一般可以分为三个层次：第一层次的“新”是指人类社会发展中前所未有的，通常将这一层次的创造力称为特殊才能的创造力；第二层次的“新”是对社会某一个特定的群体而言的，面对整个社会来说，可能并没有新意，通常称之为群体比较的创造力；第三层次的“新”是对每一个人来说是前所未有的，通常称之为自我实现的创造力。在一定条件下，这三个层次的创造力可以互相转化。小学生的创造力主要指第三个层次。一个小学生只要能摆脱常规经验和现成观察答案的影响，独立思考，以自己或同龄人前所未有的方式解决问题和表情达意，就可以认为他具有创造力。

记者 您刚才说从语文学科角度看有两点决定了我们的作文教学要重视学生创造力的培养。第一点是社会经济发展的必然要求，这个好理解。您能否就学生创造力的培养也是语文课程理念拓展的需要这点谈谈您的看法?

吴老师 新的语文课程理念主要包含以下几方面。第一，工具性与人文性统一是语文课程的基本特性。这一特性决定了学生在学习语文知识的同时，还有情感陶冶、品德修养、开阔文化视野、发展智力和发展创造能力等任务。学生是在掌握语文工具的过程中提高人文素养的，反过来人文素养的提高又促进了学生对语文工具的掌握。《语文课程标准》把学生在语文课程中获得的听说读写能力和形成的人文素养统称为“语文素养”，创新精神是学生语文素养的重要组成部分。第二，语文学习具有个体差异性。语文课程丰富的人文内涵对学生精神领域的影响是深广的，学生对语文材料的反应又是多元的。这就要求我们的语文教学要在重视语文熏陶感染作用、注意教学内容价值取向的同时，也要尊重学生在学习过程中的独特体验。这种与众不同的独特体验也就是创新意识的体现，应在作文教学中得到充分的尊重。第三，学生是语文学习的主体。这一课程理念要求语文课程必须根据学生身心发展和语言学习的特点，关注学生的个体差异和不同的学习要求，爱护学生的好奇心、求知欲，充分激发学生的主动意识和进取精神，倡导自主、合作、探究的学习方式。作文教学也不例外，应该积极引导学生自主地、合作地发现问题、分析问题和解决问题，培养创新精神和创造能力。第四，语文课程体系应该是开放而富有活力的。语文课程植根于现实，面向世界、面向未来，语文学习和运用的领域正在进一步拓展，注重跨学科的学习和现代科技手段的运用，使学生在不同内容和方法的相互渗透和融合中开阔视野，提高学习效率，初步获得现代社会所需要的语文实践能力。就作文教学而言，应拓宽学生的生活领域和知识领域，使学生能运用现代技术搜集和获取信息，初步会写具有独立见解的研究性文章。

记者 您刚才说的这几点都是从语文课程本身来看作文教学培养学生创造力的必要性的，那么从现实的作文教学看，您认为我们这几年在这些方面做得怎么样?

吴老师 从某种意义上说，《语文课程标准》提出培育学生创造力的要求也切中了当前小学作文教学的时弊。当前小学作文教学抑制学生创造力主要表现在以下几方面。（1）作文教学定位不准，要求过高。不少教师把小学生的作文当成“文艺创作”，常常用报刊文章、成人作品的标准来要求学生:内容要“新、奇、巧”，结构要中心明确、条理清楚，语言文字要生动、优美。然而学生的作文往往显得稚拙、浅显，不那么合乎标准和要求。对此，教师常常恨铁不成钢，把它们批得“体无完肤”，久而久之，使学生产生了作文“高不可攀”的畏惧感，继而谈文色变，渐渐失去了对作文的兴趣。学生借助于语言文字表达心声的动机受到严重抑制，作文教学的发展性和创造性功能也由此大打折扣。（2）作文命题脱离学生生活实际。受应试教育的左右，有些教师为了让平时的作文训练契合升学考试作文的要求，就反复进行相关训练。例如，作文的升学考题常常是写“一件事”，教师就反复让学生写《我做了一件好事》。不少学生写不出来，只好凭空编造所谓“五子登科”故事来应付了事（即帮助邻居带孩子、帮助奶奶拎菜篮子、帮助过路人推车子、上交捡来的皮夹子、清洁卫生抹桌子），而且每次都写同样的内容。其实小学生在日常生活中做好事不多，做坏事更少，做错事倒有很多。教师不顾及这些，就会间接地“逼使”学生以成人腔说假话、套话、空话。学生不能“我口说我心”，吐露真情实感，他们的理智感、道德感、审美感就不能很好地发展，作文缺乏儿童应有的情趣和创见也在情理之中了。（3）作文指导方法机械。现在教师指导学生作文习惯用两种方法：一是机械地模仿范文。例如，教过课文《松鼠》后，就要学生按照描写松鼠身体各个部位的顺序来描写小白兔。二是根据现成提纲作文，即教师根据作文题自己先列出提纲，或者经过集体讨论列出提纲，然后让学生据此写文章。这样，先写什么，后写什么，都有了“模式”和“框框”，更有甚者，教师把作文要用的词语全都抄给学生。用这两种方法写出的作文也许看起来“严谨”“有条理”，但这是教师预先安排好的，不是学生自己的东西，学生写出的作文千篇一律、千人一面，严重压抑了创造思维和个性发展。（4）文体训练的形式单一。不少教师从三年级到六年级只让学生写记叙文，把学写记叙文的“为主”变成了“唯一”，应用文和其他各类实用文体（如说明文和议论文）的启蒙教学都被当作了额外的任务，少教或者不教。我们说记叙文自有它不可替代的作用，但只教学生写简单的记叙文就不足以反映或表达他们生动、活泼的思想。他们需要学会运用多种表达形式来反映自身独特的感受，进行简单的状物言志，说事论理。这样做其实对记叙文的教学也是大有益处的。

记者　吴老师，您认为怎样做才能较为有效地在习作教学中培育起学生的创造意识，切实使我们的作文教学上一个台阶？

吴老师　要在习作教学中培育学生的创造精神，除了要充分激发学生的动机外，还要让学生练就两个基本功，即搜集习作内容的基本功和表达习作内容的基本功。现在有人对自由作文用了个形象的比喻，叫作“你放手，他就飞”。的确，教师不放手，学生的作文是“飞”不起来的。然而是不是教师一放手，学生的作文就一定能“飞”起来？我看并不见得。学生要能真正“飞”起来,不仅要有“飞”的强烈愿望，还要具备“飞”起来的切实本领。教师的放手只是“飞”的必要条件，而不是“飞”的充分条件。因此，我认为当前的习作教学应该两手抓，一是抓自主拟题、自由作文，二是根据培养基本功的计划，抓好作文训练。在作文训练时要注意以下两点。

第一，必须根据儿童思维发展的年龄特征确定各年段不同的习作训练形式，以逐步培养学生智力活动的基本功。具体说,低年级是儿童想象活动的“敏感期”，因此，最佳的习作训练形式不是复述，也不是看图作文和观察作文，而是创造型的想象作文和童话体作文。教师可着重安排系统的童话体作文训练，以培养学生有意地重现表象的技能，包括在头脑中有目的地产生丰富的表象，确定表象之间的联系和积极地变换表象的结构，即培养想象的流畅性、变通性和独创性。中年级是儿童观察活动的“敏感期”。最佳的习作训练形式是观察作文（素描作文）。教师可着重安排对静物、小动物、自然景物、建筑物、事情发生变化以及人物的动作、对话、外貌的素描训练，以培养学生形成典型表象的技能。包括让学生获得丰富而鲜明的感性表象，帮助他们从五光十色的感性表象中“筛选”出典型的表象，并让他们通过想象生动地表现典型表象，即培养观察的目的性、条理性、精确性和典型性。从高年级开始，学生的抽象概念思维进入“敏感期”。其习作训练应该从观察作文转向有明确表达需要的实用型作文。教师可根据社会发展和学校、家庭中人际交往的需要确定各种有趣的主题，让学生写目的明确的记叙文、简单的议论文和说明文、各种应用文和读书笔记，以培养学生归纳推理、演绎推理的技能和发散思维能力，培养思维的针对性、逻辑性、灵活性和独创性。

第二，必须根据“从动机走向目的”的心理学规律，切实抓好语言文字基本功的训练。字、词、句、段、篇的基本功要不要落实？当然要落实，因为它们是语文素养的基础，也是作文创新能力的基础。我们反对的是机械的、枯燥无味的训练，例如，低年级单纯进行句子训练，中年级单纯进行段落训练。这种训练从心理学来说，是“从目的走向动机”的做法，即教师先提出学生必须达到的目的，再通过说教或惩罚手段让学生形成达到训练目的的低层次动机。我们认为语言的本质特性在于它是社会交际的工具，只有亲身体验语言的各种交际功能以及它的社会效益，儿童才能自觉地去学习语文和掌握语文。虽然字、词、句、段、篇都是语文表达的单位，但是能够完整地体现语言的社会交际功能的不是字、词、句、段，而是成篇的文章。因此，我们主张从篇章着手进行语言表达训练，鼓励低、中年级学生写“放胆文”“观察文”，让他们把文章写开，把思路写活，把笔头写顺，产生强烈的作文兴趣，而到作文语言评讲时又以句子和段落作为一个重点，学生就会感到这种语言文字训练能提高表达效果，十分必要，而且联系作文实际，有血有肉，易于理解，收效很快。这种做法就是“从动机走向目的”，符合心理学的规律。对习作训练中语言文字基本功的训练，我们一是要敢抓，要理直气壮地抓。二是要会抓，即训练策略上要“从动机走向目的”，在训练项目上要科学，要少而精。我认为我们对句、段、篇基本功的研究不是多了，而是远远不够。例如，低年级要加强句子训练。句子训练的要求是：（1）通顺。即句子成分的指代明确、句子结构完整、句子中词语搭配得当。（2）语气连贯。为了达到这两个要求，学生最低限度应该掌握多少种单句的句型，掌握多少种句群的结构，需要进行深入研究。现在有同志认为必须掌握 9 种句群结构，即连续结构、递进结构、因果结构、转折结构、并列结构、主从结构、点面结构、总分结构、概括与具体结构，这对句子训练有很大启发。中年级要进行构段训练。所谓“段”，是介于“句群”和“篇”之间的表现形式。它既不是指退格形式表示的自然段（俗称小节），也不是指结构完整的篇章，而是指能反映某一层独立意思的句群联合体。在形式上可以是一个自然段，也可以是几个自然段，相当于日常讲的“层次”或者“片段”。那么，构段训练应该包括哪些内容呢？对此我们也缺乏深入研究。现在有同志把“段”的基本结构归纳成 7 种形式，即补充式、连贯式、衬托式、呼应式、交叉式、概括式、比较式。这样的分类是否科学可以讨论，但这种探索对中年级构段训练无疑有重要帮助。高年级要进行初步的谋篇训练。什么叫作“谋篇”呢？“谋篇”就要掌握简单的文体结构。《语文课程标准》主张淡化文体，这是对的，有利于学生思想的自由表达。但淡化文体不是不要文体。小学生还是要以学写记叙文为主。记叙文包括写人、记事和状物，而“谋篇”的基本功在于完整地记好一件事。因此，高年级应着重进行简短记叙文（即记“一件事”）的篇章训练。一件事情就其发展过程来说，不外乎“起因”“发展”“高潮”“结局”这样几个阶段。写起文章来往往还要在“起因”前做一些必要的交代，或者追溯既往，或者说明有关的时间、地点、人物，这可以称作是文章的“开头”或者“引子”。这些，实际上就是简短记叙文的基本结构（四个要素、四个环节），必须让学生掌握。当然，以上这些句群、片段和篇章的结构术语，只要在适当场合让学生知道，而不必让学生背出。相关技能的训练应采用归纳法，而不用“演绎法”，即要“从动机走向目的”，而不要“从目的走向动机”。

记者　吴老师，您不但对我国的小学语文有较深的研究，而且也是一位研究苏联教育的专家，一直致力于苏联作文教学的研究。在此次课程改革中，您认为国外的作文教改经验有哪些是值得我们学习和借鉴的？

吴老师 从苏联的作文教学经验看，有许多观点和做法还是值得我们学习和借鉴的，与《语文课程标准》的提法和思路也是吻合的。例如：

第一，著名教育家赞科夫认为作文教学的一个重要目的在于“使学生的个人特点及完整的个性得以充分发挥”。教师要放手让学生去写，谁爱写什么就写什么，能写几句就写几句。不要给学生设置框框，要让学生“自由创作”，要让他们有充分的空间和余地来表达自己的思想感情。赞科夫说，这些作文虽然幼稚，但真正是学生自己的“创作”。批改这样的作文，老师常常很感兴趣。他会碰到自己想象不到的情况：有的学生观察得细致入微，写了别人没有发现的东西；有的学生发表了很有独到性的见解；有的学生用了自己“发明”的比喻。真是琳琅满目、引人入胜，每一篇作文后面都体现了一种独特的个性。固然，这些作文是幼稚的，有的甚至是杂乱无章、词不达意的，但这一切都反映了学生的真实思想和实际写作水平，这对教师有很大的参考价值，使他们知道在今后教学中应当在哪些地方下功夫。

第二，学生的一般性发展是提高写作能力的保证。赞科夫说，按照传统方法写作文，也许看起来是“严谨”而“有条理”的，但是这种“严谨”和“有条理”是教师预先安排的，不是学生自己的东西。而要学生真正写好作文，对实验班教师来说却要下更大的功夫，要抓根本的东西，这就是要尽量促进学生的一般发展。例如，要培养观察能力和思维能力，要培养创造能力和想象能力，要扩大学生的知识面。这些都是基本功。不从根本上下功夫，就作文谈作文是不会有多大收效的。赞科夫说：“写作文的本领不是靠教出来的。”如果承认作文应当是学生个人的思想感情的书面表现，那就必须反对用“统一的提纲”和“背熟的套话”写空话。赞科夫认为，任何一种现成的篇章结构，都无法容纳学生生动的思想，相反会限制这些思想的自然表达。他认为，只有在深刻地、全面地认识现实生活的基础上，使学生头脑里形成的不是支离破碎的片段，而是事物之间的内部联系，使学生能把所感知的现象的各个方面有机地结合起来，才会有认识与感受的系统性，写出来的东西才会有条理。赞科夫深刻地指出：“意识的系统性——即认识与感受的统一，乃是思维逻辑性的源泉。”

第三，作文教学要接近学生生活实际。著名语文教育专家拉德任斯卡雅认为，作文题目要来源于学生生活，要符合他们的年龄特点，学生只有身历其境，体会才会真切，才会有跃跃欲试的写作欲望，有了写作欲望，写作时才会去认真观察、积极思考和大胆想象。要使学生抒发真情实感，教师不能迫使他们写自己不了解的内容，也不能要求他们去做那些暂时没有学会的事情。拉德任斯卡雅说：

“选择题目的第一个主要标准（暂且不谈题目的思想教育意义），自然应该是适合学生的能力和可能性，适合学生原先已掌握的技巧。”她认为教师在指导写作时，不要设下各种框框去束缚学生思维。对同一个作文题目，学生愿意写什么、怎样写，应该由他们自己决定，不能强求一律。教师的责任在于同学生一起分析文章的写作要求，研究不同的写作方案，鼓励学生运用初步形成的某种写作能力去表现自己的真情实感，反对照搬照抄、机械模仿。

记者　苏联的作文教学中有的思路、观点和做法与当前我们所倡导的课程标准精神是一致或吻合的，那么，苏联的作文教学中有没有一些教训或弯路值得我们在今天的课程改革中去汲取、规避？

吴老师　应该说赞科夫实验教学体系的成效是显著的，但忽视“双基”（基础知识和基本技能）的倾向也是比较明显的。因此，俄罗斯联邦教育部以拉德任斯卡雅为代表的语文教育专家，对传统教学和赞科夫的实验教学体系都采取了科学的、一分为二的态度，对两者的优点他们采取兼容并包，而对两者的缺点都能毫不留情地提出批评。经过 3 年时间由点到面的反复实验，1967 年这些专家制订了“俄语课上作文教学的体系（4~8 年级）”，十分谨慎地处理了培养基本写作能力和文体训练，传授写作知识和培养写作能力，阅读、口述和写作三种能力，激发情感和培养写作能力，写作能力的综合训练和单项训练等辩证关系。纠正赞科夫在作文教学中某种忽视“双基”的倾向是制订这个体系的目的之一。拉德任斯卡雅在有关专著中不指名地批评有些教师“指导得太少”。这些教师怕讲得太多会束缚学生思维，就要求学生完全独立地去写。对于文章究竟应该怎样写，他们连最起码的讲解也没有。有的对学生也提出一些要求，但教师的指导十分笼统。例如说：“你们去观察一下大自然”“你们去写一点有趣的东西”“你们想一想如何把自己的话说清楚”等等。至于如何观察自然，如何把文章写得引人入胜，这些都不加说明。拉德任斯卡雅认为，放任自流不可能培养写作能力，“中小学生很需要教师的帮助，教师不仅应该提出合适的、符合学生兴趣的题目，而且应该教会他们完成这个写作任务”。我认为俄罗斯联邦作文教改走过的道路很值得我们深思。我国基础教育的优点是“双基”扎实，而缺点是发展学生个性、培养学生创新能力不够。在新的一轮教改中我们应该“博采众长、熔于一炉、结合实际、为我所用”。要“扬长补短”，不能“避长补短”。

记者　在轰轰烈烈开展课程改革的同时，我们的确需要理性地来审视我们的长处和短处，这样可以避免一些弯路和闪失，苏联作文教学的经验和教训都值得我们在当前的课程改革中借鉴和汲取。

思路开阔　精彩纷呈①

——近10年我国小学习作教学改革鸟瞰

《小学语文教师》杂志打算做一期近十年来我国小学语文习作教学改革的专辑，约我写一点东西。

我看了于永正等新老特级教师和习作教学专家所写的习作理念、习作案例和习作故事后，深感欣慰。2001 年 7 月《语文课程标准（实验稿）》颁布后的 10 年，应该是我国小学习作教学改革内涵最丰富、思路最开阔、成果最多样的 10 年，产生了很多新的习作教学流派和习作教学模式，大大丰富了我国习作教学的理论和实践。

众所周知，新中国成立后我国小学习作教学先后经历了强调“言之有序”和“言之有物”的阶段，而 2001 年“课标”则基于形成良好的个性和健全的人格的要求，更强调“言之有情”。我感到在本期发表文章的各位教师之所以取得成功，首先是因为他们按照课程标准提出的全新理念实施教学。这些理念是：提倡自由表达，提倡想象作文，提倡表达个人的独特感受，以培养学生的习作兴趣，加强习作与生活的联系，激发学生的创新意识。而这些理念体现为：在习作命题上提倡学生自主选题，改进作文命题方式；在习作材料来源上，除了要求写纪实作文外，还要求将想象作文列入教学计划，鼓励学生写想象中的事物；在习作体裁上，要求不拘形式，淡化文体，灵活运用记叙、说明、

① 本文刊于《小学作文教师》2012 年第 7、8 期合刊。

议论、抒情等表现手法；在习作指导上，无论取材立意、布局谋篇、用词造句，都要求开阔思路，自由表达，发展求异思维能力；在习作评改上，要求鼓励有创意的表达，并让学生通过自己改和互改取长补短，促进合作和相互了解，养成独立思考的习惯。如果按学段提出要求，那么上述习作教学理念体现为：低年级学生要乐于习作：中年级学生要不拘形式地习作；高年级学生要富有个性并符合规范地习作。

各位教师之所以取得成功，还有一个重要原因是他们比较自觉地把握了习作教学的科学规律。大家知道，语文不是一般的工具，而是社会交际的工具；发展小学生语言的交际功能是习作教学的首要任务，也是激发学生习作兴趣的重要保证。但是小学生语言交际功能的发展是有年龄特点的，它取决于小学生每个学段生活（即主导活动）的特点。只有根据语言交际功能发展的年龄特点来确定习作教学的内容,学生才能表达真情实感。其次,语言是交际和概括的统一,而思维(包括想象、观察、抽象思维等）则是概括的手段。只有掌握各个学段学生思维发展的年龄特点，才能确定各个学段最科学的习作训练形式。再次，在习作过程中还应该让小学生掌握表情达意的语言手段和表达方式,包括审题、取材、选材、立意、布局;包括用词、造句、构段、谋篇、修改，包括运用记叙、描写、想象、说明、议论、抒情等多种方式，也包括运用各种常见修辞格。因此习作教学既要从阅读教学中获取营养，做到以读带写，也要选好习作例文，做到以写促读。

综上所述，我认为决定小学习作训练序列的要素有 5 个:生活、需要、思维、阅读、表达。它们的关系是：生活是习作的源泉；需要是习作的动力；思维是习作的关键；阅读是习作的基础；表达是习作的重点。各位教师之所以取得成功，就在于各人充分地发挥创造精神，把握习作教学的科学规律，做到突破一点，带动全面。

首先，有不少教师是从开拓习作素材入手进行教学改革的。

大家知道，小学低年级的学生主要从事读、写、算入门的学习活动和游戏活动，应千方百计地让他们通过听广播，看电视，阅读童话故事，参加游戏活动等，去表达他们的兴趣、愿望和想象，表达他们所认识的世界。小学中年级学生主要从事比较系统的读、写、算活动，应让学生观察和记叙自然生活、学校生活和家庭生活的各个局部，加强习作与各科教学的联系，以充实学生生活领域、自然领域和科学领域的知识和词汇。小学高年级学生除了系统学习书本知识外，还积极参加各种课外和校外活动，他们的交际越出了学校和家庭的范围，人际联系逐渐成为他们的主导活动。因此要根据形势发展和学校实际，确定一些带综合性的主题活动或单项的人际交往活动，让学生参与和体验，写包括纪实性文体和应用性文体的实用作文。

在开拓习作素材方面，深圳市钟传祎老师将习作教学和学科教学进行整合，进行了“学科作文”的试验。学科作文，是以学科知识、学习情境、学习收获为内容，挖掘学习生活中的素材，结合课程标准中各学段习作的训练点教会学生自由表达在各学科学习中的见闻和心得。这样做不仅解决了习作教学因缺乏素材而“山重水复疑无路”的困境，又可以使语言训练和学科学习相互促进。还有一个试验值得一提，这就是上海市金山区的李秀林老师根据地域的经济、文化、自然特点，构建的“儿童生活作文教学体系”。其经线是生活主题，包括“个人生活”“校园生活”“家庭生活”“野外生活”“社区生活”“文化生活”“课堂生活”“班级生活”等，其纬线是1~5年级逐渐丰富多彩的生活内容。此外，深圳市张云鹰老师的“开放式习作教学”试验，福州市何捷老师的“游戏作文”试验，南京市宋运来老师的“童漫作文”试验，深圳市蔡丽斌老师的“绘本作文”试验都是创造性地开拓小学生习作素材的成功案例。

其次，有不少教师是从激发习作动机入手进行教学改革的。

大家知道小学习作的主要任务是发展学生的语言交际功能，而语言交际功能由小学生在各个年龄阶段的主导活动所决定，其发展具有年龄特点。一般地说，小学低年级应发展学生初步地概括信息、交流信息和自我表现的功能，小学中年级应发展学生比较系统地概括信息、交流信息和自我表现的功能，而小学高年级应发展学生针对不同对象施加影响和自我教育的功能。语言的交际功能虽然因年龄不同而表现不同，但其本质上却是由需要引起的语言活动。因此，不少教师为发展学生语言的交际功能，着力于激发学生习作的需要，首先是较高层次的社会性的需要，如交往的需要、认知的需要、审美的需要和自我实现的需要。

在这方面，福建省安溪县李冰霖老师的“自由习作”教学探索是很成功的。该探索以打破“范文式”习作指导为突破口，形成以生活为大背景，以学生喜闻乐见的内容与形式为载体，学生自由习作与教师有效指导相结合的习作教学新路子。该探索认为自由习作要实现“三步跨”（放胆表达→自如表达→有个性的表达）。在策略上一要“松限”，即让学生在原生状态中自由习作，通过目的回归、内容解限、技法淡化、情境畅快等策略，把习作过程“演化”为实现某种生活需要（或是畅谈认识，或是表情达意，或是与人交流，或是服务生活）的一种活动，给学生一种心理、情感、思想上的自由。二要“优教”，即习作指导要摒弃从范文到范文的模式，以“聊天谈话”“情境观察”“游戏活动”“情感交流”“信息加工”“先作后导”等方式，创设愉悦的课堂气氛，让学生无拘无束、自由奔放地表达自己的所见所闻所思所感。在习作讲评中，要以“点播厅——展示台——诊疗室——自助餐”等生动活泼的方式，以正面肯定为主，让学生在展示交流中学习别人长处，弥补自己不足，逐步学会表达，做到具体明确，文从字顺。此外，上海市徐家良、徐鹄老师“生活中的作文”教学试验，江苏省吴江市管建刚老师“用自己的话写自己的事”的习作教学试验，杭州市张祖庆老师“写好博客作文，让文字随心而舞”的习作教学试验，都旨在发展小学生的语言交际功能，赋予习作内在动机，使之变无病呻吟为因需而作，具有明确的意图、目的、价值和阅读对象。

再次，有不少教师是从培养思维能力入手进行教学改革的。

大家知道，小学生写作文，能力有许多种，但主要是两种：产生文章内容的能力和表达文章内容的能力。而前者是关键，它的心理机制是将特点鲜明的表象与准确生动的语言结合起来，以及正确地运用演绎推理和归纳推理。小学低年级是想象活动的敏感期，应通过创造性的想象习作（童话体习作）培养学生再现表象的技能，并发展学生想象的流畅性、变通性和独创性。小学中年级是观察活动的敏感期，应通过观察习作培养学生形成典型表象的技能，并发展学生观察的目的性、条理性和深刻性。小学高年级的学生抽象概念思维活动开始进入敏感期，应通过实用性习作培养学生归纳推理、演绎推理和求异思维的技能，使学生的思维初步具有针对性、逻辑性、灵活性和独创性。

在培养思维能力方面，上海市崇明县张秀丽老师设计的“小学作文专题性序列训练课程开发与实施”，是一个很成功的案例。该课程二年级用书为《放飞心灵》，引导学生创编有趣的童话故事；三年级用书为《闪亮眼睛》，通过片段素描和观察日记培养学生的观察能力；四年级用书为《快乐童年》，通过寓学于乐丰富童年生活，继续培养片段素描能力，开始培养叙事素描能力；五年级用书为《多彩生活》，通过“想象”“纪实”“活动”“应用”等作文进行综合性训练。目前该教材已经成为崇明县所有小学的校本教材，教师的教学水平与学生的习作质量日益提高。另一个案例也值得一提，即深圳市张云鹰老师在探索开放式习作教学时，认为老师做到“解放思想，相信学生”，学生做到“开放思维方式”，是重中之重。在高年级她一改过去用记叙文来写人、事、物的做法，极力主张学生写研究性文章。在习作时，她组织学生留心观察，拍摄现场，捕捉家庭、学校、社会的精彩瞬间，鼓励学生跟踪采访，积累素材，结果学生独特之作跃然纸上。如《泡在眼泪里的打工一族》的4名小作者共拍摄打工仔、打工妹的生活场景48张，访谈13人次，写调查采访一手素材近7000字。《我与校长亲切会晤》一文小作者采访学校历届校长5人，撰写和笔录5000余字。这样做，学生的抽象概念思维能力和求异思维能力，得到了有效的发展。

最后，有更多的老师是从加强读写结合入手进行教学改革的。

在读写结合方面，值得一提的是上海市童园小学徐根荣老师的“阅读作文”实验探索。“阅读作文”来源于持久的课外读书活动，它不是命题作文，而是自由作文；它不是纪实性的生活作文，而是以阅读内容为素材的想象作文：它也不是一般的读后感，而是学生在无拘无束、尽情发挥状态下写出来的记叙文、议论文、说明文、实用文和各种文艺作品。从实践看，这种“阅读作文”从根本上扭转了教师怕教作文、学生怕写作文的局面，真可谓“众里寻他千百度，蓦然回首，那人却在灯火阑珊处”。

综上所述，“思路开阔、精彩纷呈”是近十年来我国习作教学改革的总的态势。目前《语文课程标准（2011年版）》已颁布，我建议老师们要认真学习新课标，并注意下述两点：一是研究和确定科学的习作训练序列。要研究生活、需要、思维、阅读、表达5个要素之间的关系，首先确定序列的主系统（即起主导作用的系统），同时还要考虑主系统与副系统、纵向发展与横向联系、主体直进与循环渐进、单项训练与综合训练的关系。其次还必须考虑训练的阶段性。在小学阶段，应根据不同年级具体规划训练的项目与任务，既要防止无效的反复，又要防止前后脱节，破坏连续效应。从技能形成和掌握的角度看，还得注意有上升的循环和波浪式的渐进。再次必须实现操作化。二是把经验总结同自然实验结合起来。必须先从教师的先进经验中得到启发，提出关于小学习作教学体系的各种科学假设，然后在课堂进行控制条件的各种实验，并且客观地统计数据，记录效果，进行科学分析。接着再将实验成果放在实践中去检验和发展。这样做，就能避免许多偶然因素（例如只有示范学校才能出好成绩），而能找到习作教学结构（教学思想、教学内容和教学方法）同教学效果之间稳定的联系。从当今国内外的情况来看，任何一个有生命力的中小学作文体系的确立，都包括理论分析和经验总结，且无一不是长期而艰苦的实验的结果。

小学习作教学改革的昨天、今天和明天①

一、不同历史时期的语文教学具有不同的核心概念，也因此形成不同的习作教学理念

新中国成立后共颁布过 8 部语文教学大纲和语文课程标准。其中，1956 年大纲和 1963 年大纲都以传授“双基”（基础知识和基本技能）为自己的核心概念。习作教学要求从说到写，从述到作。习作从三年级开始，一、二年级则练习看图说话和书面回答等，做一些习作的准备。习作以写记叙文为主，并加强应用文的习作，高年级学写简单的议论文。这两个大纲比较强调习作要“言之有序”。

“十年动乱”结束后，1978 年颁布的大纲既传承中国的传统经验，又迎合世界教学论发展的潮流，以“新双基”（即知识技能和智力能力）为核心概念。一方面，它继续强调习作要“言之有序”，即一年级要求说完整的话，写完整的句子；二年级要进一步加强词和句的训练，要求说话写话时语句通顺，前后连贯；三年级要求段落分明、条理清楚；四年级要求中心明确；五年级达到全面要求。但是另一方面，它又提出了习作要“言之有物”的明确要求，即习作教学既要培养学生用词造句、布局谋篇的能力，又要培养学生观察事物、分析事物的能力。这两种能力从一年级起就要

① 本文刊于《现代基础教育研究》2011 年第 3 期。

注意培养。看图说话、看图写话就是习作最初步的训练。

1978 年以后对全国产生一定影响的习作教学实验有：山东李昌斌、马兆铭等主持的习作分步训练；上海吴立岗、贾志敏等主持的习作素描训练；东北农垦总局的习作分格训练；北京刘曹华等主持的习作先放后收训练；广东丁有宽主持的读写结合训练……虽然 1978 年以后的习作教学改革取得很大成绩，但从全国范围看，仍有一些带根本性的问题尚未解决，例如，习作命题脱离学生生活，学生文思枯竭；习作指导千篇一律，学生的文章千人一面，思维和个性发展被遏制；习作目标过高，学生读文色变，兴趣全无，遇到考试就生搬硬套，胡编乱造。

二、2001 年 7 月颁布的语文课程标准对习作教学提出的新要求

2001 年 7 月《全日制义务教育语文课程标准（实验稿）》颁布，这标志着新中国成立后第 8 次，也是规模最大的一次语文课程改革正式启动。与以往的教学大纲相比，课程标准对习作教学提出了全新的要求，即提倡自由表达，提倡想象作文，提倡表达个人的独特感受，以培养学生的习作兴趣，加强习作与生活的联系，激发学生的创新意识。笔者认为，这些要求体现为：在习作命题上，提倡学生自主拟题，少写命题作文；在习作材料来源上，除了要求写纪实作文，还要求将想象作文列入教学计划，鼓励学生写想象中的事物；在习作体裁上，要求不拘形式，淡化文体，灵活运用记叙、说明、议论、抒情等表现方法；在习作指导上，无论是立意、构思、用词、造句都要求开阔思路，自由表达，发展求异思维能力；在习作评价上，要求鼓励有创意的表达，并让学生通过自己改和互改取长补短，促进合作和相互了解，养成独立思考的习惯。

根据上述要求，语文课程标准提出的分学段要求为：低年级学生要乐于习作；中年级学生要不拘形式地习作；高年级学生要富有个性地习作。

那么，课程标准在习作教学上是否也强调“言之有物”和“言之有序”呢？也强调。例如在“课程总目标”中，就明确要求学生习作“能具体明确、文从字顺地表述自己的意思”。但是笔者认为新课程标准更加强调“言之有情”和“发展个性”。可以说，“表达真情实感”的要求渗透在这个标准的字里行间。

从 2001 年至今，根据课程标准的要求，我国小学语文界正从两个方面探索习作教学的新路子。第一是教材改革。现在我国多数小学语文教材都要求学生联系生活来自由表达，注重激发学生的习作动机，培养学生的习作兴趣。例如人民

教育出版社出版的语文教材以人文主题为单元，将阅读、口语交际和习作训练有机地整合在一起，努力地使学生习作有话可说，有情可抒。第二是教学方法的改革。目前各地都在积极探索自由作文、开放作文、生活作文和想象作文的规律。其中福建省安溪县第三实验小学陈进雄、李冰霖主持的“学生自由习作指导研究”和广东省深圳市西乡小学张云鹰校长主持的“开放式习作教学研究”，是理论和实践紧密结合的研究，具有一定的影响。

总的来说，在第 8 次语文课程改革中，小学习作教学改革的思想十分活跃，方法层出不穷。由于提倡自由习作，关注习作兴趣培养和强调习作与生活的联系，现在小学生的习作，思想较以前活跃，情感流露较以前真实，表达的方式也较以前多样。但是仍然存在着内容表达不充分，习作不符合文体规范和错字病句较多的问题，这是因为教师对学生习作的指导较以前减弱，学生的语言文字训练较以前减弱，观察和思维的训练也较以前减弱。笔者认为，要从根本上解决问题，首先必须进行较高层次的理论研究，并进行相应的探索性试验。例如要研究：（1）习作训练应不应该有自己的科学序列？（2）如果应该有，那么如何根据丰富生活、激发动机、发展思维，结合阅读和加强语言文字训练等重要因素之间的相互关系来确定这个序列？（3）在习作训练中，自由习作和教师按照一定计划实施的教学性习作（或称“规范性习作”）有何关系？两者之中应以谁为主？（4）阅读教学和习作教学如何结合才能保证习作训练能按自身的规律进行？

三、对习作教学的理论研究与实践探索

众所周知，语文不是一般的工具，而是社会交际的工具；发展小学生语言的交际功能是习作教学的首要任务，也是激发学生习作兴趣的重要保证。但是小学生语言交际功能的发展是有年龄特点的，它取决于小学生每个学段生活（即主导活动）的特点。只有根据语言交际功能发展的年龄特点来确定习作教学的内容，学生才能表达真情实感。其次，语言是交际和概括的统一，而思维则是概括的手段。只有掌握各个学段学生思维发展的年龄特点，才能确定各个学段最科学的习作训练形式。再次，在习作过程中还应该让小学生掌握表情达意的语言手段和表达方式，包括审题、取材、选材、立意、布局，包括用词、造句、构段、谋篇，也包括运用记叙、议论、说明、抒情、描写等多种方式。因此习作教学既要从阅读教学中获取营养，做到以读带写，也要选好习作例文，做到以写促读。

综上所述，笔者认为决定小学生习作训练序列的要素有 5 个：生活、兴趣、

思维、阅读、语言手段。它们的关系是：生活是习作的源泉，兴趣是习作的动力，思维是习作的关键，阅读是习作的基础，表达是习作的重点。

1. 生活是习作的源泉

小学低年级学生主要从事读、写等入门的活动和游戏活动，也从事简单的人际交往活动和劳动。这个学段应主要发展学生初步的概括信息、交流信息的语言功能和初步表达自己真情实感的语言功能。因此不能仅让学生看图说话和写话，而要千方百计地让学生表达他们的兴趣、愿望和想象，表达他们所认识的世界的略图。

小学中年级学生主要从事比较系统的读、写、算活动，也从事一定的人际交往、劳动和社会实践活动。这个学段应主要发展学生比较系统的概括信息、交流信息和表达自己真情实感的语言功能。因此，应让学生观察和记叙自然生活、学校生活和家庭生活的各个局部，加强习作与各科教学的联系，以充实学生生活领域、自然领域和科学领域的知识和词汇。

小学高年级学生除了系统学习书本知识外，还积极参加各种课外和校外活动，他们的交际越出了学校和家庭的范围，人际联系逐渐成为他们的主导活动。这个学段应主要发展根据不同对象施加影响和自我教育的语言功能。因此要根据形势发展和学校实际，确定一些带综合性的主题活动或单项的人际交往活动，让学生参与和体验，写包括纪实性文体和应用性文体在内的实用作文（也可称实际文）。

近年来深圳市福田区的钟传祎老师为了开拓小学生习作材料的来源，将习作教学与学科教学整合，进行了“学科作文”的试验。学科作文，是以学科知识、学习情境、学习收获为内容，挖掘学习生活中的素材，结合课程标准中各学段习作的训练点教会学生自由表达在各学科学习中的见闻和心得。例如联系数学学习，可以写“π”介绍。如用第一人称写：“我”是 π，是无限不循环小数；“我”的成长经历；“我”的特点；“我”的尾巴有多长。写后既可以了解“π”的历史，掌握“π”的含义，又知道谁发现了“π”，不是很有趣吗？上完科学课，可以写观察小动物的日记，或者写简短的实验报告。上完美术课，可以写景物素描。上完音乐课，可以仿照德国诗人通过想象将贝多芬的《升 C 小调钢琴奏鸣曲》冠名为《月光曲》，写听音乐作文。上完思想品德与社会课，可结合“牛活消费有诀窍”专题，写一写《我家的收支本》《今天我当家》《我是聪明的消费者》等。大家都承认“生活是习作的源泉”，可是目前多数教师并不让学生表达他们生活中占时间最多的学科学习生活，只是让他们进行看似有趣，其实题材并不丰富的训练，如写“记一件有趣的事”“说说我是谁”“记一次难忘的活动”等。其结果是学生习作题材狭窄，思路闭塞，写出来的文章千篇一律。现在同学科学习整合，差不多每一堂学习新知识的课都可以提出一些饶有趣味的题材供学生讨论，习作的源泉是无限丰富的。这不仅使习作教学摆脱“山重水复疑无路”的困境，又可以使语言训练和学科学习相互促进。

还有一个试验值得一提，这就是上海市金山区钱圩中心小学校长李秀林根据地域的经济、文化、自然特点构建的“儿童生活作文教学体系”。其经线是生活主题，包括“个人生活”“校园生活”“野外生活”“社会生活”“文化生活”“课堂生活”“班级生活”等，其纬线是1~5年级逐渐丰富多彩的生活内容，如“野外生活”主题，一年级写“春天到了”，二年级写“我们摘橘子去”，三年级写“大海畅想曲”，四年级写“农家乐”，五年级写“秋天的田野”。该试验已进行多年，参与的学生兴味盎然，有话可说，习作质量迅速提高，而且其教学方法操作性强，易于推广。

2. 思维是习作的关键

小学生写作文，能力有许多种，但主要是两种：产生文章内容的能力和表达文章内容的能力。而前者是关键，它的心理机制是将特点鲜明的表象与准确生动的语言结合起来，以及正确地运用演绎推理和归纳推理。

小学低年级是想象活动的敏感期，应通过创造性的想象习作（童话体习作）培养学生再现表象的技能，包括在头脑中有目的地产生丰富的表象，确定表象之间的联系和积极地变换表象的结构，以发展学生想象的流畅性、变通性和独创性。

小学中年级是观察活动的敏感期，应通过观察习作培养学生形成典型表象的技能，包括帮助学生获得丰富而鲜明的感性表象，从五光十色的表象中“筛选”出典型的表象，并让他们通过想象生动地表现典型表象，以发展学生观察的目的性、条理性和深刻性。

小学高年级的学生抽象概念思维活动开始进入敏感期，应通过实用性习作培养学生归纳推理、演绎推理和求异思维的技能，使学生的思维初步具有针对性、逻辑性、灵活性和独创性。

从20世纪50年代开始，国内外以思维训练为主线组织习作教学的实验很多。例如苏联著名教育家苏霍姆林斯基，曾公开推荐他为自己领导的帕夫雷什学校1~10年级所设计的233道作文题。其中数量最多的是观察作文题（共116篇，占50%），读书笔记列第二位（共98篇，占42%）。以观察作为基础，从形象思维过渡到抽象思维和创造性思维，实现这三种思维形式的有机结合和相互转化，这正是苏霍姆林斯基作文命题思想的精髓所在。

笔者在1993年撰写了《小学作文教学论》一书，其中教学实验的序列为：二年级童话体作文教学（共18单元），三年级片段素描作文教学（共7单元），四年级叙事素描作文教学（共6单元），五年级实用作文教学（共20单元）。该书曾荣获上海市第五届教育科学研究成果一等奖，并一版再版，发行量很大，至今仍成为国内许多小学语文教师的必读参考书。

2009年9月，上海市崇明县教师进修学校副校长、特级教师张秀丽借鉴了笔者的作文教学思想，主编出版了《小学专题性作文训练》，共四册。其中《放飞心灵》为二年级用书，引导学生创编美丽的童话故事；《闪亮眼睛》为三年级用书，通过片段素描和观察日记培养学生的观察能力；《快乐童年》为四年级用书，通过寓学于乐丰富童年生活，继续培养片段素描能力，开始培养叙事能力；《多彩生活》为五年级用书，通过写想象、纪实、活动、应用等类型的作文进行综合性训练。目前该书已经成为崇明县所有小学习作教学的校本教材，教师的教学水平与学生的习作质量都日益提高。

3. 阅读是习作的基础

在教学中学生掌握知识技能的过程，常常从示范开始，然后是模仿，再次是在练习和运用中加强理解和巩固，不断纠正错误，最后逐步达到熟练掌握的境地。就习作教学而言，课内和课外的阅读为学生提供大量文质兼美的文章，这些范例是学生模仿习作的良好的直观形式：第一，它们可以使学生懂得怎样选择材料，组织材料，怎样确定中心，怎样准确地选择词语，写出通顺的句子，怎样连句成段，连段成文，并注意前后文字的内在联系。第二，可以使学生积累丰富的作文材料和语言材料。第三，可以发展学生迅速理解读物和思考问题的智力技能。

笔者认为根据思维和语言发展的年龄特点，小学生通过课内外阅读掌握习作的语言手段和表达方式的程序如下：

（1）小学低年级要形成通过想象产生习作材料的能力和掌握句群的基本结构。

（2）小学中年级要形成通过观察产生习作材料的能力，初步学习命题、表现中心、组织片段和简短记叙文。

（3）小学高年级要形成通过抽象概念思维来选材、组材、谋篇、布局的能力，初步学习灵活运用记叙、说明、议论、抒情、应用等表达方式。

现在国内通过阅读教学促进习作训练的试验有很多种。

第一种是按现有的阅读教材编排程序进行教学，但增设“导写”要求。福建省宁化县实验小学的曾扬明老师就是这样做的。例如人教社五年级上册教材中有个单元叫“生活的启示”,原来有“导读”,现在曾老师增设了“导写”,内容为:“学习本组课文，还要完成一篇关于生活启示的习作。一是，要注意这单元的课文如何围绕自己的生活表达出一个道理的。二是，边学习边观察回顾生活，看看生活中哪些事情给你启示，留心生活，为单元练习后的习作做好准备；也可以收集一些名言，从名言中反思你的生活，或许有一些启示。”这样的“导写”，既提醒学生在阅读中留意单元阅读的文体特点，也提示学生在学习这个单元的过程中收集素材，储备生活，为习作做好准备。

第二种是在现有的阅读教学单元之间，增设独立的习作单元训练。武汉市儿童培训课程研究中心就是这样做的。该中心研究者对各种教材随文练笔的要求整合后，确立了一个习作过程和表达方式的训练序列，形成相对独立的习作训练单元，它包括例文分析、方法指导、素材收集、小练笔、大作文。例如为配合人教社五年级上册“生活启示”单元的教学,专门设立了“解读生活”的习作单元训练，包含两节课。第一节课题为“难忘的小事”，让学生通过对作家冯骥才《捅马蜂窝》一文的学习，掌握拟人、比喻等修辞方法和动作、心理、内心独白等细节描写，先进行几次模仿性的单项训练，最后进行带综合性的“趣味训练”。这一课结束后让学生在课外运用“素材搜集卡”选取习作材料。学生身边发生过的难忘的事很多，要仔细回忆。第二节课题为“小事情大启发”。课上一是要教会学生审题和选材（包括确定对象、回忆细节、流露真情）；二是让学生巩固前课学到的表达方法（如选取适当事例、运用细节描写）;三是让学生填写习作构思单（包括选材、命题、立意、谋篇）；四是让学生完成大作文。

第三种是通过课外阅读活动让学生写“阅读作文”。这种作文训练的新形式是上海市童园小学校长、著名特级教师徐根荣从学生持久的读书活动中总结出来的，它是学生自己创造的，在课外阅读中悄然问世的。从命题方式看，它主要不是命题作文，而是自由作文；从材料来源看，它主要不是纪实性的生活作文，而是以阅读内容为素材的想象作文；从文章体裁看，它主要不是一般的读后感，而是学生无拘无束、尽情发挥状态下写出来的记叙文、议论文、说明文和其他实用文，有小小说、儿童诗歌、小剧本等文艺作品和简单的研究报告。阅读作文的形式很多,例如阅读后的思考和想象、书中主人公的自述、“我”与书中人物的对话交流、给作者或书中人物写一封信、阅读小诗、人物新传、故事续编、将书中故事改写成小剧本、读书研究报告等。阅读作文有三大优势:作文材料的丰富性和多样性，降低学生选材的难度；材料积累和语言积累的统一性和同步性，减少学生语言表达的困难；学生作文方式的自主性和选择性，使他们可以自选材料，自主立意，自行谋篇，自由发挥，做到字数不计，篇幅不论，文体不拘，写法不限，极大地张扬个性，发挥创造才能。从实践看，这种阅读作文从根本上扭转了教师怕教作文、学生怕写作文的局面，真可谓“众里寻它千百度，蓦然回首，那人却在灯火阑珊处”。

当前中小学作文教学改革须关注的三大问题①

摘要：作文是语文学科的重要组成部分，作文教学在中小学语文教学中既是重点，也是难点。当前中小学作文教学改革应着力探索和解决三个问题：一是高层次的能对中小学作文教学改革全局进行指导的教育学和心理学理论；二是科学的作文教学序列；三是个人的作文教学风格。

关键词：中小学语文；语文教学改革；作文教学；作文改革

中图分类号：G623.24；G633.34　　**文献标志码**：A

文章编号：1000-0186（2014）07-0055-05

在中小学语文教学中，作文教学既是重点又是难点。可是，当前我国作文教学的效率仍然低下，其深层原因正如有的专家所说："学科无地位""课标无细目""教学无课本""教材无序列""老师无方法""学生无兴趣"等。那么，当前中小学作文教改应该如何进行，迫切需要解决什么问题？笔者认为，当前要着重探索和解决以下三方面问题。

① 本文刊于《课程·教材·教法》2014 年第 7 期。

一、探索高层次的能对中小学作文教学改革全局进行指导的教育学和心理学理论

长期以来，大家都说中小学语文学科具有工具性，主张按字、词、句、段、篇和各种文章体裁的知识结构来确定其教学体系。可是以被西方哲学家誉为“心理学界莫扎特”的维果茨基为代表的活动心理学派对此持不同意见：第一，除语文外，数学、外语等学科也具有工具性，只提工具性还不能反映语文学科的特殊性。众所周知，语文是人们进行社会交际的工具，因此，语文学科的本质特征是交际工具性。第二，字、词、句、段、篇和各种文体都是语言表达的形式，而每一种语言形式都服务于某一种交际活动。中小学语文科的主要任务在于有顺序地发展语言的各种交际功能，例如，自我调节、概括交流信息、自我表现、个别影响、自我教育、创造等功能。因此，确定教学体系不能只考虑语言知识的结构，更应该考虑学生掌握语言功能的年龄特点。[1]107—124

所谓语言交际功能，就是具有明确动机的语言交际活动。我们平时说“生活是作文的源泉”“需要是作文的动力”，这是对的，但是必须学习好活动心理学，才能够真正把握中小学各段作文教学的生活内容和写作题材。活动心理学认为，在各个年龄阶段，语言的发展由这个阶段的主导活动所决定，主导活动改变了，语言的功能和形式也随之改变。据此，语文教学的程序如下。[1]107—124

1. 学龄前期发展语言的调节能力。六七岁前幼儿的主导活动是游戏。为了进行游戏，他们需要同伙伴交往，逐步形成语言的自我调节和相互调节功能。因此，必须在日常生活中训练他们的口头语言，包括独白语言和对话语言，同时适当训练他们的内部语言，以便在活动中能事先设计自己的行为。

2. 小学阶段发展学生的信息交流功能和自我表现功能。进入小学后，学习书本知识成为儿童的主导活动，语言的概括和交流信息的功能迅速形成。这时语言的书面形式（如语音、词汇、简单的语法规则和文章的基本结构）应该成为儿童的认识对象。但是只教学记叙文体是不够的，还应该结合各门学科的教学，让他们掌握科学性的文体，例如，学会记听课笔记，做文章摘要、写书评等。此外，任何一次语言表达，其内容都可以分解成“意义”和“目的”两个方面。所谓“意义”，就是客观地表述周围世界的各种信息。所谓“目的”（即中心思想），就是表达作者对他们报告的信息表达个人的情感和评价。因此，小学高年级教学的重点是让学生理解“目的”是语言表达的动机和核心，培养语言交际的另一个重要功能是自我表现。这就必须让学生掌握表现“目的”的各种语言手段，例如，各

类表态词和表态句，各种修辞格，丰富多彩的语调以及表达“潜台词”的各种方法。为了发展语言功能，在小学阶段，应让学生观察思考自然生活、学校生活和家庭生活的各个局部，加强习作与各科教学的联系，以充实学生在生活领域、自然领域和科学领域的知识和词汇，使他们会写简单的纪实作文和想象作文。

3. 初中阶段发展语言的个别影响功能。学生进入初中以后，除了学习书本知识外，还积极参加各种课外和校外活动，参加团队活动和社会公益活动，他们的交际超出了学校和家庭的范围，人与人之间的联系成为他们的主导活动。这样就促使根据不同对象施加影响的语言功能得到了发展。因此，在初中阶段，必须同时让学生掌握记叙、说明、议论、应用等文体的写作，学会根据不同情境和不同对象确定不同表达方法的本领。在口头训练方面，要特别重视教会学生讲演和辩论。此外，还要教会学生在交际进程中“审时度势”，根据对方的反应随时变换表达形式。在初中阶段，为了发展学生的语言功能，要根据形势发展和学校实际，确定一些带综合性的主题活动或单项的人际交往活动，让学生参与和体验。

4. 高中阶段发展语言的自我教育功能和创造功能。进入高中以后，职业定向活动逐渐成为学生的主导活动。因此，必须让学生系统地学习国内外文学名著，从语言文字入手理解作家的思想感情，形成正确的价值观和人生观。同时要求他们比较熟练地掌握口头语言和书面语言的各种表达技能，并且逐步形成个人的语言风格。

活动心理学派提出的语言交际功能发展的年龄特点，为中小学作文教学的题材开发序列和动机激发序列提供了依据。此外，该学派认为必须研究中小学生思维发展的年龄特点。维果茨基说：“语言活动是交际和概括的统一。”“人所固有的高级心理交往形式有可能存在，只是由于人可以通过思维概括地反映客观现实。”[2] 因此，“思维是作文的关键”，只有充分揭示思维发展的年龄特点，才能确定中小学作文教学的训练形式和策略。

下面以义务教育阶段为例，谈谈如何根据思维发展的程序来确定小学和初中学生作文训练的主要形式。

1. 小学 1~3 年级是想象活动的敏感期，应通过创造性的想象习作（童话体习作）培养学生再现表象的技能，包括在头脑中有目的地产生丰富的表象，确定表象之间的联系和积极地变换表象的结构，以发展学生想象的流畅性、变通性和独创性。

2. 小学 4 年级至毕业是观察活动的敏感期，应通过观察习作培养学生形成典型表象的技能，包括帮助学生获得丰富而鲜明的感性表象，从五光十色的表象中“筛选”出典型的表象，并让他们通过想象生动地表现典型表象，以发展学生观察的目的性、条理性和深刻性。

3. 初中 1~3 年级学生，抽象概念思维活动开始进入敏感期，应通过记叙、描写、说明、议论及各种实用性作文培养学生归纳推理、演绎推理和求异思维的技能，使学生的思维逐步具有针对性、逻辑性、灵活性和独创性。

二、探索作文教学的科学序列

学生语言交际功能发展和思维活动发展的年龄特点，是中小学作文教学必须遵循的客观规律。但是要有效地实施作文教学，还必须确定中小学生作文能力培养的科学序列。

中小学的作文能力有许多种，但最基本的能力是两种：搜集和产生文章内容的能力和表达文章内容的能力。而前者是关键，它是通过观察、想象、思考和感悟，在头脑中将特点鲜明的表象与准确生动的语言结合起来，正确地适用演绎推理和归纳推理，以形成自己的认识、体验和见解。表达文章内容的能力又分为一般能力和特殊能力。一般能力包括五种，即审题和命题的能力，确定和表现中心思想的能力，系统整理材料的能力，修改文章的能力，语言表达的能力。特殊能力就是选择文章体裁的能力，又称运用文体的能力。

笔者认为，要确定我国当前的中小学作文教学序列，应考虑下述三个方面因素。

1. 考虑到我国中小学语言课本中“阅读”教材和“写作”教材是合编的，因此，作文教材的呈现方式是“读写兼顾，有分有合”，即课本中的作文教材表现为“基本能力专题训练”“文体（或表现方式）训练”“随课文练笔”三种形式。

2. 为传承我国传统作文教学的有效经验，作文训练采用“先放后收”的策略，即小学 1~3 年级是说写放胆文，小学 4~6 年级至初中 1~3 年级循序渐进地学写规范文。

3. 考虑学生认识事物和表达事物的规律，作文训练采用“先一般，后特殊”与“三种文体训练齐头并进”的训练程序，即先以一般作文能力训练为主，文体训练为辅；再以文体训练为主，相机巩固一般作文能力。

中小学阶段的作文教学序列具体表述如下。

第一阶段（小学1~3年级）：放胆文训练阶段

总要求：通过听故事、看图和观察实物，重点进行说写童话体作文的训练和说写所见所闻的训练，先把胆子写大，把思维写活，把兴趣写浓，把句子写顺，初步形成通过想象和观察产生作文材料的能力，以及大胆表达自己所见所闻和所思所感的习惯，初步掌握复句和片段的基本结构。

分年级训练要求：

1年级　重点进行说童话体作文训练和情境对话训练，同时进行听写、仿写等训练。学写请假条。能说、写一段意思较为完整的话，语句比较完整。

2年级　重点进行童话体作文、情境对话及日记的训练，继续进行听写、仿写等训练。学写留言条。应使学生能说、写出一段话到一件简单的事，写作文做到感情比较真实，想象比较丰富，内容比较具体，语句比较连贯和通顺。

3年级　重点进行生活作文和学科作文的训练，即把自己在自然生活、家庭生活、学校生活和学科学习中感受最深的一个片段或一件事写下来。同时学习写读书作文。应该使学生能积累日常生活各个局部的知识和词汇，掌握几种片段的基本形式，大胆写出感情真实、观察仔细、内容具体、条理比较清楚、语句比较通畅的几段话或一件事。能用简单的书信、便条进行交流。

第二阶段（小学4~6年级）：作文基本能力训练阶段

总要求：通过观察和阅读，重点进行作文基本能力（审题、表现中心思想、搜集材料、整理材料、修改文章等能力）的训练，以及记叙文、描写文、议论文三种文体的初步训练，使学生作文能围绕中心选材和组材，分段表述，做到内容具体，感情真实，语句通顺，行款正确，书写规范、整洁。

分年级训练要求：

4年级　上学期进行审题能力专题训练，下学期进行表现文章中心思想的专题训练。相应地学习记叙自己经历过的一件事，描写静物和小动物，书面回答作文题目所提出的问题。学写常见应用文。

5年级　进行搜集作文材料的专题训练，学习从观察实际、阅读书本、欣赏图画和搜索网络等方面搜集作文材料，并初步学会做观察记录、读书笔记和资料卡片。相应地学习转述自己所听到的一件事，描写房屋和大自然，以及对可以辩论的题目进行议论。

6年级　进行整理作文材料能力和修改文章能力的专题训练，学习分类整理材料，将文章各部分联结成统一整体和编拟作文提纲，学习修改文章的步骤和掌握修改文章的统一符号。相应地学习根据所提供的情节、开头和结尾来记叙（虚构情节的记叙)，根据外貌、神态、对话和动作描写人物和对可以辩论的作文题目进行议论。

第三阶段（初中1~3年级）：作文特殊能力（运用文章体裁能力）训练阶段

总要求：通过观察和阅读，重点进行作文特殊能力（运用文章体裁能力）的训练，使学生能写内容较丰富的记叙文和描写文，写简单的说明文和议论文，同时巩固搜集素材、审题立意、列纲起草、修改加工等作文基本能力。在写作时能考虑不同的目的和对象。根据表达的需要，围绕表达中心，选择恰当的文体和表达方式，合理安排内容的先后和详略，条理清楚地表达自己的意思。运用联想和想象，丰富表达的内容。正确使用常用的标点符号。

初一年级　学习写一件比较复杂的事情；学习从文章中提取主要信息进行缩写；学习根据文章的基本内容和自己的合理想象进行扩写；学习描写地点（街道、村庄、城市、故乡);学习写简单的科学性说明文;学习写简单的揭示概念的议论文。

初二年级　学习通过几件事写人；学习变换文章的文体和表达方式等进行改写；学习描写建筑群和场馆内景；学习写简单的科学性说明文；学习写揭示概念的议论文。

初三年级　巩固和提高在义务教育阶段已经获得的作文基本能力，做到写记叙性和描写性文章，表达意图明确，内容具体充实；写简单的说明性文章，做到明白清楚；写简单的议论性文章，做到观点明确，有理有据；根据生活需要，写常见应用文。

三、探索形成个人的作文教学风格

根据前面的表述，可将决定中小学作文教学序列的要素概括为五个，即生活、需要、思维、阅读、表达。它们的关系是：生活是作文的源泉，需要是作文的动力，思维是作文的关键，阅读是作文的基础，表达是作文的重点。语文教师要取得作文教学的成功，必须把握作文教学的科学规律，从自己的教学实际出发，发挥创造精神，做到突破一点，带动全面，逐步形成个人的教学风格。

以小学作文教学为例，目前国内有不少教师是从开拓素材入手进行教学改革的。例如，广东深圳钟伟祎老师将作文教学和学科教学进行整合，进行了“学科作文”的试验。学科作文是以学科知识、学习情境、学习收获为内容，挖掘学习生活中的素材，结合课程标准中各学段作文训练点教会学生自由表达在各学科学习中的见闻和心得。这样做不仅解决了作文教学因缺乏素材而“山重水复疑无路”

的困境，而且可以使语言训练和学科学习相互促进。还有一个实验值得一提，就是上海金山的李秀林老师根据地域的经济、文化、自然特点，构建了“儿童生活作文教学体系”。其经线是生活主题，包括“个人生活”“校园生活”“家庭生活”“野外生活”“社区生活”“文化生活”“课堂生活”“班级生活”等；其纬线是1~5年级逐渐丰富多彩的生活内容。此外，广东深圳张云鹰老师的“开放式作文教学”实验，福建福州何捷老师的“游戏作文”实验，江苏南京宋运来老师的“童漫作文”实验，广东深圳蔡丽斌老师的“绘本作文”实验都是创造性地开拓小学生习作素材的成功案例。

其次，有的教师是从激发动机入手进行教学改革的。例如，福建安溪李冰霖老师“自由习作”教学探索是很成功的。该探索从打破“范文式”习作指导为突破口，形成以生活为大背景，以学生喜闻乐见的内容和形式为载体，学生自由习作与教师有效指导相结合的习作教学新路子。该探索认为自由习作要实现“三步跨”（放胆表达→自如表达→有个性的表达）。在策略上要“松限”，即让学生在原生状态中自由习作，通过目的回归、内容解限、技法淡化、情境畅快等策略，把习作过程演化为实现某种生活需要（或是畅谈认识，或是表情达意，或是与人交流，或是服务生活）的一种活动，给学生一种心理、情感、思想上的自由。二要“优教”，即习作指导要摒弃从范文到范文的模式，以“聊天谈话”“情境观察”“游戏活动”“情感交流”“信息加工”“先作后导”等方式，创设愉悦的课堂气氛，让学生无拘无束、自由奔放地表达自己的所见所闻所思所感。在习作讲评中，要以“点播厅—展示台—诊疗室—自助餐”等生动活泼的方式，以正面肯定为主，让学生在展示交流中学习别人长处，弥补自己的不足，逐步学会表达，做到具体明确、文从字顺。此外，上海徐家良、徐鹄老师的“生活中的作文”教学实验，江苏吴江管建刚老师“用自己的话写自己的事”的习作教学实验，浙江杭州张祖庆老师“写好博客作文，让文字随心而舞”的习作教学实验，都旨在发展小学语言交际功能，赋予习作内在动机，使之变无病呻吟为因需而作，具有明确的意图、目的、价值和阅读对象。

再次，有的教师是从培养思维能力入手进行教学改革的。例如，上海崇明张秀丽老师设计的“小学作文专题性序列训练课程开发与实施”就是一个成功的案例。该课程2年级用书为《放飞心灵》，引导学生创编有趣的童话故事，培养想象能力；3年级用书为《闪亮眼睛》，通过片段素描和观察日记培养学生的观察能力；4年级用书为《快乐童年》，通过寓学于乐丰富童年生活，继续培养片段素描能力，开始培养叙事素描能力；5年级用书为《多彩生活》，通过写想象、纪实、活动、应用等类型的作文进行综合性训练。目前该教材已经成为崇明县所有小学的校本教材，教师的教学水平与学生的习作质量日益提高。另一案例也值得一提，即广东深圳张云鹰老师在探索开放式习作教学时，认为老师做到“解放思想，相信学生”，学生做到“开放思维方式”，是重中之重。在高年级，她一改过去用记叙文来写人、事、物的做法，极力主张学生写研究性文章。在习作时，她组织学生留心观察，拍摄现场，捕捉家庭、学校、社会的精彩瞬间，鼓励学生跟踪采访，积累素材，结果学生独特之作跃然纸上。例如，《泡在眼泪里的打工一族》的4名小作者共拍摄打工仔、打工妹的生活场景48张，访谈13人次，写调查采访一手素材近7000字；《我与校长亲切会晤》一文小作者采访学校历届校长5人，撰写和笔录5000余字。这样做，学生的抽象概念思维能力和求异思维能力均得到了有效发展。最后，有更多的老师是从加强读写结合入手进行改革的。例如，上海市童园小学徐根荣老师的“阅读作文”实验探索。“阅读作文”来源于持久的课外读书活动，它不是命题作文，而是自由作文；它不是纪实性的生活作文，而是以阅读内容为素材的想象作文；它不是一般的读后感，而是学生在无拘无束、尽情发挥状态下写出来的记叙文、议论文、说明文、实用文和各种文艺作品。从实践看，这种“阅读作文”从根本上扭转了教师怕教作文，学生怕写作文的局面，真可谓“众里寻他千百度，蓦然回首，那人却在灯火阑珊处”。

我认为，要探索形成个人的作文教学风格，除了要认真学习新课标和加强理论研究外，还必须把经验总结同自然实验结合起来。即必须先从其他教师的先进经验中得到启发，提出关于中小学作文教学体系的各种科学假设，然后在课堂上进行控制条件的各种实验，并且客观地统计数据，记录效果，进行科学分析。接着再将实验成果放在实践中去检验和发展。这样做，就能避免许多偶然因素（如只有示范学校才能出好成绩），而能找到作文教学结构（教学思想、教学内容和教学方法）同教学效果之间稳定的联系。

参考文献

［1］吴立岗，李吉林. 苏联教育家改革语文教学的理论和实验［M］. 上海：上海教育出版社，1988.

［2］维果茨基. 心理学研究文选［M］. 莫斯科：教育学出版社，1956：51.

值得借鉴的作文教学改革探索①

最近我一直在思考我国义务教育阶段的作文教学如何实现科学化和序列化的问题，案头放着一大摞参考书。可是我认为其中最有参考价值的还是我编译的，1982 年由北京教育科学出版社出版的《苏联的作文教学》一书。

1964 年初，原俄罗斯联邦教育部专家拉德斯卡雅在《学校中的俄语课》杂志第二期上发表了《谈谈作文教学体系的问题》一文，提出了把发展智力和培养独立写作能力作为中心的各项作文教学基本原则。尔后就组织一批志同道合的专家和教师进行周密的教学实验。实验共分三个阶段，第一阶段是探索性的实验，重点研究审题、表现中心思想、搜集和整理材料等一般写作能力如何培养。第二阶段是检验性的实验，任务在于检验第一阶段的成果，同时研究如何通过各种教学途径把一般能力培养同记叙文、描写文和议论文三种文体的训练结合起来。第三阶段是比较广泛的群众性实验，并且通过公开教学和成绩展览等形式推广实验成果。经过三年时间由点到面的反复实验，专家们认为他们所确立的体系是比较科学的，可以在全国推广，于是在 1967 年由拉德任斯卡雅主编写成《俄语课上作文教学的体系（4~8 年级）》一书。该书出版后深受广大教师欢迎，并且荣获当年的“乌申斯基二等奖”。到 1969 年，该书提出的原则写入了苏联新的俄语教学大纲。该书也被俄罗斯

① 本文刊于《小学语文》2014 年第 11 期。

联邦教育部推荐为语文教师必读书。1982年我对该书逐章进行翻译。为了醒目，书名改为《苏联的作文教学》。为了节省篇幅和更便于中国教师理解，我采用了编译的方法。应该说明，按照当时俄罗斯联邦学制规定，中小学学习时间为10年：1~3年级是低年级（也称小学，相当于我国小学低中学段），4~8年级是中年级（相当于我国小学高学段和初中）。9~10年级是高年级（相当于我国高中）。中年级的文学课和俄语课分开设置，作文教学放在俄语课内进行。

应该指出，该书从苏联著名心理学家赞科夫的教学论思想中汲取了丰富的营养，同时也没有丢掉传统教学扎扎实实抓好“双基”训练的优点。它采取十分谨慎的态度来处理激发情感、发展能力和传授知识的辩证关系，竭力使三者相互促进，相得益彰。这种立足于改革而又崇尚实事求是的态度是值得称道的。尽管苏联已于1991年解体，我的译著也已出版了32年。但我感到拉德任斯卡雅领导探索和总结的中小学作文教改经验，对我国当前的语文课程改革仍有重要的借鉴意义。

大家知道，中华人民共和国成立后共颁布过9部语文教学大纲和语文课程标准。其中1956年大纲和1963年大纲都以传授“双基”（基础知识和基本技能）为自己的核心概念。作文教学比较强调“言之有序”。“十年动乱”结束后，1978年颁布的大纲既传承了中国的传统经验，又迎合世界教学论发展的潮流，以“新双基”（即知识技能和智力能力）为核心概念。它继续强调作文要“言之有序”，又提出了作文要“言之有物”的明确要求，即作文教学既要培养学生遣词造句、布局谋篇的能力，又要培养学生观察事物、分析事物的能力。

2001年7月《全日制义务教育语文课程标准（实验稿）》颁布。过了10年，又颁布了《义务教育语文课程标准（2011年版）》。课程标准的实验稿和修订稿，以“基本语文素养”为核心概念，他们也要求作文要“言之有物”和“言之有序”，但更强调“言之有情”和“发展个性”。它们提倡自由表达，提倡想象作文，提倡表达个人的独特感受，以培养学生的习作兴趣，加强习作与生活的联系，激发学生的创新意识。纵观“课标”颁布10多年后学生的习作，思想较以前活跃，情感流露较以前真实，表达的方式也较以前多样。但是仍然存在着内容表达不充分，作文不符合文体规范和错字病句较多的问题。总之，我国的中小学作文教学仍然未走出效率低下的困境。其深层原因是“课标”在作文教学方面只提一般的理念，而缺失对语言表达序列的整体架构；只提分学段的笼统要求，而缺乏分年级的训练细目；只有分单元的阅读教材，而缺失分专题的作文教材，以致教师往往专注于“自由表达”和“真情实感”，而忽略了思维能力、表达能力的具体训练和语言文字训练。

因此，我认为当前可以从以下几个方面借鉴和汲取苏联作文教改的经验。

一、探索科学连贯的中小学作文教学序列。新“课标”强调作文要“言之有情”，主张第一学段的学生要乐于说话，第二学段的学生要大胆地、不拘形式地习作，第三、第四学段的学生要富有个性地习作。不少老师在“课标”指引下创造了鼓励学生“自由表达”的鲜活经验，但这些经验个体差异很大，很难形成可供面上推广的操作性序列。更多的教师在关注“言之有情”的同时，坚持“言之有序”的教学序列，他们以现有的阅读教材为依据，整理出自己的文体训练程序。它一般是小学阶段（第二、第三学段）进行记叙文（写人、记事、状物、写景）的片段训练和短篇训练。初中阶段（第四学段）顺序地进行记叙、说明、议论的文体训练。这种做法虽然不时髦，但很实用，也有计划，颇受欢迎。

目前不管是强调“言之有情”还是强调“言之有序”的经验，都有忽视独立写作能力培养，忽视“言之有物”训练的问题。

苏联原来也偏重于各种文章体裁的“双基”训练，所遵循的教学顺序为：第一，记叙文；第二，描写文；第三，议论文。但到20世纪60年代，作文教学理念产生重大变化：（1）文体训练是必要的，因为每一种文体在结构和语言上都具有自己的特点。掌握它们，学生就能学会各种不同的表述思想的方式，从不同的侧面来反映客观事物。（2）文体训练只能解决文章内容的表达形式问题，不能解决文章内容的来源问题。光学会安排文章的体裁，学生还不会独立写作。而且传统的文体训练偏重于培养作文技能，而忽略包括观察、思维、想象、内部言语等认识能力的发展，不可能从根本上提高作文的质量。因此，不能仅局限于文体训练，而要发展智力和培养各种基本的写作能力，使学生在写作中能“驾一驭万”。

通过分析写作过程的智力活动，研究各种教学法著作，以及调查学生作文中各种典型的缺点，苏联专家认为最基本的写作能力共有七种：审题能力、表现中心思想的能力、搜集材料的能力、系统地整理材料的能力、修改文章的能力、语言表达能力、选择文章体裁的能力。在这七种能力中前六种属于一般的写作能力，而第七种则是特殊的写作能力。两者之间存在相辅相成的辩证关系。

那么在确定整个作文教学体系时如何做到既培养一般写作能力，又进行文体训练呢？这是一个十分复杂的问题。苏联专家认为，按照“第一记叙文，第二描写文，第三议论文”的顺序教学太机械了，因为各种体裁的文章都有难有易。决定难易的因素绝不是文体本身。作文题目的深浅固然是一个因素，更重要的是各类作文对一般写作能力（如审题、表现中心思想、搜集材料和整理材料）提出的要求。因此，苏联这样安排作文教学体系：第一，先一般后特殊，阶段分明，重点突出。第一阶段是四、五年级（相当于我国小学高年级），这是学生打好写作基础的关键时期，应该重点培养一般写作能力。其中四年级重点培养审题和表现中心思想的能力。五年级重点培养搜集材料和整理材料的能力。第二阶段是六、七、八三个年级（相当于我国初中阶段），应该重点培养用各种体裁来写作的能力。七种写作能力中有两种不单独安排训练，一是语言表达能力，它可以通过文学课和俄语课的教学逐步形成。二是修改文章的能力，它应该通过作文教学的各个阶段逐步形成。第二，一般能力与特殊能力相互渗透。在四、五年级以培养一般写作能力为主，以三种文体的训练为辅。但是到了六、七、八年级，则以培养各种文体的特殊写作能力为主，而以进一步发展各种一般写作能力为辅。我国的新“课标”正确地指出，“语文课程是一门学习语言文字运用的综合性、实践性课程。”但对重点培养学生语言文字表达能力的作文教学序列却缺乏一个前后连贯、具体明确的安排。而苏联循序渐进地培养基本写作能力，齐头并进地安排三种文体训练的经验，很值得我们借鉴。

二、探索如何在作文教学中加强思维训练。如果说训练语言文字表达能力是作文教学的目的，那么发展思维能力（包括具体形象思维、抽象概念思维和求异思维能力），就是作文教学的关键。苏联的专家十分重视作文教学中的思维训练。以记叙文为例，它既要求把事情记叙得完整、清楚，又要求把事物描绘得生动、具体。前者是对逻辑思维的要求，后者是对形象思维（包括观察和想象）的要求。因此安排四年级学生记叙自己所经历的一件事，要求他们根据现有的生活经验发展逻辑思维能力；安排五年级学生转述自己所听到的一件事，要求他们进一步发展观察能力。到六、七、八年级则让学生从事虚构情节的记叙和幽默故事的记叙，把发展创造性的想象能力和思维能力作为教学的重点。

值得一提的是我国作文教学的文体训练包括记叙文、说明文、议论文三种，苏联则不提说明文，而将描写文单独列入。苏联专家认为描写文是运用修饰手法来揭示人和事物特征的一类文体。根据实际运用需求，又可以分为“科学性描写文”（也称“应用性描写文”）和“艺术性描写文”。前者就是我国所说的说明文，它是以平实的语言对对象的特征做完整的、客观的、合乎逻辑的描绘，使读者产生准确的科学概念。后者是用生动的语言来描绘对象的主要特征，并且表述作者的真情实感，使读者产生鲜明的形象，受到一定的感染。苏联专家认为学生作文的一个主要毛病是内容空洞、言之无物。其原因是教师在指导时只让学生背诵和仿写范文，结果学生不会观察，不会思考，头脑空空；字词句篇背得虽多，但不会灵活运用。因此竭力主张借鉴美术教学中的“素描”方法，把“艺术性描写文”单独列为一种文体，以培养学生精细的观察力和丰富的想象力，帮助学生熟悉客观世界的各个局部，积累各种语言材料。20世纪80年代初我引进苏联的“素描”教学法后，我国广大语文教师耳目为之一新，“素描教学”蔚然成风，已经形成一个富有生命力的教学流派。可是目前我国新生代的语文教师对这种教学方法根本不了解，他们仍然沿用传统的“重仿写，轻观察”，“重整体训练，轻局部训练”的方法，不能有效地发展学生的智力和独立写作能力。因此重新学习和借鉴苏联的描写文教学经验是当务之急。

三、探索作文教学的有效策略

在苏联的作文教学中，有一些策略很值得我们借鉴，特别是以下两点。

第一，正确处理自由表达与培养基本写作能力的关系。苏联专家认为，激发情感与培养写作能力是相辅相成的。创造诱人的情境，使学生产生积极的情绪体验，自由表达，这是培养写作能力的心理条件；另一方面，提高写作能力的一个重要目的，就在于帮助学生抒发真情实感，形成正确的世界观和积极的个性。

一方面，要让学生自由表达，抒发真情实感，必须符合基本写作能力的培养程序。教师不能强迫学生写自己不了解的内容，也不能要求他们去做暂时没有学会的事情。例如，四年级学生还不会搜集材料和整理材料，如果要他们写《最可爱的城市》《大自然苏醒了》等文章，学生就会东拼西凑地忙着找材料，顾不上表述自己的真情实感。不仅如此，有些学生还会因此去寻找各种不诚实的办法（如抄袭别人文章）。

另一方面，培养每一项基本写作能力，必须以自由表达作为必要条件。例如四年级要教会学生确定和表现中心思想。专题课上教师出了个作文题“我们的校园”，课堂气氛活跃起来，大家议论纷纷。一部分学生说自己的校园很舒适，他们一有空就去做各种游戏。另一部分学生却说校园并不可爱：它既不漂亮，设备又不全。教师经学生同意，为作文概括出两个不同的中心思想：（1）我最喜欢在自己的校园中做游戏。（2）我们应该自己动手，把校园修整得更加舒适。接着，让学生自由选择材料。学生们又兴致勃勃地议论起来。确定第一个中心思想的学生提供的材料是：校园里长着苹果树和白杨树，花坛很漂亮，缠绕在墙上的牵牛花婀娜多姿；还有一个排球场，在那里总能遇上很多同学，可以同他们痛痛快快玩一阵。确定第二个中心思想的学生提供的材料是：校园同马路相通，汽车开来开去影响同学们做游戏；花坛里的花儿太少；没有田径运动场，连捉迷藏也不能玩：角落里还有一座堆放垃圾的板棚。最后通过讨论，学生明白了这样一个道理：

只要符合作文题目要求，可以自由地确定不同的中心思想，并且搜集不同的材料来说明它们。但是不能把自己知道的全写上，必须有所选择。

第二，正确处理阅读、口述和写作三种能力的关系。在培养学生独立写作能力时要不要提供范文，提供怎么样的范文，在我国语文界众说纷纭，意见不一。但苏联的专家回答是明确的，即范文可以形象地告诉学生某一篇作文该写什么和怎样写；对学生来说，这样做比任何解释都来得清楚。这些专家不主张按照阅读课的先后顺序安排学生作文，即“读什么写什么”，而是主张作文训练自成体系，做到读写结合，即“写什么读什么”。在作文教学中运用范文的目的，不仅仅是让学生学一点写作技巧和语言，更重要的是激发学生的独创精神。因此选用范文时要注意如下几点：（1）范文的题目可以和学生作文的题目相类似，但不要相同，以免有些学生照抄。（2）尽可能地把学生们自己的作文当作范文（列·托尔斯泰就是这样主张的），因此这些作文无论在写作方法上或语言上都使学生感到亲切，能激励他们去学习和超越。（3）对作家的范文，最好不要只提供一篇，可以同时提供好几篇，使学生相信对同一现象（例如秋景），作家们的描绘是千差万别的，因为每个作家都有自己观察世界的方法，自己的风格和自己的语言。这样就能启发学生在作文时重视独立思考，尽量寻找“自己的语言”。我国的中小学目前仍然因袭传统的“读什么写什么”的方法，而苏联作文教学“写什么读什么”，注重激发学生创造精神的经验值得我国借鉴。

我国传统的作文教学往往偏重于范文的分析和书面写作的指导，而忽视口述训练这个重要环节。新“课标”中虽增加了“口语交际”的课程内容，但在实践中其教学往往与书面作文教学相脱离。而苏联的专家认为书面语言是在口头语言的基础上形成的，说得好往往是写得好的基础。因此，在作文教学中专门设立口头作文课，应作为每一次书面作文不可逾越的教学环节。

在苏联，为培养各种基本的写作能力，作文课均采用时间上相对集中的专题训练方法，即一开始先分析范文（往往是学生自己的文章），讲清楚写作基础知识，然后引导学生去观察实际、搜集材料和拟定写作提纲，接着回到课堂上用充分的时间（有时多达三节课）做口头作文，开展讨论和讲评。教师注重的并不是学生“怎样写”，而是“怎么想”和“怎么讲”。他们通过口头作文去训练学生的逻辑思维能力，丰富学生的词汇，也讲一些如何开头结尾的写作技巧。有些题目教师只要求学生做口头作文，不要求写书面作文。对学生的口头作文，教师要求有趣、清楚、有一定的感染力。不仅要求学生会讲，而且要求学生会评。在评论某个同学的口头作文时，教师经常提出一些问题供讨论：“他选择的材料是否有趣？”“故事的情节都讲清楚了吗？”“他所选择的声调和语速同故事的内容是否相称？”“他的手势打得对不对？脸部表情自然不自然？”许多教师都使用录音机，一边放录音，一边请大家分析评论。口述者本人也可以参加讨论。经过这样的训练，学生口头表达的效果显著，书面作文也就“水到渠成”。我国的中小学当前亟须借鉴苏联将口述训练与书面作文有机结合的宝贵经验。

我认为教育和教学既是艺术，更是科学。在中小学语文教学中，作文教学既是重点又是难点。要摆脱其目前效率仍然低下的困境，不能主要依靠宣传某些名师个人的教学风格和教学技巧，而应该着力于探索作文教学的科学规律。苏联作文教改中折射出的“生活是作文的源泉”“情感是作文的动力”“思维是作文的关键”“阅读是作文的基础”“表达是作文的目标”等理念，是比较科学的；所确定的“以培养基本写作能力为主，三种文体齐头并进地训练”的体系以及教学策略，也是比较有效的，值得我国当前的作文教改参考和借鉴。但是苏联的经验不是也不可能是一个完美无缺的模式，我们不能机械地照搬。我们的指导思想是“博采众长，熔于一炉，结合实际，为我所用”。